Erfolgsfaktoren für Oberbürgermeisterwahlen

Erich Holzwarth berät bei Bürgermeister- sowie Oberbürgermeisterwahlen und referiert bei Seminaren zu diesem Thema. Er studierte Geschichte, Empirische Kulturwissenschaft und Politikwissenschaft. Nach Tätigkeiten in der außerschulischen politischen Bildung, bei einer Tageszeitung in Tübingen, im Kulturbereich und bei Oberbürgermeisterwahlkämpfen wurde er Regionalgeschäftsführer der SPD. Seit 2008 ist er Referent beim SPD-Landesverband Baden-Württemberg mit der Zuständigkeit für Kommunalpolitik und (Ober-)Bürgermeisterwahlen.

Kontakt: **Erich.Holzwarth@web.de**

Erich Holzwarth

Erfolgsfaktoren für Oberbürgermeisterwahlen

Dissertation der Universität Stuttgart

Bibliografische Information der Deutschen Nationalbibliothek: Die Deutsche Nationalbibliothek verzeichnet diese Publikation in der Deutschen Nationalbibliografie; detaillierte bibliografische Daten sind im Internet über dnb.dnb.de abrufbar.

D 93 – Dissertation der Universität Stuttgart

Umschlaggestaltung: Robin Kauffeld
Herstellung und Verlag:
BoD – Books on Demand, Norderstedt
ISBN: 9783741292330

Inhalt:

Tabellenverzeichnis:

Abbildungsverzeichnis:

Radio-O-Ton über einen „Bürgermeistermacher“: „Er redet (...) von Respekt vor dem Wähler, der ein Gespür hat, was echt ist. Das hindert ihn natürlich nicht, die Wirklichkeit hier und da ein wenig zu manipulieren.“[1]

Vorbemerkung

Meine berufliche Tätigkeit war Auslöser und ist Ansporn, mich neben praktischer Arbeit wissenschaftlich mit (Ober-)Bürgermeisterwahlen zu befassen. Wer - wie ich – als Berater zu einer Wahlkampfstrategie bei (Ober-)Bürgermeisterwahlen beitragen möchte, die Realität wahrnimmt und Folgerungen daraus zieht - ohne „Wirklichkeit manipulieren“ zu wollen -, sollte Erklärungen für Erfolg kennen und kritisch prüfen. Wer diese Arbeit in Erwartung eines Drehbuchs für (Ober-)Bürgermeisterwahlen mit einfachen Erfolgsrezepten liest, wird vermutlich enttäuscht werden. Die Studie liefert Grundlagen zum Verständnis von Volkswahlen ins kommunale Spitzenamt und für die Wahlkampfberatung.

„Die Verwendung der Sprache geschieht immer aus einer weltanschaulichen Perspektive.“[2]

Zum Sprachgebrauch

Vorweg eine Episode: An der Schule und in der Klasse, in der die beschriebene Veranstaltung stattfand, werden bei allen Gelegenheiten die Unterrichtenden als „Lehrer“ und die Unterrichteten als „Schüler“ bezeichnet. Bei der Verabschiedung des Klassenlehrers baten drei Schüler „alle anwesenden Fachlehrer“ auf die Bühne. Angesprochen waren damit Lehrerinnen und Lehrer, die auch alle der Aufforderung folgten. Konfrontiert wurden sie mit Quizfragen. Eine davon lautete: „Wer ist der älteste Schüler in der Klasse?“ Von den Lehrer(inne)n wurde eine ganze Reihe von Schülern genannt, aber die Antworten waren durchweg falsch. Am Ende sorgten die fragenden Schüler/innen selbst für die Auflösung und nannten den Namen eines Mädchens. Die Reaktion der durch ihren Misserfolg sichtlich enttäuschten Lehrer/innen kam prompt: „Aber das ist doch eine Schülerin!“

„Zeitungstexte, Lehrbücher, Predigten, Formulare, Reden im Bundestag und weitere Textsorten können heute nicht mehr erstellt werden, ohne dass die Frage der angemessenen sprachlichen Berücksichtigung von Frauen gestellt wird.“[3] So lautet die

---

[1] Tina Hüttl, die Autorin der Sendung „Der Bürgermeistermacher“ in Deutschlandradio Kultur am 14.11.2010, laut Skript dieser Sendung.

[2] Sprachforscherin Constanze Spieß laut Stuttgarter Zeitung vom 14.11.2015 zum Sprachgebrauch in der Debatte über Flüchtlinge.

[3] Birgit Eickhoff: „Gleichstellung von Frauen und Männern in der Sprache – Empfehlungen der Redaktion des Duden“, o.O., 1999, S. 1.

Empfehlung der Dudenredaktion. Um der Forderung nach einer geschlechtergerechten Sprache nachzukommen und einen Beitrag zur leichteren Lesbarkeit zu leisten, steht häufig vor langen Texten die Generalklausel, dass mit männlichen Formen auch die Frauen gemeint seien. Doch dies wird nicht nur von Wissenschaftler(inne)n als unzureichend kritisiert und als Rückschritt gegenüber bisherigen Erfolgen bei der sprachlichen Umstellung gesehen[4]. Auch in einer vom Wirtschaftsministerium Baden-Württemberg herausgegebenen Broschüre wird darauf hingewiesen, dass eine derartige Generalklausel nicht ausreicht[5]. Es wird vielmehr darauf gedrungen, dass sich durch entsprechende Formulierungen Frauen und Männer gleichzeitig angesprochen fühlen. Denn „die Sprachform beeinflusst die Vorstellungen über die beschriebene Person“[6]. Nicht nur in der Sphäre der technischen Berufe, sondern generell sind Tätigkeiten, die mit „Status und Ansehen verbunden sind“, „Männerdomänen“[7], die durch eine männlich geprägte Sprache weiter verfestigt werden. Das (Ober-)Bürgermeisteramt ist ein Beispiel für einen gesellschaftlichen Bereich, der von Männern dominiert und in der öffentlichen Wahrnehmung - wie Huzel ausführt - mit männlichen Amtspersonen verbunden wird: „Zumindest in der öffentlichen Wahrnehmung ist der Bürgermeister naturgemäß männlich.“[8]. Forscher/innen konstatieren eine Stagnation des niedrigen Anteils von Frauen in kommunalen Führungspositionen (2010 sind in der Bundesrepublik Deutschland nur knapp 13 Prozent der Oberbürgermeister/innen weiblich), bei herausgehobenen Positionen in Großstädten gar eine Verringerung.[9] Sprache kann zu einer Veränderung beitragen, „gesellschaftlichen Wandel unterstützen, indem sie mit neuen Formulierungen hilft, das Bewusstsein für das angestrebte Ziel zu stärken.“[10] In dieser Arbeit bemühe ich mich um eine geschlechtergerechte Sprache, die Frauen und Männer ansprechen sowie gleichzeitig dem Anspruch der Lesbarkeit genügen soll.
Wenn ausschließlich männliche Sprachformen verwandt werden, geschieht dies bei zusammengesetzten Worten, Zitaten sowie an Stellen, an denen es nur um Männer geht – und vielleicht manchmal aus Gedankenlosigkeit.

---

[4] Siehe etwa Marion Sonnenmoser: „Männliche Sprachform führt zu geringem gedanklichen Einbezug von Frauen – Neue Studien belegen die Notwendigkeit des geschlechtergerechten Sprachgebrauchs“, o.O., 2002, S. 1.

[5] Wirtschaftsministerium Baden-Württemberg (Hrsg.) in Zusammenarbeit mit dem Ministerium für Soziales Baden-Württemberg und der Regionaldirektion Baden-Württemberg der Bundesagentur für Arbeit: „So kriegen Sie alle! – Anregungen zur geschlechtsneutralen Kommunikation für Personalverantwortliche und Unternehmen“, Stuttgart, 2009.

[6] Sonnenmoser, s.o., S. 1.

[7] Wirtschaftsministerium Baden-Württemberg, s.o., S. 7.

[8] Vinzenz Huzel: „Wer will Bürgermeister werden? Wertetypen bei angehenden Beamten im ‚gehobenen, nichttechnischen Dienst' in Baden-Württemberg und deren Bereitschaft zu einer Kandidatur als Bürgermeister“, Bachelorarbeit, Hochschule für öffentliche Verwaltung und Finanzen Ludwigsburg, September 2010, S. 56.

[9] Dazu: Lars Holtkamp, Elke Wiechmann, Sonja Schnittke (Hrsg. von der Heinrich Böll Stiftung): „Unterrepräsentanz von Frauen in der Kommunalpolitik“, Berlin, 2009; Lars Holtkamp, Elke Wiechmann; Jan Pfetzing: „Zweites Genderranking deutscher Großstädte“, Heinrich Böll Stiftung und Fernuniversität Hagen, 2010.

[10] Lisa Irmen, Claudia Sander: „Richtlinien und Beispiele für einen nicht-sexistischen Sprachgebrauch“, Psychologisches Institut (Uni) Heidelberg, Stand: 19.03.02, S. 1.

1. Einleitung, Fragestellung und Methodik

Wer in Baden-Württemberg (Ober-)Bürgermeister/in werden möchte, findet Rat bei Beratungsunternehmen oder Werbeagenturen, deren „Frontleute“ sich gerne als „Bürgermeistermacher“[11] bezeichnen oder bezeichnen lassen. In einer Radiosendung wird geschildert, dass bei einer Wahlkampfberatung nicht nur Werbekonzepte, sondern auch auf die persönliche Lebenssituation bezogene Ratschläge für Wahlsiege weitergegeben werden: Die Autorin der Sendung mit dem Titel „Der Bürgermeistermacher“ sagt über ihren Titelhelden: „Weil seine Erfahrung gezeigt hat, dass keine Frau haben etwa 15 Prozent weniger Stimmen bringt, besorgt er einem Bewerber auch schon mal eine für den Wahlkampf.“[12] Danach folgt der O-Ton des Wahlkampfberaters zu dieser Begebenheit und der Nachklapp der Autorin: „‘Das war halt so, dass wir gesagt haben: Sag mal, du bist Anfang 40, du bist nicht verheiratet, wir müssen aufpassen, die Leute sagen: Du bist schwul. Da hat er gesagt: Ne, das bin ich nicht. Da habe ich gesagt: Das weiß ich. Sag ich zu dem: Wenn du keine Partnerin hast, dann sagen die Leute, pass auf, das ist ein Dauerbesucher im Bordell‘. Autorin: ‚Lange musste der den Mann nicht bearbeiten, am Ende wurde er Bürgermeister‘.“[13]
Wer das (Ober-)Bürgermeisteramt anstrebt, kann auch auf Ratgeber-Literatur zum Thema zurückgreifen. Sie/er stößt z.B. auf das Buch „Karrierechance Bürgermeister – Leitfaden für die erfolgreiche Kandidatur“, bei dem renommierte Wissenschaftler mitwirken.[14] Einer von ihnen, Löffler, relativiert in seinem Beitrag die Bedeutung von Werbeagenturen, denen er nicht die Kompetenz für strategische Planung, sondern für werbliche Gestaltungsaufgaben zuspricht: „die strategische Planung von Bürgermeisterwahlkämpfen ist keine Sache für Werbeagenturen, die Gestaltung der unverzichtbaren Werbemittel dagegen schon.“[15] Aus seiner Sicht ist die Wirkung isoliert betrachteter subjektiver Kandidatenmerkmale wie der am Anfang angesprochene Beziehungsstatus „völlig falsch eingeschätzt“.[16] Er fährt fort: „Sie haben als Einzelmerkmale praktisch keinen Einfluss mehr auf die Wahlentscheidung. Oder noch nie gehabt. Ob ein Kandidat ledig, verheiratet oder geschieden ist, wird von den Wählern überwiegend einfach als Tatsache hingenommen“.[17]

---

[11] In Baden-Württemberg werden in den Medien (nach meiner Kenntnis) bisher ausschließlich Männer als „Bürgermeistermacher“ präsentiert.
[12] Hüttl, Deutschlandradio Kultur am 14.11.2010, s.o..
[13] A.a.O.. Wäre heterosexuelle Partnerschaft der „Königsweg“ zum Sieg, wie ist dann die Wahl eines Homosexuellen gegen heterosexuelle Konkurrenz zum Oberbürgermeister in einer katholisch geprägten Stadt in Oberschwaben zu erklären?
[14] Paul Witt (Hrsg.): „Karrierechance Bürgermeister – Leitfaden für die erfolgreiche Kandidatur“, Stuttgart, München, Hannover, Berlin, Weimar, Dresden, 2010; die männliche Form ist angebracht, da nur männliche Wissenschaftler mitwirken. Die einzige weibliche Autorin ist eine Bürgermeisterin.
[15] Berthold Löffler: „Bürgermeisterwahlkampf – Strategie und Taktik“, in: Witt: „Karrierechance ...“, s.o., S. 53-89, S. 55.
[16] A.a.O., S. 72.
[17] Ebenda.

1.1. Fragestellung

Warum werden dann (Ober-)Bürgermeisterwahlen gewonnen? In dem genannten „Leitfaden" beschreibt der bei diesem Thema meistzitierte Wissenschaftler Wehling[18], wer in Baden-Württemberg die „größten Chancen hat, zum Bürgermeister gewählt zu werden."[19]: „An überprüfbaren – ‚objektiven' – äußeren Merkmalen wird erwartet: Es sollte ein gelernter Verwaltungsfachmann sein, der Distanz zur eigenen Partei oder gar Parteilosigkeit aufweist und von außerhalb der Gemeinde kommt. Ob Mann oder Frau ist inzwischen gleich."[20] Ein Vorteil bei diesen Kandidatenmerkmalen gegenüber der Konkurrenz ist demnach das Erfolgsmuster bei (Ober-)Bürgermeisterwahlen. Ihm zufolge kommen neben den „objektiven Merkmalen" „persönliche (...) Eigenschaften (...) hinzu (...): Bürgernähe, Glaubwürdigkeit und Ehrlichkeit, konzeptionelle Vorstellungen von der Zukunft der Gemeinde (‚Visionen'), Entschlusskraft verbunden mit der Eigenschaft, Chancen zu erkennen und im rechten Moment zuzugreifen."[21] Diese „persönlichen Eigenschaften" sind wichtig, wenn mit „objektiven Merkmalen" gleich ausgestattete Kandidierende konkurrieren. Wenn Kandidierende einen Vorteil bei den „objektiven" Merkmalen Verwaltungskompetenz und Auswärtigkeit aufweisen, werden sie insgesamt im Vorteil gesehen – auch und gerade im Wettbewerb mit hinsichtlich der Bindung an die bei anderen Wahlen präferierte Partei im Vorteil befindlicher Konkurrenz. Einen Nutzen von Parteibindung nennt Wehling an dieser Stelle nicht. Löffler schließt ihn im „Leitfaden" explizit aus: „In den Augen der Wähler ist die Parteizugehörigkeit eines Bürgermeisterkandidaten kein Vorzug."[22]

Wenn Parteibindung und politischer Kontext der Wahl keine Rolle spielen, wenn nur Kandidatenmerkmale wahlentscheidend sind, hat bei (Ober-)Bürgermeisterwahlen dann ein zu Beginn dieses Jahrtausends festgestellter „Trend in Richtung einer stärkeren Personalisierung des Wahlverhaltens"[23] den Endpunkt der „Entkoppelung von Parteien und Wählern"[24] erreicht? Erst an diesem Endpunkt ist laut Ohr von „personalisiertem Wählerverhalten" zu reden, da „der Einfluß der Kandidatenmerkmale auf die Wahlentscheidung stärker ist als derjenige der Parteibindung"[25]?

Dem Ansatz von Wehling und Löffler widerspricht Hoecker[26] aufgrund seiner Untersuchung einer Oberbürgermeisterwahl in einer Großstadt. Er sieht die von Wehling

---

[18] In der „Verwaltungszeitung Baden-Württemberg, Organ des Verbands der Verwaltungsbeamten Baden-Württemberg e.V." Nr. 5/2011 wird Wehling in einem Seminarbericht auf der Seite 19 gar als „Bürgermeisterpapst" bezeichnet - womit die Bedeutung seiner Aussagen unterstrichen wird.

[19] Hans-Georg Wehling: „Wer wird Bürgermeister?", in: Witt: „Karrierechance ...", s.o., S. 39-52, S. 40.

[20] Ebenda.

[21] Ebenda.

[22] Löffler: „Bürgermeisterwahlkampf ...", s.o., S. 74.

[23] Dieter Ohr: "Wird das Wählerverhalten zunehmend personalisierter, oder: Ist jede Wahl anders? Kandidatenorientierungen und Wahlentscheidung in Deutschland von 1961 bis 1998", in: Markus Klein, Wolfgang Jagodzinski, Ekkehard Mochmann und Dieter Ohr (Hrsg.): „50 Jahre Empirische Wahlforschung in Deutschland. Entwicklung, Befunde, Perspektiven, Daten", Wiesbaden, 2000", S. 272-308, S. 298.

[24] A.a.O., S. 277.

[25] Ebenda.

[26] Markus Hoecker: „Die Oberbürgermeisterwahl in Stuttgart 1996 – Parteipolitik und Wahlkampfstrategie: die kommunale Persönlichkeitswahl im Spannungsfeld der modernen Parteiendemokratie – Eine Einzelfallstudie", Stuttgart, 2005.

genannten Kriterien für den Erfolg bei Oberbürgermeister- und Bürgermeisterwahlen in Baden-Württemberg durch die Wahlergebnisse in kleineren Gemeinden geprägt. Nur in allgemein gehaltener Form und nicht in allen Veröffentlichungen – auch nicht im oben zitierten Beitrag - konzediert Wehling, dass mit wachsender Einwohnerzahl die Bedeutung der Orientierungsfunktion der Parteien, ihrer Rolle bei der Bewerberrekrutierung und die Notwendigkeit der von ihnen geleisteten finanziellen sowie organisatorischen Unterstützung im Wahlkampf zunehmen,[27] ohne aber das Primat des personalisierten Wahlverhaltens sowie die Wirksamkeit des erfolgversprechenden Kandidatenprofils in Frage zu stellen. Laut Holtkamp sieht Wehling die starke Konzentration der lokalen Politikforschung auf Groß- und Universitätsstädte als Grund, warum in Kommunen ein hohes Maß an Parteipolitisierung festgestellt wird, die aber laut Wehling nicht das wirkliche Bild in den Gemeinden insgesamt widerspiegelt.[28] Wenn Gemeinden aller Größenklassen in Baden-Württemberg betrachtet werden, ist zu fragen, ob bei Analysen von Direktwahlen in Kommunen aller Größenklassen die Ergebnisse in kleinen Gemeinden durch ihre - im Vergleich mit größeren Städten - große Zahl das Bild vom Wahlverhalten bestimmen. Denn Gemeinden unter 20.000 Einwohner(inne)n machen 91,1 Prozent aller Städte und Gemeinden in Baden-Württemberg aus, fast 80 Prozent der Gemeinden haben weniger als 10.000 Einwohner/innen.[29]
Hoecker begründet Erfolg und Misserfolg der Kandidierenden bei der Oberbürgermeisterwahl in Stuttgart im Jahr 1996 mit deren parteipolitischem Hintergrund und Hilfe der Parteien: „Für das Abschneiden der einzelnen Kandidaten waren die parteipolitischen Hintergründe der Bewerber bzw. das Zusammenspiel mit den sie tragenden politischen Parteien von ausschlaggebender Bedeutung."[30] Auch wenn er vor einer einfachen Übertragung dieser Erkenntnis auf andere Kommunen warnt, weist er insbesondere bei Oberbürgermeisterwahlen auf die Bedeutung von „parteipolitischen Umständen"[31] hin.

Ohne die Umstände zu nennen und ohne den Gedanken auszuführen sieht Löffler an einer Stelle im „Leitfaden" neben Kandidateneigenschaften deren Zusammenwirken mit Umständen der Wahl als entscheidend für den (Ober-)Bürgermeisterwahlsieg: „Der Wahlerfolg lässt sich immer auf das Zusammenwirken verschiedener Kandidatenmerkmale mit äußeren Umständen zurückführen."[32] Die Überlegung veranlasst Löffler nicht, zu prüfen, unter welchen Bedingungen das von ihm, Wehling u.a. beschriebene, durch objektive Kandidatenmerkmale geprägte Erfolgsmuster seltener oder häufiger bei (Ober-)Bürgermeisterwahlen festzustellen ist. Hier setzt mein

---

[27] Siehe u.a. Bundeszentrale für politische Bildung (Hrsg.): Informationen zur politischen Bildung 242 (überarb. Neuauflage 2006): „Kommunalpolitik" (Autor: Hans-Georg Wehling), Bonn, 2006, S. 46-47.
[28] Lars Holtkamp: „Konkordanz- und Konkurrenzdemokratie – Parteien und Bürgermeister in der repräsentativen Demokratie", Wiesbaden, 2008, S. 89. Wehling erklärt bundesweit den Grad der Parteipolitisierung in Kommunen „vor allem mit der Gemeindegröße, dem Kommunalrecht und der politischen Kultur", a.a.O., S. 87. In Großstädten wird eine Annäherung an Politikmuster auf Bundesebene gesehen.
[29] Timm Kern: „Warum werden Bürgermeister abgewählt?", Stuttgart, 2007, S. 110.
[30] Hoecker, s.o., S. 168.
[31] A.a.O., S. 169.
[32] Löffler: „Bürgermeisterwahlkampf ...", s.o., S. 63

wissenschaftliches Erkenntnisinteresse an. Denn wenn das von Löffler, Wehling u.a. als Erfolgsmuster benannte Kandidatenprofil nicht unter allen Umständen gleich wirksam ist, sind die Umstände zu klären. Im Zusammenhang welcher Kontextfaktoren ist das Erfolgsmuster mit den „objektiven" Kandidatenmerkmalen verwaltungskompetent, auswärtig und parteifern unterschiedlich häufig bei (Ober-)Bürgermeisterwahlen festzustellen? Gibt es Unterschiede bei Vor- bzw. Nachteilen? Bei genauer Betrachtung der Literatur sind Abweichungen und Differenzierungen beim als erfolgversprechend für (Ober-)Bürgermeisterwahlen bezeichneten Kandidatenprofil auch in Veröffentlichungen von Autor(inn)en zu finden, die letztlich das oben genannte Erfolgsmuster postulieren. So sieht Wehling historisch begründete Abweichungen im badischen Landesteil Baden-Württembergs mit mehr einheimischen, verwaltungsfernen und parteinahen (Ober-)Bürgermeister/innen als vorübergehende Erscheinung mit der Tendenz zur Angleichung an das ursprünglich württembergische Erfolgsmodell.[33] Kern konstatiert bei Abwahlen mehr Chancen als bei Neuwahlen für „Kommunikationsprofis" mit wenig oder keiner Verwaltungspraxis, aber letztlich sieht er die Wählerpräferenz für das von Wehling beschriebene Kandidatenprofil bestätigt.[34] Bisher wird nicht systematisch gefragt, ob unter unterschiedlichen Rahmenbedingungen Kandidatenmerkmale unterschiedlich häufig als Erfolgsfaktoren zu finden sind. In dieser Arbeit wird die Frage gestellt, ob die von Wehling, Löffler u.a. als Erfolgsfaktoren bezeichneten Kandidatenmerkmale in verschiedenen Kontexten von Oberbürgermeisterwahlen gleich häufig als Merkmal und Vorteil der Sieger/innen vorhanden sind oder ob trotz dieser Merkmale verloren wird. Wenn es Abweichungen vom Erfolgsmuster gibt, ist nach Gemeinsamkeiten von Wahlen zu fragen, deren Ergebnisse nicht den Erwartungen entsprechen.

1.2. Forschungsgegenstand

Bei der Durchsicht der Literatur zur empirischen Wahlforschung wird erkennbar, dass kommunale Wahlen und speziell die in der Bundesrepublik Deutschland auf kommunaler Ebene stattfindenden Direktwahlen der politischen und administrativen Spitze weniger Aufmerksamkeit finden als Wahlen auf anderen politischen Ebenen. Dabei hat die Bedeutung der direkten Wahl der kommunalen Spitze in den letzten Jahren zugenommen. Denn Oberbürgermeister/innen und Bürgermeister/innen werden nun in allen, Landräte und Landrätinnen in der Mehrzahl der deutschen Flächenstaaten und der/die Regionspräsident/in der Region Hannover von den wahlberechtigten Bürgerinnen und Bürgern direkt gewählt.[35]

Um Erklärungsansätze für den Erfolg zu überprüfen und ggf. zu modifizieren, wird in dieser nun vorliegenden Arbeit die Wirksamkeit der in der Literatur genannten

---

[33] Hans-Georg Wehling/H. Jörg Siewert: „Der Bürgermeister in Baden-Württemberg", Stuttgart, Berlin, Köln, Mainz, 2. Auflage 1987, S. 84.

[34] Kern, s.o., S. 204, 225 und 214-215.

[35] Siehe den Überblick in der Tabelle 1 im Anhang aus: Ursula Wolf: „Bürgermeister- und Oberbürgermeisterwahlen in Baden-Württemberg", unveröffentlichtes Diskussionspapier, Stuttgart, Stand 28.12.2002 (Tabelle vom Autor dieser Arbeit aktualisiert). In Schleswig-Holstein wurde die 1996 eingeführte Direktwahl der Landrätinnen bzw. Landräte 2009 wegen niedriger Wahlbeteiligungen wieder abgeschafft. Die Literatur zu Direktwahlen beschäftigt sich überwiegend mit Bürgermeister- und Oberbürgermeisterwahlen, denen auch ich mich zuwende.

Erfolgsfaktoren bei (Ober-)Bürgermeisterwahlen in Baden-Württemberg untersucht – warum diese Beschränkung? Wegen der Vielzahl von Direktwahlen der kommunalen Spitze in jedem Jahr ist für eine qualitative Analyse eine Begrenzung der Zahl der untersuchten Wahlen notwendig. Räumlich beschränke ich mich bei der empirischen Untersuchung auf Baden-Württemberg - nicht nur weil Wehling und andere ihren kandidatenorientierten Deutungsansatz im Wesentlichen aufgrund der Analyse von Wahlen in dem Bundesland entwickelt haben, nicht nur weil ich hier auf eigene Erfahrungen zurückgreifen kann. Dieses Bundesland hat auch, zusammen mit Bayern, die am längsten zurückreichende Tradition der direkten Volkswahl von (Ober-)Bürgermeister(inne)n. Und (Ober-)Bürgermeisterwahlen fanden und finden in Baden-Württemberg in der Regel losgelöst von anderen Wahlen statt. Wenn an einem Tag mehrere (Ober-)Bürgermeisterwahlen stattfinden, ergibt sich dies durch örtliche Entscheidungen im Zusammenhang mit gesetzlichen Fristen für die Neuwahl nach acht Jahren oder bei vorzeitigem Ausscheiden von Amtsinhaber(inne)n.[36] Das Kommunalwahlgesetz wurde erst im Jahr 2005 vom Landtag so geändert, dass Bürgermeister- und Oberbürgermeisterwahlen zeitgleich mit allgemeinen Wahlen stattfinden können, was bis dahin nicht zulässig war. Erstmals fanden am Tag der Landtagswahl 2006 in Baden-Württemberg (Ober-)Bürgermeisterwahlen zeitgleich mit einer anderen Wahl statt. (Ober-)Bürgermeister/innen amtieren hier mit acht Jahren länger als die für fünf Jahre gewählten Gemeinderätinnen und Gemeinderäte. Allein in Baden-Württemberg sind für (Ober-)Bürgermeisterwahlen ausschließlich Einzelbewerbungen möglich. D.h. Kandidierende werden von keiner Partei oder Fraktion im Rat vorgeschlagen, sondern sie bewerben sich individuell.[37]

Dagegen gab und gibt es in Bayern nicht die Trennung der Wahlen. Dort wird in der Regel die Verwaltungsspitze zeitgleich mit Gemeinde- und Kreisräten gewählt. Deren Amtsdauer ist identisch, wenn nicht Neuwahlen der kommunalen Spitze vorzeitig nötig werden. Wenn in Bayern bei der Direktwahl der Verwaltungsspitze im ersten Wahlgang niemand die absolute Mehrheit erhält, findet zwei Wochen später eine Stichwahl zwischen den beiden Erstplatzierten statt.[38] Die Stichwahl ist dann zwar von der allgemeinen Wahl „abgekoppelt", aber eine Vorentscheidung ist durch die Reduzierung des Kandidatenangebots gefallen. In Bayern sind Vorschläge von Parteien oder Wählervereinigungen für die (Ober-)Bürgermeisterwahl die Regel.[39]

Im Allgemeinen können in den Bundesländern außerhalb von Baden-Württemberg zur (Ober-)Bürgermeisterwahl sowohl Einzelbewerber/innen als auch von Parteien oder kommunalen Wählervereinigungen nominierte Kandidat(inn)en antreten. In fast allen Bundesländern werden entweder die Termine der direkten Volkswahl der

---

[36] Hans-Georg Wehling: „Einleitung", in: Hermann Bausinger, Theodor Eschenburg u.a.: „Baden-Württemberg – Eine politische Landeskunde", Stuttgart, Berlin, Köln, 4. Auflage 1996, S. 11-13, S. 12; Hans-Georg Wehling: „Gemeinden und Kommunalpolitik", ebenda, S. 150-171, S. 151ff..

[37] Wehling, in: Bundeszentrale für politische Bildung (Hrsg.), s.o., S. 36.

[38] In Baden-Württemberg gibt es bei (Ober-)Bürgermeisterwahlen einen ersten und zweiten Wahlgang. Wer im ersten die absolute Mehrheit der abgegebenen Stimmen erhält, ist gewählt. Eine einfache Mehrheit reicht für den Sieg im zweiten, der eine „Neuwahl" ist, zu der neben den Bewerber/innen der ersten Runde neue antreten dürfen. Auch in Sachsen ist der zweite Wahlgang keine Stichwahl, sondern eine „Neuwahl", zu der alle Bewerber/innen des ersten antreten können.

[39] Holtkamp: „Konkordanz- und Konkurrenzdemokratie", s.o., S 153.

Verwaltungsspitzen - als Regel mit Ausnahmen bei vorzeitigem Ausscheiden - mit Wahlen zu kommunalen Räten zusammengelegt, oder die Direktwahltermine aller oder mehrerer Gemeinden werden auf einen Tag gelegt. Bei der Zusammenlegung mehrerer (Ober-)Bürgermeisterwahlen und mehr noch bei gemeinsam mit Rats- und Parlamentswahlen abgehaltenen wird der „bundespolitischen Großwetterlage" mehr Einfluss auf Direktwahlergebnisse zugeschrieben als bei Entkopplung der Wahlen.
Durch die Loslösung der (Ober-)Bürgermeisterwahlen von anderen Wahlen und die Betonung der Individualwahl im Wahlrecht besteht in Baden-Württemberg also eine gute Möglichkeit, Faktoren herauszuarbeiten, die zum Erfolg bei direkten Wahlen von Verwaltungsspitzen durch die Bevölkerung beitragen. Trotz weiter bestehender - rechtlicher und politisch-kultureller - Unterschiede zwischen den Bundesländern gewinnen Erkenntnisse aus Baden-Württemberg zum Direktwahlverhalten für andere Bundesländer nach der Einführung der Direktwahl der Verwaltungsspitze an Bedeutung, denn laut Bogumil/Heinelt „verstärken sich Tendenzen einer weiteren Angleichung an das baden-württembergische Grundmodell."[40]

Erarbeitet wurden grundlegende Erklärungsansätze für Erfolge bei Bürgermeister- und Oberbürgermeisterwahlen in Baden-Württemberg entweder durch Analysen von Wahlen in Gemeinden aller Größenklassen – so von Kern und Wehling/Siewert[41]. Oder sie waren Ergebnisse von Fallstudien zu einzelnen Oberbürgermeisterwahlen im Rahmen der empirischen Wahlforschung – so die Studien zu zwei großen Städten[42] von Biege/Fabritius/Siewert/Wehling[43] und Hoecker[44]. Da es im Jahr 2006 in Baden-Württemberg insgesamt 1108 Gemeinden[45] gab und in diesem Bundesland in jedem Jahr über hundert Bürgermeister- und Oberbürgermeisterwahlen stattfinden, ist für eine Untersuchung mit begrenzten Mitteln eine Beschränkung der Stofffülle unumgänglich.[46] Weil die wissenschaftliche Debatte weniger bei der Erklärung von Siegen bei

---

[40] Jörg Bogumil/Hubert Heinelt: „Bürgermeister in Deutschland – Einleitung und Überblick", in: Jörg Bogumil/Hubert Heinelt (Hrsg.): „Bürgermeister in Deutschland – Politikwissenschaftliche Studien zu direkt gewählten Bürgermeistern", Wiesbaden, 2005, S. 7-11, S. 7.

[41] Kern, s.o., Wehling/Siewert, s.o.. Kern und Wehling/Siewert leisten nach ihren Angaben einen Beitrag zur Elitenforschung. Bei Wehling/Siewert (siehe S. 9) prägen die vielen kleineren Gemeinden durch ihre große Überzahl das Bild der Karriere des „typischen" Bürgermeisters (Bürgermeisterinnen gab es Mitte der achtziger Jahre in Baden-Württemberg nicht), der oft ohne Rücksicht auf Parteien und Organisationen ins Amt kommen kann, da der direkte Zugang zu den Menschen mit sinkender Einwohnerzahl einfacher wird und häufig (schlagkräftige) örtliche Parteiorganisationen fehlen.

[42] Es geht um Reutlingen und die Großstadt Stuttgart. Reutlingen ist jetzt ebenfalls Großstadt mit über 100.000 Einwohner/innen, war es aber zum Zeitpunkt der Untersuchung von Biege et. al. noch nicht.

[43] H.P. Biege/G. Fabritius/H.J. Siewert/H.-G. Wehling: „Zwischen Persönlichkeitswahl und Parteientscheidung – Kommunales Wahlverhalten im Lichte einer Oberbürgermeisterwahl", Königstein/TS, 1978.

[44] Hoecker, s.o..

[45] Siehe die Zahlen des statistischen Landesamts Baden-Württemberg; vgl. Theodor Pfizer und Hans-Georg Wehling: „Die Gemeinden und ihre Aufgaben – Eine Einführung", in Theodor Pfizer und Hans-Georg Wehling (Hrsg.): Kommunalpolitik in Baden-Württemberg", Stuttgart, Berlin, Köln, Mainz, 1985, S. 13-126, S. 20. Die Zahl der selbständig verwalteten Gemeinden in Baden-Württemberg sank durch einen Zusammenschluss von acht Gemeinden in Südbaden zum 1.1.2009 auf 1101.

[46] Da es keine festen Termine für (Ober-)Bürgermeisterwahlen gibt, werden die für acht Jahre (regulär nur durch die Altersgrenze verkürzt) zu wählenden Amtsträger/innen das ganze Jahr hindurch an vielen Sonntagen (nur in den Ferien oder an „hohen" Feiertagen seltener oder nicht) gewählt.

Bürgermeisterwahlen in kleineren Gemeinden, sondern immer wieder neu bei der Begründung von Erfolgen bei Oberbürgermeisterwahlen entfacht wird, werden Oberbürgermeisterwahlen in Städten mit über 20.000 Einwohner/innen untersucht und keine Bürgermeisterwahlen einbezogen. Die Reduktion der Stofffülle soll hier nicht so weit gehen, dass aus der Analyse eines einzelnen Fallbeispiels sich möglicherweise ergebende Besonderheiten als Grundlage für Verallgemeinerungen genommen werden. Denn Löffler betont im Hinblick auf erfolgreiche Kandidaturen: „Jede einzelne Wahl ist aber ein singuläres Ereignis.“[47] Um zu allgemeinen und bezüglich der Wirksamkeit von Erfolgsfaktoren differenzierten Aussagen zu gelangen, untersucht die hier vorliegende Arbeit mehr als eine Wahl.

Analysiert werden in meiner Arbeit Oberbürgermeisterwahlen in laut amtlicher Statistik als „Städte“[48] bezeichneten Kommunen mit über 20.000 Einwohner(inne)n. 101 Kommunen mit mehr als 20.000 Einwohner/innen standen in Baden-Württemberg zum Zeitpunkt der Untersuchung 1007 Orte mit einer geringeren Bevölkerungszahl gegenüber.[49] In den 101 Kommunen lebt mit über fünf Millionen Menschen etwa die Hälfte der Bevölkerung Baden-Württembergs.[50] Auch bundesweit wohnt in Kommunen mit mehr als 20.000 Einwohner/innen rund die Hälfte der Bevölkerung Deutschlands.[51] In 98 der 101 Kommunen über 20.000 Einwohner(inne)n amtierten zur Zeit der Untersuchung Oberbürgermeister/innen.[52] Die Frage, wer gewonnen hat, wird für die Oberbürgermeisterwahlen in Baden-Württemberg in den Jahren 2003 bis 2006 gestellt. Die zeitliche Einschränkung auf die vier Jahre von 2003 bis 2006 ist eine zufällige. Mit der Untersuchung eines Teils aller Bürgermeister- und Oberbürgermeisterwahlen wird eine mittlere Ebene gewählt zwischen der Einzelfallstudie und der Analyse der Gesamtheit von Kommunen und Wahlen in einem Bundesland. Dies entspricht dem Ansatz von Kern, der die Zahl der untersuchten Wahlen auf 147 einschränkte, indem er

---

[47] Löffler: „Bürgermeisterwahlkampf ...“, s.o., S. 88.

[48] Die Definition der amtlichen Statistik unterscheidet zwischen „Gemeinden“ mit bis zu 19.999 Einwohner/innen, „Kleinstädten“ zwischen 20.000 und 49.999, Mittelstädten zwischen 50.000 und 99.999 und Großstädten über 100.000 Einwohner/innen, siehe Holtkamp: „Konkordanz- und Konkurrenzdemokratie ...“, s.o., S. 45. In Baden-Württemberg führen einige Kommunen mit weniger als 20.000 Einwohner/innen aufgrund historischer Rechte den Titel „Stadt“, ohne dass das Gemeindeoberhaupt „Oberbürgermeister/in“ heißt, von denen aber keine in die Studie einbezogen ist.

[49] Siehe dazu Kern, a.a.O., S. 110. Drei Kommunen mit über 20.000 Einwohner/innen, deren Verwaltungschefs im Untersuchungszeitraum den Titel „Bürgermeister“ trugen, sind nicht einbezogen; in einer dieser drei Städte fand 2006 eine Wiederwahl statt.

[50] Siehe die Tabelle 15.1. in: Schmid, Josef/ Zolleis, Udo:“ Wahlkampf im Südwesten“, Berlin, 2007, S. 269 und die Angaben des statistischen Landesamts Baden-Württemberg; in diesem Land leben über 10 Millionen Menschen, davon über 5 Millionen in Kommunen mit über 20.000 Einwohner/innen.

[51] Wenn die drei Stadtstaaten mit ihren vier Städten dazugerechnet werden, leben über 58 Prozent der bundesdeutschen Bevölkerung in „Städten“. Werden nur die Flächenländer betrachtet, leben fast 48 Prozent der Einwohner/innen in Kommunen über der 20.000er-Grenze, Quelle: Gemeindeverzeichnis der Statistischen Ämter des Bundes und der Länder (internetbasierte Datenbank). Bundesweit leben und arbeiten in Deutschland drei Viertel der Bevölkerung in den „Stadtregionen“, also in den Städten selbst und ihrem nahen Umland; siehe DEMO 3/2009, S. 6.

[52] In Baden-Württemberg werden Oberbürgermeister/innen in der Regel in Städten mit über 20.000 Einwohner/innen gewählt, aber die Kommune muss beschließen, das Land muss genehmigen, dass das Gemeindeoberhaupt „Oberbürgermeister/in“ heißt. Es gibt keinen Automatismus beim Sinken unter oder Steigen über die 20.000 Einwohnergrenze. Im Jahr 2009 wurden zwei Städte, 2013 wurde eine weitere zur „Großen Kreisstadt“ ernannt, so dass dort seither Oberbürgermeister/innen amtieren.

die auswählte, bei denen wieder antretende (Ober-)Bürgermeister/innen in drei Jahrzehnten nicht wieder gewählt wurden. Bei seiner und der vorliegenden Studie wird jeweils ein Ausschnitt aus allen (Ober-)Bürgermeisterwahlen in einem begrenzten Zeitraum gewählt.
Im Untersuchungszeitraum fanden 44 Oberbürgermeisterwahlen statt. D.h. in dieser Zeit wurden von den 98 in Baden-Württemberg am Ende des Jahres 2006 amtierenden Oberbürgermeister/innen rund 45 Prozent neu- oder wiedergewählt.[53] Um Unterschiede zwischen den Wahlarten erkennen zu können, werden in der hier vorliegenden Arbeit sowohl Ab- und Wiederwahlen als auch Neuwahlen untersucht. Diese Wahlen unterscheiden sich dadurch, dass Amtsinhaber/innen wieder oder nicht mehr antreten. Denn bisherige Forschungsergebnisse deuten darauf hin, dass Wieder- und Abwahlen durch den positiv oder negativ gewerteten Amtsbonus stark geprägt sind und sich daher von Neuwahlen unterscheiden. Unter den 44 Oberbürgermeisterwahlen sind 22 Neuwahlen, bei denen keine Amtsinhaber/innen antreten, sowie 22 Ab- und Wiederwahlen, bei den Amtsinhaber/innen sich (erfolglos oder erfolgreich) wieder bewerben.

1.3. Methodisches Vorgehen

Unterscheiden sich (Ober-)Bürgermeisterwahlen durch ausschließlich kandidatenorientierte Wahlentscheidungen von anderen politischen Wahlen? Brettschneider sieht zunehmende Personalisierung bei Wahlen nicht als generellen Trend bestätigt. Er stellt in einer grundlegenden empirischen Untersuchung fest, dass Personalisierung von Wahl zu Wahl unterschiedlich stark ausfalle[54] und nur bei passender Kandidatenkonstellation und politischer Ausgangslage die Wahlkampfstrategie der „Entkopplung von Kandidat und Partei“[55] zum Erfolg führt. Personalisiertes Wahlverhalten ist für ihn abhängig von institutionellen, situativen und individuellen Faktoren[56]. Fallen Oberbürgermeisterwahlen aus dem Rahmen der Erkenntnisse der empirischen Wahlforschung heraus, da Aussagen zur Bedeutung fester Parteibindungen und kurzfristig wirkender Einflussfaktoren für das Wahlverhalten überwiegend auf der Analyse überörtlicher, allgemeiner Wahlen beruhen?[57] Spielt die in der Forschung festgestellte Zunahme instrumenteller Wahlentscheidungen keine Rolle bei Oberbürgermeisterwahlen?[58] Um den von der empirischen Wahlforschung gesteckten Rahmen auszuleuchten und Erkenntnisse über wahlentscheidende Faktoren bei Oberbürgermeisterwahlen in diesen Zusammenhang zu stellen, werden im ersten

---

[53] Im Anhang 2 sind die bis Ende des Jahres 2007 gewählten Oberbürgermeister/innen aufgeführt.
[54] Frank Brettschneider: „Spitzenkandidaten und Wahlerfolg. Personalisierung – Kompetenz – Parteien. Ein internationaler Vergleich“, Wiesbaden, 2002, S. 207
[55] A.a.O., S. 16; Auch Gramling spricht von „Entkopplung von Partei und Kandidat“ – siehe: Roland Gramling: „Der Kandidat ist online! Politische Kommunikation im Internet“, Diplomarbeit, Hochschule Darmstadt, 2006, S. 23 ff..
[56] Brettschneider: „Spitzenkandidaten ...“, s.o., S. 207.
[57] Siehe etwa Rainer-Olaf Schultze: „Wahlforschung/Wahlsoziologie“, in: Dieter Nohlen (Hrsg.): „Wörterbuch Staat und Politik“, Bonn, 1991, S. 769-777, insbesondere S. 773.
[58] Siehe etwa Rainer-Olaf Schultze: „Wählerverhalten im Zeichen strukturierter Vielfalt“, in: Der Bürger im Staat 2/2009, S. 82-89, S. 82.

Literaturkapitel dieser Arbeit grundlegende Erklärungsansätze für das Wahlverhalten dargestellt.
Im zweiten Teil des Literaturberichts werden in der Wissenschaft diskutierte Erfolgsfaktoren bei (Ober-)Bürgermeisterwahlen in Baden-Württemberg erörtert. Am Beginn der systematischen wissenschaftlichen Forschung dazu steht die Frage, ob es ein eigenständiges kommunales Wahlverhalten gibt oder ob kommunales Wahlverhalten überwiegend ein Reflex „gesamtsystemaren Wahlverhaltens“[59] ist. Nach dieser Frage werden in diesem Teil der Arbeit neben den bereits genannten Kandidatenmerkmalen weitere in der Literatur zu findende Faktoren dargestellt, die zum Erfolg bei (Ober-)Bürgermeisterwahlen beitragen. Aus der Auswertung der wissenschaftlichen Literatur heraus werden Forschungsfragen zur Analyse der Oberbürgermeisterwahlen entwickelt.

Der Literaturbericht schafft die Grundlage für die Analyse der Oberbürgermeisterwahlen in Baden-Württemberg in vier Jahren unter dem Aspekt, welche Faktoren die Wahlentscheidung bestimmten. Ein Faktor, der zum Wahlsieg beiträgt, wird hier als „Erfolgsfaktor“ bezeichnet. Zum Begriff der „Erfolgsfaktoren“ findet sich in der betriebswirtschaftlichen Literatur, z.B. bei Pörner, eine Definition, die - bezogen auf Oberbürgermeisterwahlen - dieser politikwissenschaftlichen Arbeit zugrunde gelegt wird: „Unter Erfolgsfaktoren verstehen wir alle Faktoren, von denen man annehmen kann, dass sie den unternehmerischen Erfolg oder Misserfolg entscheidend beeinflussen.“[60] Es geht um Faktoren, die über Besonderheiten bei einzelnen Wahlen hinaus wirksam und verallgemeinerbar als Erfolgsfaktoren bei Oberbürgermeisterwahlen zu sehen sind. Eine kritische Anmerkung zum betriebswirtschaftlichen „Erfolgsfaktorenkonzept“ lautet, dass bei den „strategischen Erfolgsfaktoren“ für Unternehmen das Umfeld nicht aus dem Blick verloren werden darf und Erfolgsfaktoren nicht an jeder Stelle, zu jeder Zeit gleich wirken. Gefragt wird daher in der vorliegenden Arbeit, ob die Erfolgsfaktoren unter unterschiedlichen Rahmenbedingungen in gleichem Maß wirksam sind.

Im „Handbuch Wahlforschung“ führt Schoen aus, dass die empirische Wahlforschung methodisch auf aggregierte Sekundär- und individuell erhobene Primärdaten zurückgreift.[61] Eine als Methode für die Untersuchung der 44 Wahlen denkbare, repräsentative Befragung Wahlberechtigter in 44 Städten wäre angesichts begrenzter Ressourcen eine kaum zu bewältigende Hürde gewesen. Wenn eine solche umfangreiche Befragung durchgeführt worden wäre, wäre damit der Aspekt individueller Begründungen für Wahlentscheidungen vertieft worden. Erfasst werden durch Befragungen Verhaltensabsichten der Befragten oder deren retrospektive - z.T. die

---

[59] So in der Zusammenfassung des Beitrags von Paul Kevenhörster: „Parallelen und Divergenzen zwischen gesamtsystemarem und kommunalem Wahlverhalten“, in: Franz Schuster (Hrsg.): „Kommunales Wahlverhalten“, S. 241-284, auf S. XXIII.
[60] Ronald Pörner: „Die Net-Economy – Besonderheiten und Strategische Erfolgsfaktoren“, in: Manschwetus, U./Rumler, A.: „Strategisches Internetmarketing – Entwicklungen in der Net-Economy“, Wiesbaden, 2002 und auf der Homepage von Prof. Dr. Ronald Pörner, S. 7-8 der Homepageversion.
[61] Harald Schoen: „Daten in der empirischen Wahlforschung“, in: Jürgen W. Falter, Harald Schoen (Hrsg.): „Handbuch Wahlforschung“, Wiesbaden, 2005, S.89-104, S. 90.

sozial erwünschte - Wahrnehmung ihres Verhaltens. Die Auswertung wissenschaftlicher Literatur zeigt, dass Erkenntnisse zu Strukturmerkmalen von Wahlentscheidungen, um die es in dieser Arbeit geht, auch auf andere Weise als durch Befragungen gewonnen werden. Die bei Umfragen genannten Gründe für die Entscheidung bei (Ober-)Bürgermeisterwahlen entsprechen denen, die sich aus der Auswertung von Sekundärdaten ergeben. In Bezug auf Kandidatenmerkmale zeigt dies etwa die Befragung von Tabor[62], in der gleichzeitig Entscheidungskriterien genannt werden, die sich nicht in der realen Wahlentscheidung niederschlagen. Die von ihm erfragten Erwartungen an (Ober-)Bürgermeister/innen entsprechen einerseits den Merkmalen, die bei anderen Studien auch durch Analyse von Sekundärdaten gewonnen werden. Die Befragten wünschen sich als „Bürgermeister“ einen „relativ jungen, ortsfremden und verheirateten Verwaltungsfachmann mit einem überwiegend distanzierten Verhältnis zu politischen Parteien“.[63] Anderseits schlagen sich von den Interviewten formulierte neue Ansprüche nicht in Wahlergebnissen nieder, sondern werden sich nach Tabors Auffassung erst in Zukunft durch entsprechendes Wahlverhalten auf das Sozialprofil der Gewählten auswirken, nämlich mit der Wahl von mehr Frauen und mehr Universitätsabsolvent(inn)en.[64]

Um Strukturmerkmale bei den Entscheidungen der 44 Oberbürgermeisterwahlen herauszuarbeiten, werden in dieser Arbeit öffentlich zugängliche Sekundärdaten ausgewertet: Wahldaten (Ergebnisse, Wahlbeteiligung) sowie Faktoren, die in Veröffentlichungen genannt und als für das Ergebnis entscheidend bezeichnet werden. Quellen sind Veröffentlichungen von für die Wahlen zuständigen Behörden wie statistischen Ämtern, bereits vorhandene wissenschaftliche Abhandlungen zu einigen Oberbürgermeisterwahlen sowie auf das Lokalgeschehen bezogene, gedruckte und elektronische, meist tagesaktuelle Medien. Bei letzteren handelt es sich überwiegend um in Papierform oder im Internet veröffentlichte Ausgaben von Tageszeitungen, die mehr Artikel zu Oberbürgermeisterwahlen in Städten enthalten als zu Bürgermeisterwahlen in kleineren Gemeinden. Nicht immer wurde komplett die Berichterstattung über die ganze Zeit vor und während der Wahlkämpfe ausgewertet, aber immer die Analyse nach der Wahl in den Medien, da in den Artikeln nach der Wahl die wahlentscheidenden Faktoren geschildert werden. Bei der Analyse von Sekundärdaten sind Forscher/innen nicht wie bei einer Befragung auf die Kooperation mit Beteiligten angewiesen. Nachträglich können bei Befragungen Geschehnisse zurechtgerückt werden.[65]

Bei der Untersuchung einer großen Zahl von Fallbeispielen gilt generell die Inhaltsanalyse, die Auswertung von Texten, als probate Methode.[66] Die Analyse der Medien und der Fachliteratur liefert die Außensicht professioneller Beobachter/innen -

---

62 Manuel Tabor: „Bürgermeister in Baden-Württemberg – Anspruch und Wirklichkeit. Eine Untersuchung von Sozialprofil und Aufgaben der Amtsinhaber, sowie der Anforderungen und Vorstellungen der Wähler“, Diplomarbeit, FH Kehl, 2006.

63 A.a.O., S. 46.

64 A.a.O., S. 47.

65 Vgl. Broschek/Schultze, s.o., S. 31.

66 Siehe zur Inhaltsanalyse Ulrich von Alemann/ Erhard Forndran: „Methodik der Politikwissenschaft“, Stuttgart, Berlin, Köln, Mainz, 1974, S. 163 ff..

dazu gehören die Lokaljournalist(inn)en - zur Wahlentscheidung vor Ort und in deren Auswahl die Sicht der Beteiligten. Auch wenn in Betracht gezogen wird, dass Journalist(inn)en selbst in das örtliche Geschehen einbezogen sind, sind sie in der Regel weniger parteiisch als unmittelbar an der Wahlauseinandersetzung Beteiligte. Die Inhaltsanalyse schützt damit ein Stück weit vor der Betriebsblindheit der in das Wahlgeschehen direkt Involvierten[67], die zu beachten ist bei der Auswertung von Experteninterviews dieser Personengruppe. Löffler weist auf das Risiko der Nutzung von Kandidatenbefragungen hin und warnt, Erfahrungen sowie Ratschläge erfolgreicher Bewerber/innen einfach zu verallgemeinern: „methodisch unzulässig ist es, aus einem einzelnen erfolgreichen Wahlkampf allgemeine Schlussfolgerungen für eine erfolgreiche Wahlkampfführung abzuleiten, wie das Bürgermeister gerne tun. Denn was im einen Fall erfolgreich ist, kann im nächsten Fall der Grund für ein Scheitern sein."[68] Anders als bei Kern werden daher in der vorliegenden Arbeit nicht Antworten Beteiligter und von Fachleuten auf gezielte Fragen präsentiert. Vielmehr wurden unstandardisierte Interviews vor Ort geführt zur Einschätzung des Geschehens, die hier nicht explizit dokumentiert werden. Eigene Beobachtungen ergänzen das Gesamtbild, aber deren Verwertung ist durch eigene mittelbare oder unmittelbare Beteiligung an einem Teil der Wahlen Grenzen gesetzt.

Gegenüber Befragungen bieten Inhaltsanalysen „manifest gewordener Kommunikationsprozesse"[69] in Medien den Vorteil leichterer Reproduzierbarkeit der Ergebnisse. Die Auswertung von Medieninhalten, insbesondere Tageszeitungen, bildet auch bei den Arbeiten von Kern und Hoecker die Grundlage für die Erforschung von Gründen für den Erfolg bei (Ober-)Bürgermeisterwahlen in Baden-Württemberg[70]. Anders als Kern habe ich Strukturdaten wie Einwohnerzahlen, Wahlergebnisse oder Angaben zu den Bewerber/innen nicht per Fragebogen bei den Kommunen, sondern an Hand der Quellen direkt erhoben.[71] Eine mit den Studien von Hoecker und Kern vergleichbare Methodik erleichtert den Vergleich der Ergebnisse der Untersuchungen.

Die 44 untersuchten Wahlen werden entlang der Kontextbedingung, ob Amtsinhaber/innen kandidieren, in Ab-, Wieder- und Neuwahlen unterschieden. Die Neuwahlen werden aufgrund der Beziehung der Sieger/innen zu den bei Rats- und Parlamentswahlen im Untersuchungszeitraum dominierenden Parteien und des Verhaltens der örtlichen politischen Kräfte - Konkurrenz oder Übereinkunft - bei der Wahl kategorisiert. Die Oberbürgermeisterwahlen werden zunächst einzeln analysiert als Fallbeispiele. Diese Fallstudien mit der Erklärung von Ergebnissen in einzelnen Städten bieten die Möglichkeit, die Komplexität und Besonderheiten von Oberbürgermeisterwahlentscheidungen darzustellen. Die Einzelanalysen beleuchten den Kontext und mögliche Besonderheiten der 44 Oberbürgermeisterwahlen.

Mit der Untersuchung auf einer Ebene zwischen Totalerhebung aller Wahlen und Einzelfallanalyse wird vermieden, einerseits einen Sonderfall zu verallgemeinern und

---

[67] Siehe Hoecker, s.o., zur Methodik bei ihm die Seiten 13 ff..
[68] Löffler: „Bürgermeisterwahlkampf…", s.o., S. 88.
[69] Jürgen Kriz: „Empirische Sozialforschung", in: Dieter Nohlen, a.a.O., S. 109-112, insbes. S. 110.
[70] Siehe Kern, s.o., S. 36 und Hoecker, s.o., S.23 zur Beurteilung von Zeitungsartikeln als deren zentrale Quelle für ihre Studien. Kern nutzt die Pressespiegel der Gemeindeverwaltungen.
[71] Siehe Kern, s.o., S. 31-36, zu seinem methodischen Vorgehen.

andererseits nur Zahlen zu interpretieren, ohne den Kontext der Wahlen zu kennen. Um der von Holtkamp genannten Gefahr zu entgehen, dass aus Fallstudien gewonnene Erkenntnisse zu einer „Überbetonung lokaler Spezifika“[72] führen, und die generelle Relevanz der für einzelne Wahlen bedeutsamen Entscheidungsfaktoren zu erkennen, werden aus den Fallbeispielen gewonnene Erkenntnisse in Beziehung zu einander gesetzt. Verglichen werden auf Grund der Auswertung der Quellen Merkmale der im entscheidenden Wahlgang Erst- und Zweitplatzierten[73] in verschiedenen Kontexten. Um Unterschiede der Merkmalsausprägungen bei unterschiedlichen Wahlkonstellationen zu erkennen, werden auch Sieger/innen unter unterschiedlichen Konkurrenzbedingungen miteinander verglichen. Die beschreibende Statistik ermöglicht Aussagen über die Häufigkeitsverteilung von Erfolgsfaktoren bei dem als Stichprobe zu sehenden Ausschnitt aus der Gesamtheit der Wahlen. Die zusammenfassende Analyse der Wahlen zeigt statistisch signifikante Muster auf. Aufgrund des Vergleichs der Kandidatenmerkmale ergeben sich Gemeinsamkeiten und Unterschiede beim Erfolgsmuster. Der Typenbildung[74] bei Scholz nach der Auswertung von 19 Karrieren und Führungsstilen von Oberbürgermeisterinnen[75] vergleichbar werden Typen gebildet, die sich unterscheiden durch verschieden große Bedeutung von Erfolgsfaktoren.
Bisher fehlt in der Literatur der Vergleich Erst- und Zweitplatzierter bei mehreren und verschiedenen Arten von (Ober-)Bürgermeisterwahlen unter Einbeziehung des Kontexts. Aus Erhebungen zu Merkmalen amtierender (Ober-)Bürgermeister/innen in Baden-Württemberg wurde etwa von Bäuerle, Wehling u.a.[76] geschlossen, wie gesiegt wird. Aus dem Vorhandensein überwiegend parteiloser, vor ihrer Wahl auswärtiger und bereits verwaltungserfahrener Amtsinhaber/innen wurde ein Erfolgsmuster für Wahlen entwickelt, das hier durch den Vergleich Erst- und Zweitplatzierter in verschiedenen Kontexten überprüft wird.

[72] Holtkamp: „Konkordanz- und Konkurrenzdemokratie…“, s.o., S. 47.
[73] Wie bei der unter Leitung von Witt/Krause durchgeführten Studie beschränke ich mich auf die im entscheidenden Wahlgang an erster und zweiter Stelle Platzierten, da so hinreichend Unterschiede deutlich werden; siehe Paul Witt/ Christina Krause: „Wer wird gewählt? Wer wird nicht gewählt? Eine Analyse von Erfolgsaussichten bei Oberbürgermeister- und Bürgermeisterwahlen“. Empirisches Fachprojekt von Studierenden der Hochschule für öffentliche Verwaltung Kehl, Kehl, 2011/2012. Daten zu Erst- und Zweitplatzierten werden dort nicht direkt, sondern nur durch Befragungen erhoben.
[74] Zu Typenbildung siehe etwa Susann Kluge: „Empirisch begründete Typenbildung in der qualitativen Sozialforschung“, in: Forum Qualitative Sozialforschung, 1(1), Art. 14, http://nbn-resolving.de/urn:de:0114-fqs0001145, 2000, Revised 7/2008, von Alemann/Forndran, s.o., S.110 f..
[75] Vergleiche Anja Scholz: „Oberbürgermeisterinnen in Deutschland. Zum Erfolg weiblicher Führungspersönlichkeiten“, Wiesbaden, 2004, S. 32 und S. 237 ff..
[76] Wehling/Siewert, s.o.; Siegfried Bäuerle: „Bürgermeister – Zur Charakteristik einer interessanten Berufsgruppe – Eine empirische Untersuchung, in: Norbert Roth: „Position und Situation der Bürgermeister in Baden-Württemberg“, Stuttgart, Berlin, Köln, 1998, S. 61–101.

2. Erkenntnisse der empirischen Wahlforschung zu Determinanten von Wahlentscheidungen

Welche Ansätze zur Erklärung des Wahlverhaltens gibt es in der empirischen Wahlforschung? Wird damit eine Grundlage gelegt für die Erklärung von Entscheidungen bei Oberbürgermeisterwahlen? Zunächst werden grundlegende theoretische Ansätze der empirischen Wahlforschung aufgezeigt. Danach werden auf der Grundlage dieser Erklärungsansätze benannte Determinanten für politische Wahlentscheidungen in der Bundesrepublik Deutschland beschrieben und auf Oberbürgermeisterwahlen bezogen.

2.1. Theoretische Ansätze zur Erklärung des Wahlverhaltens

Wahlgeographische Untersuchungen waren Anfang des 20. Jahrhunderts bahnbrechend für die systematische Wahlforschung. Siegfried gilt als Begründer der wissenschaftlichen Wahlgeographie[77]. Aus heutiger Sicht ist zu sagen, dass aus der in wahlgeografischen Untersuchungen zu Grunde gelegten Topographie und den Naturfaktoren keine deterministischen, sondern eher indirekte Schlussfolgerungen zu ziehen sind. Die damit zusammenhängende Wirtschaftsstruktur und Lebensweise beeinflussen politische Einstellungen.[78] Falter und Winkler sehen im „Handbuch Wahlforschung“ diesen Ansatz als weiterhin sinnvolle Ergänzung derzeit dominierender Ansätze zur Erklärung langfristig orientierten Wahlverhaltens, da Faktoren in ihrem räumlichen Kontext untersucht werden und damit „sozusagen das gesamte politische ‚Klima‘ einer Landschaft untersucht wird“[79].
Wehling knüpft mit dem Konzept der „regionalen politischen Kultur“ an die Erkenntnisse wahlgeografischer Untersuchungen an. Er etablierte damit ein Erklärungsmodell für regionale Unterschiede im Wahlverhalten. Laut Wehling entwickelt sich die politische Kultur über Jahrzehnte und Jahrhunderte hinweg innerhalb gegebener (Herrschafts-)Grenzen.[80] Unter politischer Kultur versteht er „Glaubenssysteme, Wertvorstellungen, Einstellungen, Denkweisen sowie die Wissensvorräte, die Individuen als Mitglieder einer Gruppe teilen.“[81] Wirtschaftliche Lebensbedingungen mit ihren Auswirkungen auf den Alltag, „ideologisch-religiöse Prägungen“ und „historische Schlüsselereignisse“ setzen „sich als abstrakte, geronnene Erfahrung im kollektiven

---

[77] André Siegfrieds Studie über Wahlen und politische Strömungen in Nordfrankreich „Tableau politique de la France de l'Ouest sous la Troisième République, Genf 1913 (Nachdruck 1980) wird als grundlegendes Werk gesehen.
[78] Siehe dazu Jürgen W. Falter und Jürgen R. Winkler: „Wahlgeographie und Politische Ökologie“, in: Falter, Schoen: „Handbuch...“ s.o., S. 107 ff. sowie Dieter Roth: „Empirische Wahlforschung“, Opladen, 1998 (unveränderte Neuauflage: Wiesbaden, 2006 – die Seitenzahlen beziehen sich auf die Auflage von 1998), S. 14.
[79] A.a.O., S. 132; Falter/Winkler zitieren aus Rudolf Heberle: „Hauptprobleme der politischen Soziologie“, Stuttgart, 1967, S. 228.
[80] Siehe Hans-Georg Wehling: „Oberschwaben – Umrisse einer regionalen politischen Kultur“, in: Hans-Georg Wehling (Hrsg.): „Oberschwaben“, Stuttgart, Berlin, Köln, 1995, S. 11-43, S. 13.
[81] Hans-Georg Wehling: „Politische Kultur, Wahlverhalten und Parteiensystem in Baden-Württemberg“, in: Michael Eilfort (Hrsg.): „Parteien in Baden-Württemberg“, Stuttgart, 2004, S. 201-218, S. 204.

Gedächtnis der Menschen fest."[82] Holtkamp definiert „politische Kultur" allgemein „als durch Jahrzehnte zurückreichende Traditionen beeinflusste politische Verhaltensweisen"[83]. Historische Entwicklungen und die Zugehörigkeit zu lokal verankerten Gruppen führen zu unterschiedlichen politischen Kulturen in verschiedenen Regionen eines Landes.
Wehling hat insbesondere am Beispiel von Baden-Württemberg aufgezeigt, dass es innerhalb eines Bundeslandes nicht nur eine politische Kultur gibt, sondern unterschiedliche regionale politische Kulturen, die auch das Wahlverhalten beeinflussen. Regionale politische Kulturen entstehen innerhalb der politischen (Außen-)Grenzen größerer politischer Einheiten etwa in Abgrenzung zu neuen Herrschaften.[84] Es können gleichzeitig unterschiedliche Traditionen und damit Schichten der politischen Kultur wirksam sein. Zur gleichen Zeit können sowohl innerhalb neu gezogener - etwa größere Gebiete umfassender - Grenzen entwickelte Verhaltensweisen als auch innerhalb alter - engerer - Grenzen entstandene Traditionen wirken.[85] Die Schichten liegen übereinander, ältere Traditionen werden nicht einfach ausgelöscht. Die Grundmuster des Wahlverhaltens werden in diesem Ansatz als veränderbar beschrieben.[86]
Mit dem Konzept der politischen Kultur werden Wählerpotentiale beschrieben. Denn politische Einstellungen und strukturelle Voraussetzungen tragen in sich keine Zwangsläufigkeit für das Wahlverhalten.[87] Das Wahlverhalten wird durch die politische Kultur vorbestimmt, aber nicht endgültig determiniert. Da also nicht zwangsläufig eine Partei gewählt wird, sind Strategien notwendig zur dauerhaften Bindung der Bewohner/innen einer Region an eine Partei und zur Mobilisierung möglicher Wähler/innen. Für den nachhaltigen Erfolg ist es laut Wehling unerlässlich, dass die Partei zur politischen Kultur passt: „Der Erfolg einer politischen Partei hängt langfristig davon ab, wie gut sie zu einer gegebenen politischen Kultur passt."[88] Die strategische Aufgabe der lang- und kurzfristigen Erschließung von Wählerpotentialen, d.h. der Umsetzung dieser Potentiale in Wählerstimmen, stellt sich nicht nur unter dem Blickwinkel dieses Ansatzes, sondern auch anderer Ansätze zur Erklärung des Wahlverhaltens.

Langfristig konstantes Wahlverhalten beschreibt auch das von Lipset und Rokkan[89] formulierte makrosoziologische Erklärungsmodell. Es setzt an den vier von ihnen konstatierten Hauptkonfliktlinien („cleavages") an, entlang derer die modernen westeuropäischen Gesellschaften gespalten sind: Die Konfliktlinien verlaufen zwischen

---

[82] Ebenda.
[83] Holtkamp: „Konkordanz- und Konkurrenzdemokratie...", s.o., S. 113
[84] Wehling: „Politische Kultur..., s.o., S. 204.
[85] A.a.O., S. 205.
[86] Wehling: „Oberschwaben...", s.o., S. 40.
[87] Siehe dazu etwa Ulrich Eith: „Wählerverhalten in Baden-Württemberg – Strukturen, Akteure, Entwicklungslinien", in: Michael Eilfort (Hrsg.): „Parteien in Baden-Württemberg", Stuttgart, 2004, S. 219-229, S.227.
[88] Wehling: „Politische Kultur...", s.o., S. 217.
[89] Seymour Martin Lipset/ Stein Rokkan: „Cleavage Structures, Party Systems and Voter Alignments", in: Lipset, Seymour Martin/Rokkan, Stein (Hrsg.): „Party Systems and Voter Alignments: Cross National Perspectives", New York 1967, S. 1-64.

Zentrum und (unterworfener) Peripherie eines Landes, zwischen Staat und Kirche, zwischen städtischen und ländlichen Gebieten sowie zwischen Kapital und Arbeit.[90] Um politisch wirksam zu werden, müssen die durch diese Konfliktlinien bedingten gesellschaftlichen Konflikte durch Kollektivorganisationen vertreten und vermittelt werden. Die gesellschaftlichen Großgruppen binden sich zur Durchsetzung ihrer Interessen an Parteien oder gründen diese selbst bzw. wirken an deren Gründung mit. Das Wahlverhalten der Bevölkerung wird in diesem Ansatz durch deren Zugehörigkeit zu sozialen Gruppen und entsprechenden Milieus erklärt. Die mit sozialen Gruppen bzw. Milieus verbundenen Menschen wählen eine bestimmte Partei, weil sie in dieser ihre Interessenvertretung in der Politik sehen. Diese, die Gesellschaft grundlegend prägenden („klassischen") Konfliktlinien markieren auch in heutiger Zeit deutliche Unterschiede im Wahlverhalten großer Teile der Bevölkerung.[91] Der Ansatz von Lipset/Rokkan liefert eine Erklärung für langfristige Parteipräferenzen, aber nicht für kurzfristig determinierte Wahlentscheidungen.[92]

Lazarsfeld u.a. entwickelten ein mikrosoziologisches Modell zur Erklärung konstanter und wechselnder Wahlentscheidungen. Sie stellten in ihrer für diesen Ansatz grundlegenden Studie „The People's Choice"[93] fest, dass insbesondere das familiäre Umfeld, die Konfessionszugehörigkeit, der sozio-ökonomische Status und die Wohngegend in starkem Maß das Wahlverhalten der Menschen bei der US-Präsidentschaftswahl 1940 bestimmt hatten. Bei Befragten, deren politische Präferenzen sozial determiniert waren, wurde in der Untersuchung festgestellt, dass im Wahlkampf verbreitete Informationen nur selektiv wahrgenommen wurden. „Parteipropaganda" und Informationen aus anderen Quellen dienten weniger zur Meinungsbildung, sondern mehr zur Begründung und Stabilisierung einer Wahlentscheidung.[94] Auch in weiteren Studien im Rahmen dieses Ansatzes wurde festgestellt, dass ein homogenes soziales Umfeld zu einem dem entsprechenden Verhaltensdruck und einer damit einhergehenden Wahlnorm für den einzelnen Menschen führt. Den stärksten Einfluss üben dabei Familie und enger Freundeskreis aus.[95] Als zweit- und drittwichtigste Faktoren, die zur Übernahme politischer Präferenzen beitragen, sieht Schoen die Häufigkeit der Kontakte und die politische Einheitlichkeit des

---

[90] A.a.O., auf S. 14 werden schematisch die „four critical lines of cleavage" dargestellt.

[91] Siehe Harald Schoen: „Soziologische Ansätze in der empirischen Wahlforschung", in: Falter, Schoen: „Handbuch...", s.o., S. 135-185, S. 135 ff. sowie Roth, s. o., S. 23 ff..

[92] Mit den „cleavages" in den westlichen Gesellschaften sind immer noch wesentliche Grundzüge der Parteienstruktur in westeuropäischen Ländern erklärbar. Veränderungen der Parteienlandschaft in den letzten Jahrzehnten sind mit neuen Konfliktlinien wie der ökologischen und damit verbundenen neuen Organisationen begründbar. Siehe dazu u.a. Wehling: „Politische Kultur..., s.o., S. 202.

[93] Paul F. Lazarsfeld, Bernard Berelson, Hazel Gaudet: "The People's Choice. How the Voter makes up his Mind in a Presidential Campaign", Chicago, 1968 (2. Auflage).

[94] Siehe dazu Paul F. Lazarsfeld, Bernard Berelson, Hazel Gaudet: "Wahlen und Wähler. Soziologie des Wahlverhaltens", Neuwied und Berlin, 1969, S. 124-130; vgl. auch Kai Arzheimer und Jürgen W. Falter: „Wahlen und Wahlforschung", in: Herfried Münkler (Hrsg.): Politikwissenschaft. Ein Grundkurs", Reinbek bei Hamburg, 2003, S. 553-586, S 566.

[95] Siehe dazu u.a. Schoen, s.o., S. 138; zum Modell auch Andreas M. Wüst: „Wahlverhalten in Theorie und Praxis: die Bundestagswahlen 1998 und 2002", in: Bayerische Landeszentrale für politische Bildungsarbeit (Hg.): „Parteien und Wahlverhalten in Deutschland", München, 2003, S. 90-117.

Umfeldes.[96] Je weniger homogen das Umfeld ist, desto widersprüchlicher werden die Verhaltenserwartungen.[97] Nichtwahl und Wechselwahl können Folge eines inhomogenen Umfeldes sein.

Campbell/Converse/Miller/Stokes stellen in ihrer Studie „The American Voter"[98] bei Wähler(inne)n eine grundsätzliche, sozialpsychologisch begründete, Identifikation mit einer Partei fest. Die „Parteiidentifikation" ist eine langfristig stabile Bindung, die auch als „psychologische Parteimitgliedschaft" (im Gegensatz zu „formaler" Mitgliedschaft) bezeichnet wird. Diese Bindung wird nicht nur durch soziale Herkunft, sondern durch eine Vielzahl von Einflüssen im Laufe des Lebens determiniert. Die damit verbundene politische Grundeinstellung wirkt als Filter für die Wahrnehmung sowie Wertung politischer Ereignisse und sorgt in der Regel für eine Festigung von Einstellungen und dementsprechende Wahlentscheidungen.[99] Langfristig stabil ist die Parteiidentifikation, wenn alle Einstellungen einer Person konform gehen. Sowohl grundsätzliche politische Einstellung als auch damit einhergehendes konstantes Wahlverhalten sind prinzipiell veränderbar; eine rasche Änderung wird aber als Ausnahme gesehen, die nur durch einschneidende Ereignisse ausgelöst wird.[100] Parteiidentifikation immunisiert nicht vollständig gegen Informationen, die den Menschen in eine andere Richtung beeinflussen können. Durch anders gerichtete Einflussfaktoren kann die Stabilität der Parteiidentifikation geschwächt und langfristig verändert werden.
Mit dem Bild des „Kausalitätstrichters"[101] wird die Wahlentscheidung nach diesem Modell erklärt: Grundlegende Parteiorientierung und Faktoren wie Kandidaten- und Themenorientierung, Punkte wie etwa die Einstellung zur Regierungspartei, die Wahrnehmung der Wirtschaftslage oder die Persönlichkeitsstruktur der Wähler/innen lenken die Entscheidung Wählender im Trichter nach unten bis zur engsten Stelle, wo die Faktoren hin zur Wahlentscheidung als Resultat des Zusammenwirkens aller Einflüsse gebündelt werden. Aktuelle sowie in der Vergangenheit liegende Einflussfaktoren und Erfahrungen wirken auf die Wahlentscheidung ein.[102] Als wichtigste kurzfristige Einflussfaktoren auf die Wahlentscheidung werden die Orientierung an

---

[96] Schoen, s.o., S. 138.
[97] Je weniger einheitlich etwa Familienmitglieder politisch orientiert sind, desto unschlüssiger sind sie bei ihrer Wahlentscheidung, siehe Lazarsfeld/Berelson/Gaudet, s.o., S. 183.
[98] Angus Campbell/ Philipp E. Converse/ Warren E. Miller/Donald E. Stokes: "The American Voter", Chicago, 1980 (Nachdruck der Originalausgabe von 1960).
[99] Campbell et al., s.o., S. 34 und 529; vgl. auch Kai Arzheimer/ Harald Schoen: „Erste Schritte auf kaum erschlossenem Terrain. Zur Stabilität der Parteiidentifikation in Deutschland", in: Politische Vierteljahresschrift (46) 2005, S. 629-654, S. 630.
[100] Campbell et al., s.o., S. 149 und 530-31.
[101] Das Konzept des „funnel of causality" wird von Campbell et al., s.o, auf den Seiten 21-24 entwickelt; der Kausalitätstrichter kann durch - unterschiedlich differenziert beschriebene - verschiedene Faktoren gebildet werden, je nach Einschätzung der Autor(inn)en für deren Bedeutung; siehe dazu z.B. Jörg Broschek/ Rainer-Olaf Schultze: „Wahlverhalten: Wer wählt wen? Theoretische Erklärungsmodelle und empirische Befunde", in: Beate Hoecker (Hrsg.): „Politische Partizipation zwischen Konvention und Protest", Opladen, 2006, S. 23-54, S. 29-30 und Wüst, s.o..
[102] Kai Arzheimer: „The American Voter", in: Steffen Kailitz (Hrsg.): „Schlüsselwerke der Politikwissenschaft", Wiesbaden, 2007, S. 67-72, S. 69.

Kandidierenden und Sachthemen identifiziert.[103] Der sozialpsychologische Ansatz liefert mit der „Determinanten-Trias Parteiidentifikation, Kandidatenorientierung und Orientierung an Sachthemen (issues)“[104] einen umfassenden Erklärungsansatz für Wahlentscheidungen: Parteiidentifikation, die die Einstellung zu Kandidierenden und Themen beeinflusst, erklärt stabiles Wahlverhalten; kurzfristig wirkende Einflussfaktoren liefern die Erklärung für Wahlverhalten, das in der konkreten Situation von der Parteiidentifikation abweicht. Die Wahrscheinlichkeit der Wahl einer Partei oder einer Person steigt, je mehr Faktoren in die gleiche Richtung weisen. Wenn Kandidaten- und Themenorientierung mit der Parteiidentifikation übereinstimmen und dann entsprechend der Parteiidentifikation gewählt wird, wird von einer „Normalwahl“ („normal vote“) gesprochen.[105] Nicht bei jeder Wahl haben die genannten Einflussfaktoren die gleiche Bedeutung. Laut Schoen/Weins sind in Zeiten politischer Stabilität die Bindungen zwischen Parteiidentifikation und Sachfragen- sowie Kandidatenorientierung enger als in politisch bewegten Zeiten, in denen neue Parteibindungen entstehen können.[106]

Als systematische Ergänzung soziologischer und sozialpsychologischer Wahlforschung sowie „überaus nützliches Werkzeug“, um nachzudenken „über die Entscheidungssituationen, in denen sich politische Akteure bewegen“, und um Wahlverhalten zu analysieren, bezeichnen Arzheimer und Schmitt den aus wirtschaftswissenschaftlicher Sicht heraus entwickelten „Rational Choice-Ansatz“.[107] Downs legte mit seiner Arbeit „Ökonomische Theorie der Demokratie“[108] die Grundlage für eine ökonomische Theorie des Wählerverhaltens. Kern seines Ansatzes und darauf aufbauender Erklärungen des Wahlverhaltens ist, dass individuelle Kosten-Nutzen-Überlegungen rational Wählender das Wahlverhalten beeinflussen und insbesondere kurzfristige Wahlentscheidungen bestimmen.[109] Der Begriff Rationalität bezieht sich dabei auf die Wahl als Mittel, nicht auf die Handlungsziele, die damit erreicht werden sollen.[110] Das heißt, das Konzept der rationalen Wahl („rational choice“) geht davon aus, dass die Wählenden sich bei der Wahlentscheidung davon leiten lassen, welchen Nutzen sie durch die Wahl haben werden. Da die Informationsbeschaffung vor der Wahlentscheidung und der Wahlakt selbst mit Kosten (Geld und Zeit) verbunden sind, wird bereits bei der Wahlbeteiligung die Frage nach dem Nutzen des Wählens gestellt. Laut Downs müssen die Anreize, sich an der Wahl zu beteiligen, bei Armen und Reichen unterschiedlich groß sein: „Da es für die Ärmeren schwieriger ist, die Kosten des Wählens aufzubringen, sind höhere Erträge erforderlich, um sie zur Beteiligung an einer

---

[103] Siehe dazu Roth, s.o., S. 35 ff. und Harald Schoen und Cornelia Weins: „Der sozialpsychologische Ansatz zur Erklärung von Wahlverhalten“, in: Falter, Schoen: „Handbuch…“, s.o., S. 187-242.
[104] Wüst, s.o., S. 98-99.
[105] A.a.o., S. 100; Wüst bezieht sich dabei auf Philipp E. Converse: „The concept of a Normal Vote“, in: Angus Campbell u.a.: „Elections and the Political Order“, New York, 1966, S. 9-39.
[106] Schoen/Weins, s.o., S. 205.
[107] Kai Arzheimer und Annette Schmitt: „Der ökonomische Ansatz“, in Falter, Schoen: „Handbuch…“, s.o., S. 243-303, S. 244 und (wörtliche Zitate) S. 303.
[108] Downs, Antony: „Ökonomische Theorie der Demokratie“, Tübingen, 1968.
[109] Siehe dazu neben Arzheimer/Schmitt auch Roth, s.o., S. 48 ff..
[110] Frank Moshövel: „Theorien des Wählerverhaltens im Vergleich – Zum Nutzen ökonomischer Ansätze in der Wahlsoziologie, Düsseldorf, 2004, S. 124.

Wahl zu bewegen."[111] Ebenso wie bei „Reicheren" sieht er bei Bürger/innen mit „ausgeprägten Parteipräferenzen" und solchen, die sich aus „Quellen mit homogenen Prinzipien" informieren, eine höhere Bereitschaft, sich an der Wahl zu beteiligen.[112] Zum Konzept der rationalen Wahl gehört neben der Erwartung an künftigen Nutzen und damit künftiges Handeln der zu Wählenden das „retrospective voting": Das heißt, das Wahlverhalten wird beeinflusst durch eine positive oder negative Bewertung der Leistungsbilanz der amtierenden Regierung. Bei einer negativen Bewertung wird die Partei, die die Regierung trägt, nicht gewählt.[113] Für Moshövel liefern der Ansatz von Downs und darauf aufbauende modifizierte Modelle plausible Erklärungen für „Schwankungen, Fluktuationen und Diskontinuitäten"[114] von Wahlergebnissen.

2.2. Langfristige Bindungen an Parteien in der Bundesrepublik Deutschland

Wie wird auf Grundlage der geschilderten theoretischen Ansätze in der empirischen Wahlforschung das Wahlverhalten der Bevölkerung in Deutschland erklärt?[115] Zuerst: Welche Bedeutung haben langfristige politische Orientierungen und feste Bindungen an Parteien für Wahlentscheidungen?

Entsprechend dem Ansatz von Lipset/Rokkan wird festgestellt, dass sozialstrukturelle Faktoren das Wahlverhalten beeinflussen.[116] Laut Emmert/Roth kann das Wahlverhalten eines wesentlichen Teils der Bevölkerung insbesondere der westlichen (alten) Bundesländer Deutschlands noch immer mit zwei Konfliktlinien erklärt werden, nämlich „dem Konfessions- und dem Klassenkonflikt."[117] Langfristige politische Bindungen von Wähler/innen an die beiden großen Volksparteien und eine relativ große Konstanz des Wahlverhaltens bei sozialstrukturell definierten Gruppen werden in aktuellen Studien mit der Wirkung dieser Konfliktlinien erklärt.[118]

Der Konflikt zwischen Kapital und Arbeit liefert die Erklärung für die Bindung der Arbeiterschaft an die SPD. Die bloße Zugehörigkeit zur Arbeiterschaft ist allerdings in Deutschland nicht automatisch mit Nähe zur SPD gleichzusetzen. Emmert/Roth stellen fest, dass sich erst in Verbindung mit gewerkschaftlicher Bindung als „Ausdruck eines entsprechenden Klassenbewußtseins (...) der Klassenkonflikt für Westdeutschland nach

---

[111] Downs, s.o., S. 269.
[112] A.a.O., S. 292 und 293.
[113] Siehe dazu Wüst, s.o., S. 104.
[114] Moshövel, s.o., S. 215.
[115] Differenzierungen zwischen Ost- und Westdeutschland werden nur soweit notwendig erwähnt, aber nicht weiter ausgeführt.
[116] Siehe dazu etwa Thomas Emmert/ Dieter Roth: „Zur wahlsoziologischen Bedeutung eines Modells sozialstrukturell verankerter Konfliktlinien im vereinten Deutschland", in: Historical Social Research, Vol. 20 – 1995 – No. 2, S. 119-160, S. 125.
[117] A.a.O., S. 125.
[118] Siehe etwa Kai Arzheimer/ Harald Schoen: „Mehr als eine Erinnerung an das 19. Jahrhundert? Das sozio-ökonomische und das religiös-konfessionelle Cleavage und Wahlverhalten 1994-2005, in: Hans Rattinger, Oscar W. Gabriel und Jürgen W. Falter (Hrsg.): „Der gesamtdeutsche Wähler. Stabilität und Wandel des Wählerverhaltens im wiedervereinigten Deutschland", Baden-Baden, 2007, S. 89-112; Emmert/Roth, s.o.; Wüst, s.o..

wie vor als eines der wichtigsten Entscheidungskriterien für die Wahlabsicht zugunsten der SPD"[119] erweist.

Kirchliche Bindung ist die bedeutendste sozialstrukturelle Determinante für die Erklärung der Wahlentscheidung zugunsten von CDU und CSU. Die damit markierte Konfliktlinie ist heute eher zwischen Kirchgänger(inne)n und kirchlich Ungebundenen verortet als zwischen Staat und Kirche. Sowohl Arzheimer/Schoen als auch Emmert/Roth sehen in der Kirchganghäufigkeit die „wichtigste Variable zur Erklärung einer CDU/CSU-Präferenz"[120]. Mit wachsender Zahl der Kirchgänge steigt die Wahrscheinlichkeit, eine der Unionsparteien zu wählen. Obwohl Kirchganghäufigkeit für das Wahlverhalten wichtiger ist als die Konfession, erkennen Arzheimer/Schoen bei den Bundestagswahlen 1994 bis 2005 noch den Einfluss konfessioneller Bindungen auf Wahlentscheidungen: „Katholizismus fördert in Deutschland eher die Wahl der Unionsparteien, Protestantismus eher eine Entscheidung für die SPD."[121] Auch bei der Bundestagswahl 2009 erzielten CDU/CSU und SPD beim katholischen bzw. evangelischen Teil der Bevölkerung jeweils überdurchschnittlich Zustimmung im Vergleich zum bundesweiten Durchschnitt.[122] In besonders hohem Maß bleibt der kirchlich gebundene Teil der katholischen Wählerschaft CDU und CSU treu. Der Zusammenhang zwischen Kirchenbindung und Unionsaffinität ist stärker als der zwischen Gewerkschaftszugehörigkeit und SPD.[123]

Auch regionale politische Kulturen bilden eine Grundlage für konstante Bindungen an eine Partei. Dabei muss die gleiche Partei nicht überall in den gleichen gesellschaftlichen Gruppen verankert sein. Wehling/Wehling beschreiben nach der Landtagswahl 2006 etwa die baden-württembergische CDU „ein Stück weit als eine Parteienkoalition, die durch den Willen zur Macht zusammengehalten wird"[124]. Während die CDU in Baden, Oberschwaben sowie Ostwürttemberg eng mit dem katholischen Bevölkerungsteil verbunden ist, war (und ist) sie „im altwürttembergischen Raum von Anfang eine überkonfessionelle, christliche Partei, die auch von Protestanten wählbar war."[125]

Auf die Sozialstruktur und regionale politische Kulturen bezogene Erklärungsansätze liefern also Begründungen für Teile der Stammwählerschaft der Volksparteien. Langfristige Parteibindungen sind vorhanden, auch wenn sie - wie Thaidigsmann im

---

[119] Emmert/Roth, s.o., S. 144. Dass der soziale Status allein nicht den Unterschied macht, zeigt auch eine Analyse der Bundestagswahl 2013, in der festgestellt wird, dass mehr Arbeiter/innen CDU als SPD wählten, siehe Willy-Brandt-Haus-Referat Konkurrenzbeobachtung/ Forschung/ Wahlen: "Bundestagswahl 2013 – 22. September 2013 - Ergebnisse und Schnellanalysen auf Basis der Kurzfassung des Infratest-dimap-Berichts für die SPD", Berlin, 2013, S. 25.

[120] A.a.O., S. 141, siehe auch Arzheimer/Schoen: „Mehr als eine Erinnerung…", s.o., S. 106-107.

[121] Arzheimer/Schoen: „Mehr als eine Erinnerung…", s.o., S. 102.

[122] Willy-Brandt-Haus – Referat Konkurrenzbeobachtung/Forschung/Analysen: „Bundestagswahl 2009 – 27. September 2009 – Ergebnisse und Schnellanalysen auf Basis der Kurzfassung des Infratest-dimap-Berichts für die SPD", Berlin, 28.9.2009, S. 11; für Baden-Württemberg weist das statistische Landesamt auf überdurchschnittliche Erfolge der CDU in Wahlkreisen mit hohem Katholikenanteil hin – siehe Statistisches Landesamt Baden-Württemberg (Hrsg.) „Wahl zum 17. Deutschen Bundestag am 27. September 2009 – Vorläufige Ergebnisse für Baden-Württemberg", Stuttgart, 2009, S. 6.

[123] Siehe u.a. Hans-Georg Wehling/ Rosemarie Wehling: „Politische Kultur und Geschichte im deutschen Südwesten", in: Josef Schmid, Udo Zolleis (Hg.): „Wahlkampf im Südwesten", S. 13-31, S. 14.

[124] Wehling/Wehling, s.o., S. 21.

[125] A.a.O., S. 20.

Hinblick auf die Bundestagswahl 1998 feststellt - gelockert sein mögen und durch kurzfristige Faktoren beeinflusst werden können: „Die Tatsache, dass die Anteile der SPD-Wähler in den Gruppen, die traditionell eher der CDU/CSU zuneigen, 1998 oftmals höher waren als in den beiden anderen Jahren zuvor, macht (...) deutlich, dass auch die sozialstrukturell definierten Verbindungen von der politischen Konjunktur und von Stimmungslagen in der Bevölkerung beeinflusst werden. Von einer Auflösung der Beziehung zwischen bestimmten sozialen Gruppen und Parteien kann man zwar nicht sprechen“[126], sozialstrukturell bedingte Bindungen sind aber nicht mehr so stabil wie in früheren Jahren.
„Viel gravierender (als die Lockerung der Bindungen, d. Verf.) ist aber das Schrumpfen der Kernwählerschaften“[127], wie Thaidigsmann weiter ausführt, weil es die alten Milieus (die etwa von kirchengebundenen Katholik(inn)en oder der gewerkschaftlich organisierten Arbeiterschaft gebildet werden) in ihrer früheren Form und Geschlossenheit immer weniger gibt. Der Anteil der Arbeiterschaft an der Bevölkerung und die Zahl gewerkschaftlich gebundener Arbeiter/innen sinken. Gleichzeitig wächst die Zahl von Angestellten und Beamt(inn)en, die politisch weniger festgelegt sind. Die Bindung an die großen Kirchen nimmt ab, was sich besonders am Rückgang der Zahl regelmäßiger Kirchgänger/innen festmachen lässt.[128] Mit schwindender Bedeutung traditioneller Milieus als sozial homogenes Umfeld mit prägender Kraft auf politische Grundhaltungen sinkt deren Einfluss auf Wahlentscheidungen.

Wer mit dem Ansatz der Parteiidentifikation argumentiert, beschreibt sozialstrukturell und politisch-kulturell gebundene Stammwähler/innen als Teil der Wählerschaft, der sich mit seiner Partei identifiziert. Über diesen Wähleranteil hinaus erklärt Parteiidentifikation langfristige Parteibindungen z.B. von Angehörigen von Gruppen wie (kirchlich ungebundenen) Angestellten oder Beamt(inn)en, deren politische Verhaltensweisen nicht mit sozialstrukturellen Merkmalen zu begründen sind. Arzheimer/Schoen stellen im Jahr 2005 in Deutschland eine höhere Stabilität der Parteiidentifikation fest als angesichts gesellschaftlicher Veränderungen erwartet worden war[129]. Ihnen zufolge ist die Parteiidentifikation insbesondere bei politisch Hochinteressierten stabil. Sie konstatieren eine „Bleibewahrscheinlichkeit“ bei einer der beiden großen Parteien, d.h. sich bei ihnen dauerhaft politisch zu verorten, von rund 95 Prozent[130]. Aber sie sind zurückhaltend mit Aussagen zu einem sich daraus ergebenden Wahlverhalten und lassen offen, ob folglich auch konstant gewählt wird. Auch Roth weist der

---

[126] S. Isabell Thaidigsmann: „Sozialstruktur und Wählerverhalten – Das Ende einer alten Beziehung?“. Arbeitspapier/Dokumentation herausgegeben von der Konrad-Adenauer-Stiftung, Sankt Augustin, 2004, S. 3. So waren z.B. bei der Bundestagswahl 1976 unter den Unionswähler/innen 64% katholisch und 37% stark gebundene Katholik(inn)en, 2005 waren es 37% bzw. 11% der Unionswähler/innen; bei der SPD sank der Anteil der gewerkschaftlich organisierter Arbeiter/innen an ihren Wähler/innen von 25% im Jahr 1976 auf 9% im Jahr 2005; siehe Matthias Jung/Andrea Wolf: „Der Wählerwille erzwingt die große Koalition“, in: Aus Politik und Zeitgeschichte 51-52/2005, S. 4.
[127] Thaidigsmann, s.o., S.4.
[128] Siehe dazu Wüst, s.o., S. 105-107, Emmert/Roth, s.o., S. 134 ff..
[129] Arzheimer/Schoen: „Erste Schritte...“ s.o., S. 652.
[130] A.a.O., S. 638.

Parteiidentifikation nicht die gleiche Konstanz für mehrere Wahlen zu wie - zumindest ursprünglich - sozialstrukturellen Determinanten.[131]
Wüst sieht zwar bei der Mehrheit der Wähler/innen der großen Parteien in der Bundesrepublik Deutschland eine längerfristige Identifizierung mit „ihrer" Partei. Aber er konstatiert eine insgesamt schwächer gewordene Parteiidentifizierung. Um in den Bundestag einzuziehen waren die kleineren Parteien bei den Bundestagswahlen 1998 und 2002 auf Stimmen von Wähler/innen angewiesen, die sich nicht mit ihnen bzw. mit einer der großen Parteien identifizierten[132].

Gesellschaftliche Brüche und Veränderungen führen einerseits zur Bildung neuer Bindungen an neue Parteien entlang neuer Konfliktlinien. Ein Beispiel ist die Entstehung der Grünen in Deutschland entlang des ökologischen „cleavage".[133] Andererseits wächst dadurch das Wechselwählerpotential, also der Teil der Wählerschaft, der sich nur lose oder überhaupt nicht bei Wahlen an eine Partei bindet. Die Lockerung von Parteibindungen und die Zunahme von Wechselwahlverhalten gehen insbesondere zu Lasten der großen Parteien.[134]
Untersuchungen zeigen, dass die Gruppe der konstant die gleiche politische Gruppierung Wählenden schrumpft. Weßels stellt 2005 noch bei 60 bis 70 Prozent der Bürger/innen eine „stabile Parteineigung"[135], Moshövel 2004 bei 40 bis 50 Prozent von ihnen eine „starke, d.h. über mehrere Wahlgänge stabile Parteibindung"[136] fest. Bei der Bundestagwahl 2005 wiesen laut Weßels „51 Prozent der Wähler keine kontinuierlich konstanten Präferenzen zu der Partei auf, die sie bei der vorangegangenen Wahl gewählt hatten."[137] Dies war eine erneute Steigerung gegenüber der Bundestagswahl 2002 mit 43 Prozent ohne kontinuierlich konstante Parteipräferenz. Weßels stellt außerdem fest, dass während des Wahlkampfes bei der Bundestagswahl 2005 insgesamt 47 Prozent der Wählenden ihre Wahlpräferenz veränderten. Zu dem seit der Bundestagswahl 1987 bis zu der 2005 konstant gestiegenen und auf einen Höchststand gekletterten Anteil von nunmehr 34 Prozent „echten Parteiwechslern" an der Wählerschaft kamen aus dem Nichtwählerlager weitere Wählende hinzu, so dass fast die Hälfte der Abstimmenden in dieser Zeit ihre Wahlpräferenz im Vergleich zur vorigen Wahl verändert hatten.[138] Bei der Wahltagbefragung des örtlichen Statistischen Amtes zur Landtagswahl 2006 in der Stadt Stuttgart gaben 51 Prozent der Befragten an, dass „sie immer die gleiche Partei wählen würden"[139]. 49 Prozent wechselten demnach bei

---

[131] Siehe Roth, s.o., S. 43 – 45.
[132] Vgl. Wüst, s.o., S. 107 ff..
[133] Vgl. dazu Emmert/Roth, s.o., S. 127, Wehling: „Politische Kultur...", in: Eilfort (Hrsg.): „Parteien in Baden-Württemberg", s.o., S. 202.
[134] Emmert/Roth, s.o., S. 125-126.
[135] Bernhard Weßels: „Wählerwandel – Wechselwahl", in: WZB-Mitteilungen, Heft 109/September 2005, S. 10-11, S. 10.
[136] Moshövel, s.o., S. 43.
[137] Bernhard Weßels: „Wechselwahlkämpfe – Parteien im Spagat zwischen Stamm- und immer mehr Wechselwählern", in: WZB-Mitteilungen, Heft 117/September 2007, S. 24-26, S. 25.
[138] Weßels: „Wechselwahlkämpfe..", s.o., S. 25.
[139] Thomas Schwarz: "Wechselwahlverhalten und Einfluss der Politikebene auf die Wahlentscheidung bei der Landtagswahl 2006 in Stuttgart", in: Landeshauptstadt Stuttgart/Statistisches Amt (Hrsg.) Statistik und Management 1/2007, S. 7-12, S. 9.

verschiedenen Urnengängen ihre Parteipräferenz. Von den Wahlberechtigten in Deutschland, die sowohl bei der Bundestagswahl 2005 als auch bei der im Jahr 2009 ihre Stimme abgaben, wählten nur 30 Prozent bei beiden Wahlen die gleiche Partei.[140] Bei Parlamentswahlen auf Bundes- und Landesebene in den vergangen Jahren zeigt sich also, dass ein erheblicher Teil der Wahlberechtigten von Wahl zu Wahl nicht nur immer wieder neu über Beteiligung oder Wahlenthaltung entscheidet, sondern auch über die bevorzugte Partei.
Weßels sieht neben Individualisierungstendenzen in der Gesellschaft - die Erosion traditioneller Milieus, das Zurückgehen von Mitgliedschaften in Organisationen wie Gewerkschaften und Parteien - den wachsenden Bildungsstandard als Indikator für eine zu erwartende, weiter zunehmende Zahl von „flexiblen Wählerinnen und Wählern."[141] Denn unter formal besser Gebildeten sind mehr Wechselwähler/innen zu finden als unter weniger gut Gebildeten. Angesichts der Informations- und Bildungsexpansion wird in ökonomischen („rational choice"-) Erklärungsansätzen des Wahlverhaltens der - wie es Moshövel formuliert - „neue Wähler" postuliert, die/der sich selbst so sieht, dass sie/er Entscheidungen weitgehend eigenständig trifft und die Möglichkeit hat, „punktuell und flexibel von Fall zu Fall bzw. von Wahl zu Wahl je nach persönlicher Interessenlage über Kandidaten, Themen und Programme zu befinden."[142]

Sozialstrukturelle Determinanten, langfristige Bindungen an und grundsätzliche Festlegungen für eine Partei beeinflussen also Wahlentscheidungen. Es gelten (insbesondere im Westen der Bundesrepublik) Tendenzaussagen wie die, dass gewerkschaftlich engagierte Arbeiter/innen überdurchschnittlich SPD, Katholik(inn)en sowie eifrige Kirchgänger/innen überdurchschnittlich CDU und CSU wählen, dass in statushöheren Wohngebieten überdurchschnittlich FDP und in Universitätsstädten überdurchschnittlich Grüne gewählt werden. CDU und CSU erfahren bei über 60-jährigen Wähler/innen viel Zustimmung. Die Grünen sind eher in den mittleren Altersjahrgängen stark.[143] Die Zahl der Wähler/innen ohne feste politische Bindung ist allerdings gewachsen. Die Wähler/innen sind, insgesamt betrachtet, unberechenbarer und beweglicher, sie sind „volatiler" als in der Vergangenheit.[144] Die Bereitschaft zur „Wechselwahl", zur taktischen Wahl wächst.[145]

---

140 Willy-Brandt-Haus – Referat Konkurrenzbeobachtung/Forschung/Analysen: „Bundestagswahl 2009 ..", s.o., S. 6.
141 Weßels: „Wechselwahlkämpfe...", s.o., S. 26.
142 Moshövel, s.o., S. 49.
143 Thaidigsmann, s.o., S. 6 und 9; Jung/Wolf, s.o. S. 9 und 10.
144 Reinhard Wittenberg: „Politiker und Parteien in Nürnberg – Erste und vorläufige Ergebnisse einer Telefonumfrage im Januar 2006, Arbeits- und Diskussionspapiere des Lehrstuhls für Soziologie und Empirische Sozialforschung der Universität Erlangen-Nürnberg 2006-1, S. 26.
145 Schoen/Weins, s.o., S. 225.

2.3. Kurzfristige Einflussfaktoren: Orientierung an Kandidierenden, Themen und Kompetenzzuschreibungen sowie Wahl als Mittel zur Zielerreichung

Welche Bedeutung haben kurzfristig wirkende Faktoren für das Wahlverhalten? In der Forschung ist weitgehend unumstritten, dass dauerhafte und starke Parteibindung zur Folge hat, dass kurzfristig wirkende Einflussfaktoren eine Wahlentscheidung selten in eine andere Richtung drehen, als auf Grund der Parteiorientierung zu erwarten ist. Kandidaten- und Themenorientierung werden als wichtigste kurzfristige Faktoren genannt. Wer sich fest mit einer Partei verbunden fühlt, trägt auch deren Programm- und Personalangebot - worauf etwa Stender hinweist: „Bei Wählerinnen und Wählern mit einer ausgeprägten Parteibindung steht die Parteiidentifikation meist mit der Themen- und Kandidatenorientierung im Einklang“[146]. Broschek/Schultze stellten bei der Bundestagswahl 2002 eine weitgehende Übereinstimmung von Kandidaten- und Partei- oder Lagerpräferenzen fest, die auf eine wechselseitige Verstärkung hindeutete.[147] Kandidierende, Themen und Sachkompetenz werden von parteigebundenen Wahlberechtigten „aus einem von der Parteiidentifikation geprägten Blickwinkel heraus wahrgenommen“[148], sie werden durch die „Parteibrille“ betrachtet.
Je mehr bei einer Wahl die kurzfristige Orientierung an Kandidierenden oder Themen („issues“) in den Vordergrund rückt, desto größer wird das Potential möglicher Wechselwähler/innen; je geringer der Grad der Parteibindung ist, desto wichtiger sind für die Wahlentscheidung kurzfristig wirkende Faktoren. Bei schwacher Parteiidentifikation bzw. fehlender langfristiger Parteibindung wird von Stender unter Bezug auf Gabriel „kandidatenorientiertes Wählen (als) (...) mindestens so wahrscheinlich wie issueorientiertes Wählen“[149] gesehen. Gotto weist darauf hin, dass neben diesen Faktoren Unglücke, Katastrophen, Kriegsausbrüche und die Einschätzung, wie damit umgegangen wird, als kurzfristig wirkende Faktoren die Wahl beeinflussen.[150] Für ihn führt das Zusammenwirken einer Vielzahl einzelner Punkte zur Wahlentscheidung: „So wird aus der Zusammenschau vieler Einzelaspekte, aus der auch zeitbezogenen Gewichtung von Problemen und der Berücksichtigung längerfristiger parteipolitischer Bindungen und gesellschaftlicher Gegebenheiten eine Erklärung für tatsächlich eingetretene Wahlergebnisse.“[151] Da an dieser Stelle nicht alle denkbaren „Einzelaspekte“ aufgegriffen werden können, werden nachfolgend die in der bundesrepublikanischen Wahlforschung am stärksten beachteten kurzfristigen Faktoren Themen- und Kandidatenorientierung erörtert. Hinzu kommen der Aspekt der Verknüpfung von Person und Thema sowie Nutzenüberlegungen bei der Wahlentscheidung.

---

[146] Carsten Stender: „Personalisierung und Wahlerfolg“, in: Perspektive 21, Heft 25/Dezember 2004, S. 73-83, S. 78. Dies gilt insbesondere in politisch stabilen Zeiten.
[147] Broschek/Schultze, s.o., S. 38.
[148] Brettschneider: „Spitzenkandidaten ...“, s.o., S. 50.
[149] Stender, s.o., S. 79.
[150] Klaus Gotto: „Was entscheidet Wahlen?“, in: Politische Meinung 391/2002, S. 49 und 50.
[151] A.a.O., S. 50.

Die Bedeutung von Themen- und Kandidatenorientierung für das Wahlergebnis wird nach Europa-, Bundestags-, Landtags- und landesweiten Kommunalwahlen nicht nur von Wahl zu Wahl, sondern teilweise auch von unterschiedlichen Autor(inn)en und Meinungsforschungsinstituten bei der gleichen Wahl unterschiedlich gewichtet.[152] Dass programmatische Ausrichtung und thematische Kompetenzen der Parteien Entscheidungen bei allgemeinen Wahlen beeinflussen, wird bei Befragungen durchweg festgestellt.[153] Bei den Themen gibt es den Aspekt der Vergangenheits- und Gegenwarts- oder Zukunftsorientierung, was Moshövel so formuliert: „Die Sachthemenorientierung der Wähler kann sich auf in der Vergangenheit erbrachte Leistungen (retrospective voting) oder künftig erwartete Leistungen beziehen."[154] Damit Themen für die Wahlentscheidung relevant werden, müssen sie von der Wählerschaft als bedeutsam wahrgenommen, mit einer Partei oder Person, mit deren inhaltlichen Positionen in Verbindung gebracht werden.

Sachfragen lassen sich unterscheiden in „Valenz- und Positionsfragen". In der Gesellschaft insgesamt oder in der politischen Einheit, in der gewählt wird, grundsätzlich umstrittene Fragen werden als Positionsfragen bezeichnet, bei denen es um eine Entscheidung dafür oder dagegen geht. Zwischen den Parteien umstrittene Sachthemen werden im Bewusstsein der Bevölkerung am einfachsten mit Parteien und Personen verbunden. Je größer die Bedeutung einer umstrittenen Sachfrage für Wahlberechtigte ist, desto eher richtet sich deren Wahlentscheidung danach aus, wie sich Kandidierende bzw. Parteien dazu stellen.

Bei Valenzfragen besteht gesellschaftlich weitgehend Konsens, ein Ziel zu erreichen, „während hinsichtlich der Art und Weise, wie die Probleme gelöst werden sollen, diskutiert werden kann"[155]. Beispielsweise herrscht Einigkeit über das Ziel der Reduzierung der Arbeitslosigkeit, aber der Weg dahin ist umstritten. Im kommunalen Bereich gehört die Mehrzahl der Themen zur Kategorie der Valenzfragen. Häufig sind in Kommunen weder das Ziel noch der Weg dahin umstritten, sondern es geht etwa um die Frage nach Prioritäten angesichts finanzieller Beschränkungen. Bei gleichlautenden Lösungsvorschlägen verschiedener Seiten geht es bei Valenzfragen darum, welcher Partei oder Person zugetraut wird, eine Aufgabe zu bewältigen oder ein Problem zu lösen. Bei einer Wahlentscheidung unter diesem Blickwinkel rückt also die Problemlösungskompetenz in den Vordergrund.

Brettschneider nennt als wichtigste Kommunikationsregeln für das in diesem Zusammenhang notwendige Themenmanagement:

- „Einfach kommunizieren. Auch komplexe Inhalte sollten auf einige zentrale Punkte reduziert werden. (...)

---

[152] Vgl. z.B. Gotto, s.o., Matthias Jung/Andrea Wolf: „Der Wählerwille erzwingt die große Koalition", in: Aus Politik und Zeigeschichte 51-52/2005, S. 3-12, Karl-Rudolf Korte: „Was entschied die Bundestagswahl 2005?", in: Aus Politik und Zeitgeschichte 51-52, 2005, S. 12-18.

[153] Siehe z.B. mit dieser generellen Feststellung für Wahlen insgesamt: Willy-Brandt-Haus – Referate Grundsatzfragen und Forschung/Regionale Wahlkämpfe: Landtagswahl Mecklenburg-Vorpommern - 17. September 2006 – Ergebnisse und Schnellanalysen auf Basis der Kurzfassung des Infratest-dimap-Berichts für die SPD, Berlin, 18.9.2006, S. 23.

[154] Moshövel, s.o., S. 30.

[155] Ebenda.

- Flexibel und reaktionsschnell sein. (...)
- Durchgängig kommunizieren. Eine Botschaft verpufft, wenn sich an einem Tag viele Repräsentanten einer Partei zu vielen unterschiedlichen Themen äußern. (...)
- Immer alles auf die Kernbotschaft beziehen."[156]

Schoen/Weins weisen der Kandidatenorientierung aufgrund des Forschungsstands im Handbuch Wahlforschung insgesamt eine „erhebliche Rolle"[157] zu. Allerdings wird die Bedeutung der Kandidatenorientierung für die Wahlentscheidung von Wahl zu Wahl und für Wähler/innen verschiedener Parteien unterschiedlich gewichtet. Bei Parlamentswahlen sind für Öffentlichkeit und Wählerschaft insbesondere der/die Spitzenkandidat/in wichtig. Der Spitzenkandidat war z.B. bei der Bundestagswahl 2005 für Wähler/innen der SPD wichtiger als die Spitzenkandidatin für Unionswähler/innen.[158] Bei Landtagswahlen hat die Person des Spitzenkandidaten bzw. der Spitzenkandidatin bei den großen Parteien in den vergangenen Jahren z.T. erheblich zur Wählermobilisierung beigetragen.[159]

Unter welchen Aspekten werden die zur Wahl stehenden Personen bewertet? Als für die Wahlentscheidung maßgebliche Kriterien zur Bewertung von Parteien und Personen sieht Brettschneider deren Kompetenz und für die politische Arbeit notwendige Fähigkeiten. Im Hinblick auf die Bundestagswahlen 2002 und 2005 resümiert er: „Aus der Wahlforschung ist bekannt, dass Parteien und Kandidaten in erster Linie unter dem Gesichtspunkt ihrer Kompetenz beurteilt werden. Hinzu treten die Führungsqualitäten, die nötig sind, um die Kompetenz in praktische Politik umsetzen zu können."[160] Als weitere wichtige Aspekte der Kandidatenbeurteilung nennt Stender Integrität, Vertrauens- und Glaubwürdigkeit.[161]

Für nicht belegt hält Stender die These vom „Schönheitswettbewerb", die „besagt, dass unpolitische, rollenferne Merkmale wie Aussehen, Charme und Ausstrahlung originär politische, d.h. rollennahe Beurteilungsmaßstäbe wie Themenkompetenz und Führungsqualitäten, zunehmend in ihrer Bedeutung zurückdrängten."[162] Aber zu fragen ist, ob die aus Umfragen gewonnene Aussage nicht teilweise die subjektive

---

[156] Frank Brettschneider: „Bundestagswahlkampf und Medienberichterstattung", in: Aus Politik und Zeitgeschichte 51-52, 2005, S. 19-26, S. 21-22; siehe dazu auch den von ihm genannten Beitrag von Jan-Peter Hinrichs: „Wir bauen einen Themenpark. Wähler werden doch mit Inhalten gewonnen – durch Issues Management", in: Marco Althaus (Hrsg.): „Kampagne! Neue Marschrouten politischer Strategie für Wahlkampf, PR und Lobbying", Münster-Hamburg-London 2001.

[157] Schoen/Weins, s.o., S. 240.

[158] Kampa im Willy-Brandt-Haus:„Bundestagswahl 2005" – Ergebnisse und Schnellanalysen auf Basis der Kurzfassung des Infratest-Dimap-Berichts für die SPD, Berlin 2005, S. 3.

[159] Willy-Brandt-Haus - Referate Grundsatzfragen und Forschung/Regionale Wahlkämpfe: „Abgeordnetenhauswahl Berlin – 17. September 2006 – Ergebnisse und Schnellanalysen auf Basis der Kurzfassung des Infratest-dimap-Berichts für die SPD", S. 25 – mit dem Verweis auf die zu der Zeit aktuellsten Landtagswahlen in Rheinland-Pfalz und Mecklenburg-Vorpommern sowie die Abgeordnetenhauswahl in Berlin.

[160] Brettschneider: „Bundestagswahlkampf ...", s.o., S. 20.

[161] Stender, s.o., 81.

[162] Ebenda.

Selbsteinschätzung Befragter zu ihrer Urteilsbildung widerspiegelt. Werden rollenferne Bewertungskriterien nicht eingestanden und damit vernachlässigt?

Denn der Aussage von Stender widersprechen Erkenntnisse, die darauf hinweisen, dass in die mit einer Wahlentscheidung verbundene Bewertung Kandidierender rollenferne Merkmale einfließen. Kynast sieht mit Alltagssituationen vergleichbare Muster der Bewertung von Bewerber/innen bei Wahlen: Die „Urteilsbildung (ist) in alltäglichen Situationen sehr ähnlich, da man eine solche Beurteilung auch bei sehr persönlichen Kontakten vornimmt. Den Wählern steht hier ein häufig praktiziertes Beurteilungsraster zur Verfügung."[163] Rosar/Klein sehen es für Deutschland als mehrfach nachgewiesen an, dass „wahrgenommene rollenferne Eigenschaften von Spitzenkandidaten Wahlpräferenzen tatsächlich beeinflussen"[164].

Der Bereich der privaten Lebensführung wie z.B. Familie und Religion können in die Bewertung einfließen. Forschungsergebnisse deuten darauf hin, dass Aussehen und persönliches Auftreten der Kandidierenden für die Wahlentscheidung Bedeutung haben. Keplinger und Maurer haben in einer Studie über medial vermitteltes Wahlverhalten in Bezug auf die Bundestagswahl 2002 herausgefunden, dass „die Wähler einen Kandidaten (vorziehen), den sie sympathisch finden, aber nicht für effektiv halten" gegenüber „einem Kandidaten (...), dem sie viel zutrauen, jedoch keine Sympathie entgegenbringen."[165] Zwei US-amerikanische Psychologen kommen zur Erkenntnis, dass Gesichter der Kandidierenden Wahlen mitentscheiden. Sie haben in zwei von drei Fällen die Ergebnisse von Kongresswahlen in den Vereinigten Staaten von Amerika aufgrund der Gesichtsformen richtig vorausgesagt.[166] Für Rosar/Klein gilt als „gut abgesicherter Befund", dass die physische Attraktivität, „die äußere Anmutung von Kandidaten den Wahlerfolg beeinflusst."[167] Den als attraktiv beurteilten Kandidierenden wird von den Betrachter/innen allgemein eine höhere politische Leistungsfähigkeit und Leistungsbereitschaft zugeschrieben.[168] Rosar fasst die Ergebnisse der Studien zu diesem Thema zusammen: „Physische Attraktivität wirkt – auch in der Politik".[169] Aufgrund dieser Erkenntnisse wird einem attraktiven Äußeren und einem professionellen

---

[163] Sascha Kynast: „Medien-Kanzler gegen Kompetenz-Herausforderer? Die mediale Auseinandersetzung zwischen Gerhard Schröder und Edmund Stoiber unter besonderer Berücksichtigung der TV-Duelle", Dissertation, Universität Giessen, 2006, S. 39.

[164] Ulrich Rosar/ Markus Klein: „Pretty Politicians – Die physische Attraktivität von Spitzenkandidaten, ihr Einfluss bei Wahlen und die These der Personalisierung des Wahlverhaltens", Papier zur Jahrestagung des Arbeitskreises „Wahlen und politische Einstellungen" der DVPW am 7./8.5.09 in Frankfurt a.M., S. 8; siehe auch Markus Klein/Ulrich Rosar: „Physische Attraktivität und Wahlerfolg. Eine empirische Analyse am Beispiel der Wahlkreiskandidaten bei der Bundestagswahl 2002", in: Politische Vierteljahresschrift 1/2005, S. 263-287, S. 263-264.

[165] 3sat.online-Artikel vom 2.9.2005.

[166] 3sat.online-Artikel vom 10.6.2005.

[167] Ulrich Rosar/ Markus Klein (im Jahr 200): „Pretty Politicians – Die physische Attraktivität von Spitzenkandidaten, ihr Einfluss bei Wahlen und die These der Personalisierung des Wahlverhaltens", in: Rossteutscher, Sigrid (Hrsg.): Nebenwahlen: Wahlen, Wähler und Legitimation der Mehrebenendemokratie, Wiesbaden (im Erscheinen), erste Seite des Beitrags; ebenso Rosar/Klein, (DVPW-Papier), s.o. S. 2; Klein/Rosar, s.o., S. 263.

[168] Rosar/Klein in Rossteutscher, s.o., S.5; Rosar/Klein (DVPW-Papier), s.o., S. 7.

[169] Ulrich Rosar: „Fabulous Front-Runners. Eine empirische Untersuchung zur Bedeutung der physischen Attraktivität von Spitzenkandidaten für den Wahlerfolg ihrer Parteien", in: Politische Vierteljahresschrift Nr. 50/2009, S. 754-773, S. 755; er sieht auf der gleichen Seite zwar eine „schmale empirische Basis" für diese Aussage, die er aber mit seinen Untersuchungen verbreitert.

Kandidatenfoto eine große Bedeutung für den Wahlerfolg zugemessen. Damit wird auch eine Journalistenregel bestätigt, die die Bedeutung des Gesehenen hervorhebt: „Bild schlägt Text".
Auf Grundlage von Arbeiten von Mehrabian und Watzlawick nennen Kommunikationsberater/innen als Voraussetzung für den erfolgversprechenden öffentlichen Auftritt einer Person, dass die Beziehungsebene zwischen Sender/in und Empfänger/in stimmt. Zumindest darf die Beziehungsebene die Inhaltsebene nicht beeinträchtigen.[170] Inhalte und nonverbale Botschaften sollen sich nicht widersprechen. Körpersprache (Haltung, Gestik sowie Augenkontakt) und Stimme (Stimmlage) werden größere Bedeutung zugemessen als dem Inhalt.[171]

Je größer die politische Einheit ist, in der gewählt wird, desto geringer wird zwangsläufig der Anteil direkter Kommunikation zwischen den zur Wahl stehenden Kandidierenden und der Bevölkerung. Umso wichtiger werden medial vermittelte Botschaften für die Wahlentscheidung. Kanäle für die Botschaften sind einerseits von Parteien und Kandidierenden selbst bestimmte eigene Werbemittel und andererseits Medien wie Rundfunk, Fernsehen und Zeitungen. Welche Bedeutung für die Wahlentscheidung medial vermittelten Botschaften zugemessen wird, differiert in verschiedenen Untersuchungen. Dass ein Einfluss vorhanden ist, wird aber kaum in Frage gestellt.[172]
Für Kynast sind die Medien in einer Schlüsselrolle zur Erzeugung eines politischen „Meinungsklimas". Die vorherrschende politische Stimmung bezeichnet er als wesentliche kurzfristige Determinante des Wahlverhaltens, da Wähler/innen am liebsten dem Gewinnerlager angehören möchten „und bei ihrer Entscheidung die Erfolgschancen von politischen Akteuren berücksichtigen."[173]
Wahlkämpfen wird in der wissenschaftlichen Literatur zunehmend mehr Beachtung geschenkt.[174] Wähler/innen mit fester Parteibindung sind durch Wahlkampf vorrangig zu mobilisieren, ungebundene Wähler/innen zu überzeugen. Dabei stellt sich Wahlkampfführenden die Frage, was im Wahlkampf vermittelt werden kann und soll. Als wirksam gelten kurze und prägnante Botschaften. Für Stender sind bei dieser Vermittlungsarbeit Personen und Sachaussagen kaum zu trennen. Personen und Themen werden bewusst und unbewusst miteinander verknüpft. Er sieht in dem dadurch „personalisierten" Wahlkampf Chancen, Sachpositionen zu vermitteln: Die so verstandene Personalisierung „reduziert die Komplexität, weil schwierige Programme

---

[170] Siehe z.B.: Günter W. Remmert: „Erst verstehen, dann verstanden werden – Kommunikationstraining", Seminarhaus Schmiede, Welschbillig, o.J..
[171] Gesprochen wird von der „55-38-7-Regel nach Mehrabian", die bedeutet, dass 55 Prozent der Wirkung einer Präsentation vor Gruppen durch Körpersprache, 38 Prozent durch die Stimmlage und 7 Prozent durch den Inhalt bestimmt werden. Die prozentuale Aufteilung bezieht sich auf Mehrabians Ausgangsuntersuchung, gilt aber nicht in jeder Situation. Deutlich wird mit den Zahlen die Bedeutung nonverbaler Kompetenz. Siehe Remmert, s.o., S. 3ff. oder z.B.: http://www.soft-skills.com/sozialkompetenz/nonverbalesensibilitaet/mehrabian/55387regel.php und http://erfolgreichwirken.typepad.com/erfolgreich_wirken/2006/07/was_bedeutet_di.html.
[172] Siehe z.B.: Brettschneider: „Bundestagswahlkampf ...", s.o..
[173] Kynast, s.o., S. 41.
[174] Siehe u.a. Harald Schoen: „Wahlkampfforschung", in: Falter, Schoen: „Handbuch ...", s.o., S. 503-542; Althaus, s.o.; Thomas Berg (Hrsg.): „Moderner Wahlkampf – Blick hinter die Kulissen", Opladen, 2002.

oder Entscheidungen durch ihre Protagonisten quasi symbolisiert und in den Medien anschaulich visualisiert werden können."[175] So wird aus einem mitunter formulierten Gegeneinander ein Miteinander der Faktoren Kandidierende und Themen. Brettschneider sieht Themenkompetenz als Bewertungsmerkmal für Kandidierende und Parteien.[176] Karp/Zolleis sehen das „Miteinander" von Personen und Themen als Grundlage „moderner Wahlkampfstrategien" und verweisen auf die mit zunehmender gesellschaftlicher Komplexität wachsende Bedeutung der Person: „Personen (ersetzen) nicht Themen, sondern bilden lediglich eine andere Kommunikationsform. Politikkonzepte werden verstärkt mit Kandidaten besetzt und über diese die Grundgedanken, die Inhalte und die Ziele des politischen Handelns vermittelt. Je komplexer politische Sachverhalte und Entscheidungsstrukturen werden, desto wichtiger wird das persönliche Element."[177] Um erfolgreich zu sein, müssen also thematisches Profil und Kandidierende nicht nur zusammenpassen, sondern deren Verbindung kann Teil einer Wahlkampfstrategie sein.
Den Gedanke führt Hoffmann fort mit der Überlegung, Politiker/innen als „Marke" zu sehen, bei denen Kandidaten-, Themen- und Parteiorientierung verschmelzen: „Die Unvereinbarkeit und Additivität von Personen-, Themen- und Parteiorientierungen wird aufgehoben."[178] Das bedeutet für ihn nicht, dass durch Personalisierung andere Faktoren verdrängt werden: „'Mehr' Personalisierung bedeutet nicht zwangsläufig ‚weniger" Themen- oder Parteiorientierung."[179] Für Hoffmann übernehmen so verstanden „Politische Images (von Personen) (...) eine Marketing- oder genauer: Markierungsfunktion."[180] Die/der der Wählerschaft „präsentierte" Kandidat/in repräsentiert nach diesem Verständnis nicht nur sich selbst, sondern gleichzeitig alles, was die Partei in den Augen der Wählerschaft ausmacht oder ausmachen soll – auch aktuelles Programm und Grundwerte.
Politische Images von Personen erklären auch die parteiorientierte Entscheidung parteiorientierter Wähler/innen bei (Ober-)Bürgermeisterwahlen für Kandidierende, die von Parteien unterstützt werden, ohne ihr anzugehören. Bewerber/innen werden, unabhängig davon ob sie Parteimitglieder sind oder nicht, der unterstützenden Partei zugeordnet. Sie stehen für Ziele, die die Partei bei der (Ober-)Bürgermeisterwahl erreichen möchte. Ausfluss einer Wahlkampfstrategie kann sein, dass Parteien bewusst auf Parteilose setzen, weil sie hoffen, damit ihre Ziele eher als mit einem Parteimitglied erreichen zu können.

Zu den kurzfristigen Einflussfaktoren auf die Wahlentscheidung gehören instrumentelle Erwägungen „rational Wählender".[181] Sie wählen die Partei, die (z.T. auch nur

---

[175] Stender, s.o., S. 76.
[176] Brettschneider: „Spitzenkandidaten ...", s.o., S. 209 ff..
[177] Markus Karp/Udo Zolleis: „Imagebildung als Kern moderner Wahlkampfstrategien – Chancen des Politischen Marketings bei Wahlkämpfen", in: Politische Studien 395, Mai/Juni 2004, S. 71-84, S. 79.
[178] Jochen Hoffmann: „Politische Personalisierung. Interdisziplinäre Herausforderungen für politikwissenschaftliche Perspektiven", Paper für die 3-Länder-Tagung der ÖGPW; SVPW und DVPW „Politik und Persönlichkeit, Wien, 2006, S. 11.
[179] A.a.O., S. 10.
[180] A.a.O., S. 11.
[181] Roth, s.o., S. 48.

mutmaßlich) ihre Interessen vertritt, mit der sie ihre Ziele erreichen können oder aus Protest eine „Protestpartei", um die eigentlich gemeinte Partei „anzufeuern", etwas in ihrem Sinne zu tun.[182] Diese Überlegung kann auch auf die Situation übertragen werden, bei der im Vordergrund der Wahlentscheidung die Person steht bzw. wenn nur Personen auf dem Stimmzettel stehen. D.h. jemand wird gewählt, um ein Ziel zu erreichen – ein Ziel kann sein, andere Kandidierende zu verhindern oder abzuwählen. In das Nutzenkalkül der Wähler/innen bei der Wahlentscheidung fließen laut Arzheimer/Schmitt neben strittigen Themen („position issues") wahrgenommene Kompetenzen der Kandidierenden ein. Kompetenten Kandidierenden wird zugetraut, ihre Ziele tatsächlich zu verwirklichen, am Wahltag erkennbare und noch nicht absehbare Probleme zu lösen, die allgemeine Verwaltung zu führen sowie unstrittige Ziele („valence issues") zu erreichen.[183]
Welchen Stellenwert Überlegungen im Hinblick auf ein angestrebtes Ziel bei der Wahlentscheidung haben können, zeigt ein Beispiel aus der Bundestagswahl 2005, wo versucht wurde, mit der Stimmabgabe eine sich abzeichnende Große Koalition zu verhindern: „Taktisches Stimmensplitting katapultierte (...) bei der Dresdner Nachwahl – in Kenntnis des vorläufigen Wahlergebnisses – die FDP in Höhenbereiche einer großen Volkspartei."[184] Diese Wahl in einem einzelnen Wahlkreis in Kenntnis bereits bekannter Stimmergebnisse und damit im Bewusstsein der Bedeutung der eigenen Stimme für das endgültige Wahlergebnis wirft ein Schlaglicht auf die mögliche Bedeutung der Demoskopie, konkret der Bedeutung vor Wahlen veröffentlichter Umfragen über den Wahlausgang.[185] Denn Korte weist darauf hin, dass Umfrageergebnisse im Extremfall zu Mitläufereffekten hin zu „der jeweils als modisch geltenden Parteienkonstellation führen (können) (...). Die Bürger wählen in Erwartung eines bestimmten Ergebnisses immer strategischer."[186]

2.4. Fazit im Hinblick auf die Analyse von (Ober-)Bürgermeisterwahlen

Die Frage nach Determinanten der Wahlentscheidung wird in verschiedenen theoretischen Ansätze der empirischen Wahlforschung aktuell überwiegend damit beantwortet, dass ein Teil der Menschen langfristig konstant eine Partei oder ein politisches Lagers präferiert, ein anderer Teil sich bei der Wahlentscheidung von kurzfristigen Einflussfaktoren leiten lässt. Der Anteil kurz- und langfristig orientierten Wahlverhaltens variiert bei unterschiedlichen Wahlentscheidungen. Das Gewicht der wahlentscheidenden Faktoren ist nicht bei jeder Wahl gleich.

---

[182] A.a.O., S. 50 ff..
[183] Arzheimer/Schmitt, in: Falter, Schoen: „Handbuch ...", s.o., S. 264-265.
[184] Korte, s.o., S. 15. In Dresden wurde 2005 wegen des Todes eines Wahlkreiskandidaten nach der Bundestagswahl und nach Bekanntgabe des vorläufigen bundesweiten Wahlergebnisses gewählt. Erst- und Zweitstimmen wurden in Kenntnis des knappen bundesweiten Ergebnisses abgegeben. Die FDP erhielt bei den Zweitstimmen einen im Vergleich zur Wahl 2002 mehr als doppelt so hohen Anteil – ein bundesweit einmalig hoher Zuwachs bei dieser Wahl.
[185] Vgl. z.B. Korte, s.o., S. 15-16; Brettschneider, s.o.; Michael Konken: „Medienmacht und Medienmissbrauch", in: Aus Politik und Zeitgeschichte 51-52, S. 27-32.
[186] Korte, s.o., S. 15.

Sozialstrukturelle Verortung, regionale politische Tradition und sozialpsychologisch begründete Parteiidentifikation erklären langfristige Parteibindungen. Langfristige Bindungen an Parteien sind derzeit zwar weniger konstant und lockerer als früher, die Zahl der Wechselwähler/innen nimmt zu, Parteiidentifikation verhindert zwar nicht, dass kurzfristig wirkende Faktoren Wahlentscheidungen bestimmen. Aber parteiorientierte Wählerpotentiale können im Wahlkampf leichter von der grundsätzlich präferierten Partei als von deren Konkurrenz erreicht und gewonnen werden. Langfristige politische Bindungen wirken mit bei der Bewertung von Personen und Sachaussagen. Parteiorientierte Wähler/innen bevorzugen zunächst die von ihrer präferierten Partei unterstützten Personen und Programme. Wenn parteiorientierte Erwägungen die Wahlentscheidung beeinflussen, dann sollten auf Grund der Dominanz der CDU in weiten Teilen Baden-Württembergs mit ihr verbundene Kandidierende landesweit gesehen bei (Ober-)Bürgermeisterwahlen im Vorteil sein.
Bei den kurzfristig das Wahlverhalten bestimmenden Faktoren stehen Kandidaten- und Themenorientierung im Vordergrund. Themenkompetenz ist für den Wahlkampf wichtig. Bei allseits politisch geteilten Zielen – was im kommunalen Bereich häufig der Fall ist – steht nicht das Wahlprogramm, sondern die wahrgenommene Problemlösungskompetenz der Bewerber/innen im Vordergrund der Bewertung. Die Themen- und Problemlösungskompetenz sind Teil der Kandidatenbewertung.
Forschungsergebnisse sprechen dafür, dass die Kandidatenbewertung sowohl durch rollennahe und rollenferne Merkmale, ihre wahrgenommenen Kompetenzen, ihre Repräsentationsfunktion für ein Programm und eine Partei, als auch durch instrumentelle Überlegungen bestimmt wird. Kandidierende haben ein politisches Image, sie repräsentieren eine Partei oder ein Machtgefüge oder die Alternative dazu. Ihre Parteibindung wird entweder durch Mitgliedschaft oder – ohne Mitglied sein zu müssen – durch Unterstützung hergestellt. Die direkt vom Volk zu wählenden Hauptamtlichen in der Kommune müssen nicht nur ihre Rolle als „Fachkraft“[187] erfüllen, nicht nur über fachliche Kompetenzen, über Führungs- und Kommunikationsfähigkeiten verfügen. Ein erfolgversprechendes „Kandidatenimage“ beinhaltet auch emotionale Komponenten wie ein attraktives Äußeres und sympathieerweckendes Auftreten, mit denen die Zuschreibung höherer politischer Leistungsfähigkeit einhergeht. Kynast betont die Bedeutung beider Image-Komponenten und führt zur für die Wahlentscheidung relevanten Bewertung von Bewerber(inne)n aus, dass die „Urteilsbildung (...) sowohl Person und Charakter des Kandidaten als auch die Einschätzung seiner Sachkompetenz betreffen“[188]. Dies festzustellen bedeutet nicht notwendig, dass in den letzten Jahrzehnten rollenferne Kandidatenmerkmale für die Wahlentscheidung wichtiger wurden – ein Aspekt zunehmender Personalisierung, den Brettschneider auf Grund seiner Untersuchung nicht bestätigt sieht.[189] Aber beide Aspekte sind wie das politische Image Elemente der Kandidatenwahrnehmung.

---

[187] Erhard Forndran/Britta Krause: „Kommunalpolitik und Wahlverhalten“, in: Klaus Bernhard Roy (Hg.): „Wahlen 2002 in Sachsen-Anhalt: Ausgangsbedingungen, Handlungsrahmen und Entscheidungsalternativen“, Opladen, 2002, S. 89-102, S. 98.
[188] Kynast, s.o., S. 40.
[189] Brettschneider: „Spitzenkandidaten ...“, s.o., S. 23 und 208.

Zu kurzfristig orientierten Wahlentscheidungen tragen instrumentelle Erwägungen bei. Instrumentelle Wahlentscheidungen können durch positiv formulierte Ziele oder durch Ablehnung von Personen, Parteien oder Sachverhalten bestimmt sein. Sie können auf Vergangenheit, Gegenwart oder Zukunft bezogen sein. Zur Entscheidungsfindung, wer bzw. welche Partei gewählt wird, tragen medial vermittelte Informationen und Einschätzung zur Seriosität von Bewerbungen und Siegchancen ein. Die vorherrschende öffentliche Meinung zu den Punkten, wer und welche Ziele ernstgenommen werden, wem der Sieg zugetraut wird, beeinflusst Entscheidungen, denn Wähler/innen wählen strategisch – und dazu gehört die Überlegung, die Stimme nicht zu „verschenken".

Die Anforderungen an Wahlkämpfe sind groß, wenn sich ein beträchtlicher Teil der Wahlberechtigten kurzfristig (z.T. während des Wahlkampfes) entscheidet und von Wahl zu Wahl neu zu gewinnen ist.[190] Im Wahlkampf sind nicht nur diese Wechselwähler/innen zu überzeugen, sondern auch Stammwähler/innen zu mobilisieren.[191] Wenn beides nicht gleichzeitig möglich ist, stehen die Wahlkämpfer/innen vor einem „strategischen Dilemma".[192]

Wahlforscher/innen warnen nicht nur wegen der variierenden Bedeutung von Faktoren, sondern auch wegen unterschiedlicher Kontexte vor einfachen Projektionen von Erkenntnissen vergangener auf künftige Wahlen. Kynast zufolge wirken einzelne Faktoren nicht getrennt, sondern im Zusammenhang mehrerer Faktoren: „Die einzelnen Faktoren der Wahlentscheidung stehen miteinander in Wechselwirkung und müssen daher immer im Wirkungskontext der anderen Faktoren betrachtet werden."[193] Grotto warnte nach der Bundestagswahl 2002 vor einfachen Fortschreibungen des Wahlverhaltens: „Auch bei Wahlen sind Umstände und Verhaltensweisen von Menschen nicht wiederholbar. Somit ist deren künftiges Wahlverhalten nicht mit mathematischer Genauigkeit vorhersehbar."[194] Da sich die Wirkung der Faktoren sowie deren Zusammenspiel ständig verändern, sieht Weßels zunehmend komplexere Erklärungen für das Wahlverhalten: „Zusammengenommen verweisen die Ergebnisse der Wahlforschung auf eine zunehmende Komplexität der Erklärung des Wahlverhaltens – nicht deshalb, weil immer mehr Faktoren eine Rolle spielen, sondern weil die Wirkung und das Zusammenspiel der Faktoren selbst Veränderungen unterliegen und zwischen Wählergruppen, Regionen, Zeiten und Situationen variieren. Die veränderten Randbedingungen und Wahrscheinlichkeiten bestimmter Wahlverhaltensoptionen können benannt und erklärt werden. Erklärungen sind aber weder Prognosen, noch liefern sie Gewissheiten. Jede Voraussage des Wahlausgangs ist riskant."[195]

Die empirische Wahlforschung bietet also ein umfangreiches Instrumentarium zur Analyse von Wahlverhalten, das auch Erklärungen ermöglicht zu Entscheidungen bei (Ober-)Bürgermeisterwahlen. Angesichts komplexer Erklärungsansätze für Wahlentscheidungen ist bei (Ober-)Bürgermeisterwahlen ein auf wenige Faktoren

---

[190] Weßels: „Wechselwahlkämpfe ...", s.o., S. 26; siehe auch Wüst, s.o., S. 112.
[191] Broschek/Schultze, s.o., S. 45.
[192] A.a.O., S. 47.
[193] Kynast, s.o., S. 44.
[194] Grotto, s.o., S. 50.
[195] Weßels: „Wählerwandel ...", s.o., S. 11.

beschränktes, immer wirksames Erfolgsmuster kaum denkbar. Kandidatenorientiertes Wahlverhalten steht nicht im Widerspruch zur Feststellung parteiorientierten Wahlverhaltens, sondern alle Faktoren können ebenso wie Themenorientierung und instrumentelle Erwägungen Teil sein der Erklärung einer Wahlentscheidung. Nachfolgend wird erörtert, ob vergleichbare Erklärungsansätze zur differenzierten Analyse der Entscheidungen bei (Ober-)Bürgermeisterwahlen auch in der wissenschaftlichen Literatur zu (Ober-)Bürgermeisterwahlen in Baden-Württemberg diskutiert werden.

3. Welche Faktoren tragen zum Erfolg bei Bürgermeister- und Oberbürgermeisterwahlen in Baden-Württemberg bei?

Die Debatte um ein eigenständiges kommunales Wahlverhalten war Ausgangspunkt der systematischen Forschung zur Ergründung von Faktoren für den Erfolg bei (Ober-)Bürgermeisterwahlen in Baden-Württemberg. Biege/Fabritius/Siewert/Wehling stellen im Jahr 1978 in ihrem Forschungsklassiker „Zwischen Persönlichkeitswahl und Parteientscheidung“ fest: „Die Existenz eines ‚spezifisch kommunalen Wahlverhaltens’ wurde bisher bestritten.“[196] Die Autoren liefern mit ihrer Analyse Punkte, „die den Schluß zulassen, dass zumindest für einen beträchtlichen Teil der Wahlberechtigten die Wahl eines Oberbürgermeisters nach anderen Gesichtspunkten und in anderen Zusammenhängen erfolgt, als etwa die Wahl von Kandidaten und Parteien bei Bundes- und Landtagswahlen.“[197] Bei der von ihnen untersuchten Oberbürgermeisterwahl in der Stadt Reutlingen war entgegen den Erwartungen und gegen den für die SPD positiven Trend bei anderen Wahlen ein CDU-Mitglied gewählt worden. In ihrer Arbeit betonen sie die Eigenständigkeit der Wahlentscheidung, obwohl sie bei unterschiedlichen Wahlen auch gleichbleibende Muster der Parteiorientierung feststellen. Die Gründe für den Sieg in Reutlingen waren für sie insbesondere mit der Person des Siegers verbunden.

Empirische Untersuchungen zum Wahlverhalten bei (Ober-)Bürgermeisterwahlen sind mehr als 30 Jahre nach der Arbeit von Biege u.a. immer noch selten.[198] In der Literatur wird derzeit überwiegend die Meinung vertreten, dass Entscheidungen eigenständig und kandidatenorientiert fallen bei (Ober-)Bürgermeisterwahlen in Baden-Württemberg. Im Gegensatz zu dieser vorherrschenden Auffassung knüpft Hoecker 2005 in der Studie zur Oberbürgermeisterwahl in Stuttgart 1996 bei der Erklärung des Siegs an die „Konvergenzthese“ an. Er stellt die Frage, ob sich das Wahlverhalten auf verschiedenen politischen Ebenen unterscheidet oder ob nicht vielmehr den Wahlentscheidungen gleichartige Kriterien zu Grunde gelegt werden: „Entscheidet der Wähler auf kommunaler Ebene auf der Grundlage spezifisch lokaler Entscheidungsmuster oder legt er ein mit Europa-, Bundestags- oder Landtagswahlen vergleichbares Wahlverhalten an den Tag?“[199] Ihm geht es darum, die Rolle der Parteien im Oberbürgermeisterwahlkampf neu zu bewerten.[200] Die parteipolitische Bindung der Kandidierenden beeinflusst nach seinen Erkenntnissen maßgeblich die Wahlentscheidung; parteiorientiertes Wahlverhalten sieht er als auf allen Ebenen gleichermaßen wirksamen Faktor.[201]

In diesem Kapitel werden die in der wissenschaftlichen Literatur zur Erklärung von Entscheidungen bei (Ober-)Bürgermeisterwahlen in Baden-Württemberg genannten Faktoren erörtert, um ihre Einordnung in den Rahmen der empirischen Wahlforschung zu klären, eine mögliche Sonderstellung zu erkennen und Forschungsfragen für die

---

196 Biege et al., s.o., S. 88.

197 Ebenda.

198 Siehe zum Stand der Forschung Hoecker, s.o. S. 23ff., zum bundesweiten Überblick über die Frage nach den Erfolgsfaktoren die Beiträge in Bogumil/Heinelt, s.o., sowie Hans-Georg Wehling: „Rat und Bürgermeister in der deutschen Kommunalpolitik“, in: Andreas Kost/Hans-Georg Wehling (Hrsg.): „Kommunalpolitik in deutschen Ländern. Eine Einführung“, Bonn, 2003, S. 301-312, S. 308ff..

199 Hoecker, s.o., S. 27.

200 A.a.O., S. 28.

201 A.a.O., s.o., S. 168 ff..

empirische Analyse der Oberbürgermeisterwahlen zu entwickeln. Da Bürgermeister- und Oberbürgermeisterwahlen kaum getrennt behandelt werden, werden sie nachfolgend nur unterschieden, wenn Unterschiede explizit festgestellt werden.

3.1. Gibt es ein eigenständiges kommunales Wahlverhalten?

Da Hoecker die Konvergenzthese auf Oberbürgermeisterwahlen überträgt, ist die Frage nach der Eigenständigkeit kommunaler Wahlentscheidungen zu erörtern. Unterscheidet sich kommunales Wahlverhalten, das Faas noch 2009 als „blinder Fleck" der Wahlforschung sieht[202], von dem auf anderen Politikebenen? Werden kommunale Wahlentscheidungen durch spezielle, örtlich gelagerte Faktoren bestimmt oder sind sie Ausfluss allgemeiner politischer Haltungen und Stimmungen?

3.1.1. Konvergenz oder Divergenz des Wahlverhaltens auf verschiedenen politischen Ebenen

In dem von Schuster herausgegebenen Sammelband, in dem die „Konvergenzthese" entwickelt wurde, wurde für die siebziger Jahre des vergangenen Jahrhunderts eine Stabilisierung des Parteiensystems konstatiert - verbunden mit der Konzentration der Stimmen bei Bundes- und Landtagswahlen auf die im Bundestag zu der Zeit vertretenen Parteien.[203] Laut Weßels lag seit den 60iger Jahren bis zur Bundestagswahl 1987 der Wechselwähleranteil bei Bundestagswahlen bei rund 15 Prozent. D.h. rund 85 Prozent der Wähler/innen wählten in diesen Jahren bei einer Bundestagswahl die gleiche Partei, die sie bei der Bundestagswahl zuvor gewählt hatten.[204] Die auch für die kommunale Ebene festgestellte Stimmenkonzentration auf die im Bundestag vertretenen Parteien war Ausgangspunkt für die Konvergenzthese. Für Schuster signalisierte „der Rückgang der Wählervereinigungen und Rathausparteien ein geändertes Wahlverhalten"[205], das zur Frage führte, „ob und in welcher Weise der Wähler noch nach Systemebenen differenziert."[206] Damit wurde die in der Fachliteratur vertretene Annahme in Frage gestellt, dass sich kommunales Wahlverhalten in „kleinere(n) Städte(n) und Gemeinden mehr und (in) (...) größere(n) weniger"[207] unterscheidet von dem auf Bundes- und Landesebene. Bei der Ausformulierung der These von einem weitgehend parallelen Wahlverhalten wurde aber auf deren Zeitbedingtheit hingewiesen: Dieses Wahlverhalten sei nicht von Dauer, „wenn es den zahlreichen Bürgerinitiativen gelingen sollte, die bürgerschaftliche Interessenvertretung zunehmend neben den politischen Parteien oder gegen sie zu organisieren."[208] Die Annahme der „Stabilisierung des Parteiensystems" wird durch aktuelle Wahlergebnisse nicht bestätigt. Die in der Forschung konstatierte

---

[202] Thorsten Faas: „Wer wählt wen? Kommunales Wahlverhalten am Beispiel einer Großstadt", Vortrag im Rahmen eines Seminars an der Universität Mannheim, Wesseling, 21.3.2009.
[203] Franz Schuster: „Vorwort des Herausgebers", in: Franz Schuster (Hrsg.): „Kommunales Wahlverhalten", Bonn, 1976, S. XI-XII, S. XI.
[204] Weßels: „Wechselwahlkämpfe ...", s.o., S. 24.
[205] Schuster, s.o., S. XI.
[206] Ebenda.
[207] Ebenda.
[208] Ebenda.

zunehmende Zahl der sich von Wahl zu Wahl neu entscheidenden Wahlberechtigten deutet auf ein seit Ende der achtziger Jahre des vergangenen Jahrhunderts verändertes Wahlverhalten auf allen politischen Ebenen hin. Für konvergentes Wahlverhalten notwendige dauerhafte Parteibindung ist aktuell nur bei einem Teil der Wählenden feststellbar.

Wie wird konvergentes Wahlverhalten begründet? Kevenhörster erklärt es damit, dass Wählende in ihrer Wahrnehmung zwischen den Parteiorganisationen, deren Repräsentant(inn)en und Programmen auf verschiedenen Ebenen wenig oder nicht unterscheiden: „Da die Ausdifferenzierung des kommunalen politischen Systems im Bewusstsein der Wähler gering ist, stellt kommunales Wahlverhalten überwiegend nur eine Projektion lokalunspezifischer politischer Vorstellungen auf den Gemeindebereich und damit einen Reflex gesamtsystemaren Wahlverhaltens dar.“[209] Gabriel sieht konvergentes Wahlverhalten überwiegend bestimmt durch gleich über alle Ebenen hinweg wirkende Identifizierung mit einer Partei: „Die Annahme einer Gleichförmigkeit von kommunalen und nationalen Wahlen stützt sich vor allem auf den Einfluss der Parteiidentifikation, der in beiden Fällen eine ungefähr gleich wichtige Rolle als Determinante des politischen Verhaltens zugeschrieben wird.“[210] „Zweifel an der Existenz eines einheitlichen Kommunalwahlverhaltens“[211] begründet er auch mit der Wirksamkeit langfristig wirkender sozialstruktureller Bestimmungsfaktoren, die Wahlverhalten auf allen Systemebenen beeinflussen. Explizit nennt er Kirchganghäufigkeit und gewerkschaftliche Bindungen.[212]
Auch Vertreter/innen der Divergenzthese, die ein eigenständiges kommunales Wahlverhalten postulieren, konstatieren bei einem Teil der Wählerschaft eine grundsätzliche Orientierung an einer Partei. Die Festigkeit der Parteibindung wird aber auf kommunaler Ebene als geringer gesehen. Löffler/Rogg nennen als Ergebnis ihrer Untersuchung, „dass zwischen den Ebenen Bund, Land und Kommune ein unterschiedlicher Grad von Parteibindung existiert: Nicht einmal jeder zweite Wähler fühlt sich auf Gemeindeebene an eine bestimmte Partei gebunden.“[213] Für sie ergibt sich aus „der Vorstellung von den Sachentscheidungen, die in kommunalen Angelegenheiten ohne Parteipolitik, statt dessen gemeinwohlorientiert zu treffen seien, (...) zwangsläufig eine reduzierte Bedeutung der politischen Parteien“[214] auf dieser Ebene. Löffler/Rogg sehen als wesentlichen Bestimmungsfaktor für ein kommunales Wahlverhalten diesen „eingeschränkten Politikbegriff“, nach dem die kommunale Ebene nicht als Ort (partei-) politischer Diskussionen, sondern als eine des Verwaltungshandelns betrachtet wird.

---

[209] Paul Kevenhörster: „Parallelen und Divergenzen…“, s.o., S. 280.
[210] Oscar W. Gabriel: „Kommunales Wahlverhalten: Parteien, Themen und Kandidaten“, in: Oscar W. Gabriel, Frank Brettschneider, Angelika Vetter (Hrsg.): „Politische Kultur und Wahlverhalten in einer Großstadt“, Opladen, 1997, S. 147-168, S. 151.
[211] Gabriel, s.o., S. 168.
[212] A.a.O., S. 167-168.
[213] Berthold Löffler und Walter Rogg: „Kommunalwahlen und kommunales Wahlverhalten“, in: Theodor Pfizer und Hans-Georg Wehling (Hrsg.): „Kommunalpolitik in Baden-Württemberg“, Stuttgart, Berlin, Köln, Mainz, 1985, S. 98-114, S. 110.
[214] Ebenda.

Im Gegensatz zur konvergenztheoretischen Annahme, dass Programme unterschiedlicher politischer Ebenen nicht differenziert wahrgenommen werden, konstatierte Marcinkowski in seiner Fallstudie zu vier Städten selbst bei der nach seiner Feststellung vorwiegend durch die bundespolitische Stimmung geprägten Kommunalwahl 1999 in Nordrhein-Westfalen „durchaus namhafte (lokale) Issue-Effekte“[215]. Löffler sieht bei (Ober-)Bürgermeisterwahlen eine stärkere Orientierung an lokalen Themen als bei Ratswahlen.[216]
Löffler/Rogg sehen die lokalen Themen nicht losgelöst von lokalen Kandidat(inn)en. Sie betonen die Verbindung der überwiegend als Fachfragen gesehenen und zu lösenden Probleme mit den zur Wahl stehenden Personen.[217] Das Vertrauen, das den Kandidierenden in Bezug auf die Bewältigung der kommunalen Aufgaben entgegengebracht wird, wird als Kompetenzprofil und wahlentscheidend gesehen. Forndran/Krause sehen die Überlegung, wem Wähler/innen die Lösung kommunaler Probleme zutrauen, als Ausgangspunkt kommunaler Wahlentscheidungen.[218]

Die Bedeutung örtlicher Kandidierender ist bei konvergentem Wahlverhalten geringer als bei divergentem. Aus divergenztheoretischer Sicht sympathisieren zwar parteiorientierte Wähler/innen bei der Kandidatenauswahl auf kommunaler Ebene zunächst einmal mit den Personalvorschlägen der auf Landes- und Bundesebene präferierten Partei. Aber selbst bei grundsätzlich parteiorientierten Wähler(inne)n sehen Löffler/Rogg die „Bereitschaft zur Wahl eines Kandidaten einer nicht eigentlich (...) bevorzugten Partei (...) immer dann gegeben, wenn das Profil oder Image des Kandidaten nicht zum Konflikt mit (...) eigenen Einstellungen oder Werthaltungen führt.“[219] Wenn der Kandidatenvorschlag der sonst bevorzugten Partei zum Konflikt mit Grundüberzeugungen führt, sind Wähler/innen auch bereit, eine einer nicht präferierten politischen Kraft verbundene Person zu wählen. Marcinkowsi sieht die Wahl entgegen der Parteipräferenz als „Ausnahmewahl“. Der Regelfall ist für ihn, dass die Wähler/innen bei der nach einer „Ausnahmewahl“ folgenden Wahl „wieder gemäß (...) (ihrer) ursprünglichen Parteineigung wählen“[220], wenn die von ihm „Störfaktoren“ genannten kurzfristigen Einflussfaktoren nicht mehr wirken, die zu einer anderen Entscheidung als der aufgrund der Parteineigung erwarteten führten.
Dagegen sehen Löffler/Rogg die maßgebliche Orientierung der Wählenden an lokalen Kandidat(inn)en als wichtigsten Bestimmungsfaktor eines eigenständigen kommunalen Wahlverhaltens.[221] Wenn Kandidatenorientierung entscheidend ist, wird für Löffler die Parteizugehörigkeit der Kandidierenden zum „bloßen Persönlichkeits- oder Kandidatenmerkmal“.[222] Wenn die Parteiorientierung mit der positiven Wahrnehmung

---

215 Frank Marcinkowski: „Kommunales Wahlverhalten zwischen Eigengesetzlichkeit und Bundestrend. Eine Fallstudie aus Nordrhein-Westfalen“, polis Nr. 51/2001, S. 30.
216 Löffler, Berthold: „Kommunales Wahlverhalten“, in: „Eilfort, Michael (Hrsg.): „Parteien in Baden-Württemberg“, Stuttgart, 2004, S. 244-253, S. 247 und 252.
217 Vgl. Löffler/Rogg, s.o., S. 111.
218 Forndran/Krause, s.o., S. 97.
219 A.a.O., S. 110-111.
220 Marcinkowski, s.o., S. 5.
221 Löffler/Rogg, s.o., S. 168.
222 Löffler: „Kommunales Wahlverhalten“, s.o., S. 250.

der Person übereinstimmt, „kann die Parteizugehörigkeit das positive Vorstellungsbild, das der Wähler vom Kandidaten hat, verstärken."[223] Wenn die zu wählende Person positiv bewertet wird, aber deren Parteizugehörigkeit den/die Wähler/in „stört", „kann (laut Löffler) die Bedeutung der Parteizugehörigkeit von konkurrierenden Kandidatenmerkmalen abgeschwächt oder überlagert werden".[224]
Löffler verweist auf mit sinkender Einwohnerzahl wachsende Wirkung der Kandidatenorientierung: „Je kleiner die Gemeinde (ist), desto stärker (ist) die Persönlichkeitsorientierung der Wähler."[225] Je geringer die Zahl Wahlberechtigter ist, desto mehr sieht er ihre Wahlentscheidung durch persönliche Eindrücke von den Kandidierenden beeinflusst. Mit zunehmender Größe der Kommune wächst die Bedeutung medial vermittelter Botschaften und Bilder sowie der „kommunalen Orientierungsfunktion der Parteien".[226] Aber unabhängig von der Gemeindegröße beharrt Löffler auf der zentralen Bedeutung der Personenorientierung bei kommunalen Wahlentscheidungen: „Die Kandidatenorientierung der Wähler ist die entscheidende Bestimmungsgröße kommunalen Wahlverhaltens."[227]

Konvergentes Wahlverhalten, durch allgemeine politische Grundhaltungen beeinflusste kommunale Wahlentscheidungen sind also denkbar, aber nicht allein bestimmendes Strukturmerkmal von Oberbürgermeisterwahlentscheidungen. Orientierung an lokalen Themen, Problemstellungen und Kandidierenden beeinflusst kommunales Wahlverhalten und erklärt eigenständige Entscheidungen bei Oberbürgermeisterwahlen. Mit der Annahme ausschließlicher Orientierung der Wähler/innen an lokalen Kandidierenden wird aber der Einfluss parteipolitischer und überlokaler Orientierung bei Wahlentscheidungen vernachlässigt, der etwa deutlich wird, wenn nach „Ausnahmewahlen" wieder entsprechend der Parteipräferenz gewählt wird.

3.1.2. Wahlenthaltung auf kommunaler Ebene

Aus Sicht ökonomischer Theorien des Wählerverhaltens stellt sich grundsätzlich die Frage, warum jemand wählt, wenn auf persönliche Vorteilsgewinnung gezielt wird. Es findet eine Kosten-Nutzen-Abwägung statt; d.h. es wird überlegt, ob sich die Kosten für die Stimmabgabe auszahlen. Der mögliche Nutzen der Stimmabgabe wird mit Kosten für Informationsbeschaffung zur Entscheidungsfindung und Beteiligung an der Wahl in Beziehung gesetzt. Eilfort hält fest: „Der rationale Wahlberechtigte beteiligt sich also Downs zufolge nur dann an der Wahl, wenn der durch die Stimmabgabe erwartete Gewinn die dadurch entstehenden Kosten übersteigt."[228] Einig ist sich Kevenhörster mit anderen Autor(inn)en, dass die von der Bevölkerung wahrgenommene unterschiedliche Wertigkeit von Wahlen der wesentliche Grund ist für die im Allgemeinen niedrigere

---

[223] A.a.O., S. 251.
[224] Ebenda.
[225] Löffler: „Kommunales Wahlverhalten", s.o., S. 248; siehe dazu auch Forndran/Krause, s.o., S. 96.
[226] Löffler: „Kommunales Wahlverhalten", s.o., S. 247.
[227] A.a.O., S. 249.
[228] Michael Eilfort: „Die Nichtwähler: Wahlenthaltung als Form des Wahlverhaltens", Paderborn, München, Wien, Zürich, 1994, S. 76.

Beteiligung an kommunalen Wahlen als an Wahlen auf Landes- und insbesondere Bundesebene.[229] Instrumentelle Erwägungen führen zu Wahlenthaltung bei kommunalen Wahlen, weil Entscheidungen auf anderen politischen Ebenen als wichtiger gesehen werden. Auch (Ober-)Bürgermeisterwahlen werden als weniger wichtig wahrgenommen als etwa Wahlen zum Bundesparlament.

Von der Bundesebene differierende Kommunalwahlergebnisse führte Kevenhörster primär auf unterschiedliche Beteiligungsquoten parteiorientierter Wähler/innen und weniger auf ein sich nach Ebenen unterscheidendes Abstimmverhalten zurück: „Unterschiedliche Wahlergebnisse im Bund und in den Kommunen sind vorwiegend eine Folge unterschiedlicher Grade politischer Mobilisierung und Partizipation auf verschiedenen Systemebenen. Zu einem geringeren Teil müssen die unterschiedlichen Wahlergebnisse auf ein nach Systemebene differenzierendes Wahlverhalten zurückgeführt werden."[230] Unterschiedliche Mobilisierungsgrade der Parteianhänger/innen bei Wahlen auf unterschiedlichen Ebenen sah er weniger durch örtliche Umstände bedingt als durch allgemeine Bewertungen von Parteien.
Laut Kevenhörster „muß sich die in Kommunalwahlen niedrigere Wahlbeteiligung zugunsten der jeweiligen Opposition auswirken."[231] Damit meint er die Opposition auf Bundesebene. Denn da die Bundestagswahl auch politisch weniger Interessierte aktiviert, eignen sich als „Nebenwahlen" bezeichnete Wahlen (zu denen nach dieser Lesart Kommunalwahlen gehören) laut Gabriel generell als Gelegenheit, Protest gegen die Politik auf Bundesebene, v.a. gegen Regierungsparteien, auszudrücken.[232] Kevenhörster begründet die bei kommunalen Wahlen höhere Mobilisierung der Anhänger/innen der Opposition auf Bundesebene damit, dass die bei einer Bundestagswahl unterlegenen Parteien aufgrund von „Frustrationseffekten" leichter ihre Anhängerschaft bei nachfolgenden „Nebenwahlen" mobilisieren können.[233]. Auch für Eilfort ist Nichtbeteiligung an Wahlen auf unteren Ebenen neben der „Protestwahl" einer anderen Partei eine Möglichkeit, um Unmut auszudrücken gegenüber der Bundesregierung.[234] Wie die Protestwahl kann Wahlenthaltung dazu dienen, die eigentlich gemeinte Partei „anzufeuern", bestimmte Themen aufzunehmen oder anders zu behandeln.
Dass nicht nur Unzufriedenheit mit der Bundespolitik, sondern auch Enttäuschung über das Agieren von Parteien und Verwaltungsspitzen auf lokaler Ebene zu kommunaler Wahlenthaltung führen, ergab die Studie von Schmitt-Beck/Mackenrodt/Faas[235] zur Duisburger Kommunalwahl von 2004. Der Unmut über die Arbeit einer

---

[229] Kevenhörster: „Parallelen und Divergenzen...", s.o., S. 167.
[230] Kevenhörster: „Parallelen und Divergenzen...", s.o., S. 280.
[231] A.a.O., S. 261.
[232] Gabriel, s.o., S. 167.
[233] Kevenhörster: „Parallelen und Divergenzen...", s.o., S. 261ff..
[234] Siehe Eilfort: "Die Nichtwähler", s.o., S. 330.
[235] Rüdiger Schmitt-Beck, Christian Mackenrodt und Thorsten Faas: „Hintergründe kommunaler Wahlbeteiligung. Eine Fallstudie zur Kommunalwahl 2004 in Duisburg", in: Zeitschrift für Parlamentsfragen, 39. Jg. (2008), H3, S. 561-580.

Oberbürgermeisterin und deren Partei führte zur Wahlenthaltung von Wahlberechtigten, die diese fünf Jahre zuvor gewählt hatten.[236]

Die generell niedrige Beteiligung an kommunalen Wahlen kann also verstärkt werden durch Wahlenthaltung auf Grund von Enttäuschung über kommunal in vorigen Wahlen gewählte Parteien oder Personen. Wahlentscheidungen können durch Anhänger/innen von bei anderen Wahlen unterlegenen Parteien bestimmt werden - möglicherweise verstärkt durch „Protestwähler/innen". Ohne den von Kevenhörster konstatierten Vorrang allgemeinpolitischer Stimmungslagen für kommunale Wahlentscheidungen übernehmen zu müssen, ist bei Oberbürgermeisterwahlen ein Einfluss unterschiedlich mobilisierter Wählergruppen anzunehmen.

Für alle politischen Ebenen stellt Eilfort bei Frauen eine geringfügig niedrigere Wahlbeteiligung als bei Männern fest.[237] Zum Alter formuliert er die „einfache Regel": „Wahlbeteiligung nimmt mit dem Alter stetig zu, erreicht ihren Gipfel zwischen 50 und 70 Jahren und fällt dann relativ schnell wieder ab"[238] – wobei Erstwähler/innen sich stärker beteiligen als nachfolgende Jahrgänge. Da Kirchenbindung positiv auf die Wahlbeteiligung wirkt, sorgt deren Abnahme für zunehmende Wahlenthaltung.[239] Am höchsten ist die Beteiligung bei Beamt(inn)en und Angestellten des öffentlichen Dienstes. Mit steigendem sozialen Status und Bildungsniveau der Menschen wächst ihre Wahlbeteiligung.[240] Neben Unterschieden entlang soziologischer Merkmale nennt er als Gründe für Wahlenthaltung mangelndes politisches Interesse[241], soziale Desintegration[242], gelockerte Parteibindungen[243], ein als unzureichend empfundenes Programm- und Kandidatenangebot.[244] Während Eilfort inhaltlicher Polarisierung eine wählermobilisierende Wirkung zuschreibt, sieht er personelle Polarisierung (im Sinne von Angriffen auf die Person) als eher „abstoßend".[245]

Auch auf kommunaler Ebene haben diese Faktoren Einfluss auf die Wahlbeteiligung. In spezifischer kommunaler Ausprägung führt die unterschiedliche Wahlbeteiligung unterschiedlicher Gruppen zur Veränderung der Zusammensetzung des Elektorats. Geringes Interesse an örtlicher Politik, wenig Wissen darüber und lockere Bindung an den Wohnort senken laut Schmitt-Beck u.a. die Wahlbeteiligung – gefördert durch ein in gleicher Weise gestimmtes soziales Umfeld.[246] Mit dem Lebensalter nimmt das Interesse an Kommunalpolitik zu.[247] Laut Löffler/Rogg beteiligen sich Frauen und Arbeiter/innen neben Jüngeren weniger an Kommunalwahlen als an anderen Wahlen. Eifrig wählen

---

[236] A.a.O., S. 566.
[237] Eilfort: "Die Nichtwähler", s.o., S. 174; dies wird aktuell nicht unbedingt bestätigt.
[238] A.a.O., S. 184.
[239] A.a.O., S. 207.
[240] A.a.O., S. 208 ff. und 217 ff..
[241] A.a.O., S. 255/256; wobei Eilfort aber gleichzeitig eine Zunahme politisch stark interessierter Nichtwähler/innen feststellt, siehe S. 256 ff..
[242] A.a.O., S. 260.
[243] A.a.O., S. 285.
[244] A.a.O., S. 275.
[245] A.a.O., S. 277.
[246] Schmitt-Beck u.a., s.o., S. 578
[247] Siehe Schmitt-Beck u.a., s.o., S. 578-579 und 580.

Angehörige der Mittelschicht und des Bauernstands kommunal, was ihr Gewicht bei diesen Wahlen erhöht: „Unter den kommunalen Nichtwählern ist der Anteil junger Wahlberechtigter relativ hoch, ebenso der Anteil der Frauen. Schichtbezogen gesehen sind Mittelschichtangehörige und Bauern die eifrigsten Wähler, während sich etwa Arbeiter weit unterdurchschnittlich an kommunalen Wahlentscheidungen beteiligen."[248]
Aufgrund der Sozialstruktur der sich an kommunalen Wahlen regelmäßig Beteiligenden sehen Löffler/Rogg in Baden-Württemberg Vorteile für konservative politische Gruppierungen, die in diesen Milieus verankert sind: „Diese Struktur des kommunalen Wählers entspricht ziemlich genau der sozialen Basis bürgerlich-konservativer Parteien und Wählervereinigungen auf kommunaler Ebene"[249] in Baden-Württemberg.
Erhöht wird die Beteiligung an Kommunalwahlen laut Schmitt-Beck u.a. durch die instrumentelle Erwägung, mit der Stimmabgabe auf städtische Politik Einfluss nehmen zu können, durch Bindung an Parteien und „freiwillige Vereinigungen", das im Sinne der Wahlnorm positive persönliche Umfeld sowie das Interesse an und Wissen über lokale Politik.[250] Löffler/Rogg sehen für Baden-Württemberg neben höherem Interesse an lokaler Politik und stärkerer Integration am Wohnort eine stärkere Orientierung am gewerblichen Mittelstand bei denen, die sich regelmäßig an kommunalen Wahlen beteiligen: „Diejenigen, die zur Wahl gehen, sind besser über die politischen Probleme der Gemeinde/des Kreises informiert, haben ein generell höheres Interesse an gemeindepolitischen Fragen, orientieren sich stärker am gewerblichen Mittelstand und dessen Wertvorstellungen, sind als Einwohner mit längerer Ortsansässigkeit und stärkerer Bindung an die Wohngemeinde besser integriert und als Vereinsmitglieder oder sonst gesellschaftlich Aktivere besser in das soziale Leben eingebunden."[251]
Je kleiner eine Gemeinde ist, desto eher ist die Beteiligung an kommunalen Wahlen – auch an Bürgermeisterwahlen – mit der an Wahlen auf höheren politischen Ebenen vergleichbar. Mit zunehmender Gemeindegröße sinkt die Wahlbeteiligung. Dies hängt mit einer Reihe von Faktoren zusammen – u.a. mit größerer Anonymität und geringerer sozialer Integration in das Lebensumfeld.[252] Auch Brugger sieht als Grund sinkender Wahlbeteiligung die zunehmende und mit steigender Einwohnerzahl stärker wirkende Entfremdung der Bürger/innen von ihrer Kommune, die durch die immer häufiger verlangte Mobilität bedingt ist. Den „emotionalen Ablösungsprozess der Bevölkerung von ihrem städtischen Gemeinwesen" sieht er dadurch befördert, dass sich die Stadtverwaltung als Dienstleister oder „Konzern Stadt" darstellt und so nur noch als ein Dienstleister unter vielen erscheint.[253]

Im Vergleich mit anderen Wahlen beteiligen sich also nicht nur weniger Menschen an kommunalen Wahlen, die Beteiligung ist in unterschiedlichen Wählergruppen auch

---

[248] Löffler/ Rogg, s.o., S. 109.
[249] Ebenda.
[250] Schmitt-Beck u.a., s.o., S. 568, 569, 571, 573, 575 und 578-579; Kirchgänger/innen erwiesen sich in dieser Studie übrigens nicht als eifrigere Wähler/innen als andere Wahlberechtigte, siehe dazu S. 573.
[251] Löffler/ Rogg, s.o., S. 109.
[252] Eilfort: „Die Nichtwähler", s.o., S. 222 ff..
[253] Norbert Brugger (für den Städtetag Baden-Württemberg): „Welche Wahlbeteiligungsquote ist zu erwarten? – Antworten auf diese und elf andere häufige Fragen zu Kommunalwahlen" (Wahlanalyse des Städtetags Baden-Württemberg), Stuttgart, 31. Januar 2008, S.5.

verschieden groß. In Baden-Württemberg entspricht die Struktur der kommunal überdurchschnittlich Wählenden am ehesten der Anhängerschaft konservativer Parteien und Wählvereinigungen. Für Oberbürgermeisterwahlen erwächst daraus ein Vorteil für sie.

3.1.3. Zwei-Säulen-Modell zur Erklärung der kommunalen Wahlentscheidung

Die zu Beginn der siebziger Jahre des vergangenen Jahrhunderts festgestellte Stabilisierung des Parteiensystems und die damit einhergehende Konzentrierung der Parteiorientierung der Wählerschaft auf die damals im Bundestag vertretenen Parteien wurden in den Folgejahrzehnten nicht bestätigt. Die damit begründete These des über alle Systemebenen konvergenten Wählerverhaltens erscheint daher als alleinige Erklärung des Wählerverhaltens ungeeignet. Aber dies bedeutet nicht, außer Acht zu lassen, dass ein Teil der Wählerschaft konvergent wählt. Parteiorientierte Wähler/innen bevorzugen zunächst auch auf kommunaler Ebene, auch bei Personenwahlen, mit ihrer präferierten Partei verbundene Kandidierende - wenn nichts (wie etwa ein als unzureichend wahrgenommenes Personalangebot) dagegen spricht. Politische Grundhaltungen beeinflussen also Kommunalwahlen. Eigenständige kommunale Wahlentscheidungen, die von denen anderer Ebenen abweichen, sind aber möglich. Lokale Faktoren und der lokale Kontext beeinflussen kommunale Wahlentscheidungen. Wahlenthaltung beeinflusst Wahlentscheidungen ebenso wie konstantes und wechselndes Wahlverhalten. Nicht nur die allgemeine politische Stimmung, die unterschiedliche Bewertung der Bedeutung von Wahlen, sondern auch unterschiedliche Einbindung in und Interesse am kommunalen Geschehen sowie die Bewertung der am Ort politisch Agierenden sorgen für von anderen politischen Ebenen differierende Entscheidungen bei kommunalen Wahlen. Die stark kommunal Eingebundenen und Interessierten entsprechen in Baden-Württemberg eher der Stammwählerschaft konservativ-bürgerlicher Gruppierungen als deren politischer Konkurrenz.
Dass konvergente und divergente Erklärungsansätze für kommunales Wahlverhalten keinen Allgemeingültigkeitsanspruch erheben können, sieht etwa Gabriel, der den seiner Meinung nach mitunter formulierten Gegensatz zwischen Partei-, Kandidaten- und Themenorientierung als „künstlich" betrachtet. Für ihn sind von Wahl zu Wahl und daher auch auf kommunaler Ebene von anderen politischen Ebenen differierende Wahlentscheidungen möglich: „Auch auf der kommunalen Ebene kann sich das Gewicht dieser Faktoren von einer Wahl zur nächsten sowie von Gemeinde zu Gemeinde verschieben."[254]
Marcinkowski entwickelt aus einer Fallstudie heraus ein „Zwei-Säulen-Modell kommunalen Wahlverhaltens"[255]: „Die erste Säule wird durch die Ausstrahlung des bundespolitischen Trends gebildet."[256] Zur ersten Säule gehören grundsätzliche Parteiidentifikation und aktuelle bundespolitische Stimmungen. Die in dieser Säule gebündelten Faktoren beeinflussen kommunale Wahlentscheidungen, also auch

---

[254] Gabriel, s.o., S. 168.
[255] Marcinkowski, s.o., S. 53.
[256] Ebenda.

(Ober-)Bürgermeisterwahlen - am stärksten die mit anderen Wahlen verbundenen. Die zweite Säule bilden örtliche Themen- und Kandidateneffekte, die bei den Kommunalwahlen 1999 in Nordrhein-Westfalen die von der ersten Säule ausgehende Tendenz zur Wahlenthaltung der Anhängerschaft der im Bund regierenden Parteien nicht umdrehen, sondern nur mildern konnten.[257] Aber selbst in Nordrhein-Westfalen mit zum Untersuchungszeitpunkt gerade neu eingeführten Direktwahlen stellte Marcinkowski fest, dass bei den analysierten Wahlen insbesondere Bürgermeisterkandidat(inn)en „auch in der Wählerschaft der jeweils konkurrierenden Parteien namhafte Unterstützung für sich mobilisieren“[258] konnten. Für Marcinkowski gibt es somit deutliche Anzeichen, dass „kommunale Wahlergebnisse als Reflex der Bundespolitik unter keinen Umständen hinreichend erklärt werden können.“[259]

An Marcinkowski knüpfen Juhász/Abold mit ihrer Fallstudie zur Bamberger Oberbürgermeisterwahl 2006 an und verweisen zunächst auf seine Feststellung, dass in NRW bei der Kommunalwahl 1999 Parteibindung die wichtigste Determinante der Wahlentscheidung war.[260] Auch in Bayern sehen sie nur wenige Erfolge von Einzelkandidat(inn)en bei Oberbürgermeisterwahlen und folgern daraus, dass die Unterstützung von Parteien oder Wählervereinigungen erheblich zum Sieg beiträgt. Die Bezeichnung von Oberbürgermeisterwahlen als „Personenwahlen“ ist für sie „nicht gleichbedeutend mit der Aussage, Wahlsiege seien ohne parteipolitischen Hintergrund wahrscheinlich.“[261] So fließen in die Überlegungen der Wähler/innen parteipolitische Überlegungen, auch die Bewertung örtlicher Parteien, mit ein.[262] Umgekehrt ist die starke Verankerung einer kommunal- oder landespolitisch erfolgreichen Partei vor Ort nicht automatisch mit einem Erfolg ihrer Bewerberin/ ihres Bewerbers bei einer Oberbürgermeisterwahl verbunden. Daher nutzen Kandidierende zwar die organisatorische Unterstützung ihrer Partei, „ohne wiederum ihre Parteizugehörigkeit in den Mittelpunkt des Wahlkampfes zu stellen.“[263] Ihre Befunde, die sie „einigen Besonderheiten in Bamberg geschuldet“[264] sehen, untermauern, wie sie ausführen, „die dominierende Bedeutung der Persönlichkeit der Kandidaten bei Direktwahlen für die Wahlentscheidung.“[265] Die grundsätzliche Parteiidentifikation von Wähler/innen wird aber mit einer Wahlentscheidung für eine Person, die nicht der eigentlich präferierten Partei angehört, nicht aufgehoben. Sie bestätigen das Zwei-Säulen-Modell von Marcinkowski, dass kommunale Wahlentscheidungen sowohl durch spezielle örtliche als auch durch auf allen politischen Ebenen wirksame Faktoren bestimmt werden.

---

[257] Ebenda.
[258] A.a.O., S. 27.
[259] A.a.O., S. 53.
[260] Zoltán Juhász/ Roland Abold: „Kandidaten in kommunalen Wahlen. Fallstudie zur Wahl des Oberbürgermeisters in Bamberg 2006“, Papier für die 3-Länder-Tagung der ÖGPW, DVPW und SVPW „Politik und Persönlichkeit“, Wien, 30.11.-2.12.2006.
[261] A.a.O., S. 2.
[262] Siehe Juhász/Abold, s.o., S. 19-21.
[263] A.a.O, S. 2.
[264] A.a.O., S. 20.
[265] Ebenda.

Langfristige und kurzfristige, auf allen politischen Ebenen sowie ausschließlich lokal wirksame Faktoren wirken also gleichzeitig und in Abhängigkeit vom örtlichen und überörtlichen Kontext bei kommunalen Wahlentscheidungen. Kandidaten- und Themenorientierung bedeuten nicht die Aufhebung von Parteiorientierung. Instrumentelle Erwägungen, bundes- und kommunalpolitische Bewertungen können zu Wahlenthaltung und Wechselwahl führen. Auf Grund komplexer Wirkungszusammenhänge sind für Korte Ergebnisse kommunaler Wahlen kaum langfristig prognostizierbar.[266] Die mit dem Zwei-Säulen-Modell ausformulierte multifaktorielle Begründung von Wahlentscheidungen ist geeignet zur Erklärung von Ergebnissen von Oberbürgermeisterwahlen.

3.2. Determinanten der Entscheidung bei (Ober-)Bürgermeisterwahlen in Baden-Württemberg

Grundlegend herausgearbeitet und systematisiert wurden die Merkmale der baden-württembergischen (Ober-)Bürgermeister - (Ober-)Bürgermeisterinnen gab es zu der Zeit nicht - in der 1984 verfassten „Elitenstudie" von Wehling/Siewert mit dem Titel „Der Bürgermeister in Baden-Württemberg"[267], die sie als „erste empirische Untersuchung über Bürgermeister in der Bundesrepublik überhaupt"[268] bezeichnen. Aufgrund der in der Befragung erhobenen Merkmale der (Ober-)Bürgermeister wird auch der Weg zum Wahlsieg beschrieben. Diese Studie und die von Biege u.a. zur Reutlinger Oberbürgermeisterwahl 1973 nennen Faktoren, die zum Wahlerfolg beitragen. Auf die in diesen zwei Arbeiten und v.a. von Wehling in weiteren Artikeln dargelegten Erfolgsfaktoren bezieht sich ganz überwiegend die wissenschaftliche Literatur zu dem Thema. Weitgehend übereinstimmend - eine Ausnahme ist Hoecker – werden die von Wehling genannten Kandidatenmerkmale als entscheidende Erfolgsfaktoren bei (Ober-)Bürgermeisterwahlen bezeichnet. Wehling sieht als „Muster für die (Aus-)Wahl von Bürgermeistern"[269] in Baden-Württemberg: Parteidistanziertheit (auch von Parteimitgliedern), Verwaltungserfahrung bzw. Verwaltungswissen und ganz überwiegend die Herkunft von außen. Wehling äußert zwar, dass diese Auswahlkriterien umso eher gelten, je kleiner die Gemeinde ist. Aber er sieht die Kriterien mit zunehmender Einwohnerzahl nicht in Frage gestellt. Scholz sieht nach ihrer Befragung aller Oberbürgermeisterinnen in Deutschland die Oberbürgermeisterwahl als „Persönlichkeitswahl".[270] Die von ihr Befragten sehen die Kandidatin durchgängig als „ausschlaggebenden Sieg-Faktor".[271] Damit geraten andere Faktoren als die genannten Kandidatenmerkmale – etwa Parteiorientierung - aus dem Blick.

Bei der Sichtung der Literatur zu (Ober-)Bürgermeisterwahlen wird aber deutlich, dass auch Vertreter/innen kandidatenorientierter Erklärungsansätze andere Faktoren als

---

[266] Siehe Karl-Rudolf Korte: „Kommunalwahl im Schatten der Krise", in: „Der Westen" (Internetausgabe), 16.3.2009.

[267] Hans-Georg Wehling/H.-Jörg Siewert: „Der Bürgermeister in Baden-Württemberg", Stuttgart, Berlin, Köln, Mainz, 2. Auflage 1987.

[268] A.a.O., S. 10.

[269] Wehling in: Bundeszentrale für politische Bildung (Hrsg.), s.o., S. 39.

[270] Scholz, s.o., S. 244.

[271] A.a.O., 174 und 243.

diese Kandidatenmerkmale erwähnen, die (Ober-)Bürgermeisterwahlen entscheiden können – etwa Parteiorientierung und Themen. Als Bausteine zum Sieg bei (Ober-)Bürgermeisterwahlen in Baden-Württemberg genannt und nachfolgend erörtert werden: Die Kandidatenmerkmale Verwaltungskompetenz, Persönlichkeit, Auswärtigkeit (die mit Machtkontrolle verbunden wird – ein Aspekt, der nach meiner Ansicht der Differenzierung bedarf) und Amtsbonus sowie die Bindung an eine der lokalen Parteien, der Wahlkampf und die Wahlkampfthemen.

3.2.1. Kandidatenmerkmale

Ein überraschendes Wahlergebnis war Anlass für die Fallstudie von Biege u.a.: „In der Stadt Reutlingen in Baden-Württemberg fand am 30. September 1973 die Neuwahl des Oberbürgermeisters statt, deren Ausgang hierzulande allgemein überrascht hat. Bei der Wahl durch die Reutlinger Bürger siegte der Kandidat der CDU auf Anhieb mit 54,8 % der Stimmen, nachdem die Stadt zuvor 28 Jahre lang durch einen SPD-Oberbürgermeister ‚regiert' worden war. Man war daran gewöhnt, sie politisch als SPD-Stadt zu verbuchen."[272] Ziel der Studie ist die Überprüfung und Verfeinerung ihrer Hypothesen über die Auswahlkriterien bei der Volkswahl des (Ober-)Bürgermeisters in Baden-Württemberg, „die sich aus jahrelanger Beobachtung von Bürgermeisterwahlen durch das Volk auf allen größenmäßigen Ebenen ergeben haben."[273] Als ausschlaggebenden Grund für die Wahlentscheidung sehen die Autoren die Person des Siegers.

3.2.1.1. Fachausbildung und Verwaltungserfahrung

Für Biege u.a. steht an erster Stelle der Gründe für den Erfolg einer Person bei einer (Ober-)Bürgermeisterwahl die Verwaltungserfahrung bzw. die formale Qualifikation für einen Verwaltungsberuf. Bei der Einschätzung der zu bewältigenden Problemlage in ihrer Stadt lag für die von Biege u.a. befragten Reutlinger Bürger/innen die Verwaltung vor allen anderen Punkten.[274] Folgerichtig steht für sie die Kompetenz zur Bewältigung der Aufgabe „Verwaltung" im Zentrum der Bewertung der Kandidierenden und der daraus resultierenden Wahlentscheidung: „Diese Einstellung zum Thema Verwaltung vor allem macht die Direktwahl des Oberbürgermeisters zu einer ‚Persönlichkeitswahl', insofern als sie das wichtigste Beurteilungskriterium dafür liefert, wie die Persönlichkeit aussehen muß."[275]

Biege u.a. definieren Verwaltungskompetenz der zu wählenden Personen so, „dass die Bürger sich zuallererst eine gerechte und reibungslos funktionierende Verwaltung wünschen und dass sie deshalb bei einer OB-Wahl dem Manne[276] den Vorzug geben,

---

[272] Biege et al., s.o., S. 5.
[273] A.a.O., S. 23 – angelehnt und immer wieder im Vergleich mit einer vergleichenden Untersuchung zwischen direkt und indirekt gewählten Oberbürgermeistern von Rolf-Richard Grauhan: „Politische Verwaltung", Freiburg im Breisgau, 1970.
[274] Biege et al., s.o, S. 139-140.
[275] A.a.O., S. 178, siehe auch die Seiten 149-51.
[276] Es amtierte noch keine Frau als (Ober-)Bürgermeisterin.

der dieser Erwartung am ehesten gerecht zu werden verspricht, auch dann wenn er nicht der allgemeinen Parteipräferenz entspricht."[277] Vorzug erhält demnach bei der Wahl, wer die größte Verwaltungskompetenz hat – auch wenn sie/er nicht an die sonst bevorzugte Partei gebunden ist. Auch für Nichtwiederwahlen betont Kern die Bedeutung des Verwaltungskönnens und des dafür notwendigen beruflichen Hintergrunds für die Wahlentscheidung: „Es geht also um die Wahrnehmung der Bevölkerung: Traut sie dem Bewerber zu, aufgrund seiner beruflichen Herkunft als ‚Verwaltungsfachmann' oder zumindest als Mann oder Frau mit Verwaltungserfahrung zu gelten?"[278] Wer als verwaltungskompetent wahrgenommen wird, gehört nach diesem Verständnis zum Kreis der in den Augen der Bevölkerung „wählbaren" Bewerber/innen. Den Vorzug bei der Wahl erhält der/die verwaltungskompetentere Bewerber/in.

Studien zeigen, dass unter den (Ober-)Bürgermeister/innen ausgebildete Verwaltungsleute dominieren. Wehling/Siewert ermitteln 1984, dass 83,7 Prozent aller baden-württembergischen Bürgermeister gelernte Verwaltungsfachleute sind[279]; 76,8 Prozent der amtierenden (Ober-)Bürgermeister waren Absolventen der dortigen Fachschulen bzw. Fachhochschulen für öffentliche Verwaltung.[280] In einer Umfrage von Bäuerle im Jahr 1992 in Baden-Württemberg, bei der zwei Drittel aller Amtsinhaber/innen antworteten, hatten 89% von ihnen eine Verwaltungsausbildung, 93% kamen aus dem öffentlichen Dienst.[281] Bei der Umfrage von Gehne/Holtkamp im Jahr 2003 in den baden-württembergischen Städten über 20.000 Einwohner/innen hatten rund drei Viertel der die Frage beantwortenden Oberbürgermeister/innen einen Verwaltungshintergrund.[282] Laut der Untersuchung von Schneider/Stöckle aus dem Jahr 2007 werden rund 75 Prozent der (Ober-)Bürgermeisterstellen in Baden-Württemberg von (vor Amtsantritt) Angehörigen des gehobenen Verwaltungsdienstes besetzt, deren Ausbildungsstätten in der Regel die Hochschulen[283] für öffentliche Verwaltung sind.[284] Huzel ermittelte 2010, dass der „Anteil der Diplom-Verwaltungswirte unter den Bürgermeistern (...) weiterhin über 70%"[285] liegt. Bei seiner Erhebung stellt er bei über 80 Prozent der (Ober-)Bürgermeister/innen verwaltungsnahe Berufe und Bildungsabschlüsse fest.[286] Obwohl also rechtlich keine Anforderungen an die Qualifikation der zu Wählenden gestellt werden, werden nach allgemeiner Auffassung „die gelernten Verwaltungsfachleute"[287] bevorzugt. Die Bedeutung des Verwaltungshintergrunds, der Verwaltungskompetenz der Kandidierenden für den Erfolg

---

[277] A.a.O., s.o., S. 178, siehe auch die Seiten 149-51.
[278] Kern, s.o., S. 204.
[279] Wehling/Siewert, s.o., S. 59, auf die weibliche Form wird verzichtet, da zu der Zeit nur Männer (Ober-)Bürgermeister waren.
[280] A.a.O., S. 65.
[281] Bäuerle, s.o., S. 61.
[282] David H. Gehne/Lars Holtkamp: „Fraktionsvorsitzende und Bürgermeister in NRW und Baden-Württemberg", in: Bogumil/Heinelt (Hrsg.), s.o., S. 87- 141, S. 129-130.
[283] Früher Fachhochschulen für öffentliche Verwaltung.
[284] Vgl. Susanne Schneider/Claudia Stöckle: "Diplom-Verwaltungswirtinnen im Bürgermeisteramt", in: Dialog Ausgabe 16/Juni 2007, S. 20-22, S. 20.
[285] Huzel, s.o., S. 31.
[286] Ebenda.
[287] Wehling/Siewert, s.o., S. 64.

bei (Ober-)Bürgermeisterwahlen wird immer wieder betont.[288] Von allen anderen Ausbildungswegen und Berufen werden nach den Verwaltungsfachleuten am ehesten juristisch Gebildeten und Tätigen Chancen eingeräumt. Biege u.a. stellen (ohne Größenordnungen zu nennen) eine mit der Einwohnerzahl wachsende Bedeutung der juristischen Qualifikation fest.[289]
Im Fazit seiner Studie betont auch Kern die Wichtigkeit der Verwaltungskompetenz und geht nicht weiter ein auf die in seiner Analyse an anderer Stelle konstatierte zunehmende Bedeutung kommunikativer und sozialer Kompetenzen für den Sieg bei Abwahlen.[290] Verwaltungserfahrung sieht er in einigen Fällen nicht als notwendige Voraussetzung für den Abwahlerfolg: „Die Bevölkerung entschied sich immer öfter bei den erfolgreichen Herausforderern für ‚Kommunikationsprofis', deren mangelnde Verwaltungspraxis offensichtlich nicht als entscheidendes Handicap betrachtet wurde."[291] Wenn „Verwaltungslaien" durch Abwahlen ins Amt gekommen waren, waren sie laut Kern nicht weniger erfolgreich als Verwaltungsexperten und wurden bei ihrem Antreten nirgendwo abgewählt: „Die Frage, ob Bürgermeister ohne Verwaltungserfahrung öfter scheitern als diejenigen mit Verwaltungshintergrund, kann daher für diesen Bereich klar verneint werden."[292]

Verwaltungskompetenz wird also in der Literatur als zentrale Voraussetzung für den Erfolg bei (Ober-)Bürgermeisterwahlen gesehen. Ein Vorteil in diesem Bereich gilt als wahlentscheidender Erfolgsfaktor. Als Störung der Wahlabsicht gemäß der Parteipräferenz wird gesehen, dass die bevorzugte Partei keine/n ausreichend verwaltungskompetente/n Bewerber/in präsentiert; in dem Fall wird demnach verwaltungskompetentere Konkurrenz bevorzugt. Die Feststellung von Kern, dass bei Abwahlen mit Defiziten bei Verwaltungskompetenz gesiegt werden kann, wird in der Forschung nicht weiter verfolgt und von ihm selbst konterkariert mit der in seinem Fazit genannten Notwendigkeit des Nachweises der Verwaltungskompetenz.

3.2.1.2. Auswärtigkeit, regionale Herkunft und Machtkontrolle

Als weiterer Grund für den Erfolg bei (Ober-)Bürgermeisterwahlen in Baden-Württemberg gilt die Herkunft von außen. Abgesehen von Wahlen, bei denen nur Einheimische gegeneinander antreten, nennt Wehling neben Parteidistanz und

---

[288] Siehe u.a. Bäuerle, s.o.; Hans-Georg Wehling: „Der Bürgermeister – Rechtsstellung, Sozialprofil, Funktionen", in: Theodor Pfitzer/Hans-Georg Wehling: „Kommunalpolitik in Baden-Württemberg", Stuttgart-Berlin-Köln, 2000 S. 172-186; Löffler/ Rogg, s.o.; Hans-Georg Wehling: „Kommunalpolitik in Baden-Württemberg – Bürgermeister, Gemeinderat und die Rechte des Bürgers", in: „Taschenbuch Baden-Württemberg – Gesetze – Daten – Analysen", Stuttgart, 2004, S. 39-60, auf den Seiten 48 und 49; Raimund Gründler/Peter Lückemeier: „Zur kommunalen Direktwahl – Erfahrungen aus Baden-Württemberg und Hessen – Kommunalpolitisches Forum, Materialien für die Arbeit vor Ort, Nr. 5, Konrad-Adenauer-Stiftung o.J.. Nicht thematisiert wird, dass unter den (Ober-)Bürgermeister(inne)n schon deshalb eine große Zahl von Verwaltungsfachleuten zu finden ist, weil für die in kommunalen Verwaltungen Tätigen das (Ober-)Bürgermeisteramt die höchste Karrierestufe ist.
[289] Biege et al., s.o., S. 23.
[290] A.a.O., S. 214-215.
[291] A.a.O., S. 225.
[292] A.a.O., S. 214.

Verwaltungskompetenz diesen Punkt als erfolgversprechendes Bewerbermerkmal.[293] In den neunziger Jahren ermittelte Bäuerle, dass landesweit rund drei Viertel der baden-württembergischen (Ober-)Bürgermeister/innen vor ihrer Wahl nicht in dem Ort wohnten, in dem sie gewählt wurden.[294]

Zur regionalen Herkunft der Auswärtigen stellt Wehling noch im Jahr 2001 fest, dass der Anspruch an „Auswärtigkeit" seine Grenzen innerhalb des Bundeslands findet: „Die Herkunft von außen geht jedoch nicht soweit, dass ein ‚Landfremder' gewählt würde. Aus dem Ländle sollte er nach Möglichkeit schon stammen."[295] Festgestellt wurde zu Beginn der achtziger Jahre des vorigen Jahrhunderts, dass 94,2 Prozent der in Baden-Württemberg amtierenden (Ober-)Bürgermeister in diesem Bundesland geboren waren.[296] Von außerhalb des Bundeslands kommenden Kandidierenden räumten Wehling/Siewert allenfalls in Baden geringe Siegchancen ein, weil dort der parteipolitischen Orientierung ein größeres Gewicht beigemessen werde.[297] In einer schwäbischen Stadt eine Oberbürgermeisterwahl zu gewinnen, gelang zu Beginn der 70er Jahre des vorigen Jahrhunderts eher dem Schwaben, wenn der Konkurrent nicht „Landsmann" war. Biege u.a. beschrieben für Reutlingen den als „bisweilen umständlich(...) und holperig"[298] bezeichneten Sprachstil des Schwaben als Vorteil im Vergleich mit der geschliffenen Rhetorik des schärfsten Konkurrenten. „Der Schwabe" markierte hier bereits mit seinem Namen „gewissermaßen symbolisch Verbundenheit mit dem Geist und der Atmosphäre der Stadt."[299] In der Literatur wird meist festgestellt, dass ein großer Teil der Sieger/innen aus der näheren Umgebung des Orts stammt, in dem gewählt wird. Bestätigt und exakt erfasst wurde die regionale Nähe bei den von Kern untersuchten Abwahlen: Es „konnte für das Land nachgewiesen werden, dass die erfolgreichen Herausforderer meist aus der näheren Umgebung der Gemeinde (‚Auswärtige Insider') kamen."[300]

Im Jahr 2010 legt Wehling weniger Wert auf Landes- als auf Mentalitäts- und Dialektgrenzen und betont die Vorteile der Herkunft aus der näheren Umgebung: „Freilich sollten die Bewerber mit der Mentalität vertraut sein, also durchaus aus der näheren Umgebung stammen. Wer von weit her kommt, hat demnach geringere Chancen. Die Sprache – die Dialektfähigkeit – ist wichtig."[301]

---

[293] Wehling: „Kommunale Direktwahl ...", s.o., S. 6.
[294] Bäuerle, s.o., S. 115-116.
[295] Wehling: „Die süddeutsche Kommunalverfassung ...", s.o., S. 3.
[296] Wehling/Siewert, s.o., S. 68.
[297] Wehling/Siewert, s.o., S. 69.
[298] Biege et. al., s.o., S. 151.
[299] A.a.O., S. 150. Dass als „Schwaben" bezeichnete Bewerber/innen aus dem württembergischen Landesteil in manchen badischen Gebieten möglicherweise mit Aversionen ihnen gegenüber zu rechnen haben, findet in der politikwissenschaftlichen Literatur keinen Niederschlag. Eine Erhebung zur Frage, wie viele Badener/innen in Württemberg und umgekehrt Württemberger/innen in Baden erfolgreich sind, gibt es nicht. Siehe generell zum Verhältnis der beiden „Stämme" in Baden-Württemberg: Hermann Bausinger: „Die bessere Hälfte. Von Badenern und Württembergern", Stuttgart/München, 2002; dort zu den genannten Aversionen insbesondere S. 23 ff..
[300] Kern, s.o., S. 355-356.
[301] Wehling: „Wer wird Bürgermeister?", s.o., S. 43.

Auswärtige, die z.T. politisch nicht mit der Mehrheit in der Gemeindevertretung übereinstimmen, werden laut Wehling als (Ober-)Bürgermeister/in zur Machtkontrolle und als „Filzbremse“[302] in der Kommune gewählt. Damit wird ein Aspekt angesprochen, der eine differenzierte Betrachtung lohnt. Wie generell bei Wahlen wird bei (Ober-)Bürgermeisterwahlen Macht an Gewählte auf begrenzte Zeit vergeben. Personen und politische Gruppierungen, die Macht ausüben oder erringen wollen, werden von rational Wählenden mit Stimmenthaltung oder Stimmabgabe bewertet. Zweckorientiertes, instrumentelles Wahlverhalten, das auf politische Ziele und Machtausübung zielt, trägt zur Wahlentscheidung bei.

Mit der Wahl kontrollierend auf das örtliche Machtgefüge einzuwirken kann bei (Ober-)Bürgermeisterwahlen auf drei Ziele gerichtet sein:

- Auf Unabhängigkeit von örtlichen Einzelinteressen wie etwa ökonomischen Akteur(inn)en, Vereinen u.a.. Auswärtige stehen dafür, vor der Wahl keine derartigen Eigeninteressen zu haben und gelten in dieser Hinsicht qua Herkunft als unabhängig.
- Auf politische Machtkontrolle als Ausgleich einseitiger Machtverteilung oder Schutz vor daraus resultierender missbräuchlicher Machtausübung. Thaler definiert diese Machtkontrolle so: „Unter dem Begriff der Machtkontrolle ist ein Prozess zu verstehen, der herrschende Machtasymmetrien innerhalb einer strukturierten sozialen Beziehung ausgleichen oder zumindest seine Akteure vor missbräuchlicher Machtausübung schützen soll.“[303] Witt nennt die der positiven Wirkung von Parteibindung entgegengesetzte Wahlentscheidung gegen von dominierenden Parteien unterstützte Kandidierende als Wahlmotiv: „Manchmal wählt der Wähler bewusst einen Kandidaten der Oppositionspartei sozusagen als ‚Filzbremse‘ (so Wehling) oder aber um der dominierenden Partei einen Denkzettel zu verpassen.“[304] Gerade in Städten um 20.000 Einwohner/innen sieht er die Konstellation, „dass bei der Direktwahl der Bürgermeister ein Kandidat der Oppositionspartei im Gemeinderat oder ein dieser Partei zuzurechnender Kandidat gewählt wird“ als „nicht selten“[305] an. Um das Ziel zu erreichen, können - entgegen gängiger Gleichsetzung von machtkontrollierend und auswärtig Auswärtige oder Einheimische gewählt werden, die nicht an örtlich dominierende politische Kräfte gebunden sind, mit deren Wahl ein Gegengewicht zu machtausübenden Gruppen und Personen geschaffen wird.
- Auf Verhinderung von „Machtvererbung“ oder eine politische Neuausrichtung an der Verwaltungsspitze. D.h. Neugewählte stehen für eine politische Änderung im Vergleich zu Vorgänger/innen, oder ihre Wahl verhindert, dass scheidende (Ober-)Bürgermeister/innen Macht „vererben“. Witt rät wegen dem offensichtlich weit verbreiteten Wunsch, „Machtvererbung“ zu verhindern, Amtsinhaber/innen, die aus dem Amt scheiden und einem/einer Nachfolger/in ihrer Wahl zum Sieg

---

[302] So wird Wehling in der Heilbronner Stimme am 31.10.2002 zitiert.
[303] Michael Thaler: „Machtkontrolle“, Homepage der Universität Lüneburg, Institut für BWL, o.J., S. 1.
[304] Paul Witt: „Die Entwicklung des Berufsbilds der Bürgermeisterin/des Bürgermeisters in Deutschland am Beispiel von Baden-Württemberg, in: Viesoji Politika ir Administravimas Nr. 21/2007, S. 19-27, S. 20.
[305] Ebenda.

verhelfen wollen, sich öffentlich neutral zu verhalten.[306] Denn nach seinen Erfahrungen sinken durch eine zu enge, öffentlich sichtbare Verbindung mit Amtsinhaber(inne)n die Chancen ihrer Favorit(inn)en für die Nachfolge; Witt schreibt: „Sehr selten schafft ein Kandidat, der schon seit langem als ‚Kronprinz' gehandelt wurde, den Sprung auf den Chefsessel."[307] Eine durch den Wunsch nach Wechsel geleitete Wahlentscheidung wirkt machtverändernd, aber nicht notwendig machtausgleichend. Sie kann auch Machtasymmetrien verschärfen oder neu herstellen, wenn Vertreter/innen dominierender politischer Gruppen an andere politische Kräfte gebundenen Machtausübenden nachfolgen. Auch für Wechsel können sowohl Auswärtige als auch Einheimische sorgen.

Mit den letzten beiden Aspekten werden machtkontrollorientierte Wahlmotive beschrieben, die bisher in der Literatur nicht unterschieden werden vom Aspekt der „Filzbremse" gegen einheimische Einzelinteressen mit der Folge der Bevorzugung Auswärtiger. Machtkontrolle ist auch wesentliches Motiv bei den von Kern untersuchten Abwahlen, wobei er auf das Handeln der Abgewählten als Wahlmotiv abhebt. Dass mit den Zielen Machtkontrolle und Machtveränderung primär die Wahl Auswärtiger verbunden ist, erscheint nicht zwingend.

Überwiegend werden also Auswärtige, die aber mit der Mentalität des Wahlortes verbunden sind, bei (Ober-)Bürgermeisterwahlen in Baden-Württemberg gewählt. Ein Nebenaspekt ist die postulierte Bedeutung der Herkunft aus dem „Ländle". Die Frage, ob mit der Wahl Machtkontrolle oder Machtveränderung verbunden sind, wird bei der Analyse der Oberbürgermeisterwahlen im Folgenden getrennt behandelt von dem Aspekt, ob Auswärtige oder Einheimische siegen. Anzunehmen ist, dass die Wahlentscheidung mit dem Ziel, kontrollierend bzw. verändernd einzuwirken auf Machtverhältnisse und Machtausübung, zum Erfolgsfaktor wird für Kandidierende, mit denen dieses Ziel verbunden wird. Zu klären ist, ob im Zusammenhang mit dem Wunsch nach Machtkontrolle Vorteile bei Auswärtigkeit häufiger zu finden sind als bei anderen Wahlen.

3.2.1.3. Weitere Merkmale zur Person

Gesetzlich ist im Untersuchungszeitraum in Baden-Württemberg eine Bewerbung für das (Ober-)Bürgermeisteramt vom 25. bis einschließlich zum 64. Lebensjahr möglich.[308] (Ober-)Bürgermeister/innen treten im Vergleich zu anderen Bundesländern ihr Amt in relativ jungen Jahren an. Im Jahr 1984 lag das Durchschnittsalter beim Amtsantritt bei 31,2 Jahren.[309] Wehling/Siewert erklären dies mit der Gemeindestruktur. In den kleinen Gemeinden werden überwiegend junge Bürgermeister/innen gewählt: „Das geradezu jugendliche Alter der meisten Bürgermeister bei ihrem Amtsantritt in Baden-Württemberg

---

[306] Witt: „Die Entwicklung ...", s.o., S. 20.
[307] A.a.O., S. 21.
[308] Siehe dazu: Sixt, Werner: „Kommunalwahlrecht in Baden-Württemberg", Stuttgart, München, Hannover, Berlin, Weimar, Dresden, 5. Auflage, 1999, S. 43. Ab 2016 sind Bewerbungen bis zum 66. Lebensjahr möglich.
[309] Wehling/Siewert, s.o., S. 61.

erklärt sich aus dem Vorherrschen der kleinen Gemeinden."[310] Das Alter der Gemeindeoberhäupter bei der ersten Wahl ins Amt steigt mit der Größe der Kommunen. In badischen Gemeinden war das Durchschnittsalter 1984 höher als im württembergischen Landesteil, was mit der Tradition der Wahl von Exponent(inn)en örtlicher politischer Gruppierungen zu erklären ist. Denn um als Vertreter/in örtlicher politischer Interessen wahrgenommen zu werden, bedarf es des lang andauernden Engagements in der Gemeinde.[311] Bei Abwahlen stellt Kern ein „starkes Anwachsen der Altersdurchschnitte der erfolgreichen Herausforderer"[312] in den letzten Jahren und eine Angleichung an das Alter der abgewählten Amtsinhaber/innen fest.
In der Literatur wird nicht erwähnt, dass Kandidierende nicht gewählt werden, weil sie – im Verhältnis zur Konkurrenz - als „zu jung" gesehen werden. Auf die Frage, wer als „zu alt" empfunden wird, um gewählt zu werden, gibt es den Hinweis auf die immer wieder gestellte Frage, wie viele Amtsperioden möglich sind. Als Meinung der Wählerschaft in Baden-Württemberg gibt Wehling wieder, dass nach Neuwahlen noch zwei Amtsperioden über jeweils acht Jahre nach der ersten Wahl möglich sein sollen, so dass sich daraus eine „Höchstgrenze bei der Erstwahl von 50 Jahren"[313] ergibt. Mit Ausnahme der Erwartung an eine Amtszeit von mindestens 16 Jahren wird dem Alter also keine Bedeutung für die Wahlentscheidung zugemessen.[314]

Als Kriterium der Wahlentscheidung nannten 1984 Wehling/Siewert die Frage, ob ein „gestandener Mann"[315] zur Wahl steht - Frauen wurden damals nicht erwähnt. Aspekte dieser Bewertung waren persönliche Lebensumstände und Religionszugehörigkeit. 96,5 Prozent der (Ober-)Bürgermeister waren verheiratet, was als Zeichen der in den Augen der Mehrheit der Bevölkerung so gesehenen und gewünschten „Normalität" gewertet wurde. Kern konstatiert in seiner Abwahlstudie im Vergleich zum Durchschnitt der Bevölkerung einen höheren Anteil verheirateter Herausforderer/innen und Amtsinhaber/innen.[316] In einigen Fällen, die Kern aufführt, gab es bei nicht wieder gewählten Amtsinhaber(inne)n kritische öffentliche Anmerkungen zu deren persönlicher Situation, zu Ehe und Familie.[317] In Einzelfällen spielt also die Bewertung persönlicher Lebensumstände Kandidierender eine Rolle bei der Wahl. Mündlich überlieferte Gerüchte zitiert er nicht, sondern beschränkt sich auf die wenigen in der Presse veröffentlichten Berichte über das Privatleben. Die von ihm dargestellten, öffentlich belegten Fälle der Diskussion über persönliche Verhältnisse (wie etwa die Trennung von Paaren) zeigen, dass aus dieser privaten Konstellation und der Missachtung der Privatsphäre heraus eine Gefahr für die Wahlchancen von Amtsinhaber(inne)n erwächst.[318] Insgesamt sieht Witt derzeit aber den Familienstand "tendenziell wohl eher

---

310 A.a.O., S. 61.
311 A.a.O., S. 61/62.
312 Kern, s.o., S. 202.
313 Wehling: „Wer wird Bürgermeister?", s.o., S. 46.
314 Siehe dazu auch Kern, s.o., S. 356; (Ober-)Bürgermeister/innen müssen spätestens mit 67 Jahren in den Ruhestand gehen.
315 Wehling/Siewert, s.o., S.62.
316 Kern, s.o., S. 215.
317 A.a.O., S. 216ff..
318 A.a.O., S. 215-218.

in kleineren Gemeinden" [319] als wichtiges Kriterium für die Entscheidung bei Bürgermeisterwahlen. Die bereits in der Einleitung zitierte aktuelle Einschätzung von Löffler geht dahin, dass der Familienstand ohne Bedeutung ist.

Einer der beiden großen Volkskirchen sollten die (Ober-)Bürgermeister 1984 laut Wehling/Siewert angehören. Meist teilten sie die Konfession der Mehrheit ihrer Mitbürger/innen.[320] Obwohl Kern rund 20 Jahre später in seiner Abwahlstudie einen Fall schilderte, bei dem selbst ein öffentlich bekannt gewordener Kirchenaustritt in einer religiös geprägten Kommune den Wahlerfolg nicht behinderte, verweist er doch darauf, dass Religion „und die damit verbundenen Wertvorstellungen für viele Bürgerinnen und Bürger wichtige Grundlagen für ihre Wahlentscheidung sind."[321] Belegt wird diese Feststellung nicht durch eine flächendeckende Erhebung, sondern durch einzelne Beispiele, die in Presseberichten geschildert wurden. Auch die – wie gesagt – wenigen Abwahlen, für die aus dem privaten Bereich Gründe angeführt wurden, standen häufig im Zusammenhang mit konfessionellen Bezügen.[322]
Seine Beispiele für Abwahlen, bei denen auf konfessionelle Unterschiede verwiesen wurde, zeigen gleichzeitig die im Umgang mit dieser Frage notwendige Sensibilität. Denn mit der Hervorhebung der eigenen Konfession bzw. der des Ehepartners/ der Ehepartnerin sind zwar einerseits im Wahlkampf Mobilisierungsmöglichkeiten bei bestimmten Bevölkerungsgruppen verbunden. Andererseits können Aussagen und insbesondere Angriffe, die mit dem Aspekt der Konfession verbunden werden, das Gegenteil der beabsichtigten Wirkung hervorrufen und zur Mobilisierung von Gruppen beitragen, die mit ihren Stimmen die Konkurrenz stärken.[323]
Einerseits liefert also Kern Belege für die in Einzelfällen feststellbare Wirkung religiöser Orientierung auf das Wahlverhalten. Andererseits stellen Wehling/Siewert bereits 1984 und Witt 2007 fest, dass Konfession bei (Ober-)Bürgermeisterwahlen an Bedeutung verliert und insgesamt eine untergeordnete Rolle spielt.[324] Wehling weist der Konfessionszugehörigkeit im Jahr 2010 keine Rolle mehr zu für die Wahlchancen[325]. Die Frage nach der Relevanz der Zugehörigkeit zu einer nichtchristlichen religiösen Gemeinschaft wurde bisher nicht gestellt.

Obwohl Frauen unter den ausgebildeten Diplomverwaltungswirt(inn)en und unter den im gehobenen Verwaltungsdienst der Kommunen Beschäftigten, aus dem rund 75 Prozent der (Ober-)Bürgermeister/innen stammen, in Baden-Württemberg deutlich die Mehrheit stellen[326], liegt vor dem Jahr 2007 ihr Anteil bei der Besetzung der kommunalen Verwaltungsspitzen im Land unter 2 Prozent.[327] Im Jahr 1990 wurde in Baden-

---

319 Witt: „Die Entwicklung…", s.o., S. 22.
320 Wehling/Siewert, s.o., S. 62-63.
321 Kern, s.o., S. 224.
322 A.a.O., S. 218.
323 A.a.O., S. 218-224.
324 Siehe Wehling/Siewert, s.o., S. 63 und Witt: „Die Entwicklung …", s.o., S. 22.
325 Wehling: „Wer wird Bürgermeister?", s.o., S. 48.
326 Im Jahr 2010 lag der Frauenanteil in dem von Huzel befragten und untersuchten Studienjahrgang 2008 an den Hochschulen Kehl und Ludwigsburg bei 70 Prozent, siehe Huzel, s.o., S. 55.
327 Schneider/Stöckle, s.o., S. 20.

Württemberg die erste Frau in ein (Ober-)Bürgermeisteramt gewählt, 1992 die zweite. Die Befragungen von Schneider/Stöckle in Ludwigsburg sowie von Huzel an den Verwaltungshochschulen Kehl und Ludwigsburg zeigen die im Vergleich zu Männern gering ausgeprägte Bereitschaft künftiger Diplomverwaltungswirtinnen, sich für das (Ober-)Bürgermeisteramt zu bewerben.[328] Dass sich erheblich weniger Frauen als Männer um dieses Amt bewerben, begründen die Studentinnen mit der Sorge um Einschränkungen für Privatleben und Familie, vor allem weil sie sich um ihre Kinder kümmern wollen.[329]. Auch Wehling sieht die Schwierigkeiten von Frauen, „verschiedene Rollenerwartungen unter einen Hut zu bringen"[330].

Bei der Beobachtung von Wahlkämpfen stellt Witt ebenfalls fest, dass sich weniger Frauen als Männer bewerben. Wenn sie bei der (Ober-)Bürgermeisterwahl antreten, sieht er für Frauen gleiche Erfolgschancen wie für Männer: „Aus der Beobachtung heraus lässt sich feststellen, dass Frauen bei Volkswahlen nicht selten gewählt werden, wenn sie denn kandidieren. Die Problematik ist, dass sich zu wenig Frauen um eine Kandidatur bemühen."[331] Witt bestätigt damit die von Scholz in ihrer Studie zu Oberbürgermeisterinnen gewonnene Erkenntnis der Wahlchancen unabhängig vom Geschlecht.[332] Hinsichtlich der Eignung für das (Ober-)Bürgermeisteramt stellt demnach die Wählerschaft gleiche Ansprüche an Bewerberinnen und Bewerber. Beide unterstreichen damit die von Löffler generell für das Kommunalwahlverhalten getroffene Feststellung, dass kandidierende Frauen und Männer vergleichbare Erwartungen erfüllen müssen: „Der Typus der erfolgreichen Kandidatin (unterscheidet sich) nicht allzu sehr von dem des erfolgreichen Kandidaten."[333] Löffler sieht lediglich im „grün-alternativen Milieu" „das Merkmal Frau allein schon als Wahlgrund."[334] Beim Sozialprofil der ins (Ober-)Bürgermeisteramt gewählten Frauen und Männer sind kaum Unterschiede festzustellen. Die gewählten Frauen sind im Durchschnitt etwas älter.[335]

Im Gegensatz zur gerade formulierten Chancengleichheit von Frauen und Männern steht ein Befund der Auswertung der Ergebnisse der (Ober-)Bürgermeisterwahlen in den Mitgliedskommunen des Städtetags Baden-Württemberg in den Jahren 1999 bis 2007. Bei diesen Wahlen war der Anteil erfolgreicher Bewerbungen von Frauen geringer als der von Männern. Während nur jede achte weibliche Bewerbung zum Erfolg führte, war jeder dritte männliche Kandidat erfolgreich.[336] Diese geringere Erfolgsquote von Frauen ist aber nicht notwendig ein Hinweis auf geringere Chancen bei der Wahl. Sie kann auch als Beleg gewertet werden für den von Wehling genannten Punkt, dass Frauen zumindest in der Vergangenheit häufiger bei Wahlen antraten, bei denen die Erfolgschancen als weniger groß gesehen wurden und daher Männer nicht kandidierten.

---

[328] Huzel, s.o., S. 58.
[329] Schneider/Stöckle, s.o., S. 20 – 21.
[330] Wehling: „Wer wird Bürgermeister?", s.o., S. 48
[331] Witt: „Die Entwicklung ...", s.o., S. 22; siehe dazu auch Wehling: „Wer wird Bürgermeister?", s.o., S. 47.
[332] Scholz, s.o., S. 246 und S. 174 ff..
[333] Löffler: „Kommunales Wahlverhalten", s.o., S. 251.
[334] Ebenda.
[335] Ebenda; siehe dazu auch Scholz, s.o..
[336] Brugger, s.o., S. 12.

Kandidatinnen fungierten und fungieren womöglich noch unter diesen Umständen als „Lückenbüßerinnen“.[337]

Wahrnehmung und Bewertung Kandidierender beruhen nicht nur auf formalen Merkmalen wie geografische Herkunft, Ausbildung, Berufstätigkeit, Alter, Geschlecht, Familienverhältnisse und religiöse Bindung. Sie beruhen auch auf deren „Persönlichkeit“. Zur Persönlichkeit gehören sympathieerweckende „Ausstrahlung“ auf Menschen sowie „Charisma“[338], die Zuschreibung allgemeiner Handlungs-, Führungs- und Problemlösungskompetenz. Unterschiedlich bewertet wird in der Wahlforschung, wie stark „subjektive“ Merkmale Kandidierender wie Persönlichkeit die Wahlentscheidung beeinflussen. Nicht nur Alltagserfahrung, sondern auch wissenschaftliche Erkenntnisse deuten darauf hin, dass Wahrnehmung und Beurteilung eines Menschen nicht allein durch formale Aspekte bestimmt werden.
Ein Kriterium der Bewertung der Persönlichkeit ist „Glaubwürdigkeit“. Zur Glaubwürdigkeit im Wahlkampf gehört ein widerspruchsfreies Auftreten der Bewerber/innen; Aussagen und Auftreten der Kandidierenden müssen in den Augen der Betrachter/innen übereinstimmen. Glaubwürdigkeit wird auch bei einer von der Bertelsmann-Stiftung in Auftrag gegebenen Befragung von 1.153 hauptamtlichen (Ober-)Bürgermeister/innen in Deutschland als für sie bedeutende Eigenschaft gesehen: 100 Prozent der Befragten sehen Glaubwürdigkeit und Integrität als wichtige oder sehr wichtige Eigenschaften für ihre Arbeit und die eigene Person[339].
Die Art und Weise, wie Bewerber/innen auftreten, wie sie auf Menschen zugehen, wie sie medial vermittelt werden, hinterlässt einen Eindruck, der die Wahlentscheidung beeinflussen kann. Kandidierenden nicht fehlen darf laut Löffler ein „persönlich gewinnendes Verhalten“[340] oder - wie Witt schreibt - eine „sympathieerweckende“ Ausstrahlung. Ein sympathieerweckender Auftritt schafft eine Brücke zwischen den Menschen. Freundlichkeit, Höflichkeit und Anstand sind unerlässlich. Die Wähler/innen sind offen für die Botschaft der zu Wählenden, wenn der Beziehungsaspekt (im Sinne von Watzlawick) stimmt.
Witt stellt bei der Auswertung von Umfragen in Gemeinden mit Bürgermeisterwahlen fest, „dass in fast allen befragten Kommunen als eines der wichtigsten Kriterien für eine Nichtwahl eines Kandidaten die mangelnde Sympathie für den Bewerber genannt wurde.

---

337 So etwa Wehling in: „Kommunalpolitik in Baden-Württemberg“, 2009, s.o., S. 19.
338 Max Weber definiert in seiner Typenlehre der Herrschaft, auf S. 140 von „Wirtschaft und Gesellschaft. Grundriss der verstehenden Soziologie“, Tübingen, 5. Auflage 1980, „Charisma“ als eine als „außeralltäglich (...) geltende Qualität einer Persönlichkeit (...) um derentwillen sie als mit übernatürlichen oder übermenschlichen oder mindestens spezifisch außeralltäglichen, nicht jedem andern zugänglichen Kräften oder Eigenschaften oder als gottgesandt oder als vorbildlich und deshalb als Führer gewertet wird.“ Zitiert nach: Klaus Kraemer: „Charisma im ökonomischen Feld. Vortragsmanuskript zur Tagung ‚Theoretische Ansätze der Wirtschaftssoziologie‘ des Max-Planck-Instituts für Gesellschaftsforschung gemeinsam mit der Sektion Wirtschaftssoziologie der DGS, Berlin 18.-19.2.2008, S. 4.
339 Bertelsmann Stiftung, Forschungsgruppe Wahlen Telefonfeld (Hrsg.): „Beruf Bürgermeister/in – Eine Bestandsaufnahme für Deutschland. Ergebnisse einer repräsentativen Befragung von Bürgermeisterinnen und Bürgermeistern in Deutschland (Januar 2008) – Ergänzende Analyse: Hauptamtliche Bürgermeister/innen“, Mannheim, Juli 2008, S. 37; der Befund zeigt eine sehr positive Selbsteinschätzung der Befragten.
340 Löffler: „Kommunales Wahlverhalten“, s.o., S. 250.

Das heißt, ein den Wählern nicht sympathischer Bewerber hat schlechte Chancen gewählt zu werden."[341] „Die Persönlichkeit des Bewerbers" wird mehrheitlich als ausschlaggebend für die persönliche Wahlentscheidung genannt.[342] Er sieht als Fazit der Befragungen, „dass der Wähler Wert legt auf einen fachlich kompetenten, sympathischen, von außen kommenden Bürgermeisterkandidaten, der sich möglichst parteipolitisch neutral verhält und bürgernah ist."[343] Die Persönlichkeit wird laut Wehling im Vergleich zur Konkurrenz bewertet: „Der Erfolg hängt ganz wesentlich von der Kandidatenlage ab; wie sieht das Profil der Mitbewerber aus?"[344] Wenn andere Kriterien, wenn die „objektiven Merkmale" nicht den Ausschlag geben, kommt es für ihn „dann - wie überhaupt – darauf an, wie ‚gewinnend' die Kandidaten im Wahlkampf auftreten."[345] Deutlich wird dies etwa, wenn der Auftritt bei der offiziellen Kandidatenvorstellung wenige Tage vor der (Ober-)Bürgermeisterwahl zum entscheidenden Aspekt der Entscheidung wird.
Wehling sieht große Erfolgschancen für „starke Persönlichkeiten": Das Amt mit seiner „Machtfülle, die sich als Gestaltungsspielraum und verhältnismäßig große Unabhängigkeit darstellt, übt eine erhebliche Anziehungskraft auf starke und eigenwillige Persönlichkeiten aus. Und ihre Chance, tatsächlich auch gewählt zu werden, ist groß."[346] Der auch im Folgenden als „Persönlichkeit"[347] bezeichnete, auf die Wahlentscheidung wirkende Faktor beinhaltet (s.o.) nicht nur freundliche und charismatische Ausstrahlung, die Kompetenz zur allseitigen Aufgabenbewältigung, sondern auch im Sinn des von Hoffmann beschriebenen „Images"[348] inhaltliche Botschaften. Für Wehling gehören zu den erfolgversprechenden Komponenten der Persönlichkeit neben Visionen für die Zukunft „unbürokratisches Handeln, entschlossenes Zupacken (...), vor allem aber auch Bürgernähe".[349]

Soziologische Merkmale haben also eine geringe, (wenn noch vorhanden) sinkende Bedeutung für den Erfolg bei (Ober-)Bürgermeisterwahlen. Die Frage nach der Konfession verliert ebenso an Gewicht wie die nach dem Familienstand, auch wenn Verheiratete unter den Sieger/innen laut Kern überrepräsentiert sind im Vergleich zum Bevölkerungsdurchschnitt. Während Jugend kaum als Nachteil gesehen wird, zieht nicht nur das Gesetz eine Altersgrenze für erfolgreiche Bewerbungen, sondern auch die Frage danach, wie lange jemand bis zur Altersgrenze amtieren kann. Überwiegend werden die Wahlchancen von Frauen und Männern als gleich eingeschätzt, wobei deutlich weniger

---

341 Witt: „Die Entwicklung…", s.o., S. 23.
342 A. a. O., S. 22.
343 Witt, s.o., S. 23.
344 Wehling: „Wer wird Bürgermeister?", s.o., S. 49.
345 Ebenda.
346 Hans-Georg Wehling: „Kommunalpolitik in Baden-Württemberg – Bürgermeister, Gemeinderat und die Rechte des Bürgers", in: Landeszentrale für politische Bildung Baden Württemberg (Hg.) in Verbindung mit dem Statistischen Landesamt Baden-Württemberg (Hg.):„Taschenbuch Baden-Württemberg. Gesetze – Daten – Analysen", Stuttgart, 2004.
347 Löffler plädiert für die Bezeichnung „Verhaltensmerkmale" statt „Persönlichkeitsmerkmale", aber diese Unterscheidung wird von anderen Autor(inn)en nicht gemacht; auch ich bleibe hier bei dem Begriff „Persönlichkeit"; siehe dazu: Löffler: „Bürgermeisterwahlkampf …", s.o.,, S. 71.
348 Siehe die Überlegungen von Hoffmann, s.o., in Kapitel 2.3. dieser Arbeit.
349 Hans-Georg Wehling: „Die süddeutsche Kommunalverfassung...", s.o., 2001, S. 4.

Frauen als Männer kandidieren und laut einer statistischen Erhebung die kandidierenden Frauen im Vergleich zum anderen Geschlecht seltener siegen; der statistische Nachweis für die Chancengleichheit fehlt also noch. Als Erfolgsfaktor für Oberbürgermeisterwahlen wird Persönlichkeit gesehen, der Bedeutung abhängig vom Kandidatenumfeld zugewiesen wird, insbesondere bei bezüglich objektiver Kandidatenmerkmale gleichwertiger Konkurrenz. Der Begriff Persönlichkeit umfasst sympathieerweckende Ausstrahlung, durch das Auftreten vermittelte Führungs-, Problemlösungs- und Handlungskompetenz einer Person und inhaltliche Botschaften.

3.2.1.4. Amtsbonus und Häufigkeit von sowie Gründe für Nichtwiederwahlen

In der wissenschaftlichen Literatur wird dem „Amtsbonus“ baden-württembergischer (Ober-)Bürgermeister/innen so viel Gewicht zugemessen, dass deren Wiederwahl bei der erneuten Bewerbung nach Ablauf der Amtszeit kaum in Frage gestellt wird. Kern sieht auch nach seiner Analyse der Nichtwiederwahlen wieder antretender (Ober-)Bürgermeister/innen in den Jahren 1973 bis 2003 die Wiederwahl Amtierender als mit großer Sicherheit anzunehmende Regel: „Stellt sich ein Bürgermeister in Baden-Württemberg nach seiner Amtszeit der Bevölkerung zur Wiederwahl, so wird er in der überwiegenden Zahl der Fälle auch im Amt bestätigt.“[350] Wer seinen Amtsbonus nicht verspielt, wer nicht große Fehler macht, hat nach den Erkenntnissen von Kern die besten Voraussetzungen zu gewinnen, denn „'jeder (Bürgermeistersessel) lässt sich halten.'“[351] Als Rezept für die Wiederwahl wird Amtsinhaber(inne)n ein intensiver Wahlkampf empfohlen.[352]

Für Kern ist also „Nichtwiederwahl eines amtierenden Bürgermeisters (...) die große Ausnahme.“[353] Dies gilt für ihn, obwohl „diese Ausnahmen (...) in den vergangenen 30 Jahren zugenommen“[354] haben. 163 von rund 4500 Wahlen in 30 Jahren verloren wieder angetretene Amtsinhaber/innen.[355] Das von ihm als „insgesamt gering“ gesehene Risiko ist laut seinen Angaben aber „stetig gewachsen: der Mittelwert stieg von knapp zwei Nichtwiederwahlen im Jahr auf fast neun; der Rekord waren zwölf im Jahr 1998.“[356] In Baden-Württemberg mit 1038 hauptamtlichen Gemeindeoberhäuptern in 1108 Gemeinden im Jahr 2006 gab es in 33 Jahren bis Oktober 2006 laut Wehling keine 170 Nichtwiederwahlen[357], die entsprechend Kerns Wortwahl auch als „Abwahlen“ bezeichnet werden. Diese Zahl fortgeschrieben bis zum Jahr 2009 zählt Wehling insgesamt rund 180 nicht wiedergewählte Bürgermeister/innen und Oberbürgermeister/innen in nunmehr 1101 Gemeinden. Er sieht darin angesichts der

---

[350] Kern, s.o., S. 354.
[351] Kern zu ersten Ergebnissen seiner Dissertation zu Abwahlen von (Ober-)Bürgermeister(inne)n in Baden-Württemberg in den Jahren 1973 bis 2003, Stuttgarter Zeitung, 14.4.2004.
[352] Stuttgarter Zeitung, 14.4.2004, Kern, s.o., S. 358.
[353] Kern, s.o., S. 354.
[354] Stuttgarter Zeitung, 14.4.2004; und siehe Kern, s.o., S. 74 und 76.
[355] Stuttgarter Zeitung, 14.4.2004.
[356] Stuttgarter Zeitung, 14.4.2004.
[357] Diese Zahl nennt Hans-Georg Wehling in der Stuttgarter Zeitung am 24.10.06.

Gesamtzahl der Wahlen unter Bezug auf Kern „weniger als fünf Prozent, die gegen ihren Willen ihr Amt verloren haben."[358] Der mit fünf Prozent bezifferte Anteil der Nichtwiederwahlen bezieht sich auf alle Wahlen in dem genannten Zeitraum. Die Zahl der Abwahlen wird nicht in Relation gesetzt zu dem Teil der Wahlen, bei denen Amtsinhaber/innen wieder gewählt werden möchten.
Die Gefahr der Nichtwiederwahl ist laut Kern nach der ersten Amtsperiode am größten. Sie steigt in Gemeinden bis 20.000 Einwohner/innen mit der Einwohnerzahl, ist in Städten größer als in kleineren Gemeinden: „Insgesamt (...) ist für Amtsinhaber die Gefahr größer, in Städten ‚abgewählt' zu werden als in Gemeinden."[359] Die Abwahlgefahr sinkt dann in Städten mit über 20.000 Einwohner/innen mit steigender Bevölkerungszahl.[360] Bei Abwahlen in Städten sieht Kern die Unterstützung der Kandidierenden durch Parteien als wichtiger an als in kleineren Gemeinden: „Sie (die Parteien, d. Verf.) beherrschen (in den Städten, d. Verf.) weitgehend den Zugang zum Oberbürgermeisteramt."[361] Auch den Trend der sinkenden Zahl von Abwahlen mit zunehmender Einwohnerzahl in Städten über 20.000 Einwohner/innen (ab ca. 40.000) schreibt er der „dominanten Rolle der politischen Parteien (zu): Sie reduzieren das Feld der Herausforderer, sie prägen die kommunalpolitische Szene nachhaltig, so dass sich die Chancen für einen Machtwechsel verschlechtern."[362]

Die von Kern ermittelte durchschnittliche Wahlbeteiligung bei Abwahlen bis 2003 war groß - er hält fest: „Durchschnittlich war das Wahlinteresse der Bevölkerung bei ‚Abwahlen' sehr hoch; nur an den Bundestagswahlen beteiligten sich in Baden-Württemberg noch mehr Menschen."[363] Der aus allen Nichtwiederwahlen errechnete Durchschnittswert der Wahlbeteiligung von rund 70 Prozent wird durch den großen Anteil der kleineren Gemeinden geprägt, in denen die Beteiligung sowohl an Neu-, als auch Abwahlen höher war als in größeren Kommunen. In den Städten über 20.000 Einwohner(inne)n ist die Beteiligung an Abwahlen deutlich niedriger als im Durchschnitt aller Kommunen mit Abwahlen. In Übereinstimmung mit anderen Studien stellt Kern daher auch für Abwahlen fest: „Je größer die Stadt, desto geringer die Wahlbeteiligung."[364] Trotz Schwankungen der Wahlbeteiligung bei Abwahlen sind sie in dieser Hinsicht laut Kern auf Grund der hohen Beteiligungsquote mit „normalen Bürgermeisterwahlen" kaum zu vergleichen.[365]

Kern sieht die Ursache für den Misserfolg von Amtsinhaber(inne)n beim Versuch der Wiederwahl in deren Person begründet. Abgewählt wird, wer nicht frühzeitig die Alarmsignale einer gestörten Kommunikation „zwischen dem Rathauschef und der

---

358 Wehling in: „Kommunalpolitik in Baden-Württemberg", 2009, s.o., S. 18
359 Kern, s.o., S. 355; siehe zur Abwahlhäufigkeit in den Städten Kern, S. 118 ff. und die Erkenntnisse dieser Arbeit in den folgenden Kapiteln.
360 Stuttgarter Zeitung vom 14.4.2004 mit den Ergebnissen der Arbeit von Kern und Kern, s.o., S. 355.
361 Kern, s.o., S. 121.
362 Ebenda; dazu auch Kern, s.o., S. 355.
363 Kern, s.o., S. 355.
364 A.a.O., S. 156.
365 A.a.O., S. 158.

Verwaltung, dem Gemeinderat, den Parteien, den Vereinen oder den Bürgern" wahrnimmt und dagegen arbeitet".[366] Kern führt fast alle Abwahlen auf Verstöße gegen die von ihm als für Amtsinhaber/innen gleichzeitig zu beachtenden Gebote der „Identifikation" und „Projektion" zurück.[367] Denn nach seiner Beobachtung möchten sich die Wähler/innen mit ihrem/ihrer (Ober-)Bürgermeister/in identifizieren. Die/der Amtsinhaber/in sollte sich privat und beruflich (soweit das übertragbar ist) als „eine/r von uns" zeigen. Verstöße gegen das Gebot der Identifikation sind für ihn etwa „ein auswärtiger erster Wohnsitz, auswärtige Bürgermeisterkandidaturen, ein als zu intensiv wahrgenommenes überörtliches Engagement, ein als zu häufig empfundenes Fehlen bei Vereinsfesten oder anderen Jubiläen und/oder ein als zu einseitig wahrgenommenes parteipolitisches Engagement."[368]

Das Gebot der Projektion umfasst die Vorbild- und Führungsfunktion des Gemeindeoberhaupts. Dessen Führungsqualitäten sollten „ausstrahlende Sicherheit, spürbare Zuversicht und zustimmende Entscheidungskraft"[369] beinhalten. Das Ansehen der Amtsinhaber/innen als Hauptverantwortliche für den Gemeindefrieden gerät in Gefahr, wenn sie den Frieden selbst stören oder nicht gewährleisten können. Dabei geht es sowohl um ihre Stellung in der Gemeindeverwaltung, ihre Beziehung zu Gemeinderat und Medien, insbesondere der Lokalpresse, als auch um Auseinandersetzungen mit Einzelpersonen oder Gruppen der Bevölkerung.[370] Dass beide Gebote gleichzeitig zu erfüllen sind, macht diese Anforderungen noch komplexer, denn beispielsweise darf Bürgernähe die „Anführerfunktion" nicht ersetzen, sondern muss sie ergänzen. Umgekehrt darf Entscheidungsstärke nicht zur beratungsresistenten „Einzelkämpferei" führen.[371]

Bei den Sachaufgaben in der Kommune und den Themen im Wahlkampf stellt Kern fest: Wer nur darauf vertraut, dass Leistungen wieder antretender Amtsinhaber/innen honoriert würden, wer erwartet, dass die Wähler/innen nur dankbar zurückblicken, vergisst, dass sie „erwartungsvoll in die Zukunft" schauen.[372]

Beim Profil der Abwahlsieger/innen stellt Kern einerseits fest, dass bei ihnen teilweise Defizite bei der Verwaltungskompetenz hingenommen werden, um das Ziel der Ablösung von Amtsinhaber(inne)n zu erreichen.[373] Andererseits sieht Kern die Wehling'schen Kriterien für den Wahlerfolg im Wesentlichen bestätigt: Auswärtige Verwaltungsfachleute, die nicht zu weit weg wohnen oder arbeiten. Die große Mehrheit der kleineren Gemeinden prägt bei ihm das Untersuchungsergebnis zu diesem wie anderen Punkten. Ebenfalls bestätigt sieht er das „Baden-Profil" mit mehr parteipolitisch gebundenen Sieger/innen.[374]

---

[366] Stuttgarter Zeitung, 14.4.2004.
[367] Kern, s.o., S. 356 ff..
[368] A.a.O., s.o., S. 357, siehe dazu auch S. 308.
[369] A.a.O., s.o., S. 357.
[370] A.a.O, S. 308 und 357.
[371] A.a.O., S. 309 und S. 357-358.
[372] Stuttgarter Zeitung, 14.4.2004., siehe Kern, s.o., S. 352.
[373] Kern, s.o., S. 225.
[374] Das „Baden-Profil" wird in dieser Arbeit als eigener Punkt erläutert.

Der Amtsbonus der (Ober-)Bürgermeister/innen ist also eine wichtige Grundlage für den Wahlerfolg. Eingeschränkt werden die Wahlchancen von Amtsinhaber/innen laut den Ergebnissen bisheriger Forschung durch deren eigene Fehler. Unklar bleibt bei den Berechnungen der Wahrscheinlichkeit von Abwahlen, wieviel Prozent wieder antretender Amtsinhaber/innen nicht gewählt werden, da sich die Berechnungen auf alle (Ober-)Bürgermeisterwahlen beziehen. Wie bereits erwähnt verfolgt Kern nicht die Frage weiter, inwieweit das Profil der Sieger/innen bezüglich Verwaltungskompetenz bei Abwahlen von dem bei anderen Wahlen differiert, sondern bestätigt in seinem Fazit die Bedeutung von Verwaltungskompetenz.

3.2.2. Parteiorientierung der Wählerschaft und Parteibindung der Kandidierenden oder Distanz zu Parteien

Bedeutet die von Wehling als Erfolgsfaktor genannte Parteidistanziertheit, dass Parteibindung Kandidierender und Parteiorientierung von Wähler(inne)n kein Einfluss auf die Entscheidung bei (Ober-)Bürgermeisterwahlen eingeräumt wird? Bei der Analyse der Wahl in Reutlingen stellen Biege u.a. fest, dass Parteiorientierung bei kommunalen Wahlen und damit auch bei (Ober-)Bürgermeisterwahlen zwar eine geringere Bedeutung als bei Wahlen auf höherer Ebene hat, aber vorhanden ist. Bei deren Befragung band sich in der Lokalpolitik weniger als die Hälfte der Befragten an eine bestimmte Partei; in Bundes- und Landtagswahlen waren es mehr.[375] Nach ihrer Feststellung darf gleichwohl „nicht übersehen werden, dass andererseits zwei Drittel der Wähler mit genereller Parteiidentifikation diese auch in der Lokalpolitik aufrecht erhalten“[376]. Sie wählten den Kandidaten „ihrer“ Partei.

In größeren Städten wird Parteien bei (Ober-)Bürgermeisterwahlen nach allgemeiner Überzeugung eine größere Bedeutung als in kleineren Gemeinden zugemessen. Dort bieten Parteien Orientierung, die mit wachsender Einwohnerzahl und damit komplizierter werdenden Kommunikationsstrukturen wichtiger wird.[377] Auch für den Wahlkampf in größeren Städten wird unterstützenden Parteien eine erhebliche Bedeutung zugeschrieben, etwa von Biege u.a.: „Namentlich in der Großstadt kommt ein Kandidat heute nicht mehr ohne schlagkräftige Organisation aus, die den Wahlkampf führt. Und solche Wahlkampfmaschinen können derzeit nur die Parteien bieten.“[378] Wehling nennt ebenfalls den mit wachsender Gemeindegröße steigenden Nutzen organisatorischer und finanzieller Unterstützung von Parteien.[379] Der Anteil der (Ober-)Bürgermeister/innen mit Parteibuch nimmt in allen Bundesländern mit der Größe der Kommune zu – auch in Baden-Württemberg.[380]

---

375 Biege et al., s.o., S. 174.
376 A.a.O., S. 175.
377 Kern, s.o., S. 77.
378 Biege et al., s.o., S. 23.
379 Hans-Georg Wehling: „Kommunalpolitik in Baden-Württemberg“, in: Siegfried Frech und Reinhold Weber (Herausgeber): „Handbuch Kommunalpolitik“, Stuttgart, 2009, S. 9-29, S. 18.
380 Hans-Georg Wehling: „Die süddeutsche Kommunalverfassung als bundesweites Modell“, Vortrag Bad Iburg, 2001, S. 4; Gehne/Holtkamp, s.o., S. 122-123.

Den höchsten Anteil parteipolitisch gebundener (Ober-)Bürgermeister fanden Wehling/Siewert in Baden-Württemberg in den katholisch-ländlichen Gebieten[381] – den Hochburgen der CDU mit dementsprechend positiven Auswirkungen für die Mitglieder dieser Partei. Aber nur im badischen Landesteil sahen sie die Möglichkeit, dass profilierte Parteipolitiker/innen eine (Ober-)Bürgermeisterwahl gewinnen können.[382] Bei der Frage, ob parteilose Bewerber/innen oder Parteimitglieder gewählt werden, wird immer noch der deutlichste Unterschied zwischen Baden und Württemberg gesehen. Gehne/Holtkamp stellten im Jahr 2003 fest, dass 90 Prozent der badischen und 70 Prozent der befragten württembergischen Amtsinhaber/innen in den Städten über 20.000 Einwohner/innen Mitglied einer Partei waren.[383]

Im Widerspruch zur oben ausgeführten positiven Wirkung von Parteibindung sehen Biege u.a. unter Bezug auf die Lage in Reutlingen und anderen Städten die These bestätigt, dass „Bürgermeister" „nicht *wegen,* sondern *trotz* ihrer Parteizugehörigkeit gewählt wurden."[384] Die als Anspruch an den Auftritt der Bewerber/innen geforderte „Parteiferne" wird in ihrer Hypothesenbildung am deutlichsten beschrieben, nämlich als „*parteipolitisch unabhängig,* über den Parteien – auch der eigenen – stehend zu sein."[385] Dass ein solches Image der zu wählenden Person zum Wahlerfolg beiträgt, sehen sie mit ihrer Analyse bestätigt. Die Bewerber/innen um das Amt dürfen also kein „Parteisoldatenimage" haben, sondern müssen – auch als Parteimitglieder – deutlich machen oder zumindest den Eindruck vermitteln, dass sie unabhängig von Parteien an der Sache, nicht an der Parteimeinung, orientiert amtieren oder amtieren werden. Wer sich als amtierende/r (Ober-)Bürgermeister/in von der „eigenen" Partei zu sehr vereinnahmen lässt, wer den Eindruck vermittelt, „am Gängelband geführt zu werden"[386], riskiert laut Kern auch die Wiederwahl. Wehling/Siewert sprechen vom „distanzierten Verhältnis" baden-württembergischer (Ober-)Bürgermeister/innen zu Parteien.[387] Parteidistanz zeigt sich laut Wehling in Baden-Württemberg zum einen in der großen Zahl parteiloser (Ober-)Bürgermeister/innen, zum andern bei Parteimitgliedern in ihrem manchmal instrumentellen, häufig distanzierten Verhältnis zur eigenen Partei und ihrem auch gegenüber der eigenen Partei eigenständigen, unabhängigen, mitunter konfliktauslösenden Auftreten.[388]

Das mit der Parteiunterstützung im Wahlkampf verbundene Ziel, parteiorientierte Anhänger/innen zu mobilisieren, steht im Spannungsverhältnis zu der in der öffentlichen Darstellung als notwendig erachteten Unabhängigkeit der Kandidierenden. Kern räumt angesichts der Forderung nach Parteidistanziertheit einem einseitig parteipolitisch orientierten Wahlkampf geringe Erfolgschancen ein.[389] Die Überzeugung von dem für den Sieg notwendigen Eindruck der Unabhängigkeit ist in Baden-Württemberg weit

---

[381] Wehling/Siewert, s.o., S. 87.
[382] A.a.O., S. 70.
[383] Gehne/Holtkamp, s.o., S. 131.
[384] Biege et al.., S. 180.
[385] A.a.O., S. 23.
[386] Kern, s.o., S. 257.
[387] Wehling/Siewert, s.o., S. 70.
[388] Wehling: „Die süddeutsche Kommunalverfassung...", s.o., S. 3-4; siehe auch David H. Gehne/Lars Holtkamp: „Fraktionsvorsitzende und Bürgermeister in NRW und Baden-Württemberg", in: Bogumil/Heinelt (Hrsg.), s.o., S. 125-126.
[389] Kern, s.o., S. 346 ff..

verbreitet, so dass bei (Ober-)Bürgermeisterwahlen ebenso wie bei Parteilosen bei Parteimitgliedern in der Regel keine Parteilogos auf Plakaten oder anderen Werbematerialen der Bewerber/innen erscheinen. Umgekehrt repräsentieren Parteilose wie Parteidistanzierte eine Partei, wenn sie deren Unterstützung erhalten und damit an eine Partei gebunden sind.

Die Nennung eines möglicherweise positiven Einflusses der Parteiorientierung auf die Entscheidung bei (Ober-)Bürgermeisterwahlen beschränken einige Autor(inn)en auf den allgemein gehaltenen und unkonkret bleibenden Hinweis, dass mit zunehmender Einwohnerzahl der Kommunen der Einfluss der Parteien wächst. Manche Autor(inn)en nennen Parteibindung nicht als Erfolgsfaktor - etwa Scholz oder Löffler.[390] Auch Wehling erwähnt - wie andere Autor(inn)en - in aktuellen Veröffentlichungen zu (Ober-)Bürgermeisterwahlen in Baden-Württemberg nicht die positive Wirkung der Parteibindung oder die Antwort „sowohl als auch" auf die Frage, ob Partei- oder Kandidatenorientierung für die Wahl entscheidend sind. Während er im mehrfach zitierten Wahlkampfleitfaden Parteibindung als Erfolgsfaktor nicht nennt[391], ordnet er sie in einem aktuellen Buchbeitrag der Kandidatenorientierung unter: „Auch jene Wähler, denen die Parteizugehörigkeit der Kandidaten als Orientierung gilt, handeln in dem Bewusstsein, über das politische Geschick einer Person zu befinden."[392] Seiner Meinung nach „müssen die Parteien den Unabhängigkeitsvorstellungen der Bürger Rechnung tragen."[393]

Dass Parteiorientierung und Parteibindung (Ober-)Bürgermeisterwahlentscheidungen positiv beeinflussen können, gerät damit aus dem Blick. Hoecker widerspricht der ausschließlichen Kandidatenorientierung und sieht den Einfluss der Parteien als entscheidend für das Ergebnis der Oberbürgermeisterwahl in Stuttgart 1996.[394] Für ihn ist „die These widerlegt, wonach (Ober-)Bürgermeisterwahlen grundsätzlich Persönlichkeitswahlen sind, in denen der parteipolitische Hintergrund des einzelnen Kandidaten allenfalls von nachrangiger Bedeutung ist."[395] Hoecker gesteht zwar der Verwaltungserfahrung des Siegers eine Bedeutung für den Erfolg zu, sieht aber den entscheidenden Punkt[396] in der parteipolitischen Verankerung des „in der Union fest verwurzelte(n) Verwaltungsfachmann(s)"[397]. Als Erfolgsfaktoren identifiziert er den hohen Einsatz der Parteiorganisation, die starke Mobilisierung der CDU-Stammwählerschaft und im zweiten Wahlgang die Geschlossenheit des bürgerlichen Lagers - da FWV und FDP nach dem Rückzug ihrer Kandidatin eine klare Wahlempfehlung für den späteren Sieger abgaben.[398] Dem im zweiten Wahlgang knapp unterlegenen Grünen, dem „profiliertesten Parteipolitiker aller von den politischen Parteien ins Rennen geschickten Kandidaten"[399] gelang es, neue Wählerschichten zu

---

[390] Scholz, s.o., S. 174 und 244; Löffler: „Bürgermeisterwahlkampf ...", s.o., S. 74.
[391] Siehe Wehling: „Wer wird Bürgermeister?", in: Witt: „Karrierechance ...", s.o.
[392] Wehling: „Kommunalpolitik in Baden-Württemberg", s.o., S.14.
[393] A.a.O., S. 18.
[394] Hoecker, s.o., S. 13 ff und S. 168 ff..
[395] A.a.O., S. 168.
[396] A.a.O., S. 168.
[397] A.a.O., S. 171.
[398] A.a.O., S. 154 und S. 171- 174.
[399] A.a.O., S. 171.

erschließen.[400] Er erreichte fast 40 Prozent der Stimmen und damit prozentual mehr als das Zwei- bis Dreifache der Ergebnisse seiner Partei bei vergangenen Wahlen - obwohl noch zwei Sozialdemokraten im Rennen waren, von denen einer mit seiner und einer gegen seine Partei antrat.[401] Der Wahlkampfführung der Grünen wird - im Vergleich zur SPD - die bessere Note erteilt.[402]
Auch in anderen Gemeinden als Stuttgart und allgemein auf kommunaler Ebene erkennt Hoecker die Tendenz zur Parteipolitisierung. Aber die Landeshauptstadt sieht er besonderen parteipolitischen Gesetzmäßigkeiten ausgesetzt, so dass „nicht leichtfertig auf das Wählerverhalten (in) anderen Kommunen in Baden-Württemberg geschlossen werden“[403] darf. Hoecker sieht in kleineren Kommunen einen geringeren Parteieinfluss: „Besonders in kleineren und mittelgroßen Kommunen lässt sich eine Einflussnahme der Parteien nicht in dem Maße konstatieren.“[404]
Vermutlich ist die Bedeutung der Parteien in kleinen Gemeinden noch geringer geworden. Denn Holtkamp stellt fest, dass die gesellschaftliche Verankerung der Parteien abnimmt. Am deutlichsten spürbar ist die abnehmende Verankerung in der kommunalen Politik - mehr noch in kleineren Gemeinden als in Städten -, weil dort wegen fehlender finanzieller Mittel ehrenamtliche Arbeit im Vordergrund steht und gleichzeitig die Zahl aktiver Parteimitglieder sinkt.[405] Selbst ohne den derzeitigen Mitgliederschwund sind die Parteien in Baden-Württemberg im Vergleich zu den anderen „alten“ (westlichen) Bundesländern wenig in der Bevölkerung verankert. Die CDU ist - bezogen auf die Mitglieder - im Landesdurchschnitt fast doppelt so stark wie die SPD.[406] Die kleineren Parteien haben - trotz im Bundesvergleich guten Wahlergebnissen von FDP und Grünen im Land – deutlich weniger Mitglieder als die beiden Volksparteien.[407] Die unzureichende Personaldecke der Parteien führt zu einer Beschränkung der Auswahl für die Wählerschaft. Dass überwiegend parteilose Verwaltungsleute baden-württembergische (Ober-)Bürgermeisterposten besetzen, ist daher nicht notwendig allein mit deren Bevorzugung durch die Wählerschaft zu erklären. Derzeit nimmt laut Gehne/Holtkamp der Anteil parteiloser (Ober-)Bürgermeister/innen zu,[408] wobei auch dabei auf die mit der Gemeindegröße wachsende Zahl der Parteimitglieder verwiesen wird.[409]

Die Ansicht, dass Parteiorientierung und Parteibindung für Entscheidungen bei (Ober)Bürgermeisterwahlen bedeutend sind, wurde also vor Jahrzehnten auch von Autoren vertreten, die heute diesen Punkt in den Hintergrund rücken. Derzeit erwähnen

---

[400] Ebenda.
[401] A.a.O., S. 49 ff., S. 149 ff. und S. 161 ff. .
[402] A.a.O., S. 174.
[403] A.a.O., S. 169.
[404] Ebenda.
[405] Holtkamp: „Konkordanz- und Konkurrenzdemokratie…, s.o., S. 6.
[406] A.a.O., S. 21, dort die Abbildung 5.
[407] Ebenda.
[408] Gehne/Holtkamp, s.o., S. 123, zitieren eine Studie (Gerold Wisskirchen: „Bürgermeister in Baden-Württemberg – Versuch einer Typologisierung“, Stuttgart, 2001, unveröffentlichte Magisterarbeit), nach der nur noch 43,8 Prozent der Bürgermeister/innen (über alle Gemeindegrößen hinweg) in Baden-Württemberg Parteimitglieder sind. Siehe auch Witt: „Die Entwicklung …“, s.o., S. 20.
[409] Gehne/Holtkamp, s.o., S. 123.

einige Autor(inn)en nicht die Wirkung parteiorientierten Wählens oder sehen diese nicht. Wenn bei (Ober-)Bürgermeisterwahlen keine Parteimitglieder kandidieren, ergibt sich daraus nicht, dass parteipolitische Alternativen fehlen, da auch Parteilose sich im Wahlkampf an Parteien binden und so diese repräsentieren. Auch wenn die Bedeutung von Parteibindung bei (Ober-)Bürgermeisterwahlen geringer ist als bei Parlamentswahlen, bedeutet dies nicht, dass sie ohne Belang ist.

3.2.3. Das „Baden-Profil“

Vorweg zu schicken ist, dass das ehemalige Land Baden und damit eine „badische Identität“ in den bis 1972 als „badisch“ bezeichneten Teilen Baden-Württembergs verortet sind. Unter Berufung auf die 150jährige Tradition des Landes Baden wurde dort nach dem zweiten Weltkrieg teilweise heftiger Widerstand gegen die Bildung des gemeinsamen Bundeslandes Baden-Württemberg geleistet. Der Widerstand hielt mancherorts über die Volksabstimmung zur Bildung des Bundeslandes im Jahr 1951 hinaus an.[410] Die vor 1972 „württembergischen“ Landesteile umfassten das Gebiet des ehemaligen Landes Württemberg und das von zwei zuvor zu Preußen gehörenden hohenzollerischen Kreisen, die keine Stadt mit über 20.000 Einwohner/innen aufweisen. In den so beschriebenen badischen und württembergischen Landesteilen entwickelten sich über viele Jahrzehnte unterschiedliche politische Kulturen. Weit verbreitet war in Baden vor der Gründung Baden-Württembergs die Tradition ehrenamtlicher Bürgermeister, von denen viele durch Gemeinderatsbeschluss seit 1952 hauptamtliche Gemeindeoberhäupter wurden.[411] Demgegenüber steht in Württemberg die Tradition unpolitischer Fachbeamter an der Verwaltungsspitze der Gemeinden. Die laut Wehling/Siewert „eigene badische regionale politische Kultur“[412] ist verbunden mit einem Wahlverhalten bei (Ober-)Bürgermeisterwahlen, das sich von dem in Württemberg unterscheidet. 1984 beschrieben Wehling/Siewert ein durch Wahltraditionen geprägtes „Baden-Profil“ in Baden gewählter (Ober)Bürgermeister. Nichtverwaltungsleute, Einheimische und Parteimitglieder siegten demnach eher in badischen Gebieten als in württembergischen: „Im Vergleich zu Württemberg sind in Baden die Bürgermeister eher keine gelernten Verwaltungsfachleute, eher aus ihrem jeweiligen Amtsort stammend und eher Mitglieder einer politischen Partei – manchmal sogar recht profilierte.“[413] In „Baden“ waren (Ober-)Bürgermeister häufiger Repräsentanten der stärksten politischen Kraft vor Ort als in „Württemberg“ – ein positiver Einfluss der Parteibindung wurde also festgestellt.

Alte Verhaltensweisen wirken fort, aber seit der Bildung des gemeinsamen Bundeslandes im Jahr 1952 wächst eine gemeinsame Tradition. Bereits 1984 sahen Wehling/Siewert eine abnehmende Bedeutung der badischen Wahltradition. Sie

---

[410] Siehe u.a. Edgar Grande: „Aspekte der politischen Kultur Baden-Württembergs“, in: Landeszentrale für politische Bildung Baden-Württemberg (Hrsg.): „'Ziemlich demokratisch – Zur politischen Kultur Baden-Württembergs'“, Stuttgart, 1982, S. 5-24, S. 15.
[411] Wehling/Siewert, s.o., S. 89/90.
[412] A.a.O.., S. 90.
[413] A.a.O., S. 84. Siehe dazu das vorige Kapitel zu Parteiorientierung und Parteibindung.

verwiesen auf eine „stärkere Vereinheitlichung der regionalen politischen Kultur“[414] innerhalb der gemeinsamen Landesgrenzen. Als Bestätigung sahen sie eine allmähliche „Angleichung des Sozialprofils der Bürgermeister, und zwar in die württembergische Richtung.“[415] Wehling sieht auch in den Folgejahren Angleichungstendenzen in Baden an die württembergische Tradition der „von außen“ kommenden (Ober-)Bürgermeister/innen, wobei er manche einheimische Siege weiterhin mit badischen Traditionen erklärt.[416]

Kern sieht in seiner Analyse der Abwahlen bis zum Jahr 2003 in Baden-Württemberg eine eindrucksvolle „Bestätigung des sogenannten ‚Baden-Profils' (...): Wer in Württemberg erfolgreich gegen einen Amtsinhaber antreten möchte, sollte möglichst nicht aus derselben Gemeinde stammen, und er sollte schon gar nicht dort politisch aktiv gewesen sein. Von zehn einheimischen württembergischen Siegern waren nur zwei Lokalpolitiker (20 Prozent). In Baden dagegen waren von 25 einheimischen Siegern 18 zuvor politisch engagiert (72 Prozent).“[417] Sowohl in Bezug auf parteipolitische Bindung als auch auf die geografische Herkunft sieht er bei Nichtwiederwahlen den Unterschied zwischen den Landesteilen bestätigt: „In 80 Prozent aller Fälle entschied sich die Bevölkerung beim vorgenommenen Austausch des Gemeindechefs für einen Herausforderer, der von außerhalb der Gemeinde kam, d.h. die größte Gefahr ging für den Amtsinhaber nicht von der einheimische(n) Konkurrenz aus. Dieses Wahlverhalten ist besonders typisch für den württembergischen Landesteil, denn 70 Prozent derjenigen ‚Abwahlen', bei denen ein Einheimischer die Wahl gewann, fanden in Baden statt.“[418] Kern zieht die Grenze zwischen Baden und Württemberg zwischen den aktuellen Regierungsbezirken und nicht entlang der historischen Trennlinien, die sich bis 1972 in administrativen Zuordnungen niedergeschlagen hatten.[419]

Bei der Studie von Gehne/Holtkamp in den Städten über 20.000 Einwohner(inne)n im Jahr 2003 war das Baden-Profil weniger deutlich als bei früheren Untersuchungen. In beiden Landesteilen waren je rund 60 Prozent der Oberbürgermeister/innen auswärtig und aus dem gleichen Bundesland, rund 20 Prozent kamen aus einem anderen Bundesland und jeweils nur etwa 20 Prozent hatten bereits vorher Verbindung mit dem Ort, in dem sie gewählt worden waren.[420] Nur beim Anteil der Parteimitglieder wurden Unterschiede zwischen Baden und Württemberg deutlich: In Baden war deren Anteil höher.[421]

Regionale politische Kulturen bestimmten oder bestimmen also Wahlentscheidungen mit bei (Ober-)Bürgermeisterwahlen. Unterschiede zwischen Württemberg und Baden

---

[414] Ebenda.
[415] Ebenda.
[416] Siehe etwa Wehling: „Der Bürgermeister - Rechtsstellung…“, s.o., S. 180f..
[417] Kern, s.o., S. 176.
[418] Kern, s.o., S. 355-356.
[419] Zur Aufteilung: Kern, s.o., S. 76 ff.; siehe zur Aufteilung der 98 Städte mit Oberbürgermeister/innen auf die aktuellen und historischen Landesteile die Tabelle Anhang 2.
[420] Gehne/Holtkamp, s.o., S. 128-129.
[421] Zur Unterscheidung der Landesteile wurde eine Karte von 1914 zu Grunde gelegt; siehe die Fußnote auf Seite 48 in Holtkamp: „Konkordanz- und Konkurrenzdemokratie…“, s.o.; siehe auch das vorige Kapitel zu Parteiorientierung und Parteibindung.

hinsichtlich der Parteibindung und der regionalen Herkunft der Sieger/innen scheinen weiter zu bestehen, auch wenn Annäherungen festgestellt werden.

3.2.4. Themen und Programm

Die (Ober-)Bürgermeister/innen bewerteten bei der Befragung von Bäuerle im Jahr 1992 die Bedeutung eines Sachprogramms unterschiedlich: Im Wahlkampf wurde von einem Teil von ihnen auf ein umfassendes Programm verzichtet, andererseits präsentierte aber die gleiche Zahl der Befragten umfassende Sachaussagen.[422]
In Arbeiten jüngeren Datums wird Themen und programmatischen Aussagen im Wahlkampf bei (Ober-)Bürgermeisterwahlen mehr Gewicht zugemessen als in früheren Publikationen. Laut Marcinkowski beeinflussen lokale Themen kommunale Wahlentscheidungen.[423] Witt stellt aufgrund der Befragungen in Bürgermeisterwahlgemeinden fest, dass programmatische Aussagen Folgen für die Wahlentscheidung haben. Den Programmen der Bürgermeisterkandidat(inn)en wird von ihm „ – falls vorhanden – (...) eine nicht unwesentliche Rolle zugeschrieben."[424] Bei (Ober-)Bürgermeisterwahlen sieht Löffler „Themen und Probleme, die als relevant empfunden werden"[425] und an denen sich Wähler/innen orientieren, als wichtiger für die Entscheidung als bei Ratswahlen. Mit zunehmender Gemeindegröße konstatiert er eine wachsende „Wahrscheinlichkeit einer politisch-ideologischen Auseinandersetzung über Sachthemen"[426].
Bei der Frage der Perspektive der Sachaussagen verweist Wehling darauf, dass „Visionen von der Zukunft der Gemeinde" als unerlässlich gesehen werden.[427] Dies gilt sowohl für wieder antretende Amtsinhaber/innen als auch für Bewerber/innen, die zum ersten Mal in einer Kommune antreten. Die erstmals in einer Gemeinde Antretenden können ihre Sachaussagen weniger präzise fassen. Sie können Überlegungen und Prüfaufträge für Probleme formulieren. Wer in einer Kommune wieder antritt, muss dagegen umfassend und präzise über Vergangenheit und Gegenwart der Gemeindepolitik reden und Auskunft geben können.[428]

Bei Kommunalwahlen bringen Löffler/Rogg die Orientierung an lokalen Themen mit den zu wählenden Personen in Verbindung. Das programmatische Profil auf kommunaler Ebene sehen sie dadurch bestimmt, wem die Bevölkerung am ehesten zutraut, ihre Probleme zu lösen.[429] Unterschiedlich großes Vertrauen in die Problemlösungskompetenz Kandidierender beeinflusst das Wahlverhalten. Explizit auch bei Direktwahlen der Verwaltungsspitze nennt Löffler die den Bewerber/innen zugetraute Kompetenz zur Lösung örtlicher Probleme als Entscheidungskriterium und stellt diese in

---

[422] Bäuerle, s.o., S. 131-132.
[423] Marcinkowski, s.o., S. 30.
[424] Witt: „Die Entwicklung...", s.o., S. 23.
[425] Löffler: „Kommunales Wahlverhalten", s.o., S. 252.
[426] A.a.O., S. 247.
[427] Hans-Georg Wehling: „Die süddeutsche Kommunalverfassung...", s.o., S. 4.
[428] Siehe dazu Kern, s.o., S. 319ff und S. 358.
[429] Vgl. Löffler/Rogg, s.o., S. 111.

Zusammenhang mit der als notwendig erachteten Gemeinwohlorientierung: „Gewählt wird, wem die Wähler am ehesten zutrauen, die Geschicke der Gemeinde zu aller Vorteil leiten zu können, ihre Probleme lösen und die verschiedenen Interessen in der Kommune zu einem gerechten gemeinwohlorientierten Ausgleich bringen zu können."[430]
Die Wahrnehmung der Kandidierenden durch die Wahlberechtigten beinhaltet also Botschaften, die neben persönlichen Eigenschaften Zuweisungen für allgemeine und thematische Problemlösungskompetenz umfassen.[431] Problemlösungskompetenz ist Teil der Persönlichkeit der Bewerber/innen.

Wie mit Themen umgegangen wird, Themen- und Problemlösungskompetenz sind also Teil der Kandidatenbewertung und wirken auf die Entscheidung bei Oberbürgermeisterwahlen. Problemlösungskompetenz wird hier als Teil der Persönlichkeit behandelt. Die Bedeutung von Sachthemen, Themensetzung und Vermeidung von Themen, die Themenkompetenz der Bewerber/innen also, wird getrennt davon untersucht.

3.2.5. Wahlkampf

Erfolgversprechende Wahlkampagnen zielen auf Überzeugung ungebundener und Mobilisierung sympathisierender Wahlberechtigter. Laut Schmid/Zolleis ist Wahlkampf ein bedeutender Faktor: „Wahlkämpfe sind wichtig, denn die Zahl der ungebundenen Wähler ist ständig gewachsen. Aus festen Parteibindungen sind Affinitäten geworden, traditionelle Klientele haben sich zu Wählerpotenzialen entwickelt, die es in Wahlkampagnen zu mobilisieren und auszuschöpfen gilt."[432]
Steht am Beginn jedes erfolgreichen Wahlkampfes für ein (Ober-)Bürgermeisteramt die Planung? In den 90er Jahren des vergangenen Jahrhunderts gab bei der Befragung von Bäuerle die Mehrheit der antwortenden (Ober-)Bürgermeister/innen an, ein strategisches Konzept für ihren Wahlkampf gehabt zu haben.[433] Während der Erfolg von Wahlkampagnen in Bezug auf überregionale Wahlen z.T. intensiv erörtert wird,[434] wird selten wissenschaftlich deren Wirksamkeit bei kommunalen Wahlen und bei der Direktwahl von (Ober-)Bürgermeister/innen untersucht. In der Einzelfallstudie zur Stuttgarter Oberbürgermeisterwahl 1996 werden Wahlkampfstrategie sowie Wahlkampfführung der Stuttgarter CDU und ihres Kandidaten als wichtige Bausteine für

---

430 Löffler: „Kommunales Wahlverhalten", s.o., S. 252.
431 Siehe Brettschneider: „Spitzenkandidaten ...", s.o., Stender, s.o., Karp/Zolleis, s.o., und Hofmann, s.o.; parteigebundene Kandidierende repräsentieren für einen Teil der Wähler/innen auch eine Partei.
432 Josef Schmid/Udo Zolleis: „Schlussbetrachtung: Wahlkampf im Südwesten – Einige Gemeinsamkeiten und Unterschiede", in: Josef Schmid, Udo Zolleis (Hg.): „Wahlkampf im Südwesten – Parteien, Kampagnen und Landtagswahlen 2006 in Baden-Württemberg und Rheinland-Pfalz", Münster, Hamburg, London, 200, S. 268-274, S. 270.
433 Bäuerle, s.o., S. 116-117.
434 Siehe z.B. Thomas Berg (Hrsg.): „Moderner Wahlkampf – Blick hinter die Kulissen", Opladen, 2002; Josef Schmid,/Honza Griese (Hrsg.): „Wahlkampf in Baden-Württemberg – Organisationsformen, Strategien und Ergebnisse der Landtagswahl vom 25. März 2001, Opladen, 2002; Marco Althaus (Hrsg.): „Kampagne – Neue Strategien für Wahlkampf, PR und Lobbying, Münster, Hamburg, Berlin, London, 2001.

den Erfolg gesehen: Nach Meinung von Hoecker führten Partei und Kandidat „den stringentesten Wahlkampf".[435] Dass der von Hüttl in einer Radiosendung vorgestellte „Bürgermeistermacher" Wahlkampf plant und mit allen Mitteln führt, ist ein Hinweis auf die Bedeutung von Wahlkampf; die Autorin schildert, wie er Wahlkampf führt: „Er muss die Fehler beim Gegner suchen, und wo keine sind notfalls welche schaffen. Bei einem Wahlkampf in einem kleinen Weinort lässt (er) einmal das Gerücht streuen, etwas stimme mit den Gemeindefinanzen nicht. Der recht beliebte Amtsinhaber wird nervös, macht Fehler - und (sein) Kandidat, ein bis dahin unbekannter Winzer, zieht ins Rathaus ein."[436]

Bei den Abwahlen von (Ober-)Bürgermeister(inne)n wird Wahlkämpfen eine große Bedeutung zugewiesen.[437] Kern mahnt die Amtsinhaber/innen, den Wahlkampf sorgfältig zu planen, um nicht während der Kampagne in Zugzwang zu geraten: „Dem Wahlkampf sollten Bürgermeister die allergrößte Aufmerksamkeit widmen, dessen Planung entsprechend sorgfältig und frühzeitig in Angriff nehmen. Schwere Fehler bei der Organisation und der Kommunikation wirken sich aufgrund der knappen Reaktionszeit meist verhängnisvoll aus."[438] (Ober-)Bürgermeister/innen, die wiedergewählt werden möchten, fordert er auf, jegliche Konkurrenz ernst zu nehmen: „Zur unverzichtbaren Grundvoraussetzung für ein erfolgreiches Abschneiden bei der Wiederwahl gehören der unverrückbare Siegeswille und das Ernstnehmen jedes Herausforderers: Auf einer Vielzahl baden-württembergischer Bürgermeisterstühle sitzen unterschätzte, vermeintlich ungefährliche Gegner."[439] Er entwickelt aus seiner Analyse heraus Anforderungen an einen erfolgversprechenden Wahlkampf von Amtsinhaber/innen, die auch für andere Kandidierende bedenkenswert sind. Die Überschriften zu diesen Anforderungen lauten: Siegeswille des/der Kandidierenden, Erfolgsbilanz (speziell auf Amtsinhaber/innen bezogen), Zukunft der Gemeinde, Wählermotivation, Rückendeckung/Unterstützung vor Ort, Gegnerbeobachtung, Schlussspurt, persönliche Ausgeglichenheit als Kandidat/in.[440]

Ein wichtiger Wahlkampftermin ist die in Baden-Württemberg als Regelfall vorgesehene offizielle Kandidatenvorstellung der Kommunen, bei der alle zugelassenen Bewerber/innen auftreten dürfen. Laut Kern kann sie eine zentrale Bedeutung für das Wahlergebnis haben, da dort eine Vorentscheidung fallen kann, wenn sich Favorit(inn)en herausschälen oder Kandidierende deutlich schlechter als ihre Konkurrenz bewertet werden. Da sie wenige Tage vor dem ersten Wahlgang stattfindet, kann die Wirkung erfolgreicher oder misslungener Auftritte Kandidierender wahlentscheidend sein.[441] Für alle Arten von (Ober-)Bürgermeisterwahlen (Neu-, Ab- und z.T. auch Wiederwahlen) sieht auch Witt die offizielle Kandidatenvorstellung als häufig wahlentscheidend. Mit wachsender Größe der Gemeinde sinkt der Anteil der sie besuchenden Bürger/innen und die Bedeutung der Kandidatenvorstellung. Er schreibt:

---

[435] Hoecker, s.o., S. 168.
[436] Hüttl, Deutschlandradio Kultur am 14.11.2010, s.o..
[437] Kern, s.o., S 309 ff..
[438] A.a.O., S. 358.
[439] A.a.O., S. 358.
[440] A.a.O., S. 352-353.
[441] A.a.O., S. 359.

„Je kleiner die Gemeinde, desto größer die Wahlbeteiligung und das Interesse an der öffentlichen Kandidatenvorstellung."[442]
Löffler nennt als wichtigste „Werbemittel Internetauftritt, Kandidatenprospekt und in größeren Gemeinden das Wahlplakat."[443] Witt folgert aus Interviews zum Bürgermeisterwahlverhalten, dass der Kandidatenhomepage eher geringe, dagegen einem sorgfältig ausgearbeitetem Kandidatenprospekt umso mehr Bedeutung zugemessen wird.[444] Er hebt die Relevanz der Kandidatenaktivitäten hervor, die den persönlichen Kontakt mit den Wähler(inne)n ermöglichen. Die abnehmende Bedeutung von Hausbesuchen in größeren Städten wird kompensiert durch Informationsstände, Teilnahme an Veranstaltungen und dergleichen.[445] Der Pressearbeit soll hohe Aufmerksamkeit geschenkt werden, wobei der gute Kontakt zu Journalist(inn)en als selbstverständlich gilt.

Wahlkampf wird also als Erfolgsfaktor bei (Ober-)Bürgermeisterwahlen gewertet. Die Unterschätzung seiner Bedeutung kann zur Niederlage führen. Die Fähigkeit, einen Wahlkampf zu führen (mit oder ohne Beratung) ist eine Kompetenz der Bewerber/innen, die wahlentscheidend sein kann.

3.3. Fazit und Forschungsfragen

3.3.1. Fazit

Die Durchsicht der Literatur zu Bürgermeister- und Oberbürgermeisterwahlen deutet ebenso wie Erkenntnisse der empirischen Wahlforschung auf komplexe Wirkungszusammenhänge bei Wahlentscheidungen hin. Sie sprechen gegen eine Beschränkung auf einzelne Erfolgsfaktoren. Für (Ober-)Bürgermeisterwahlen wichtige Aspekte sind auch in allgemein auf politische Wahlen bezogenen Erklärungsansätzen der empirischen Wahlforschung zu finden. Faktoren der Wahlentscheidung sind Parteiorientierung, Kandidatenorientierung mit mehreren Facetten der Personenbewertung, Themenorientierung, instrumentelle Orientierungen und Wahlkampf. Gewichtung und Ausprägung der Faktoren unterscheiden sich. Der aktuell bei anderen Wahlen mehr als in der Vergangenheit gelockerten Parteibindung wird bei Kommunalwahlen - insbesondere bei Direktwahlen - weniger Gewicht beigemessen als bei anderen Wahlen. Umgekehrt verhält es sich mit der Kandidatenorientierung. Aber nicht zu erkennen ist bei (Ober-)Bürgermeisterwahlen eine völlige Entkopplung der Wählenden von Parteibindung. Zur Nutzung der Parteibindung kann ein adäquates Kandidatenangebot notwendig sein. Das Wahlmotiv Machtkontrolle erklärt Entscheidungen entgegen der Parteipräferenz der Mehrheit bei anderen Wahlen.
Auch Wehling, der aktuell abhebt auf ein erfolgversprechendes Kandidatenprofil als durchgängiges Erfolgsmuster, relativierte dies früher. Noch 1999 schrieb er, dass die

---

[442] Witt: „Die Entwicklung ...", s.o., S. 22.
[443] Löffler: „Bürgermeisterwahlkampf ...", s.o., S. 85.
[444] Witt: „Die Entwicklung ...", s.o. S. 22-23.
[445] A.a.O., S. 23.

Frage, ob „Kommunalwahlen (Bürgermeister- wie Ratswahlen) Parteiwahlen oder Persönlichkeitswahlen sind“[446], nicht immer gleich beantwortet werden muss. Es könne von Wahl zu Wahl unterschiedlich sein, „ob Kommunalwahlen *primär* Partei- oder in erster Linie Persönlichkeitswahlen sind.“[447] Er begründete dies gegenüber denen, die „den parteipolitischen Aspekt“ hervorheben, u.a. mit ersten Siegen bei (Ober-)Bürgermeisterwahlen in Baden-Württemberg von Mitgliedern der Grünen, die nicht möglich gewesen wären, „wenn die Wähler sich ausschließlich an der jeweiligen Partei orientierten.“[448] Ein Teil der Wählerschaft orientiert sich an kurzfristig wirkenden Faktoren. Möglich ist aber auch, dass sich wie bei anderen Wahlen ein mehr oder weniger großes Wählersegment bei Kommunalwahlen, auch bei (Ober-)Bürgermeisterwahlen parteipolitisch orientiert. Die Frage ist laut Wehling, „wie groß die jeweiligen Segmente und welche Bestimmungsfaktoren für den jeweiligen Umfang verantwortlich sind.“[449] Das aktuell in Publikationen zur Erklärung von (Ober-)Bürgermeisterwahlsiegen in Baden-Württemberg nicht aufgegriffene „Zwei-Säulen-Modell“ von Marcinkowski[450] nennt ebenfalls mehrere Faktoren zur Erklärung von Entscheidungen bei (Ober-)Bürgermeister- und Ratswahlen. Eine multifaktorielle Begründung von Oberbürgermeisterwahlentscheidungen scheint plausibler als eine allein auf Vorteile bei objektiven Kandidatenmerkmalen gerichtete.

Als Erfolgsmodell für (Ober-)Bürgermeisterwahlen demgegenüber breit propagiert wird das insbesondere von Wehling genannte Kandidatenprofil mit den „objektiven“ Merkmalen verwaltungskompetent, auswärtig und parteifern. Wer als Kandidat/in bei (Ober-)Bürgermeisterwahlen in Baden-Württemberg hinsichtlich dieser Kriterien Vorteile hat, hat demnach die größten Siegchancen. Aus der Fallanalyse der Wahl in Reutlingen heraus wird die These des Vorrangs von Verwaltungskompetenz vor Parteipräferenz entwickelt, durch weitere Beispiele, nicht aber einen systematischen Vergleich von Sieger(inne)n und Verlierer(inne)n erhärtet. Nachfolgende Umfragen von Wehling/Siewert und Bäuerle beschäftigten sich mit dem Profil der Sieger/innen, nicht aber mit deren Konkurrenz. Die kandidatenvergleichende Untersuchung von Kern deutet auf andere Kriterien der Wahlentscheidung als Verwaltungskompetenz hin. Kerns Analyse wurde in dieser Hinsicht aber weder von ihm noch von Anderen vertieft. Hoecker sieht umgekehrt als Ergebnis seiner Fallanalyse als entscheidend nicht den Verwaltungs-, sondern den Parteihintergrund. Auswärtigkeit war bei der von Biege u.a. untersuchten Wahl kein Vorteil des Siegers gegenüber dem Zweitplatzierten. In nachfolgenden Studien wird festgestellt, dass die Sieger/innen überwiegend von außen kommen, aber der systematische Vergleich mit der Konkurrenz fehlt. Wenn Vorteile bei „objektiven“ Merkmalen bestehen, wird Parteibindung als irrelevant für den Wahlerfolg gesehen. Wenn zwischen mehreren Kandidierenden mit gleichen objektiven Attributen zu entscheiden ist, wird der Persönlichkeit Bedeutung zugemessen. Wahlkampf- und Themenkompetenz sind Erfolgsfaktoren, denen in jüngerer Zeit mehr Beachtung

---

446 Hans-Georg Wehling: „Kommunale Direktwahl zwischen Persönlichkeitswahl und Parteientscheidung, Materialien für die Arbeit vor Ort Nr. 4. Konrad-Adenauer-Stiftung, 1999, S. 13.

447 A.a.O., S. 13.

448 A.a.O., S. 13-14. Zur Untermauerung der These, dass nicht die Parteibindung entscheidend ist, weist Wehling auf die besonders in Baden-Württemberg starken freien Wählervereinigungen hin.

449 A.a.O., S. 14.

450 An Marcinkowski knüpfen Juhász/Abold bei der Oberbürgermeisterwahlanalyse in Bayern an, s.o..

geschenkt wird, deren Relevanz aber nicht in Verbindung mit anderen Faktoren untersucht wird. Insgesamt fehlt bei der Analyse von Erfolgsfaktoren der systematische Vergleich Erst- und Zweitplatzierter im Kontext verschiedener Arten von (Ober)Bürgermeisterwahlen.

3.3.2. Forschungsfragen

Empirische Untersuchungen zu Bürgermeister- und Oberbürgermeisterwahlen in Baden-Württemberg beziehen sich entweder auf Gemeinden aller Größenklassen (etwa Wehling/Siewert und Kern[451]), oder es sind Fallstudien einzelner Oberbürgermeisterwahlen (z.B. Biege/Fabritius/Siewert/Wehling und Hoecker[452]). Wenn alle Gemeindegrößen in Analysen einbezogen sind, prägen die Wahlen in kleinen Gemeinden die Ergebnisse, da diese zahlenmäßig weit überwiegen. Weil wissenschaftliche Kontroversen um die Bedeutung von Erfolgsfaktoren kaum durch Analysen von Bürgermeisterwahlen in kleinen Gemeinden, sondern in der Regel durch die von Oberbürgermeisterwahlen in Städten immer neu befeuert werden, werden hier nicht Wahlen über alle Gemeindegrößen hinweg, sondern nur Oberbürgermeisterwahlen untersucht. Gegenstand der Studie ist nicht ein Einzelfall, sondern es werden alle 44 in vier Jahren in Baden-Württemberg stattgefundenen Oberbürgermeisterwahlen untersucht.

Die zentrale Frage der nun vorliegenden Arbeit lautet: Wie wichtig sind die sogenannten „objektiven" Merkmale verwaltungskompetent, auswärtig oder parteifern für einen Sieg bei Oberbürgermeisterwahlen in Baden-Württemberg in Abhängigkeit von unterschiedlichen Kontexten? Anknüpfend daran ist zu fragen, ob bei mit objektiven Merkmalen gleich ausgestatteter Konkurrenz Persönlichkeit ein ausschlaggebender Erfolgsfaktor ist.

Wenn die These vom Erfolg auf Grund von Vorteilen bei diesen Kandidatenmerkmalen generell gültig ist, prägt es als Erfolgsmuster Oberbürgermeisterwahlergebnisse unabhängig vom Kontext. Um zu prüfen, ob dies der Fall ist, werden im Folgenden die Kandidatenmerkmale Erst- und Zweitplatzierter in unterschiedlichen Kontexten verglichen. Die zentralen Kontextfaktoren sind:

- Neuwahl oder Wahl mit wieder antretendem/antretender Amtsinhaber/in
- Wahl im badisch oder württembergisch geprägten Landesteil
- Gemeindegröße
- Das politische Umfeld der Wahlen: einerseits die allgemeine politische Stimmung (erkennbar bei landes- und bundesweiten Wahlen und Umfragen), andererseits die kommunale politische Situation. Bei letzterem geht es um die politische Ausrichtung amtierender Oberbürgermeister/innen sowie die Stärke politischer Kräfte bei Rats- und Parlamentswahlen, bei denen in Baden-Württemberg überwiegend die CDU dominierte. Betrachtet wird dabei auch, ob das Ergebnis der Oberbürgermeisterwahl Kontinuität, Bestätigung der Parteipräferenz bei

[451] Kern, s.o., Wehling/Siewert, s.o..
[452] Biege u.a., s.o., Hoecker, s.o..

anderen Wahlen, Veränderung oder Schaffung eines Gegengewichts zur stärksten Partei bedeutet.

Mit den Umfragen von Bäuerle und Wehling/Siewert wurde das Profil der Wahlsieger/innen“ in Gemeinden aller Größenklassen ergründet, mit den Fallstudien zu einzelnen Oberbürgermeisterwahlen das mehrerer Kandidierender in einer Stadt. Kern vergleicht Abgewählte mit Sieger/innen. Bisher nicht vorhanden ist der hier vorgelegte systematische, detaillierte Vergleich Erst- und Zweitplatzierter[453] im entscheidenden Wahlgang nicht nur bei mehreren Oberbürgermeisterwahlen, sondern bei allen Arten dieser Wahlen, also Neu-, Ab- und Wiederwahlen sowie der Vergleich in unterschiedlichen Neuwahlkontexten. Auch graduelle Unterschiede werden erfasst. Bei den Kandidateneigenschaften stehen die objektiven Merkmale im Vordergrund, da sie auch in anderen Studien analysiert und als zentrale Erfolgsfaktoren bezeichnet werden. Sie sind genauer als andere Aspekte der Person beschrieben.

Wie unten noch ausführlicher durch die Analyse der Wahlen begründet wird, wird die „Parteiferne“ als Faktor nicht weiter untersucht, da sie im Wahlkampf von nahezu allen Bewerber/innen postuliert wird, selbst wenn diese eindeutig von Parteien unterstützt werden. Ein siegreiches Parteimitglied, das im Wahlkampf auf die Unterstützung der Partei baute, sagt klar, dass es beim öffentlichen Auftritt darum geht, „glaubhaft darstellen (zu) können“[454], Oberbürgermeister/in für alle Bürger/innen zu sein oder werden zu wollen, sich also öffentlich ein Stück weit von der eigenen Partei zu distanzieren. Untersucht werden daher a) Kandidierende mit öffentlich erkennbarer Parteibindung, b) sich als „unabhängig“ bezeichnenden Parteimitglieder sowie c) mit Parteien und Wählervereinigungen verbundene parteilose Kandidierende.

Als Faktoren, die die Kandidierenden beschreiben, untersucht werden zunächst die von Wehling u.a. thematisierten und darüber hinaus weitere Merkmale

- Verwaltungskompetenz in unterschiedlichen Ausprägungen
- Auswärtig oder einheimisch
- Bindung an die stärkste Partei oder andere politische Kräfte sowohl von Parteimitgliedern als auch von parteiunterstützten Parteilosen
- Positiv wahrgenommene Persönlichkeit
- Die Behandlung von Themen im Wahlkampf, die Themenkompetenz
- Wahlkampf und Wahlkampfkompetenz der Kandidierenden.

Der auch als Kandidatenmerkmal zu sehende Amtsbonus wieder antretender Oberbürgermeister/innen wird als Kontextfaktor bei den Analysen berücksichtig in der Form, dass grundsätzlich zwischen Neuwahlen, Ab- und Wiederwahlen unterschieden wird.

Die Literaturauswertung führt neben der zentralen Frage zu weiteren Aspekten, die im Folgenden betrachtet werden:

- Sind mit Vorhandensein oder Vorteil bei objektiven Merkmalen Siege bei Oberbürgermeisterwahlen in Baden-Württemberg zu erklären? Wie häufig ist das

---

[453] Die Einbeziehung weiterer Verlierer/innen als der Zweitplatzierten würde eher zur Unübersichtlichkeit als zur Deutlichmachung von Unterschieden beitragen - so auch Witt/Krause, s.o..

[454] So der in Donaueschingen im Jahr 2004 gewählte CDU-Oberbürgermeister: Thorsten Frei: „Motivation zur Kandidatur und Umsetzung im Wahlkampf“, in: Witt (Hrsg.): „Karrierechance Bürgermeister…“, s.o., S. 131-163, S. 143.

als Erfolgsmuster beschriebene Kandidatenmerkmalsprofil im Vergleich von Erst- und Zweitplatzierten unter unterschiedlichen Kontextbedingungen zu finden?

- Als erfolgversprechendstes Kandidatenmerkmal gilt Verwaltungskompetenz. Biege u.a. sehen Verwaltungskompetenz als ausschlaggebendes Kriterium der Wahlentscheidung, das wichtiger als Bindung an die örtlich dominierende Partei sei und (Ober-)Bürgermeisterwahlen zu Persönlichkeitswahlen mache: Gewählt wird, wer dem Anspruch, verwalten zu können, „am ehesten gerecht zu werden verspricht, auch dann wenn er nicht der allgemeinen Parteipräferenz entspricht."[455] Priorität haben „gelernte Verwaltungsfachleute" mit Kommunalverwaltungserfahrung. Verwaltungskompetente Bewerber/innen siegen gegen weniger oder nicht verwaltungskompetente.
- Auswärtigkeit bedeutet, in der Zeit vor der Wahl in der Kommune, in der gewählt wird, weder gewohnt noch gearbeitet zu haben. Weil Auswärtige als Garant für einen unabhängig von örtlichen Verpflichtungen stehenden Neuanfang gelten und nach gängiger Auffassung bevorzugt werden, wird angenommen, dass überwiegend sie gewinnen. Ein Vorteil bei diesem zweiten „objektiven" Kandidatenmerkmal trägt auch bei zum Erfolg entgegen der in der Bevölkerung vorherrschenden Parteipräferenz. Auch bei Abwahlen sieht Kern Auswärtige in dem Maß als Sieger/innen wie bei Neuwahlen. Ob auswärtige Kandidierende aus anderen Bundesländern als Baden-Württemberg seltener und wenn, dann eher in Baden gewählt werden, ist ein Nebenaspekt, der aufgegriffen wird, weil er in der Literatur genannt wird.
- Ohne den Amtsbonus als variablen Faktor weiter zu behandeln, wird gefragt, ob er in dem von Wehling und Kern genannten Maß wirksam ist. Die Angaben von Kern und Wehling zur Abwahlquote beziehen sich bei ihnen auf alle (Ober-)Bürgermeisterwahlen in einem bestimmten Zeitraum. Sie errechnen nicht den Anteil der Nichtwiederwahlen an den Wahlen mit wieder antretenden Amtsinhaber(inne)n. Die Bewerbung wieder antretender Amtsinhaber/innen wird in dieser Arbeit als Kontextfaktor einbezogen. Nachgegangen wird der Feststellung von Kern, dass sich das Siegerprofil bei Abwahlen von dem bei Neuwahlen unterscheidet, die er selbst letzlich konterkariert.
- Merkmalen der Sieger/innen wie Geschlecht, Alter und Konfessionszugehörigkeit werden keine oder geringe Bedeutung für den Wahlsieg zugemessen. Sie werden nur kursorisch dargestellt. Die der Literatur entnommene Hypothese lautet, dass die subjektiv bewertete, positiv wahrgenommene Persönlichkeit beim Wettbewerb von mit objektiven Merkmalen gleich ausgestatteten Konkurrent(inn)en wahlentscheidend ist.
- Wenn Themen im Wahlkampf zur Unterscheidung beitragen, ist anzunehmen, dass Themen und damit bei Bewerber/innen wahrgenommene Themenkompetenz zu Oberbürgermeisterwahlentscheidungen beitragen.
- Angenommen wird, dass Wahlkampf wirkt und bei niedriger Wahlbeteiligung eine größere Rolle spielt als bei höherer. Da die Qualität von Wahlkampagnen kaum objektiv messbar ist, wird hier in der Öffentlichkeit (wie Persönlichkeit und

[455] Biege et. al., s.o., S. 178, siehe auch die Seiten 149-51.

Themenkompetenz subjektiv bewerteter) positiv wahrgenommener Wahlkampf als Erfolgsfaktor gewertet. Wahlkampf erfolgreich zu führen (aus eigenem Antrieb oder auf Grund von Beratung) ist eine Kompetenz der Bewerber/innen und damit ein Kandidatenmerkmal.

- Zur Parteibindung stehen sich zwei gegensätzliche Thesen gegenüber: Die etwa von Hoecker, dass Parteibindung Wahlentscheidungen beeinflusst und die etwa von Löffler, dass sie bedeutungslos ist. Sind parteiorientiertes Wahlverhalten und Parteibindung Kandidierender relevant, obwohl politische Gruppen bei Oberbürgermeisterwahlen in Baden-Württemberg kein Vorschlagsrecht haben und Bewerber/innen auf dem Stimmzettel keiner politischen Vereinigung zugeordnet werden? Unbestritten ist, dass die Unterstützung politischer Gruppen im Wahlkampf ein relevanter Faktor ist. Da durch Unterstützung Bindung entsteht, repräsentieren auch Parteilose politische Kräfte. Parteiferne (verstanden als Distanz zu jeder Art politischer Gruppe, also auch Wählervereinigungen) ist dann nicht zu konstatieren; Parteibindung (verstanden als jede Art von Bindung an politische Gruppen) ist daher ein zu vergleichendes Kandidatenmerkmal. Aufgrund der in der empirischen Wahlforschung konstatierten Bedeutung parteiorientierten Wahlverhaltens wird angenommen, dass auch bei Oberbürgermeisterwahlen zumindest teilweise parteiorientiert gewählt wird und daher Bindung an die stärkste Partei, bei annähernd gleich starken Parteien an die stärksten, ein Erfolgsfaktor ist. Parteistärke wird gemessen durch die Häufigkeit des ersten Platzes bei Rats- sowie Parlamentswahlen im Untersuchungszeitraum und das numerische Mittel der Ergebnisse bei Europa-, Bundestags- und Landtagswahlen - den Wahlen, bei denen etwa Hoecker am deutlichsten parteiorientiertes Wahlverhalten konstatiert. Welche Bedeutung haben Parteiwählerpotentiale bei Oberbürgermeisterwahlen?
- Ein zu überprüfender Aspekt langfristiger Orientierungen ist, ob das „Baden-Profil" fortbesteht - als Hypothese formuliert: In Baden-Württemberg setzen sich bei Oberbürgermeisterwahlen im badischen Landesteil im Vergleich zum württembergischen mehr Einheimische und mehr Parteimitglieder durch. Wenn mehr Parteimitglieder gewählt werden, ist zu erwarten, dass Mitglieder der Partei mit der größten Stammwählerschaft im Vergleich zu den anderen Parteien am besten abschneiden.
- Wie entwickelt sich die Beteiligung an Oberbürgermeisterwahlen? Welche Bedeutung hat die Höhe der Wahlbeteiligung? Die von Löffler festgestellte Vergleich zu anderen Wählergruppen stärkere Beteiligung konservativ orientierter Wähler/innen an kommunalen Wahlen in Baden-Württemberg führt zur Annahme, dass mit der CDU verbundene Kandidierende bei niedriger Wahlbeteiligung häufiger erfolgreich sind als mit deren politischer Konkurrenz Verbundene, deren Anhängerschaft für kommunale Wahlen schwieriger zu mobilisieren ist.
- In die Bewertung örtlicher politischer Akteure und Akteurinnen können, müssen nicht, allgemeine politische Stimmungen einfließen. Wenn Parteien auf Bundesebene im Stimmungshoch oder -tief sind, wird angenommen, dass die mit der allgemeinen politischen Stimmung verbundene Mobilisierung oder Demobilisierung parteiorientierter Wähler/innen Kandidierenden gemäß der

Parteipräferenz bei kommunalen Wahlen hilft. Wohl wegen des baden-württembergischen Wahlsystems wird dieser Kontextfaktor in der Literatur zu (Ober-)Bürgermeisterwahlen in diesem Land kaum erwähnt. Um Muster zu erkennen, wird die landesweite Zahl der Siege parteigebundener Bewerber/innen im Verlauf der Jahre vor dem Hintergrund der allgemeinen politischen Stimmung betrachtet.

- Angenommen wird, dass die Mehrzahl der Oberbürgermeister/innen parteigebunden ist und mit zunehmender Einwohnerzahl die Chancen mit der dominierenden Partei verbundener Bewerber/innen steigen. Bei mehr Gewicht der Parteibindung mit zunehmender Einwohnerzahl stellt sich die Frage, ob dann andere „objektive" Merkmale weniger häufig zu finden sind.
- Unmittelbarer als mit der Stimmabgabe auf Bundes- und Landesebene kann mit der bei einer Oberbürgermeisterwahl zu Kontinuität oder Veränderung politischer Machtverhältnisse beigetragen, kann Machtausübung kontrolliert werden. Denn die zu wählende Person nimmt als Repräsentant/in der Kommune nach außen, als Vorsitzende/r des Gemeinderats und Leiter/in der Verwaltung[456] eine hervorgehobene Stellung im kommunalen Machtgefüge ein. Die Hypothese ist, dass bei Neuwahlen Wechsel häufiger sind als politische Kontinuität an der Verwaltungsspitze, da in Baden-Württemberg mit der Entscheidung bei Neuwahlen der Wunsch verbunden ist, Verkrustungen und örtlichem Filz entgegenzuwirken. Gibt es Merkmalsunterschiede bei mit Wechsel oder Kontinuität, mit Bestätigung politischer Präferenzen oder der Schaffung eines Gegengewichts zur stärksten Partei verbundenen Oberbürgermeisterwahlen? Sind Vorteile bei Verwaltungskompetenz und Auswärtigkeit bei mit Machtkontrolle verbundenen Wahlentscheidungen häufiger zu finden als bei Wahlen mit Machtstrukturen bestätigendem Ergebnis?

Am Ende der Überprüfung des allseits propagierten Erfolgsmusters bei Oberbürgermeisterwahlen in Baden-Württemberg steht die Frage nach der Wirkung dieser Faktoren in unterschiedlichen Kontexten von Wahlen und sich daraus ergebenden Typen.

[456] Siehe dazu die Gemeindeordnung für Baden-Württemberg, § 42, Absatz 1.

4. Oberbürgermeisterwahlen in Baden-Württemberg in den Jahren 2003 bis 2006 und allgemeine politische Stimmung

4.1. Chronologischer Überblick über die 44 Oberbürgermeisterwahlen

Die 44 untersuchten Oberbürgermeisterwahlen sind nachfolgend chronologisch aufgeführt mit politischer Bindung der Sieger/innen und ihrer Vorgänger/innen:

Tabelle 1: Oberbürgermeisterwahlen 2003 bis 2006 in Baden-Württemberg – chronologisch

Datum:	Stadt:	Wahlart:	Polit. Bindung Sieger/in:	Polit. Bindung Vorgänger/in:
Feb 03	Reutlingen	Abwahl	Parteilos (SPDnah)	CDU
Mrz 03	Wertheim	Neuwahl	CDU	CDU
	Bad Mergentheim	Abwahl	Parteilos (CDUnah)	Parteilos
	Ravensburg	Wiederwahl	CDU	CDU
	Lörrach	Wiederwahl	CDU	CDU
Mai 03	Ellwangen	Neuwahl	Parteilos	CDU
Jun 03	Ludwigsburg	Neuwahl	Parteilos	Parteilos
Jul 03	Rottenburg	Wiederwahl	CDU	CDU
	Öhringen	Wiederwahl	CDU	CDU
	Ettlingen	Abwahl	FDP	CDU
Okt 03	Calw	Neuwahl	CDU	Parteilos
Nov 03	Nürtingen	Neuwahl	SPD	Parteilos
	Tuttlingen	Neuwahl	CDU	CDU
Dez 03	Kirchheim/Teck	Neuwahl	SPD	Parteilos
Jan 04	Eppingen	Neuwahl	Parteilos	CDU
Feb 04	Sinsheim	Neuwahl	SPD	CDU
Mrz 04	Bietigheim-Bissingen	Neuwahl	SPD	CDU
Apr 04	Rheinfelden	Wiederwahl	CDU	CDU
Mai 04	Emmendingen	Neuwahl	CDU	SPD
Jul 04	Hockenheim	Neuwahl	SPD	FDP
	Konstanz	Wiederwahl	Grüne	Grüne
Sep 04	Donaueschingen	Neuwahl	CDU	Parteilos
Okt 04	Stuttgart	Wiederwahl	CDU	CDU
	Göppingen	Neuwahl	SPD	CDU
Feb 05	Ostfildern	Neuwahl	SPD	Parteilos
Mrz 05	Schwäbisch Hall	Wiederwahl	SPD	SPD
Jul 05	Bühl in Baden	Wiederwahl	CDU	CDU
	Aalen	Neuwahl	Parteilos	SPD
	Singen	Neuwahl	CDU	CDU
Okt 05	Lahr	Wiederwahl	SPD	SPD
Feb 06	Waiblingen	Neuwahl	Parteilos (CDUnah)	FDP
	Kehl	Wiederwahl	SPD	SPD
Mrz 06	Baden-Baden	Neuwahl	CDU	Parteilos
Mai 06	Vaihingen a.d. Enz	Neuwahl	Parteilos	Parteilos
Jul 06	Geislingen	Wiederwahl	Parteilos (CDUnah)	Parteilos (CDUnah)
	Remseck	Wiederwahl	Parteilos	Parteilos
	Karlsruhe	Wiederwahl	CDU	CDU
	Mosbach	Neuwahl	CDU	CDU
	Schorndorf	Neuwahl	SPD	CDU
Sep 06	Schramberg	Wiederwahl	SPD	SPD
Okt 06	Esslingen	Wiederwahl	SPD	SPD
	Tübingen	Abwahl	Grüne	SPD
Nov 06	Heidelberg	Neuwahl	Parteilos (CDUnah)	SPD
Dez 06	Schwetzingen	Abwahl	Parteilos	CDU

4.2. Parteibindung der Gewählten und allgemeine politische Stimmung

Der Überblick über die Wahlen sowie über die politische Bindung der Gewählten und ihrer Vorgänger/innen bietet die Gelegenheit, bereits an dieser Stelle auf eine Forschungsfrage eine Antwort zu geben: Beeinflussen Regierungskonstellationen und die politische Stimmung auf Bundesebene die Wahlchancen parteigebundener Bewerber/innen bei Oberbürgermeisterwahlen? Wenn dies der Fall ist, wird allgemein angenommen, dass von im Bund oppositionellen Parteien unterstützte Bewerber/innen im Vorteil sind, wenn die regierungstragenden Parteien im Stimmungstief sind, da die Anhänger/innen der Opposition motivierter und mobilisierter sind als die der Regierung. Untersucht wird daher, ob von Parteien im allgemeinen Stimmungstief oder Stimmungshoch bzw. von Regierungs- oder Oppositionsparteien unterstützte Kandidierende bezogen auf die allgemeinpolitische Stimmung bei Oberbürgermeisterwahlen auffällig selten oder häufig siegen.

Nachfolgend abgebildet werden die Siege parteigebundener (Parteimitglieder oder von Parteien primär Unterstützte) und parteiloser Kandidierender, die allgemeine politische Stimmung im Verlauf der vier Jahre, sowie die jährliche Gewinn- und Verlustbilanz im Hinblick auf die politische Bindung der Sieger/innen der Oberbürgermeisterwahlen. Die allgemeine politische Stimmung in den Jahren 2003 bis 2006 wird durch bundesweit ermittelte Umfragewerte (Werte im Monat der jeweiligen Oberbürgermeisterwahlen) dargestellt.[457] Im Untersuchungszeitraum erhielt die SPD nicht nur im Bund, sondern auch in Baden-Württemberg bei Umfragen und Wahlen deutlich weniger Zustimmung als die CDU, die durchgängig den Ministerpräsidenten stellte.[458] CDU und SPD stellen die überwiegende Mehrzahl parteigebundener Oberbürgermeister/innen in Baden-Württemberg.

---

[457] Quellen: TNS Infratest, DER SPIEGEL, n-tv, Emnid, Statistisches Landesamt Baden-Württemberg, eigene Recherchen. PDS bzw. Linkspartei sind in der Abbildung nicht enthalten, da in Baden-Württemberg bei Oberbürgermeisterwahlen angetretenen PDS-Mitglieder chancenlos blieben. Das bundesweite Ergebnis der Bundestagswahl und das landesweite der Landtagswahl entsprechen der bei Umfragen ermittelten Stimmungslage. Dass Parteien im Stimmungstief für mögliche Bewerber/innen unattraktiv sind, ist ein Aspekt, dem hier nicht nachgegangen wird.

[458] Auch bei den Kreistagswahlen im Juni 2004, bei denen – anders als bei den Gemeinderatswahlen – CDU und SPD flächendeckend im ganzen Bundesland antraten, liegt die CDU mit 37,6% landesweit klar vor SPD (19,4 %), Grünen (10,3 %) und FDP (5,5 %).

Abbildung 1: Politische Bindung der gewählten Oberbürgermeister/innen, Gewinn- und Verlustbilanz bezogen auf Parteibindung sowie allgemeine politische Stimmung

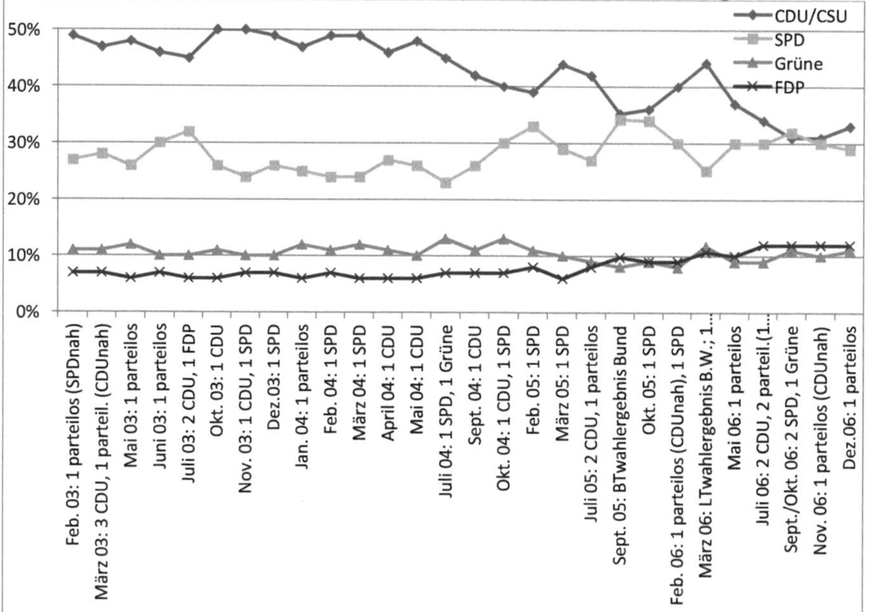

Veränderung der Zahl der Oberbürgermeisterposten bezogen auf Parteien in den vier Jahren:

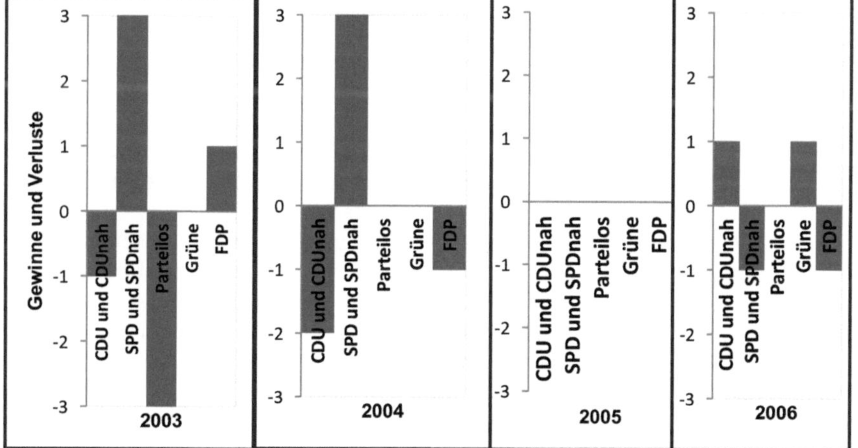

Die politische Stimmung in den Jahren 2003 bis 2006 wies Schwankungen auf. Im Vergleich der Volksparteien, die den weitaus größten Anteil an den Parteimitgliedern unter den Sieger(inne)n stellten und deren Mitglieder im Gegensatz zu denen anderer Parteien bei Neuwahlen erfolgreich waren, erhielt die CDU fast durchgängig mehr Zustimmung als die SPD. Nur im Oktober 2006 konnte die SPD bundesweit aufschließen

und in einigen Umfragen überholen.[459] Die Werte in der Tabelle zur allgemeinen politischen Stimmung weisen auf keinen positiv wirkenden Zusammenhang zwischen der Zustimmung zu diesen Parteien und der Zahl ihrer bei Oberbürgermeisterwahlen siegreichen Mitglieder hin. Die Häufung von Erfolgen von SPD-Mitgliedern bei vier von sechs Oberbürgermeisterwahlen von November 2003 bis März 2004 liegt in einer Zeit, als die CDU bundesweit eine Zustimmung von 50 Prozent oder knapp darunter erreichte. Als SPD-Mitglieder bei drei der insgesamt vier Oberbürgermeisterwahlen von Oktober 2004 bis März 2005 siegten, lag die CDU bei der durch Umfragen gemessenen politischen Stimmung bundesweit zwischen 6 und 16 Prozentpunkten vor der SPD. Als im Oktober 2006 in der aufgeführten Umfrage die SPD bundesweit einen Prozentpunkt vor der CDU lag, wird zwar ein SPD-Mitglied im Amt bestätigt, aber andererseits eine sozialdemokratische Oberbürgermeisterin abgewählt. Auch beim Anteil der Siege von CDU-Mitgliedern ist nicht erkennbar, dass er sich parallel zu Schwankungen der politischen Stimmung verändert. Oberbürgermeisterwahlen gewannen CDU-Mitglieder gehäuft sowohl in Zeiten guter Werte für ihre Partei (z.B. im März und Juli 2003) als auch in Monaten mit sinkender Zustimmung (etwa im Juli 2006).
Geändert hat sich die Zusammensetzung der Bundesregierung: Im Herbst 2005 übernahm eine Große Koalition von CDU und SPD mit einer CDU-Bundeskanzlerin die Amtsgeschäfte von der „rotgrünen“ Vorgängerregierung mit einem SPD-Bundeskanzler. Die Annahme, dass Oppositionsparteien im Bund bei kommunalen Wahlen profitieren, weil sie bzw. deren Mitglieder aus Protest gegen Regierungsparteien gewählt werden, kann im Untersuchungszeitraum mit der Zahl von Siegen ihrer Mitglieder bei Oberbürgermeisterwahlen in Baden-Württemberg nicht belegt werden. Als ihre Partei auf Bundesebene bis September 2005 in der Opposition war, waren CDU-Mitglieder im Vergleich zur Konkurrenz nicht erfolgreicher als in den Monaten danach. Auch für SPD-Mitglieder gibt es keinen erkennbaren Zusammenhang mit der Regierungsbeteiligung ihrer Partei im Bund. Überproportional erfolgreich waren Mitglieder der SPD, die bis September 2005 als größerer und danach als kleinerer Partner Teil der Bundesregierung war, bei den Oberbürgermeisterwahlen in den Jahren 2003 und 2004, als ihre Partei und die von ihr getragene Regierung im Stimmungstief waren. Die Landesregierung in Baden-Württemberg bildete seit 2001 die CDU zusammen mit der FDP.
Im Untersuchungszeitraum ist also kein Zusammenhang erkennbar zwischen der Erfolgshäufigkeiten von Parteimitgliedern bei Oberbürgermeisterwahlen (insbesondere Mitgliedern der beiden großen Volksparteien) und der jeweiligen politischen Stimmungslage oder der Regierungsbeteiligung ihrer Parteien im Land oder im Bund.

Der fehlende Zusammenhang wird unterstrichen, wenn für jedes der vier Jahre die Veränderungen der politischen Bindung der Gewählten bilanziert werden.
Im Jahr 2003 fanden in Baden-Württemberg vierzehn Oberbürgermeisterwahlen statt. Im Hinblick auf die Parteizugehörigkeit der bei Oberbürgermeisterwahlen Erfolgreichen fasste die Stuttgarter Zeitung das Jahr 2003 wie folgt zusammen: „Nur die CDU hat

---

[459] Während etwa bei Infratest und Emnid die SPD im Oktober 2006 vorne lag, konnte sie beim Politbarometer des ZDF nur an die CDU herankommen, ohne sie zu überholen.

Rathäuser verloren (...). Dabei war die SPD mit ihren Bewerbern am erfolgreichsten. Die Sozialdemokraten konnten zwei Rathäuser für sich neu erobern."[460] Insgesamt waren neben einem CDU-Mitglied drei Parteilose (die z.T. der CDU nahestanden) weniger im Oberbürgermeisteramt. Neben zwei erfolgreichen SPD-Mitgliedern war eine von der SPD maßgeblich unterstützte Siegerin zu verzeichnen. Dies geschah zu einer Zeit, in der die SPD als Teil einer in Umfragen schlecht bewerteten „rotgrünen" Bundesregierung bei allgemeinen Wahlen in vielen Teilen des Bundesgebiets erhebliche Stimmenverluste erlitt. Hätte die bundespolitische Stimmung die Stimmabgabe bei Oberbürgermeisterwahlen erheblich bestimmt, hätte die Bilanz anders aussehen müssen. Ein FDP-Mitglied war bei einer Abwahl im Duell mit einem CDU-Mitglied erfolgreich.

Im Jahr 2004 wurden zehn Oberbürgermeister gewählt. Am Jahresende zog der „Staatsanzeiger" eine wiederum für die CDU negative Bilanz dieser Wahlen: „Die Christdemokraten sorgen sich unterdessen ungeachtet des Wahlergebnisses in Stuttgart um Macht und Einfluss in den Rathäusern. (...) (Mit deren Niederlage in Göppingen) setzte sich eine Niederlagen-Serie von christdemokratischen OB-Kandidaten in den großen Kreisstädten in Baden-Württemberg fort."[461] Zwei CDU-Mitglieder und ein FDP-Mitglied weniger, drei SPD-Mitglieder mehr bekleideten das Oberbürgermeisteramt. Auch in diesem Jahr ist eine solche parteipolitische Bilanz überraschend angesichts niedriger Zustimmungswerte für die SPD und einer weithin negativen Bewertung der von ihr zusammen mit den Grünen gebildeten Bundesregierung. Selbst wenn die Stuttgarter Christdemokrat(inn)en bei der Oberbürgermeisterwahl im Jahr 2004 allgemeinpolitischen Gegenwind zu spüren glaubten, so blieben sie mit dieser Einschätzung angesichts der auf niedrigem Niveau nur leicht steigenden Umfragewerte für die SPD weitgehend allein.

Mit sechs Oberbürgermeisterwahlen und keiner Abwahl war das Jahr 2005 das „ruhigste" im Untersuchungszeitraum. Drei Oberbürgermeister wurden neu gewählt; Frauen waren - wie im Jahr davor - nicht erfolgreich. Zwar änderte sich der parteipolitische Hintergrund des Verwaltungschefs in zwei Städten, aber in der Summe waren am Ende des Jahres Mitglieder der verschiedenen Parteien und Parteilose in gleicher Zahl wie im Jahr zuvor im Oberbürgermeisteramt vertreten. Die allgemeine politische Stimmung hatte sich zwar während des ganzen Jahres nur wenig geändert, aber die angesichts des politischen Dauertiefs seiner Regierung vom sozialdemokratischen Bundeskanzler herbeigeführten Neuwahlen hatten zu einer neuen Bundesregierung geführt, die von CDU und SPD gebildet wurde.

Wie im Jahr 2003 fanden auch 2006 insgesamt 14 Oberbürgermeisterwahlen statt. Die kommunale Basis der FDP wurde schmäler mit dem Abschied eines „ihrer" Oberbürgermeister, dem kein FDP-Mitglied nachfolgte. Am Ende des Jahres war auch jeweils ein Mitglied der CDU und der SPD weniger im Oberbürgermeisteramt. Die CDU half viermal zusammen mit anderen Gruppierungen parteilosen Bewerbern ins Amt, so dass die Zahl der maßgeblich von der CDU gestützten Oberbürgermeister/innen um eins

---

[460] Stuttgarter Zeitung, 12.1.2004. Dazu kommt als weiterer, der SPD zuzurechnender Erfolg der Sieg einer vorrangig von der SPD gegen die CDU unterstützten Bewerberin.

[461] Staatsanzeiger Baden-Württemberg, 2.11.2004.

erhöht wurde. Der Anteil der Oberbürgermeister mit einem Parteibuch der Grünen wurde durch einen Abwahlerfolg gegen eine Sozialdemokratin vergrößert. Bei der baden-württembergischen Landtagswahl in diesem Jahr erzielten CDU und FDP gemeinsam wieder eine deutliche Regierungsmehrheit, während die SPD Verluste erlitt. In Umfragen auf Bundesebene verloren beide Volksparteien Zustimmung; deren Umfragewerte näherten sich bis zum Jahresende an.

Die bundespolitische Stimmung und die Regierungsbeteiligung von Parteien im Bund tragen - bezogen auf die Gesamtzahl der Wahlen - also nicht als bestimmende Variable zur Erklärung der Entscheidungen bei den Oberbürgermeisterwahlen in Baden-Württemberg im Untersuchungszeitraum bei.

5. Darstellung der 44 Oberbürgermeisterwahlen in Baden-Württemberg in den Jahren 2003 bis 2006

Zu unterscheiden sind Oberbürgermeisterwahlen danach, ob Amtsinhaber/innen wieder antreten oder eine Neuwahl ohne Amtsinhaber/in stattfindet, da mit dem Amtsbonus wieder antretender Oberbürgermeister/innen der Kontext verändert wird. Wiederwahlen sind Wahlen, bei denen wieder antretende Oberbürgermeister/innen beim turnusgemäß anstehenden Wahltermin nach acht Jahren im Amt bestätigt werden. Bei Abwahlen bewerben sich Amtsinhaber/innen erneut, werden aber nicht gewählt. Es sind also genaugenommen „Nichtwiederwahlen“, aber meist wird - auch in dieser Arbeit – der Begriff „Abwahlen“ benutzt. In Baden-Württemberg ist die in einigen Bundesländern mögliche Abwahl eines Gemeindeoberhaupts durch die Bevölkerung vor dem Ende der Amtszeit nicht möglich.[462] Hier kann nur die Aufsichtsbehörde disziplinarisch tätig werden. In schwerwiegenden Fällen kann dann eine Amtsenthebung erfolgen.[463] Bei 22 der 44 Wahlen im Untersuchungszeitraum treten Oberbürgermeister/innen wieder an; 16 von ihnen werden gewählt, 6 nicht. Die 16 Wieder- und 6 Abwahlen werden gesondert von den Neuwahlen dargestellt.

Bei Neuwahlen stellen sich Amtsinhaber/innen nicht mehr zur Wahl, so dass auf jeden Fall das Oberbürgermeisteramt neu besetzt wird. Auf Grund der Ergebnisse von Rats- und Parlamentswahlen werden die Städte mit Neuwahlen unterschieden in solche, in denen eine Partei bei diesen Wahlen im Untersuchungszeitraum stärkste Kraft ist, und solche, die nicht durch die Dominanz einer Partei geprägt sind. Indikator der Stärke der Partei ist bei der Einzelfalldarstellung die Häufigkeit des ersten Platzes bei Parlaments- und Ratswahlen im Untersuchungszeitraum, in folgenden Kapiteln auch das arithmetische Mittel der prozentualen Ergebnissen der am stärksten durch Parteipräferenzen geprägten Europa-, Landtags- und Bundestagswahlen (Erst- und Zweitstimmen) in den Jahren 2004 bis 2006. In Kommunen mit einer dominierenden politischen Kraft und politisch unterschiedlich unterstützter Konkurrenz gibt es Neuwahlen, bei denen sich von der dominierenden Kraft getragene Bewerber/innen durchsetzen und solche, bei denen gegen die dominierende politische Kraft gesiegt wird. Bei zwei Wahlen einigen sich wesentliche (darunter die stärkste) konkurrierende politische Kräfte auf gemeinsam unterstützte Kandidierende, konkurrieren also nicht bei der Oberbürgermeisterwahl. Die 22 Oberbürgermeisterneuwahlen in den Jahren 2003 bis 2006 werden nachfolgend auf Grund dieser Aspekte unterschieden und in vier Kategorien unterteilt dargestellt:

---

[462] Siehe dazu: Daniel Fuchs: „Die Abwahl von Bürgermeistern – ein bundesweiter Vergleich“, KWI-Arbeitshefte 14 des Kommunalwissenschaftlichen Instituts der Universität Potsdam, 7/2007.

[463] Die Absetzung eines Bürgermeisters durch die Aufsichtsbehörde ist in Baden-Württemberg mit hohen rechtlichen Hürden verbunden. Sie erfolgte in diesem Bundesland bisher nur einmal und zwar im Jahr 2007 in der Gemeinde Kappel-Grafenhausen. Die Suspendierung des Bürgermeisters wurde danach vom Landrat als Chef des aufsichtführenden Landratsamts aber wieder zurückgenommen, um juristische Auseinandersetzungen um die Rechtmäßigkeit der Absetzung mit ungewissem Ausgang zu beenden. Im Gegenzug für seine Rehabilitation machte der betroffene Bürgermeister den Weg für eine Neuwahl frei, die Ende 2007 stattfand und im zweiten Wahlgang im Jahr 2008 entschieden wurde.

- Politischer Gleichklang (von Sieger/in und dominanter politischer Kraft)
- Politisches Gegengewicht (von Sieger/in zur politisch dominierenden Kraft)
- Keine eindeutige Dominanz einer Partei
- Einigung der kommunalpolitischen Gruppierungen.

In 14 der 22 Städte, in denen Neuwahlen stattfanden, war die CDU bei allen vier Rats- und Parlamentswahlen im Untersuchungszeitraum stärkste politische Kraft. Bei sieben dieser 14 Oberbürgermeisterwahlen siegen CDU-Mitglieder oder von der CDU unterstützte Parteilose gegen von anderen politischen Gruppen unterstützte Konkurrenz. Als achter Wahlsieg wird der des CDU-Mitglieds in Calw unter die Kategorie „politischer Gleichklang“ subsumiert; dort lag die CDU bei der Gemeinderatswahl hinter den Freien Wählern, dominierte aber vor Ort bei allen anderen Wahlen der „höheren“ politischen Ebenen.

In sieben Städten, in denen die CDU bei allen anderen Wahlen im Untersuchungszeitraum stärkste Kraft war, siegt weder ein CDU-Mitglied noch eine von dieser Partei unterstützte Person bei der Oberbürgermeisterwahl. Sie werden ebenso wie die Wahlen in drei Städten[464], in denen die CDU jeweils nur bei einer anderen Wahl nicht vorne lag und sich bei der Oberbürgermeisterwahl nicht durchsetzen konnte, zur zweiten Kategorie des „politischen Gegengewichts“ gerechnet, zu der also 10 Neuwahlen gehören.

In zwei Städten dominierten weder die CDU noch eine andere Partei bei den Rats-und Parlamentswahlen. In zwei Städten einigten sich die wichtigsten politischen Gruppierungen vor Ort auf einen Bewerber.

Am Ende jedes Fallbeispiels wird ein Fazit gezogen, der Kontext der Wahl sowie die Merkmale von Erst- und Zweitplatzierten werden tabellarisch zusammengefasst. Bei den Merkmalen zur Person geht es um geografische Herkunft (auswärtig = 1, einheimisch = 0), Parteibindung als Bindung an stärkste Partei oder bei annähernd gleicher Stärke an stärkste Parteien (ja = 1, nein = 0), um Alleinstellungsmerkmal oder gradueller Vorteil (ja = 1, nein = 0) bei Persönlichkeit, Wahlkampf-, Verwaltungs- und Themenkompetenz.

5.1. Die 22 Neuwahlen in den Jahren 2003 bis 2006

In die erste Kategorie der Oberbürgermeisterneuwahlen, bei denen ein Mitglied der bei anderen Wahlen im Untersuchungszeitraum dominierenden Partei oder eine von ihr unterstützte Person siegte, gehören die in den Städten Baden-Baden, Donaueschingen, Singen, Tuttlingen, Waiblingen, Wertheim, Calw und Mosbach.

In die zweite Kategorie, bei denen kein Mitglied der bei anderen Wahlen stärksten Partei oder keine Person siegte, die von dieser unterstützt wurde, gehören die Neuwahlen in Bietigheim-Bissingen, Ellwangen, Nürtingen, Schorndorf, Kirchheim/Teck, Aalen, Sinsheim, Hockenheim, Vaihingen a.d.E. und Ostfildern.

---

[464] Hockenheim, Ostfildern und Vaihingen a. d. Enz: In Hockenheim war die CDU nur bei der Bundestagswahl 2005 nicht stärkste Partei; ein SPD-Mitglied wurde Oberbürgermeister. In Vaihingen a. d. Enz lag die CDU bei der Kommunalwahl nicht vorn; ein von der bei der Gemeinderatswahl stärksten Gruppierung, der FWV, unterstützter Kandidat siegte. In Ostfildern unterstützten die CDU und die bei der Kommunalwahl gleichstarke FWV einen Bewerber, der gegen einen Sozialdemokraten unterlag.

Analysiert werden danach die Wahlen in Emmendingen und Heidelberg, wo jeweils nicht eine Partei bei allen anderen Wahlen dominierte. Komplettiert wird die Schilderung der Neuwahlen mit denen in Ludwigsburg und Eppingen, bei denen alle relevanten politischen Gruppierungen gemeinsam einen Kandidaten unterstützten.

5.1.1. Politischer Gleichklang bei Neuwahlen: Übereinstimmung von stärkster Partei vor Ort und dem Ergebnis der Oberbürgermeisterwahl

In acht von der CDU dominierten Städten siegten von der CDU unterstützte Bewerber/innen oder ein CDU-Mitglied bei der Oberbürgermeisterwahl: in Wertheim, Baden-Baden, Donaueschingen, Singen, Tuttlingen, Waiblingen, Calw und Mosbach.

5.1.1.1. Neuwahl in Wertheim

In Wertheim am Main wurde für den in den Städtetag wechselnden Amtsinhaber ein Nachfolger gesucht. Gewählt wurde im ersten Wahlgang mit 59,2 Prozent bei einer Wahlbeteiligung von 62,87 Prozent ein Beigeordneter einer anderen Stadt - wiederum ein CDU-Mitglied. Ebenfalls angetreten war ein Wertheimer SPD-Stadtrat und Ortsvorsteher einer Teilgemeinde, der als Bezirksgeschäftsführer einer Krankenkasse arbeitete. Mit Sachthemen war in diesem Wahlkampf nach Meinung einer örtlichen Zeitung kein „Blumentopf zu gewinnen."[465] Die Kandidatur des am Ende unterlegenen Sozialdemokraten war zunächst in seiner eigenen Partei umstritten, und er war bereits zu Beginn als „Verlierer" abgestempelt worden. Doch durch seinen Wahlkampf ausgelöst drehte sich die Wahrnehmung seiner Person in die andere Richtung. Eine Zeitung schrieb: „Aus dieser Rolle hat er sich bravourös freigekämpft, mit einem engagiert und persönlich geführten Wahlkampf (...). Spätestens bei der offiziellen Vorstellungsrunde (...) präsentierte" er sich als ernst zu nehmender Herausforderer.[466] Nach der für ihn erfolgreichen Kandidatenvorstellung wurde daher im Lager der politischen Mehrheit vor Ort um den Sieg gebangt, wie berichtet wurde: „nicht umsonst gab es im Nachgang zur Veranstaltung (der offiziellen Kandidatenvorstellung, d. Verf.), zumindest bei einigen in der CDU, ein gewisses Hosenflattern, wie es denn am Wahlsonntag um die Mehrheit bestellt sein könnte."[467] Den Werbemitteln und der Öffentlichkeitsarbeit wurden eine große Bedeutung zugewiesen: „Dass man (dem späteren Zweiten) zum Schluss doch noch ein besseres Ergebnis zugetraut hätte, lag nach Ansicht von Beobachtern an seinem besseren Wahlkampf. Während beide Bewerber im direkten Kontakt mit den Menschen auf viel Sympathie stießen, hatte (er) die besseren Plakate, die besseren Werbeprospekte und die bessere Pressearbeit auf seiner Seite, die ihm schließlich ein Ergebnis über der optisch wichtigen 40-Prozent-Marke bescherten."[468]
Fazit: In der badisch geprägten Stadt, die seit 1972 zum Regierungsbezirk Nordwürttemberg gehört, setzte sich der Repräsentant der politischen Mehrheit durch. Die CDU erhielt bei Rats- und Parlamentswahlen über 40, bis zu 50 Prozent. Die

---

[465] Fränkische Nachrichten, 17.3.2006.
[466] Ebenda.
[467] Ebenda.
[468] Wertheimer Zeitung, 17.3.2003.

Machtverhältnisse waren in der Zeit des Oberbürgermeisterwahlkampfs stabil, kontrovers diskutierte Themen mit Mobilisierungspotential waren nicht erkennbar. Die Parteibindung trug - wie überdurchschnittliche Zustimmung für den Sieger in CDU-Hochburgen zeigte - zum Erfolg bei. Gleichzeitig entsprach der Gewinner mit seinem Profil - ein auswärtiger Verwaltungsfachmann in einer kommunalen Führungsposition - den in Baden-Württemberg als für die Wahl erfolgversprechend bezeichneten Anforderungen an die Person. Dem gegenüber stand der Verlierer, der nicht im öffentlichen Dienst tätig und parteipolitisch vor Ort für die Minderheitspartei aktiv war.

Tabelle 2 Zusammenfassung der Wahlkampfmerkmale Wertheim

Mittelwert der CDU-Prozentanteile bei Europa-, Bundes- und Landtagswahl[469]:	49,5 %
Baden oder Württemberg[470]:	Baden
Gemeindegröße[471]:	24 T.
Höhe der Wahlbeteiligung bei der Oberbürgermeisterwahl:	62,87 %
Amtsinhaber/in tritt wieder an:	Nein
Ergebnis der Wahl: Kontinuität oder Wechsel[472]:	Kontinuität

Merkmale der Person der Erst- und Zweitplatzierten:[473]

	Parteibind.:	Verwalt.k.:	Auswärtig:	Persönl.k.:	Wahlkampf:	Themenk.:
Erste/r:	1	1	1	0	0	0
Zweite/r:	0	0	0	0	1	0

5.1.1.2. Neuwahl in Calw

Das in Calw durch die Wahl des bisherigen parteilosen Oberbürgermeisters in einer anderen Stadt freigewordene Amt übernahm ein CDU-Bürgermeister einer kleineren Gemeinde. Der in einem Calwer Stadtteil Geborene siegte im ersten Wahlgang mit 59,95 Prozent der Stimmen bei einer Wahlbeteiligung von 55,51 Prozent.[474] Auch wenn er im - nach Beobachtermeinung - sehr fair verlaufenen Wahlkampf „sichtlich auf Zustimmung oder zumindest Interesse gestoßen"[475] war, waren zwei seiner Widersacher ebenfalls Siegchancen eingeräumt worden. Aber den Sieg gefährdeten weder diese, nämlich der an zweiter Stelle platzierte parteilose Baubürgermeister aus Calw und ein FDP-Gemeinderat (er führte als Betriebswirt eine Werbeagentur), noch weitere Kandidaten (u.a. ein weiterer Gemeinderat). In der Lokalzeitung wurde die Unabhängigkeit von Rat und Verwaltung als entscheidender Erfolgsfaktor beschrieben: Die Wählerinnen und Wähler „haben mit dem Ergebnis gezeigt, wie unzufrieden sie mit der Calwer Rathauspolitik sind. Bewerber, die bislang in Verwaltung und Gemeinderat

---

[469] Hier wie bei den folgenden tabellarischen Zusammenfassungen werden die Prozentzahlen der Erst- und Zweitstimmen bei der Bundestagswahl 2005, der Stimmen bei der Europawahl 2004 sowie bei der Landtagswahl 2006 zusammengezählt und durch vier geteilt.

[470] Wie in den folgenden tabellarischen Zusammenfassungen die Zuordnung zum alten Land Baden oder Württemberg, die vor 1972 den danach benannten Regierungsbezirken entsprach.

[471] Einwohnerzahl gerundet auf Tausenderzahlen, Stand: 31.3.2006 (ebenso im Folgenden).

[472] Darunter wird parteipolitische Kontinuität oder politischer Wechsel an der Verwaltungsspitze verstanden. Wenn die Wahlentscheidung ein Gegengewicht zur stärksten Partei bedeutet, wird der Begriff der Machtkontrolle hinzugefügt.

[473] Hier wie nachfolgend werden die Merkmale Auswärtigkeit, Bindung an die stärkste Partei, Vorhandensein oder (gradueller) Vorteil bei Persönlichkeit, Wahlkampf-, Verwaltungs- und Themenkompetenz mit 1 gekennzeichnet; Fehlen oder Nachteil werden mit 0 kenntlich gemacht.

[474] Journal – Amtsblatt der Großen Kreisstadt Calw, 10.10.2003.

[475] Schwarzwälder Bote, 6.10.2003.

das Schicksal der Stadt wesentlich mitbestimmten, hatten keine Chancen."[476] Ein für die CDU Sprechender hob auf persönliche Eigenschaften ab und bezeichnete den Gewinner als „OB mit Fachkompetenz, der finanzpolitisch versiert sei und auf die Bürger zugehen könne."[477]

Fazit: In der württembergisch geprägten, zum Regierungsbezirk Nordbaden gehörenden Stadt setzte sich ein auswärtiger Verwaltungsfachmann durch, der als andernorts bereits direkt gewählter Bürgermeister viel Erfahrung mitbrachte. Stützen konnte er sich als deren Mitglied auf die stärkste Partei vor Ort. Sein Sieg im ersten Wahlgang war nicht erwartet worden, weil aus dem politisch dominierenden sogenannten bürgerlichen Lager (CDU, FDP und Wählervereinigungen) mehrere Kandidaten angetreten waren und damit deren Anhänger(inne)n bei Aufrechterhaltung der politischen Präferenz mehrere Alternativen geboten wurden. Der Sieger wies mit dem „von außen kommen" ein Alleinstellungsmerkmal auf, das ihm im Vergleich zur Konkurrenz aus dem gleichen Lager eine Form von Unabhängigkeit vom bisherigen kommunalen Geschehen verlieh. Damit erfüllte er angesichts weit verbreiteter Kritik am kommunalpolitischen Geschehen eine Erwartung der Bevölkerung. Diese Kritik richtete sich nicht speziell auf das Lager der politischen Mehrheit, sondern an alle politischen Gruppierungen, ohne die Machtverteilung in Frage zu stellen.

Tabelle 3: Zusammenfassung der Wahlkampfmerkmale Calw

Mittelwert der CDU-Prozentanteile bei Europa-, Bundes- und Landtagswahl:	40,7 %
Baden oder Württemberg:	Württemberg
Gemeindegröße:	24 T.
Höhe der Wahlbeteiligung bei der Oberbürgermeisterwahl:	55,51 %
Amtsinhaber/in tritt wieder an:	Nein
Ergebnis der Wahl:	Wechsel

Merkmale der Person der Erst- und Zweitplatzierten:

	Parteibind.:	Verwalt.k.:	Auswärtig:	Persönl.k.:	Wahlkampf:	Themenk.:
Erste/r:	1	1	1	0	0	0
Zweite/r:	0	1	0	0	0	0

5.1.1.3. Neuwahl in Tuttlingen

Der Nachfolger des nach 24 Jahren in Tuttlingen aufhörenden CDU-Amtsinhabers wurde im ersten Wahlgang mit fast 60 Prozent der abgegebenen Stimmen bei einer Wahlbeteiligung von 54,6 Prozent gewählt. Das siegreiche CDU-Mitglied war als früherer direkt gewählter Bürgermeister sowie als Beigeordneter einer anderen Stadt der einzige Verwaltungsfachmann unter den drei Bewerbern. Sein bedeutendster Widersacher war ein für die Grünen im Tuttlinger Gemeinderat sitzender Parteiloser. Er wurde von den Grünen unterstützt. Wie eine Zeitung berichtete, hatte der Unterlegene im Wahlkampf „gut gepunktet und sich von bündnisgrünen Positionen weit entfernt (...)."[478] Das Abrücken von Sachaussagen der kommunalpolitischen Minderheit hatte zur Folge, dass sich die Hauptkontrahenten programmatisch nicht erkennbar unterschieden. Die Lokalzeitung bezeichnete „die politischen Programme für Tuttlingen der beiden Politiker

---

[476] Ebenda.
[477] Schwarzwälder Bote, 7.10.2003.
[478] Gränzbote, 17.11.2003.

(als) fast deckungsgleich.“[479] Im Kommentar einer anderen Zeitung wurde die Verwaltungskompetenz als Grund für den Sieg herausgestellt: „der Sieger hat die Tuttlinger überzeugt, dass ein OB neben aller Sympathie auch Fachwissen braucht. Die Entscheidung fiel deshalb im Kopf und nicht im Bauch oder gar im Herz.“[480] Der Zweite hatte sich in seinem von der Zeitung als clever und gut bezeichneten Wahlkampf als „Kandidat der Herzen“ bezeichnet.[481]
Fazit: Bei dieser Wahl in einer württembergisch geprägten Stadt im Regierungsbezirk Südbaden erstaunte angesichts stabiler politischer Verhältnisse und dem Umstand, dass ein erfolgversprechendes Kandidatenprofil nur der von der politischen Mehrheit getragene Bewerber aufwies, das gute Ergebnis eines Verlierers. Der Gewählte kam von außen, arbeitete zuvor in leitender Funktion in einer kommunalen Verwaltung und war bereits bei einer Bürgermeistervolkswahl erfolgreich gewesen. Er konnte als deren Mitglied auf das Potential der stärksten Partei vor Ort bauen. Sein einheimischer Gegenkandidat hatte keine Verwaltungserfahrung und wurde nur von der viertstärksten politischen Kraft vor Ort unterstützt. Punkten konnte der Unterlegene mit einem auf persönliche Sympathie setzenden Wahlkampf, mit dem er zur ernsthaften Alternative wurde.

Tabelle 4: Zusammenfassung der Wahlkampfmerkmale Tuttlingen

Mittelwert der CDU-Prozentanteile bei Europa-, Bundes- und Landtagswahl:	44,2 %
Baden oder Württemberg:	Württemberg
Gemeindegröße:	35 T.
Höhe der Wahlbeteiligung bei der Oberbürgermeisterwahl:	54,6 %
Amtsinhaber/in tritt wieder an:	Nein
Ergebnis der Wahl:	Kontinuität

Merkmale der Person der Erst- und Zweitplatzierten:

	Parteibind.:	Verwalt.k.:	Auswärtig:	Persönl.k.:	Wahlkampf:	Themenk.:
Erste/r:	1	1	1	0	0	0
Zweite/r:	0	0	0	1	1	0

5.1.1.4. Neuwahl in Donaueschingen

In Donaueschingen setzte sich bei einer Wahlbeteiligung von 57 Prozent auf Anhieb nach dem vorzeitigen Ausscheiden des parteilosen Oberbürgermeisters ein Jurist und CDU-Fraktionsvorsitzender in einer anderen südbadischen Gemeinde mit fast 69 Prozent durch.[482] Er arbeitete als persönlicher Referent des Staatsministers in der Regierungszentrale Baden-Württembergs. Der unterlegene Unternehmensberater, der für die SPD in einer großen Kreisstadt in der Region Stuttgart Stadtrat gewesen war, brachte die negative Berichterstattung und Kommentierung der Lokalzeitung über ihn im Wahlkampf vor den Presserat. Die Leser/innen der Zeitung waren vor der offiziellen Kandidatenvorstellung mit zunächst anonymen Äußerungen aus dessen Heimatstadt konfrontiert worden. Der später als FDP-Stadtrat enttarnte Anonymus äußerte u.a., dass der Sozialdemokrat als Oberbürgermeister „völlig ungeeignet“ und „eine Katastrophe“

[479] Ebenda.
[480] Schwarzwälder Bote, 17.11.2003.
[481] Gränzbote, 17.11.2003.
[482] Stadt Donaueschingen: Ergebnis der Oberbürgermeisterwahl; Staatsanzeiger, 4.10.2004.

für Donaueschingen sei.[483] Sogar nach Meinung der besagten Zeitungsredaktion lieferten dann beide Bewerber eine gute Vorstellung bei der Kandidatenvorstellung ab, bei der Kritik an der Zeitungsberichterstattung heftig beklatscht wurde.[484] Die Kandidaten unterschieden sich – laut Zeitungskommentar - weniger in ihren politischen Absichten, als in ihrem Auftreten - der Sozialdemokrat bürgernäher, der andere sachlicher.[485] Allerdings ruhte die Lokalredaktion nicht, sondern eröffnete gleich nach der Kandidatenvorstellung unter negativen Vorzeichen eine Debatte über die formale Qualifikation des letztlich Unterlegenen.[486] Zu der Zeit gingen Beobachter/innen von einem Kopf-an-Kopf-Rennen der beiden Kontrahenten aus.[487] Der Sieger führte im Zeitungsgespräch seinen Sieg „vor allem auf sein Bemühen zurück, im Wahlkampf nah an die Wähler heranzukommen."[488] Und er beschrieb, wie er dies im Wahlkampf umsetzte: „Nach eigenen Angaben hat er bei etwa 5000 Hausbesuchen für sich und seine Ziele geworben."[489] Eine Zahl von Haustür-Kontakten, die für „eine 21 000-Einwohner-Stadt (...) (als) eine ordentliche Quote"[490] bezeichnet wurde. Der Sieger meinte, das Wahlergebnis zeige, „dass Person und Programm bei den Wählern angekommen seien."[491]

Fazit: Beide Kandidaten kamen bei dieser Oberbürgermeisterwahl von außen. Der Sieger wurde als deren Mitglied von der dominierenden Partei unterstützt, deren Vorherrschaft in der Stadt nicht in Frage gestellt und publizistisch untermauert wurde. Seine Verwaltungskompetenz war unumstritten. Im Wahlkampf suchte er u.a. mit Hausbesuchen den persönlichen Kontakt zu den Menschen. Die Frage, ob das Wahlergebnis ohne die Angriffe auf die Person und damit genährte Zweifel an der Fachkompetenz des Unterlegenen so ausgefallen wäre, ist nicht zu beantworten. Mit seinem persönlichen Auftreten hatte er in der Öffentlichkeit Zustimmung gefunden.

Tabelle 5: Zusammenfassung der Wahlkampfmerkmale Donaueschingen

Mittelwert der CDU-Prozentanteile bei Europa-, Bundes- und Landtagswahl:	47,6 %
Baden oder Württemberg:	Baden
Gemeindegröße:	21 T.
Höhe der Wahlbeteiligung bei der Oberbürgermeisterwahl:	57 %
Amtsinhaber/in tritt wieder an:	Nein
Ergebnis der Wahl:	Wechsel

Merkmale der Person der Erst- und Zweitplatzierten:

	Parteibind.:	Verwalt.k.:	Auswärtig:	Persönl.k.:	Wahlkampf:	Themenk.:
Erste/r:	1	1	1	0	0	0
Zweite/r:	0	0	1	0	0	0

483 Stuttgarter Zeitung, 22.9.2004.
484 Ebenda.
485 Südkurier, 16.9.2004.
486 Südkurier, 18.9.2004 und 20.9.2004, Stuttgarter Zeitung, 22.9.2004.
487 Staatsanzeiger für Baden-Württemberg, 4.10.2004.
488 Ebenda.
489 Ebenda.
490 Ebenda.
491 Ebenda.

5.1.1.5. Neuwahl in Singen

Die Berufung des Singener CDU-Oberbürgermeisters als Minister in die baden-württembergische Landesregierung führte zu vorzeitigen Neuwahlen. Mit 49,66 Prozent und damit 138 Stimmen Vorsprung konnte sich im zweiten Wahlgang der von der CDU und einer von ihr abgespaltenen freien Kommunalwahlliste unterstützte CDU-Bürgermeister einer kleinen Gemeinde im Kreis Tuttlingen durchsetzen. Seine erbittertste Konkurrentin war eine von allen anderen Gruppierungen im Rathaus, also SPD, Grünen, FDP und Freien Wählern, unterstützte parteilose Verwaltungsjuristin, die beim Deutschen Städtetag in Berlin arbeitete. Einheimische Konkurrenz war chancenlos. Die Wahlbeteiligung war im zweiten Wahlgang im Vergleich zum ersten um knapp drei auf 43,57 Prozent gestiegen. Die durchgehend mehrheitlich den CDU-Mann wählenden Stadtteile gaben den Ausschlag für den Stimmenvorsprung des Siegers, da dort die Wahlbeteiligung höher war als in der Kernstadt, in der der Frau mehrheitlich der Vorzug gegeben wurde.[492] Außer der unterschiedlichen Mobilisierung der Wahlberechtigten wurde in der öffentlichen Nachbetrachtung angesichts des knappen Wahlausgangs kein durchschlagendes Argument für Sieg bzw. Niederlage genannt. Dem Sieger wurde in der örtlichen Zeitung mehr Volksnähe attestiert, während der Unterlegenen viele Sympathiepunkte wegen ihrer sachlichen Art zugesprochen wurden.[493] Nach dem ersten Wahlgang gab ein gegen den Willen der eigenen Partei gestartetes CDU-Mitglied auf.

Erwähnenswert ist als Randnotiz zu den - nur wenige Wochen voneinander getrennt stattfindenden - Oberbürgermeisterwahlen in Aalen und Singen, dass die offiziellen CDU-Kandidaten in beiden Städten nicht nur die gleiche Werbeagentur beauftragt hatten. Diese Agentur publizierte für beide Kandidaten ein nahezu identisches 10-Punkte-Progamm, sie verwendete für beide fast wortgleiche Slogans sowie gleichartige Werbemittel. Teilweise waren nur die Städtenamen ausgewechselt.[494]

Fazit: Die in Teilen Singens ungleiche Wählermobilisierung bestimmte wesentlich das Ergebnis. Das Wählerpotential der bei anderen Wahlen stärksten und vor dem zweiten Wahlgang geschlossen agierenden Partei wurde besser ausgeschöpft als das der Konkurrenz. Die unterlegene parteilose Kandidatin wirkte zu wenig mobilisierend in die Anhängerschaft der sie unterstützenden Gruppen hinein - im doppelten Sinne als aktives Wirken und passive Wirkung als Person. Beide Unterstützungslager waren kommunalpolitisch etwa gleichstark. Das Lager des Siegers war mit zwei Unterstützergruppen homogener als das der Unterlegenen mit drei bei sonstigen Wahlen konkurrierenden Parteien und einer Wählervereinigung. Im Duell zweier auswärtiger Verwaltungsleute setzte sich im zweiten Wahlgang der von der stärksten Partei unterstützte Bewerber in dieser badischen Stadt durch.

---

[492] Singener Wochenblatt, 27.7.2005.

[493] Südkurier, 25.7.2005.

[494] In Aalen war schon gewählt, als das Thema „Werbeagentur" in Singen thematisiert wurde; siehe dazu Singener Wochenblatt vom 13.7.2005.

Tabelle 6: Zusammenfassung der Wahlkampfmerkmale Singen

Mittelwert der CDU-Prozentanteile bei Europa-, Bundes- und Landtagswahl:	44,2 %
Baden oder Württemberg:	Baden
Gemeindegröße:	45 T.
Höhe der Wahlbeteiligung bei der Oberbürgermeisterwahl:	43,57 %
Amtsinhaber/in tritt wieder an:	Nein
Ergebnis der Wahl:	Kontinuität

Merkmale der Person der Erst- und Zweitplatzierten:

	Parteibind.:	Verwalt.k.:	Auswärtig:	Persönl.k.:	Wahlkampf:	Themenk.:
Erste/r:	1	1	1	0	1	0
Zweite/r:	0	1	1	0	0	0

5.1.1.6. Neuwahl in Waiblingen

Der in Waiblingen amtierende FDP-Oberbürgermeister war gesundheitlich so angeschlagen, dass über sein vorzeitiges Ausscheiden aus dem Amt lange vor der Ankündigung dieses Schrittes spekuliert wurde. Als sein Nachfolger wurde mit 54,1 Prozent der Stimmen im ersten Wahlgang ein parteiloser Beigeordneter einer anderen, größeren Stadt gewählt. Er wurde von der CDU, großen Teilen der örtlichen (freien) Wählervereinigung und vom Fraktionsvorsitzenden der Alternativen Liste im Gemeinderat unterstützt. Bei einer „enttäuschend niedrigen“ [495] Wahlbeteiligung von 39,7 Prozent kam das auf das große Wählerpotential seiner Partei setzende FDP-Mitglied, Unternehmer und Lehrbeauftragter an einer Universität, auf den dritten Platz. Er setzte als Einziger Großflächenplakate ein und war damit optisch am auffälligsten in der Stadt präsent.[496] Den zweiten Platz errang - mit weniger als zwanzig Prozent - eine Sozialdemokratin, die als Vorstandsmitglied eines kirchlichen Dachverbands der freien Wohlfahrtspflege tätig war.[497]
Da noch am Tag vor der Wahl von der Presse ein „Dreikampf um die Rathausspitze“[498] erwartet worden war, wurde in der „deprimierenden Wahlbeteiligung“ der Schlüssel für den deutlichen Erfolg des Siegers gesehen, der es „zweifellos geschafft (habe), seine Wähler zu mobilisieren. Viele Waiblinger hätten sich möglicherweise schon vorab auf einen zweiten Wahlgang am 19. Februar eingestellt.“[499] Dem von der Zweitplatzierten als Grund für den Sieg gesehenen „Bürgermeisterbonus“ wurde insgesamt erhebliche Bedeutung zugemessen nach einer Zeit, in der die Waiblinger Stadtverwaltung eher lässig an der „langen Leine“ geführt wurde. In einer Zeitung wurde über den Sieger geschrieben: „Tatsächlich scheinen die Waiblinger am Ende der Rathauserfahrung des 42-Jährigen und seinem damit verbundenen Sachverstand in Verwaltungsangelegenheiten vertraut zu haben.“[500] Das vom Sieger und seinen Unterstützer/innen geschmiedete Bündnis, das zustande kam, noch bevor ein Plakat von ihm hing, wurde in der Lokalzeitung als gute Voraussetzung für den Erfolg gesehen. Was als Koalitionsmöglichkeit auf Bundes- oder Landesebene zu der Zeit nur diskutiert

---

495 Waiblinger Kreiszeitung, 6.2.2006.
496 Waiblinger Kreiszeitung, 28.1.2006 mit der Beurteilung der Plakate und den Wahlkampfauftritten der Kandidat(inn)en unter der Überschrift „Das Poster als Mensch: Eine Wahlkampfbetrachtung“.
497 Waiblinger Kreiszeitung, 6.2.2006.
498 Stuttgarter Zeitung, 4.2.2006.
499 So der unterlegene FDP-Mann in der Stuttgarter Zeitung am 6.2.2006.
500 Ebenda.

wurde, sah die Zeitung vor Ort verwirklicht: Sie schrieb über den späteren Sieger, dass „der Mann bereits ein Wunder vollbracht (hat), Klein-Jamaika in Waiblingen: CDU, weite Teile der DFB (einer freien Liste, d. Verf.) und wesentliche der Alternativen Liste haben ihn via WKZ (Waiblinger Kreiszeitung, d. Verf.) zu ihrem Kandidaten erkoren."[501] Als Favoriten sahen ihn die Tageszeitungen spätestens nach der ersten offiziellen Kandidatenvorstellung, bei der er nicht mit Inhalten, sondern mit seinem kraftvollen, selbstbewussten Auftreten überzeugte. Dafür erhielt er im Vergleich zur Konkurrenz den stärksten Beifall - ob spontan oder inszeniert spielte für die Journalist(inn)en keine Rolle.[502]

Fazit: Die dem späteren Sieger zugeschriebene kommunale Verwaltungskompetenz - verbunden mit kommunaler Führungserfahrung - war ein zentraler Grund für die Zustimmung zu seiner Person. Vor seinem ersten öffentlichen Auftritt wurde ein breites politisches Unterstützungsbündnis geschmiedet, das von der CDU, der stärksten Partei vor Ort, bis in den grünalternativen Bereich reichte und nur SPD sowie FDP außen vor ließ. Die in diesem Bündnis vereinten Unterstützer/innen konnten zusammen mit dem Bewerber mit einem erfolgreichen Wahlkampf einen - für den Sieg entscheidenden - Teil der Wahlberechtigten mobilisieren; der größte Teil der Wahlberechtigten ging nicht zur Wahl. Dass ein/e Auswärtige/r das Oberbürgermeisteramt übernehmen sollte, war die vorherrschende Stimmung in dieser württembergischen Stadt, so dass Einheimischen im Vorfeld der Wahl keine Chance eingeräumt wurde.

Tabelle 7: Zusammenfassung der Wahlkampfmerkmale Waiblingen

Mittelwert der CDU-Prozentanteile bei Europa-, Bundes- und Landtagswahl:	40,2 %
Baden oder Württemberg:	Württemberg
Gemeindegröße:	53 T.
Höhe der Wahlbeteiligung bei der Oberbürgermeisterwahl:	39,7 %
Amtsinhaber/in tritt wieder an:	Nein
Ergebnis der Wahl:	Wechsel

Merkmale der Person der Erst- und Zweitplatzierten:

	Parteibind.:	Verwalt.k.:	Auswärtig:	Persönl.k.:	Wahlkampf:	Themenk.:
Erste/r:	1	1	1	0	1	0
Zweite/r:	0	0	1	0	0	0

5.1.1.7. Neuwahl in Baden-Baden

„Erdrutschartig" deutlich mit 63,5 Prozent der Stimmen setzte sich in Baden-Baden gegen den CDU-Beigeordneten dieser Stadt im ersten Wahlgang der aus Baden stammende CDU-Bürgermeister von Sigmaringen durch. Der in Württemberg geborene (und bei der Oberbürgermeisterwahl in Schwäbisch Gmünd im Jahr 2001 bereits erfolglose) Baden-Badener Beigeordnete hatte als Favorit für die Nachfolge der parteilosen Vorgängerin gegolten, weil er öffentlich von CDU, FDP und Freien Wählern vor Ort sowie vom CDU-Ministerpräsidenten unterstützt worden war.[503] Von Bürgerinnen und Bürgern der Stadt initiierte Wahlaufrufe für ihn enthielten auch Namen von SPD-Mitgliedern. Aus der Sicht nach der Wahl verkehrte sich diese Unterstützung in ihr

---

[501] Waiblinger Kreiszeitung, 28.1.2006.
[502] Siehe z.B. Stuttgarter Nachrichten, 27.1.2006 und Ludwigsburger Kreiszeitung, 28.1.2006.
[503] Badische Neueste Nachrichten, 14.3.06.

Gegenteil, wie eine Zeitung notierte: „Vielleicht sei es gerade diese massive Unterstützung gewesen, die dem unbekümmerten, auf die Wähler zugehenden auswärtigen Bewerber (...) Stimmen zuführte, vermuten Wahlbeobachter."[504] Ein Sprecher des Städtetags lieferte in dem zitierten Zeitungsartikel eine auf Wehling basierende Erklärung für die besseren Chancen des Auswärtigen gegenüber dem Einheimischen: „Der Wähler gehe davon aus, der Kandidat von außen sei unbelastet und nicht eingebunden in ein Beziehungsgeflecht."[505] Und - wie die Zeitung schrieb - dem Sieger „ist es offensichtlich gelungen, sich trotz desselben Parteibuchs als unabhängigen Kandidaten darzustellen."[506] Die Wahlbeteiligung lag mit 44,3 Prozent mehr als 10 Prozentpunkte unter der bei der Oberbürgermeisterwahl 1998 in Baden-Baden.[507]

Fazit: In dieser badischen Stadt siegte ein von außen kommender Badener gegen einen vor Ort lebenden und in der Stadtverwaltung arbeitenden Württemberger. Das unterlegene CDU-Mitglied wurde öffentlich von prominenten Einzelpersonen und politischen Gruppierungen vor Ort, darunter seiner eigenen Partei, unterstützt. Auch von außen - von der Spitze der CDU im Land - erhielt er Hilfe. Kommunale Verwaltungsfachleute waren beide Kontrahenten. Nutzten dem siegreichen Badener vielleicht Vorbehalte gegen „Schwaben"? Auf jeden Fall wurde das Unbehagen über die bisherige Arbeit der Stadtverwaltung, über die kommunalpolitisch dominierenden Parteien und Gruppen zum Argument für die Wahl des Auswärtigen. Obwohl er Mitglied der gleichen Partei wie der Unterlegene war, konnte sich der auswärtige Sieger als „unabhängig" von örtlichen Interessen und Verflechtungen präsentieren. Er bot mit seiner Bewerbung eine Alternative zu dem Repräsentanten sowohl der Verwaltung als auch der örtlich dominierenden politischen Kräfte. Ein CDU-Mitglied gewann zwar gegen seine Parteiführung, aber der Erfolg blieb in der „Parteifamilie".

Tabelle 8: Zusammenfassung der Wahlkampfmerkmale Baden-Baden

Mittelwert der CDU-Prozentanteile bei Europa-, Bundes- und Landtagswahl:	44,7 %
Baden oder Württemberg:	Baden
Gemeindegröße:	55 T.
Höhe der Wahlbeteiligung bei der Oberbürgermeisterwahl:	44,3 %
Amtsinhaber/in tritt wieder an:	Nein
Ergebnis der Wahl:	Wechsel

Merkmale der Person der Erst- und Zweitplatzierten:

	Parteibind.:	Verwalt.k.:	Auswärtig:	Persönl.k.:	Wahlkampf:	Themenk.:
Erste/r:	1	1	1	0	1	0
Zweite/r:	1	1	0	0	0	0

5.1.1.8. Neuwahl in Mosbach

In Mosbach gewann das Rennen um die Nachfolge des aus dem Amt scheidenden CDU-Oberbürgermeisters im zweiten Wahlgang der von seiner Partei getragene 45jährige CDU-Beigeordnete aus dem örtlichen Rathaus. Sein schärfster Konkurrent war ein von SPD, FDP, Grünen und nur im ersten Wahlgang von den Freien Wählern unterstützter

---

[504] Stuttgarter Zeitung, 14.3.06.
[505] Stuttgarter Zeitung, 14.3.06.
[506] Stuttgarter Zeitung, 13.3.06
[507] Stuttgarter Nachrichten, 13.3.06

51-jähriger parteiloser Verwaltungsmann. Er hatte ebenfalls bereits auf diesem Rathaus und dann als Amtsleiter in einer anderen Stadtverwaltung gearbeitet und wohnte in einem Mosbacher Stadtteil. Er war zum Zeitpunkt des Wahlkampfes schon auf dem Weg zur gänzlichen Rückkehr nach Mosbach, an einen Arbeitsplatz in der Bau– und Wohnungswirtschaft, den er im Fall der Wahl zum Oberbürgermeister nicht angetreten hätte. Während der Vorsprung des späteren Siegers im ersten Wahlgang, bei dem mit einem auswärtigen Bürgermeister ein weiteres CDU-Mitglied kandidierte, nur gering war, gewann er am Ende mit annähernd 54 Prozent und in fast allen Teilen der Stadt (bis auf zwei Stadtteile). Der Wahlbeteiligung von 48,3 Prozent im ersten und 46,73 Prozent im zweiten Wahlgang wurde von einem CDU-Europaabgeordneten „eine Spitzenposition im Land“[508] zugeschrieben. Die Wahl wird in einem Zeitungskommentar zur ersten Wahlrunde als Persönlichkeitswahl bezeichnet, bei der kommunale Themen nicht kontrovers diskutiert wurden: „Weil der finanzielle Spielraum (...) so gering ist, blieben uneinlösbare Wahlversprechen aus. Konsolidierung hatten sich alle drei auf die Fahnen geschrieben. Und: Lagerbildung oder gar Verunglimpfungen blieben während des gesamten Wahlkampfes aus. (...) Die OB-Wahl in Mosbach war damit bis jetzt vor allem eine Persönlichkeitswahl. (Der Drittplatzierte (d. Verf.)) Bad Wimpfens Bürgermeister (...) konnte hier am wenigsten punkten. Kompetent in der Sache, blieb er während des Wahlkampfes als Person eher blass.“[509] Dem Sieger wurde zugeschrieben, dass „er von seinen zahlreichen öffentlichen Auftritten als Bürgermeister profitierte“.[510] Der Zweite „setzte dem Bürgernähe und Machermentalitäten entgegen.“[511] Er hatte bereits nach dem ersten Wahlgang für diese, ihn enttäuschende, Platzierung die mangelnde Mobilisierung seiner Anhängerschaft verantwortlich gemacht. Er war verwundert, weil er seine Bewerbung auf eine breite Unterstützung gebaut hatte, wie er berichtete: „vier von fünf Fraktionsvorsitzende(...) im Gemeinderat haben mich gefragt, ob ich kandidieren will.“[512] Mit der Zugehörigkeit des Siegers zum konservativen Lager und der höheren Wahlbeteiligung der Stammwähler/innen dieses Lagers wurden dessen Erfolg im zweiten Wahlgang in der Lokalzeitung erklärt: Es „bewahrheitete sich (…) wieder die Erkenntnis, dass das konservative Lager eben seine Wähler besser zu mobilisieren weiß und sich auf seine Stammwähler verlassen kann. ‚Nie würde meine Mutter nicht zur Wahl gehen. Wählen ist Pflicht für sie – und sie wählt stets Christdemokraten’, war von einer Bürgerin zu hören.“[513] Der Sieger gewann auch die Mehrheit der Wähler/innen des zum zweiten Wahlgang nicht mehr angetretenen Christdemokraten, die zu ihm „überwechselten“.[514] Die Freie Wählervereinigung konnte sich im zweiten Wahlgang zu keiner Art von Unterstützung mehr entschließen. Ob sie noch hätte Einfluss ausüben können, bleibt offen.

Fazit: Thematische Schwerpunkte der Konkurrenten oder deren als gleichwertig betrachtete Fachkompetenz waren nicht ausschlaggebend für den Erfolg bei dieser Wahl in einer badischen Stadt. Die Bewerber unterschieden sich im persönlichen

---

[508] Der CDU-Europaabgeordnete Dr. Thomas Ulmer laut Rhein-Neckar-Zeitung vom 24.7.2006.
[509] Heilbronner Stimme, 3.7.2006.
[510] Ebenda.
[511] Ebenda.
[512] Stuttgarter Zeitung, 4.7.06.
[513] Rhein-Neckar-Zeitung, 25.7.06.
[514] Ebenda.

Auftreten und beim Bekanntheitsgrad bei der Bevölkerung. Die Geschlossenheit des konservativen politischen Lagers, deren Dominanz im Wahlkampf nicht in Frage gestellt wurde, im zweiten Wahlgang und die höhere Wahlbeteiligung der CDU-Stammwähler/innen trugen entscheidend zum Erfolg bei. Die bei sonstigen Wahlen erfolgreichste Partei und ihr bei der Oberbürgermeisterwahl angetretenes Mitglied konnten die mit ihnen politisch verbundenen Wahlberechtigten stärker mobilisieren als die Konkurrenz samt freier Wählervereinigung, die nur im ersten Wahlgang den Zweitplatzierten unterstützt hatte. Im zweiten Wahlgang standen sich nur noch einheimische Kandidaten gegenüber. Der auf Grund seiner Qualifikation ebenbürtige Auswärtige hatte in der ersten Runde keine Chance gehabt.

Tabelle 9: Zusammenfassung der Wahlkampfmerkmale Mosbach

Mittelwert der CDU-Prozentanteile bei Europa-, Bundes- und Landtagswahl:	48,8 %
Baden oder Württemberg:	Baden
Gemeindegröße:	25 T.
Höhe der Wahlbeteiligung bei der Oberbürgermeisterwahl:	46,73 %
Amtsinhaber/in tritt wieder an:	Nein
Ergebnis der Wahl:	Kontinuität

Merkmale der Person der Erst- und Zweitplatzierten:

	Parteibind.:	Verwalt.k.:	Auswärtig:	Persönl.k.:	Wahlkampf:	Themenk.:
Erste/r:	1	1	0	0	1	0
Zweite/r:	0	1	0	0	0	0

5.1.2. Politisches Gegengewicht bei Neuwahlen: Nichtübereinstimmung von stärkster Partei vor Ort und dem Ergebnis der Oberbürgermeisterwahl

In den sieben Städten Ellwangen, Nürtingen, Aalen, Sinsheim, Bietigheim-Bissingen, Kirchheim und Schorndorf, in denen die CDU stärkste Partei bei anderen Wahlen auf allen Ebenen im Untersuchungszeitraum war, siegten ihre Mitglieder oder von ihr unterstützte Kandidierende nicht bei der Oberbürgermeisterneuwahl. Auch in Hockenheim, Ostfildern und Vaihingen an der Enz, wo die CDU bei jeweils drei der vier anderen Wahlen im Untersuchungszeitraum stärkste Kraft war, wurden die Sieger nicht von der CDU unterstützt. In Hockenheim lag die CDU nur bei der Bundestagswahl, in Vaihingen[515] nur bei der Kommunalwahl nicht an erster Stelle. In Ostfildern unterstützten die bei den Kommunalwahlen gleichstarken und zugleich stärksten Gruppierungen FWV und CDU[516] gemeinsam den Zweitplatzierten. In Ostfildern, Nürtingen, Sinsheim, Bietigheim-Bissingen, Hockenheim und Schorndorf wurde bei Oberbürgermeisterwahlen nicht nur gegen die stärkste politische Partei gesiegt, sondern gegen Bündnisse von Parteien und Wählervereinigungen, die eine deutliche Mehrheit bei anderen Wahlen repräsentierten.

[515] In Vaihingen an der Enz konnte sich ein von der im Gemeinderat stärksten Kraft, der FWV, unterstützter Bewerber gegen den CDU-Kandidaten durchsetzen.

[516] Die CDU lag bei den anderen drei allgemeinen Wahlen vorn.

5.1.2.1. Neuwahl in Ellwangen

In Ellwangen trat der CDU-Amtschef nicht mehr an. Ein katholischer, parteiloser Bürgermeister einer Nachbargemeinde wurde im zweiten Wahlgang bei einer Wahlbeteiligung von 57,44 Prozent zum Oberbürgermeister gewählt.[517] Nach dem ersten Wahlgang hatten ein von SPD und Grünen unterstützter konfessions- und parteiloser Angestellter der Stadtverwaltung Schwäbisch Hall sowie ein Ellwanger CDU-Mitglied, der als Rechtsanwalt tätig war, aufgegeben. Im zweiten Wahlgang standen sich der schon im ersten führende spätere Sieger und zwei weitere auswärtige Bürgermeister gegenüber, von denen einer parteilos, der andere CDU-Mitglied war und von der CDU unterstützt wurde. So bekam Ellwangen wie immer nach 1945 ein katholisches Stadtoberhaupt, aber zum ersten Mal keines mehr mit CDU-Parteibuch. Die Spannungen in der CDU, die nach Meinung mancher Beobachter/innen bereits den Amtsinhaber zum Aufhören bewegt hatten,[518] hatten sich mit zwei gegeneinander antretenden Parteimitgliedern öffentlich manifestiert. Für die siegesgewohnte CDU, die in dieser Stadt auch in den folgenden Wahlen um die oder über 50 Prozent der Stimmen erzielte, war es eine Niederlage, weil kein Mitglied ihrer Partei mehr an die Spitze der Stadt gewählt wurde.

Fazit: Ein ausgewiesener Verwaltungsfachmann, der konfessionell zur Stadt passte, wurde im württembergischen Ellwangen gewählt. Die bei anderen Wahlen feste Bindung der Mehrheit der Wählerschaft an die CDU war nicht entscheidend bei der Oberbürgermeisterwahl. Selbst im zweiten Wahlgang, als nur noch ein Mitglied dieser Partei antrat, konnte er das CDU-Wählerpotential nicht in ausreichendem Maß erschließen. Im Duell dreier auswärtiger Bürgermeisterkollegen waren die CDU-Mitgliedschaft und die Unterstützung der CDU keine siegbringenden Faktoren. Die CDU bzw. das Verhalten führender Repräsentant(inn)en dieser Partei standen in der Kritik. Der Sieger gehörte wie die schärfsten Konkurrenten zum sogenannten bürgerlichen (bei anderen Wahlen dominierenden) Lager, so dass mit der Wahl zwar die Partei-, nicht aber die Lagerorientierung in Frage gestellt wurde. Dem Sieger nützte die von ihm reklamierte Unabhängigkeit von örtlichen Einzelinteressen.

Tabelle 10: Zusammenfassung der Wahlkampfmerkmale Ellwangen

Mittelwert der CDU-Prozentanteile bei Europa-, Bundes- und Landtagswahl:	57,5 %
Baden oder Württemberg:	Württemberg
Gemeindegröße:	25 T.
Höhe der Wahlbeteiligung bei der Oberbürgermeisterwahl:	57,44 %
Amtsinhaber/in tritt wieder an:	Nein
Ergebnis der Wahl:	Wechsel/Machtkontrolle

Merkmale der Person der Erst- und Zweitplatzierten:

	Parteibind.:	Verwalt.k.:	Auswärtig:	Persönl.k.:	Wahlkampf:	Themenk.:
Erste/r:	0	1	1	0	0	0
Zweite/r:	1	1	1	0	0	0

[517] Heilbronner Stimme, 26.5.2003.

[518] Schwäbische Post, 19.10.2002.

5.1.2.2. Neuwahl in Nürtingen

In Nürtingen ging der parteilose Amtsinhaber in den Ruhestand. Im zweiten Wahlgang am 10. November 2003 setzte sich mit fast 53 Prozent Zustimmung als Nachfolger der sozialdemokratische Bürgermeister der Gemeinde Lauda-Königshofen durch. Im entscheidenden Wahlgang trat neben dem Sozialdemokraten, der erst nach den Sommerferien Mitte September in den Wahlkampf gestartet war, nur noch sein Trossinger CDU-Bürgermeisterkollege an, der bereits über die Sommerferien hinweg Wahlkampf gemacht hatte. Ein parteiloser Beigeordneter einer kleineren Kommune und weitere Kandidaten erreichten im ersten Wahlgang zusammen unter 30 Prozent und traten zur zweiten Runde nicht wieder an. Die Wahlbeteiligung betrug 46,7 Prozent. Die CDU, die die stärkste Fraktion im Gemeinderat stellte, dominierte bis dahin die Kommunalpolitik und hatte noch einige Monate vorher ein CDU-Mitglied als Beigeordneten durchgesetzt, so dass auf die Rathausspitze nur sie und die Freien Wähler Einfluss hatten. Ein nach dem ersten Wahlgang ausgeschiedener Bewerber sah in dieser einseitigen Machtverteilung in der Stadt einen wesentlichen Grund für die Wahlentscheidung: „Ein Unions-Tandem an der Rathaus-Spitze – das wollte die Bürgerschaft in ihrer Mehrheit nicht."[519] Der Sieger, der im ersten Wahlgang zweiter geworden war, erhielt mehr Stimmen vor allem dort, wo der in der ersten Runde an dritter Stelle liegende parteilose Beigeordnete gut abgeschnitten hatte.[520] Die CDU sah v.a. in der mangelnden Mobilisierung ihrer Wählerschaft und in der „größeren Ausstrahlung" des Siegers im Vergleich mit dem CDU-Bewerber die Gründe für die Niederlage.[521]
Fazit: In der Auseinandersetzung auswärtiger verwaltungskompetenter Konkurrenten in dieser württembergischen Stadt siegte der Bewerber, dem mehr persönliche Ausstrahlung zugeschrieben wurde. Der politisch dominierenden Partei gelang es nicht, ihr Wählerpotential ausreichend zu mobilisieren. Die Parteimitgliedschaft in der stärksten Partei schadete dem Verlierer, weil der Wille zur Kontrolle, zur Beschränkung des unbegrenzten Machtanspruchs einer Partei und der mit ihr verbündeten Wählervereinigung in der Bevölkerung weit verbreitet war.

Tabelle 11: Zusammenfassung der Wahlkampfmerkmale Nürtingen

Mittelwert der CDU-Prozentanteile bei Europa-, Bundes- und Landtagswahl:	43,6 %
Baden oder Württemberg:	Württemberg
Gemeindegröße:	40 T.
Höhe der Wahlbeteiligung bei der Oberbürgermeisterwahl:	46,7 %
Amtsinhaber/in tritt wieder an:	Nein
Ergebnis der Wahl:	Wechsel/Machtkontrolle

Merkmale der Person der Erst- und Zweitplatzierten:

	Parteibind.:	Verwalt.k.:	Auswärtig:	Persönl.k.:	Wahlkampf:	Themenk.:
Erste/r:	0	1	1	1	1	0
Zweite/r:	1	1	1	0	0	0

519 Südwest-Presse, 11.11.2003.
520 Ebenda.
521 Stuttgarter Nachrichten, 11.11.2003.

5.1.2.3. Neuwahl in Kirchheim/Teck

Im zweiten Wahlgang, der zum Duell Einheimischer um die Nachfolge des parteilosen Amtsinhabers geworden war, setzte sich in Kirchheim mit 45,9 Prozent - weniger als 170 Stimmen Vorsprung - eine Kirchheimer SPD-Gemeinderätin und Rechtsanwältin gegen den örtlichen CDU-Beigeordneten durch. Die Wahlbeteiligung lag bei 47,6 Prozent. Im zweiten Wahlgang war noch ein einheimischer, aus der SPD ausgetretener, Gärtner im Rennen geblieben, der ein „rotes Rathaus" verhindern wollte. Nach dem ersten Wahlgang hatte der Drittplatzierte, ein parteiloser Bürgermeister einer Nachbargemeinde, zurückgezogen und überraschend die Wahl der zweitplatzierten Sozialdemokratin empfohlen, weil sie „menschlich und fachlich die deutlich überlegene Bewerberin" sei.[522] Die Siegerin hatte im ersten Wahlgang noch 9 Prozent weniger Zustimmung erhalten als der CDU-Beigeordnete.
Fazit: In dieser württembergischen Stadt mussten beim entscheidenden Wahlgang die Wähler/innen zwischen Einheimischen entscheiden, nachdem der auswärtige parteilose Verwaltungsfachmann im ersten Wahlgang nur den dritten Platz erreicht hatte. Das Mitglied der CDU, die bei allgemeinen Wahlen deutlich stärker als die anderen politischen Gruppierungen war, konnte nicht überzeugen und das CDU- Wählerpotential nicht ausreichend mobilisieren. Die Siegerin fand trotz ihrem Engagement in der „Minderheitspartei" SPD über die Partei hinaus Zustimmung. Ihr wurden menschliche Qualitäten und fachliche Kompetenz attestiert. Dabei resultierte ihre Fachkompetenz nicht aus kommunaler Verwaltungserfahrung, die im zweiten Wahlgang nur der unterlegene Beigeordnete vorweisen konnte und die bei anderen Oberbürgermeisterwahlen höher als andere Qualifikationen gewertet wurde. Sie beruhte auf juristischer Tätigkeit und kommunaler Erfahrung als Gemeinderätin.

Tabelle 12: Zusammenfassung der Wahlkampfmerkmale Kirchheim

Mittelwert der CDU-Prozentanteile bei Europa-, Bundes- und Landtagswahl:	40,1 %
Baden oder Württemberg:	Württemberg
Gemeindegröße:	40 T.
Höhe der Wahlbeteiligung bei der Oberbürgermeisterwahl:	47,6 %
Amtsinhaber/in tritt wieder an:	Nein
Ergebnis der Wahl:	Wechsel/Machtkontrolle

Merkmale der Person der Erst- und Zweitplatzierten:

	Parteibind.:	Verwalt.k.:	Auswärtig:	Persönl.k.:	Wahlkampf:	Themenk.:
Erste/r:	0	0	0	1	1	0
Zweite/r:	1	1	0	0	0	0

5.1.2.4. Neuwahl in Sinsheim

Auch in Sinsheim ging der Oberbürgermeister, ein CDU-Mitglied, in den Ruhestand. Im zweiten Wahlgang setzte sich bei einer gegenüber dem ersten um fast 4,5 Prozentpunkte gestiegenen Wahlbeteiligung von 54,1 Prozent ein der SPD angehörender Bürgermeister einer kleineren Nachbargemeinde mit 48,46 Prozent gegen einen Rechtsanwalt und CDU-Mitglied durch. Der von der CDU unterstützte

[522] Stuttgarter Nachrichten, 22.12.2003.

Kandidat erhielt fast 44 Prozent der abgegebenen Stimmen.[523] Wie der scheidende Oberbürgermeister dachten die meisten, „'dass es knapper würde.'"[524] Denn der spätere Sieger hatte im ersten Wahlgang nur 80 Stimmen Vorsprung. Im Kommentar der Lokalzeitung wird weiter analysiert: „Dieses Mal brachte der Neckarbischofsheimer Bürgermeister 609 Stimmen zwischen sich und den Wirtschaftsanwalt aus Denzlingen. (...) Das Ergebnis (...) ist auch ein klarer Vertrauensbeweis für einen anerkannt guten Bürgermeister, dem man die Große Kreisstadt offenbar eher anvertrauen will, als einem Wirtschaftsfachmann mit einem kommunalpolitisch fast völlig unbelasteten Lebenslauf. Inwieweit die Flugblattaffäre die Wahl beeinflusst hat, ist schwer zu sagen. Tatsache ist, dass sich viele Sinsheimer davon angeekelt fühlten und entsprechend reagierten."[525] Die Wahlentscheidung für den Bürgermeister wurde also nicht nur mit seiner kommunalen Verwaltungserfahrung begründet. Sondern auch ein Angriff auf seine Person schadete wohl seinem Gegenkandidaten. Bei der von der Zeitung so bezeichneten „Flugblattaffäre" ging es um ein Flugblatt von CDU-Mitgliedern, in dem die Amtsführung des späteren Siegers an seiner bisherigen Wirkungsstätte angegriffen worden war. Damit war versucht worden, seinen Aussagen im Wahlkampf die Glaubwürdigkeit abzusprechen. Der Unterlegene maß der „Flugblattaffäre" bei der Bewertung des Wahlergebnisses erheblich mehr Bedeutung zu als der Sieger, weil die Angriffe unter der Gürtellinie auf ihn zurückfielen.[526] Er sah weitere Gründe für seine Niederlage in der Wahlbeteiligung, dem Verbleiben eines dritten Kandidaten im zweiten Wahlgang, der über sieben Prozent erreichte, und dem Scheitern bei der Vermittlung seiner Themen.[527] Der siegreiche Diplomverwaltungswirt, der ursprünglich aus dem „Ruhrpott" stammte und 13 Jahre lang Bürgermeister in einer Nachbargemeinde gewesen war, hatte insgesamt über sechs Monate Wahlkampf geführt und seine wesentlichen eigenen Veranstaltungen bereits hinter sich, als im neuen Jahr die „heiße Wahlkampfphase" begann. Die Zeitung bewertete seine Parteiferne beim öffentlichen Auftreten als einen Grund für die Zustimmung zu seiner Person: „Positiv angenommen wurde, (...) dass er grundsätzlich die Parteipolitik hinten angestellt habe. (...) Zumal seine Parteizugehörigkeit zur SPD in einer konservativ geprägten Kommune sicher nicht gerade förderlich war."[528] Denn die CDU war bei allen sonstigen Wahlen im Umfeld der Oberbürgermeisterwahl die stärkste politische Kraft in der Stadt.

In einem Teilort, der im ersten Wahlgang mit 33,68 Prozent zu den Schlusslichtern bei der Wahlbeteiligung gehört hatte, wurde auf ungewöhnliche Weise für die Stimmabgabe geworben. Ob das für diesen Zweck ausgedachte Gewinnspiel im Zelt vor dem Wahllokal, das den Wahlgang zum „Erlebnis" machen sollte, zur Steigerung der Wahlbeteiligung entscheidend beitrug, ist nicht zu klären. Die Steigerungsrate war überproportional, wenn auch mit 44,25 Prozent Wahlbeteiligung im zweiten Wahlgang der Durchschnittswert in der Gesamtgemeinde nicht erreicht wurde.[529]

---

[523] Rhein-Neckar-Zeitung, 1.3.2004.
[524] Ebenda.
[525] Rhein-Neckar-Zeitung, 1.3.2004.
[526] Ebenda und Rhein-Neckar-Zeitung, 2.3.2004.
[527] Rhein-Neckar-Zeitung, 1.3.2004.
[528] Rhein-Neckar-Zeitung, 2.3.2004.
[529] Rhein-Neckar-Zeitung, 2.3.2004.

Fazit: Im badischen Sinsheim wurde der kommunale Verwaltungsexperte gewählt - unabhängig von oder trotz seiner Zugehörigkeit zu der vor Ort sich in der Minderheit befindenden Partei. Hier wurde die juristische Qualifikation des Gegenkandidaten und seine Tätigkeit als Rechtsanwalt - anders als etwa in Kirchheim/Teck - nicht gleich hoch bewertet wie die kommunale Verwaltungserfahrung eines Bürgermeisters. In Bezug auf die Bewertung der Qualifikation für das Oberbürgermeisteramt werden von der Bevölkerung Ausbildungsabschlüsse bzw. die ausgeübte Berufstätigkeit der Bewerber/innen also unterschiedlich gewichtet. In Sinsheim wurde auf die gänzlich fehlende kommunale Erfahrung des Unterlegenen hingewiesen. Nicht nur mit ihrer Kandidatenentscheidung geriet die CDU in die Kritik. Auch der in der Öffentlichkeit negativ bewertete Angriff von Mitgliedern der stärksten Partei auf die Person des späteren Siegers trug nicht zum Erfolg des von ihr unterstützten Kandidaten, sondern zu dessen Scheitern bei. Der Auswärtige aus der Nähe siegte gegen den Auswärtigen mit größerer räumlicher Distanz.

Tabelle 13: Zusammenfassung der Wahlkampfmerkmale Sinsheim

Mittelwert der CDU-Prozentanteile bei Europa-, Bundes- und Landtagswahl:	45,5 %
Baden oder Württemberg:	Baden
Gemeindegröße:	35 T.
Höhe der Wahlbeteiligung bei der Oberbürgermeisterwahl:	54,1 %
Amtsinhaber/in tritt wieder an:	Nein
Ergebnis der Wahl:	Wechsel/Machtkontrolle

Merkmale der Person der Erst- und Zweitplatzierten:

	Parteibind.:	Verwalt.k.:	Auswärtig:	Persönl.k.:	Wahlkampf:	Themenk.:
Erste/r:	0	1	1	1	0	0
Zweite/r:	1	0	1	0	0	0

5.1.2.5. Neuwahl in Bietigheim-Bissingen

In Bietigheim-Bissingen ging ein für die CDU auch im Landtag sitzendes politisches Schwergewicht in den Ruhestand. Der scheidende Oberbürgermeister empfahl einen parteilosen Bürgermeisterkollegen einer kleineren Gemeinde als Nachfolger. Neben diesem von der CDU offiziell unterstützten Kandidaten trat im ersten Wahlgang mit dem stellvertretenden Landrat des Kreises Ludwigsburg ein nicht von der Mehrheit seiner Partei unterstütztes CDU-Mitglied an. Dies führte zu innerparteilichen Auseinandersetzungen und zu Streit von CDU-Mitgliedern mit dem noch amtierenden Oberbürgermeister.[530] In der CDU bestand nach dem ersten Wahlgang Einigkeit, dass die Wahl des in der ersten Runde vorne liegenden Sozialdemokraten nur zu verhindern sei, wenn „einer der beiden bürgerlichen Kandidaten zurückziehe."[531] Überraschend zog der in der ersten Runde 128 Stimmen vor dem CDU-Mitglied liegende Parteilose zurück. Er rief zwar nicht zur Wahl des Kandidaten mit einem Parteibuch der CDU auf, machte aber so den Weg für ihn frei. Zur Wahl des CDU-Mannes rief der einheimische Gemeinderat und ehemalige Landtagsabgeordnete der Grünen auf, der als Oberbürgermeisterkandidat im ersten Wahlgang über 18 Prozent der Stimmen erreicht

530 Siehe dazu u.a. Stuttgarter Zeitung vom 12. und 13.1.2004.

531 Stuttgarter Zeitung, 17.3.2004.

hatte und zur zweiten Runde nicht mehr antrat.[532] Bei einer Versammlung folgten die anwesenden Mitglieder der Grünen einmütig dieser Empfehlung ihres Parteifreundes zur Unterstützung des CDU-Mitglieds.[533] Nach dieser Entscheidung wurde der CDU-Mann bei seiner Bewerbung von CDU, FWV und Grünen unterstützt. Trotz der damit scheinbar erreichten Überlegenheit des schwarzgrünen Bündnisses, die von dessen Verfechter/innen aus deren Wählerpotential errechnet wurde, erhielt der SPD-Beigeordnete aus einer ostdeutschen Stadt, der aus Rheinland-Pfalz stammte, nach 31,49 Prozent im ersten Wahlgang nun 54,1 Prozent der Stimmen. Die Wahlbeteiligung sank gegenüber der ersten Runde leicht auf knapp 54 Prozent.[534]
Der siegreiche Diplomverwaltungs- und Betriebswirt, der seine Parteimitgliedschaft nicht versteckte, hatte bereits bei seinem ersten Auftritt erklärt: „'Parteipolitik hat im kommunalen Bereich nichts zu suchen.'“[535] Im Nachgang wurde das Gebaren des scheidenden Oberbürgermeisters und der ihn Unterstützenden in einem Kommentar der Zeitung heftig kritisiert: „All ihre aberwitzigen Versuche, einen Christdemokraten in den Rathaussessel zu hieven, sind kläglich gescheitert. Eine deutliche Mehrheit der Bürger hat das mit der Wahl des SPD-Mannes (...) gezeigt. Keinen Pfifferling haben sie auf die Empfehlung einer Partei gegeben, die sich im Wahlkampf selbst ins Abseits manövriert hat. Die Wähler haben sich für den Bewerber entschieden, der von außen frischen Wind nach Bietigheim-Bissingen bringen soll.“ [536] In diesem Artikel wird der Sieg aber nicht nur als Reaktion der Wählerschaft auf die Vorgänge in der kommunalen Politik gesehen. Der Sieger konnte auch mit Kompetenz und seinem persönlichen Auftreten überzeugen: „Jetzt jedoch zu glauben, einzig und allein die Ränkespiele der Parteistrategen hätten ihm zum Sieg verholfen, wäre allzu einfach. Denn (der Sieger) (...) hat vor allem eines: die Menschen mit seiner Kompetenz, seiner Erfahrung und seiner Bürgernähe davon überzeugt, dass er die richtige Wahl ist.“[537] Die zweitgrößte Stadt im Kreis Ludwigsburg - mit der CDU als stärkster Partei - bekam „damit erstmals ein Stadtoberhaupt mit SPD-Parteibuch.“[538]
Fazit: Ein auswärtiger Verwaltungsfachmann siegte in dieser württembergischen Stadt. Ein breites politisches Bündnis kommunalpolitischer Gruppierungen, von der CDU als stärkster Partei und der FWV bis zu den Grünen, konnte dem von ihnen unterstützen Kandidaten nicht zum Sieg verhelfen. Dem Verlierer geriet diese Unterstützung zum Nachteil, weil öffentlich der damit verbundene fortbestehende Machtanspruch des scheidenden Oberbürgermeisters und seiner Verbündeten negativ gewertet wurde. Alle drei im ersten Wahlgang vorne liegenden Bewerber waren verwaltungskompetent und kamen von außen. Als Punkt der Unterscheidung von der Konkurrenz wurde beim Sieger dessen Bürgernähe hervorgehoben.

---

[532] Ebenda.
[533] Stuttgarter Zeitung, 18.3.2004.
[534] Ludwigsburger Kreiszeitung, 29.3.2004.
[535] Bietigheimer Zeitung, 12.11.2003.
[536] Stuttgarter Nachrichten, 29.3.2004.
[537] A.a.O..
[538] Südwest-Presse, 30.3.2004.

Tabelle 14: Zusammenfassung der Wahlkampfmerkmale Bietigheim-Bissingen

Mittelwert der CDU-Prozentanteile bei Europa-, Bundes- und Landtagswahl:	40,5 %
Baden oder Württemberg:	Württemberg
Gemeindegröße:	42 T.
Höhe der Wahlbeteiligung bei der Oberbürgermeisterwahl:	54 %
Amtsinhaber/in tritt wieder an:	Nein
Ergebnis der Wahl:	Wechsel/Machtkontrolle

Merkmale der Person der Erst- und Zweitplatzierten:

	Parteibind.:	Verwalt.k.:	Auswärtig:	Persönl.k.:	Wahlkampf:	Themenk.:
Erste/r:	0	1	1	1	1	0
Zweite/r:	1	1	1	0	0	0

5.1.2.6. Neuwahl in Hockenheim

In Hockenheim wurde überraschend und daher in einem engen Terminrahmen ein/e Nachfolger/in für den krankheitsbedingt ausscheidenden FDP-Amtsinhaber gesucht. Unerwartet deutlich siegte im zweiten Wahlgang mit über 55 Prozent ein aus der Kommunalverwaltung kommender Sozialdemokrat aus Rheinland-Pfalz, der zu der Zeit eine führende Position in der Kirchenverwaltung in Mannheim einnahm. Bei der nach der Wahl anstehenden Sanierung der von der Stadt kontrollierten Betriebsgesellschaft des Hockenheimrings waren seine betriebswirtschaftlichen Kenntnisse und Erfahrungen bei der Führung eines Wirtschaftsbetriebs hilfreich – angesichts der wirtschaftlichen Schwierigkeiten des „Rings" waren sie ein Argument für die Wahlentscheidung. Er war im ersten Wahlgang noch knapp hinter seinem FDP-Konkurrenten gelegen. Im zweiten Wahlgang sank die Wahlbeteiligung im Vergleich zum ersten um 4,42 auf 51,8 Prozent.[539] Das in Hockenheim wohnende FDP-Mitglied, Amtsleiter in der Kreisverwaltung, war als Favorit in den zweiten Wahlgang gegangen, weil die örtlichen Konkurrenten aus dem „bürgerlichen Lager" von der CDU sowie den Freien Wählern nicht mehr antraten und die Freien Wähler ihn nun auch offen unterstützten. Trotz dieser Einschätzung änderte der Sozialdemokrat seine Wahlkampfstrategie nicht. Eine Zeitung vermerkte: Der spätere Sieger „ließ sich nicht beirren und zog seinen Wahlkampf bis zur letzten Minute konsequent durch. Er veranstaltete noch einmal eine erfolgreiche Wahlveranstaltung und machte unverdrossen Hausbesuche."[540] Dass Wähler/innen des CDU-Kandidaten aus der ersten Wahlrunde beim zweiten Wahlgang zu Hause blieben, wurde als ein Grund für das Ergebnis gesehen. Die im Vorfeld der Wahl im Ort häufig genannte Tradition, dass der Einheimische die besseren Chancen hat, eine Bürgermeisterwahl zu gewinnen, verkehrte sich im Nachhinein ins Gegenteil. Als Grund für den Erfolg wurde von der Lokalzeitung gesehen, dass der Sieger nicht aus Hockenheim kam und „keinen Stallgeruch (...) (hatte). Für viele Wähler war es offenbar wichtig, einen Auswärtigen zu wählen."[541] Die im Wahlkampf gezeigte Linie des neuen Oberbürgermeisters wurde als „sachlich, auf die Menschen zugehend, gesprächsbereit"[542] beschrieben.

Fazit: Im badischen Hockenheim wurde sichtbar, was in der Literatur als Annäherung des badischen Wahlverhaltens an die württembergische Tradition beschrieben wird.

---

539 www.morgenweb.de der Schwetzinger Zeitung vom 19.7.2004.
540 Schwetzinger Zeitung, 19.7.2004.
541 Ebenda.
542 Ebenda.

Nicht der einheimische Repräsentant des kommunalpolitisch dominierenden, aber bei der Oberbürgermeisterwahl uneinigen, sich selbst so nennenden, „bürgerlichen Lagers", wurde gewählt, sondern der Auswärtige, der Mitglied einer Partei in der politischen Minderheit war. Dem Auswärtigen, der vor Ort keine „Verpflichtungen" hatte, wurde zugetraut, dass er sachgerecht die bisher nicht erledigten Aufgaben bewältigen würde. Über Verwaltungserfahrung verfügten beide im zweiten Wahlgang verbliebene Konkurrenten. Im Wahlkampf konnte der Sieger mit seinem Auftreten und als Persönlichkeit überzeugen.

Tabelle 15: Zusammenfassung der Wahlkampfmerkmale Hockenheim

Mittelwert der CDU-Prozentanteile bei Europa-, Bundes- und Landtagswahl:	39,3 %
Baden oder Württemberg:	Baden
Gemeindegröße:	20 T.
Höhe der Wahlbeteiligung bei der Oberbürgermeisterwahl:	51,8 %
Amtsinhaber/in tritt wieder an:	Nein
Ergebnis der Wahl:	Wechsel/Machtkontrolle

Merkmale der Person der Erst- und Zweitplatzierten:

	Parteibind.:	Verwalt.k.:	Auswärtig:	Persönl.k.:	Wahlkampf:	Themenk.:
Erste/r:	0	1	1	1	1	0
Zweite/r:	1	1	0	0	0	0

5.1.2.7. Neuwahl in Ostfildern

Um die Nachfolge des aus dem Amt scheidenden parteilosen Oberbürgermeisters von Ostfildern bewarb sich erfolglos sein Kronprinz, ein parteiloser Beigeordneter aus dem eigenen Rathaus, der von CDU und Freien Wählern unterstützt wurde. Er erhielt 32 Prozent der abgegebenen Stimmen. Den abtretenden Oberbürgermeister stimmte nachdenklich, dass der bei der Wahl unterlegene Rathausmitarbeiter während des Wahlkampfes wegen der Arbeit der Stadtverwaltung kritisiert wurde, was er so ausdrückte: „'Ich habe viel im Rucksack gehabt, was die Bürger an der Rathausarbeit bemängelt haben.'"[543] Der Beigeordnete sah wichtige, von ihm als Erfolge der Stadtverwaltung bezeichnete Meilensteine der Stadtentwicklung der letzten Jahre nicht gewürdigt. In der Wahlbeteiligung von 51,4 Prozent sah er einen Grund seiner Niederlage, weil er meinte, dass die Nichtwähler/innen ihn gewählt hätten, wenn sie zur Wahl gegangen wären: Den Konservativen sei es nicht gelungen, „ihre Wähler zu mobilisieren"[544]. Demgegenüber hätten die Wähler/innen, die eine Neuausrichtung an der Spitze der Verwaltung wollten, abgestimmt: „Die, die eine Veränderung wollten, sind zur Wahl gegangen."[545] Wie in einer Zeitung festgestellt wurde, gab es „in weiten Kreisen eine Unzufriedenheit mit einer zuweilen recht selbstherrlichen Verwaltung und einem dagegen blassen Gemeinderat"[546]. Die Unterstützer/innen des Unterlegenen kratzten auch nach der Niederlage noch an der Kompetenz des Siegers und sahen in ihm „nur" den „besseren und charmanteren Redner."[547] Der im ersten Wahlgang mit 51,4 Prozent siegreiche auswärtige Sozialdemokrat arbeitete bis zur Wahl im Wirtschaftsministerium

---

[543] Stuttgarter Zeitung, 21.2.2005.
[544] Stuttgarter Nachrichten, 22.2.2005.
[545] Ebenda.
[546] Eßlinger Zeitung, 21.2.2005.
[547] So der FWV-Fraktionsvorsitzende in den Stuttgarter Nachrichten am 22.2.2005.

des Landes Baden-Württemberg – ein studierter Germanist und Gemeinderat in einer anderen Stadt. Er hatte einen intensiven Wahlkampf mit u.a. vier Wochen Hausbesuchen hinter sich. Am Wahlabend schilderte er seinen Eindruck, dass er als Person und mit seinen Vorstellungen über die künftige Arbeit als Oberbürgermeister die Alternative zu einem als ungenügend empfundenen Zustand bildete: „Der Wunsch nach Veränderung bei den Bürgern sei groß gewesen, so seine Erfahrung vor allem in den letzten Tagen des Wahlkampfs. ‚Und ich habe mit meiner Person und mit meinem Konzept gepasst.'"[548] Die Wechselstimmung in der Bevölkerung ermöglichte seinen Erfolg. Als Hauptursache für die Zustimmung zu seiner Person nannte er die „Frage des Stils, wie man mit Themen und den Bürgern umgeht.'"[549] Thematisch konnte er punkten, als der als Vertreter der Stadtverwaltung auftretende Beigeordnete während des Wahlkampfes eine von der Verwaltung getroffene Entscheidung selbst in Frage stellte und damit der Linie des späteren Siegers folgte. Der Grund für diesen thematischen Rückzieher waren die bei öffentlichen Auftritten eindeutig gegen die Entscheidung der Verwaltung und der Mehrheit des Gemeinderats gerichteten Äußerungen der Bevölkerung. Chancenlos war ein grüner Kandidat, der volksgewählter Bürgermeister in einem anderen Ort gewesen war, bevor er nach acht Jahren im Amt am Ende des Jahres 2003 nicht wieder gewählt wurde. Er war zu Beginn des Jahres 2003 - als noch amtierender Bürgermeister - bei der Oberbürgermeisterwahl in Reutlingen erfolglos angetreten.

Fazit: Ein auswärtiger Sozialdemokrat gewann diese Oberbürgermeisterwahl im württembergischen Landesteil gegen den einheimischen Favoriten von FWV und CDU, obwohl die SPD bei allgemeinen Wahlen in Ostfildern, insbesondere bei der Ratswahl im Jahr vor der Oberbürgermeisterwahl, wenig erfolgreich war. Eine konservative Mehrheit beherrschte die örtliche Politik. Mit der Wahlentscheidung wurden Unmut über deren Dominanz und Kritik an der Arbeit der Verwaltungsspitze ausgedrückt. Überzeugt hat der Sieger als Person. Der von seinen Gegner(inne)n gemachte Versuch, wegen seiner fehlenden kommunalen Verwaltungserfahrung seine Eignung für das Amt in Frage zu stellen, ging ins Leere. Bei dieser Oberbürgermeisterwahl war der Kandidat, der in einer kommunalen Verwaltung arbeitete, auf Grund dieser Tatsache nicht im Vorteil. Für seine Sachaussagen erhielt der Sieger im Wahlkampf mehr Zustimmung als seine Mitbewerber.

Tabelle 16: Zusammenfassung der Wahlkampfmerkmale Ostfildern

Mittelwert der CDU-Prozentanteile bei Europa-, Bundes- und Landtagswahl:	41,6 %
Baden oder Württemberg:	Württemberg
Gemeindegröße:	34 T.
Höhe der Wahlbeteiligung bei der Oberbürgermeisterwahl:	51,4 %
Amtsinhaber/in tritt wieder an:	Nein
Ergebnis der Wahl:	Wechsel/Machtkontrolle

Merkmale der Person der Erst- und Zweitplatzierten:

	Parteibind.:	Verwalt.k.:	Auswärtig:	Persönl.k.:	Wahlkampf:	Themenk.:
Erste/r:	0	0	1	1	1	0
Zweite/r:	1	1	1	0	0	0

548 Stuttgarter Zeitung, 21.2.2005.
549 Eßlinger Zeitung, 21.2.2005.

5.1.2.8. Neuwahl in Aalen

Einer der in Baden-Württemberg am längsten amtierenden SPD-Oberbürgermeister ging in Aalen aus gesundheitlichen Gründen vorzeitig in den Ruhestand. Im zweiten Wahlgang setzte sich mit 59,3 Prozent ein ursprünglich aus dem größten Teilort Aalens stammender parteiloser Bürgermeister einer kleinen Gemeinde im Kreis Ludwigsburg durch. Sein Erfolgsrezept war nach eigener Aussage seine Art des Auftretens, nämlich „'Entspanntheit ins aufgeregte Umfeld bringen.'"[550] Sein in der zweiten Runde noch verbliebener CDU-Konkurrent, ein Beigeordneter einer anderen Stadt, lag mit wenig mehr als 38 Prozent der Stimmen für die Beobachter/innen erstaunlich weit hinten. Der CDU-Kandidat hatte in den zwei Wochen zwischen erstem und zweitem Wahlgang seine Wahlkampfaktivitäten noch einmal gesteigert: „neue Plakate, Briefe an alle Haushalte, Anzeigen, Hausbesuche in Tausendzahl, vor allem aber eine Allgegenwärtigkeit bis zur Leistungsgrenze."[551] Im Vergleich damit hielt sich in der öffentlichen Wahrnehmung der Sieger mit seinem Wahlkampf sowohl vor dem ersten als auch dem zweiten Wahlgang zurück: „'Keine Materialschlacht' war seine Devise, wenig Straßen-, kein Haustürwahlkampf."[552] Während die Verwaltungskompetenz beider nicht bezweifelt wurde, hat der Sieger nach Meinung einer Zeitung in einem „Sympathie-Wahlkampf" überzeugt.[553] Die Verlierer/innen von der CDU, „nach wie vor die Partei, die in Aalen den Ton angibt"[554], konnten nicht fassen, dass sie verloren hatten. Der Unterlegene beklagte, dass der Wahlkampf in der zweiten Runde unter dem Thema gestanden hätte „'Wie verhindere ich einen schwarzen OB.'"[555] Dabei hatte er, wie die örtliche Zeitung berichtete, selbst einen „Kurswechsel nach der ersten Wahl zum offensiven Schulterschluss mit der CDU"[556] eingeleitet. Der Versuch, „aus der Konkurrenz der Personen eine Konkurrenz der politischen Lager zu machen"[557] misslang und der Schuss ging nach hinten los. Die CDU und ihr Kandidat mobilisierten mit ihrem Auftreten, das sich gegen jemand aus dem sonst auch als eigene Heimat gesehenen bürgerlichen Lager richtete, die Gegenseite mit. Die Wahlbeteiligung stieg um 0,6 auf 49,6 Prozent.[558] Eine von der SPD, den Grünen und einer Wählerinitiative unterstützte parteilose Bewerberin hatte nach dem ersten Wahlgang, in dem sie den dritten Platz erreicht hatte, verzichtet und unterstützte nun den Parteilosen, der an erster Stelle gelegen hatte. Vermutlich hat die überwiegende Mehrheit der Wähler/innen der ausgeschiedenen Bewerberin in der zweiten Wahlrunde gemäß deren Aufruf gewählt. Darauf deuten die Wahlergebnisse hin. Der Sieger legte nicht nur in seiner absoluten Hochburg, seinem „Heimatstadtteil" kräftig zu, sondern siegte auch bei der Briefwahl und, außer in einem,

550 Schwäbische Post, 12.7.2005.
551 Aalener Nachrichten, 11.7.2005.
552 Ebenda.
553 Schwäbische Post, 11.7.2005.
554 Aalener Nachrichten, 12.7.2005.
555 Schwäbische Post, 12.7.2005.
556 Aalener Nachrichten, 11.7.2005.
557 Ebenda.
558 Heidenheimer Neue Presse, 11.7.2005.

in allen Stadtteilen - auch in denen, in denen er zuvor deutlich hinter seinem Konkurrenten gelegen hatte.
Nach Auffassung des Unterlegenen spielten Sachthemen keine Rolle. Dabei gestand er sich nicht ein, dass er sich in den letzten zwei Wochen nach Meinung der örtlichen Zeitung „seinen schlimmsten Schnitzer erlaubt(e): Die zu wenig belegte Behauptung, die Hüttenwerke sollten an eine sogenannte Heuschrecke verkauft werden und damit stehe jeder vierte Arbeitsplatz auf dem Spiel."[559] Bei der heftigen Debatte über das Schicksal dieser Firma, einem bedeutenden industriellen Arbeitgeber, wurde in der Öffentlichkeit an seiner Fachkompetenz gezweifelt, weil er nach Meinung vieler nur Gerüchte aufgegriffen und sich nicht um deren Erhärtung durch Fakten bemüht hatte. Mit öffentlicher Kritik an Teilen der Stadtverwaltung brachte er außerdem „das Aalener Rathaus mit nahezu 1000 Multiplikatoren gegen sich" auf.[560]
Fazit: Auch wenn keine Wählerwanderungsbilanz vorliegt, deuten die Ergebnisse der Wahl darauf hin, dass der Sieger überwiegend die Wählerschaft der nach dem ersten Wahlgang ausgeschiedenen Kandidatin gewinnen konnte. Nach seinem Erfolg im ersten Wahlgang und damit guten Siegchancen im zweiten, wurde er zur politischen Option für die, die den umfassenden Machtanspruch der bei anderen Wahlen erfolgreichsten Partei kritisierten und deren Position nicht gestärkt sehen wollten. Die Grundlage für seinen Sieg legte er mit seinem sympathieerweckenden Auftreten. Die Verwaltungskompetenz stand bei den Bewerber/innen, die in die engere Wahl der Wählerschaft gekommen waren, nicht in Frage. Sie kamen im württembergischen Aalen durchweg von außen. Der Sieger hatte seine Wurzeln in Aalen.

Tabelle 17: Zusammenfassung der Wahlkampfmerkmale Aalen

Mittelwert der CDU-Prozentanteile bei Europa-, Bundes- und Landtagswahl:	42,5 %
Baden oder Württemberg:	Württemberg
Gemeindegröße:	67 T.
Höhe der Wahlbeteiligung bei der Oberbürgermeisterwahl:	49,6 %
Amtsinhaber/in tritt wieder an:	Nein
Ergebnis der Wahl:	Wechsel/Machtkontrolle

Merkmale der Person der Erst- und Zweitplatzierten:

	Parteibind.:	Verwalt.k.:	Auswärtig:	Persönl.k.:	Wahlkampf:	Themenk.:
Erste/r:	0	1	1	1	1	1
Zweite/r:	1	1	1	0	0	0

5.1.2.9. Neuwahl in Vaihingen an der Enz

In Vaihingen an der Enz hörte der langjährige Landesvorsitzende der Freien Wählervereinigung Baden-Württemberg als Oberbürgermeister auf. Hier setzte sich, für die Beobachter/innen überraschend, bereits im ersten Wahlgang mit 62% der parteilose - und wie sein Vorgänger der FWV verbundene - Bürgermeister einer Nachbargemeinde gegen einen CDU-Beigeordneten einer badischen Stadt und eine einheimische FDP-Stadträtin (von Beruf Richterin) durch. Als Grund für seinen Sieg nannte er gegenüber einer Zeitung seine erfolgreiche Arbeit in der Nachbargemeinde, die sich herumgesprochen habe: „'Es gibt viele Beziehungen zwischen Bürgern beider

[559] Aalener Nachrichten, 11.7.2005.
[560] Aalener Nachrichten, 12.7.2005.

Gemeinden, und so hat sich das wohl herumgesprochen', mutmaßte der Verwaltungswirt, der für die Freien Wähler im Kreistag sitzt."[561] Der einheimischen Kandidatin wurden von vorneherein wenig Chancen eingeräumt. Der Sieger unterschied sich von seiner Konkurrenz nach Meinung der Zeitung nicht politisch oder thematisch, sondern durch persönliche Eigenschaften: „Inhaltliche Gründe kann das eindeutige Votum nicht gehabt haben, schließlich unterschieden sich die Positionen nur in Nuancen. Es ging um eine Persönlichkeitswahl, und die hat der bodenständige Rathauschef aus einer Nachbarkommune für sich entschieden (...) Für den Kandidaten aus dem badischen (...) mit seiner intellektuellen Aura und die einheimische Seiteneinsteigerin haben sich schlicht weniger Wähler erwärmen können. Keine Experimente, scheint das Motto der Vaihinger zu lauten."[562] Die Wahlbeteiligung von 54,9 Prozent wurde als enttäuschend niedrig bezeichnet.[563]

Fazit: Verwaltungserfahrung war kein Alleinstellungsmerkmal des Siegers in dieser württembergischen Stadt. Seine, durch seine Nähe zu den Menschen geprägte, Persönlichkeit, trug zum Erfolg bei. Der CDU-Kandidat konnte in der Konkurrenz mit dem Sieger, der sich auf die bei Kommunalwahlen stärkste Gruppierung stützte, das Wählerpotential seiner bei Europa-, Bundes- und Landtagswahlen stärksten Partei nicht für einen Sieg nutzen. Die beiden bestplatzierten Kandidaten kamen von außen. Der Wunsch der Bevölkerung nach Kontinuität nach dem Abschied eines beliebten, parteilosen Amtsinhabers in einer kommunalpolitisch ruhigen Zeit begünstigte den Sieg des parteilosen Bürgermeisterkollegen.

Tabelle 18: Zusammenfassung der Wahlkampfmerkmale Vaihingen

Mittelwert der CDU-Prozentanteile bei Europa-, Bundes- und Landtagswahl:	44,5 %
Baden oder Württemberg:	Württemberg
Gemeindegröße:	29 T.
Höhe der Wahlbeteiligung bei der Oberbürgermeisterwahl:	54,9 %
Amtsinhaber/in tritt wieder an:	Nein
Ergebnis der Wahl:	Kontinuität/Machtkontrolle

Merkmale der Person der Erst- und Zweitplatzierten:

	Parteibind.:	Verwalt.k.:	Auswärtig:	Persönl.k.:	Wahlkampf:	Themenk.:
Erste/r:	0	1	1	1	0	0
Zweite/r:	1	1	1	0	0	0

5.1.2.10. Neuwahl in Schorndorf

Zum Nachfolger des altersbedingt aus dem Amt scheidenden CDU-Oberbürgermeisters in Schorndorf wurde im zweiten Wahlgang mit knapp über 50 Prozent der Geschäftsführer der SPD-Landtagsfraktion Baden-Württemberg gewählt.[564] Die Lokalzeitung schildert die negative Einschätzung seiner Chancen, in dieser als konservativ geltenden Stadt gewählt zu werden, da er weder politisch noch privat „passend" gebunden wäre: „Dass er es in der Kombination SPD, aus dem Landtag und unverheiratet schaffen würde, in der als pietistisch-konservativ verschrieenen Stadt zum

561 Stuttgarter Zeitung, 8.5.06
562 Ebenda.
563 Ebenda.
564 Schorndorfer Nachrichten, 31.7.2006.

OB gewählt zu werden, das hätten viele nicht geglaubt."[565] Der knapp unterlegene parteilose Bürgermeister einer kleineren Stadt bescheinigte seinem erfolgreichen Konkurrenten nach dessen Sieg, dass dieser „ein guter Mann sei."[566] Er sah die Ursache des Sieges u.a. in einem ausgezeichneten Wahlkampf des Gegners. Dem Sieger war gemeinsam mit seinen Unterstützer/innen nach dem ersten Wahlgang die Mobilisierung eines ihm gewogenen Wählerpotentials gelungen. Der örtlichen Tageszeitung erklärte er am Wahlabend, dass er vor dem zweiten Wahlgang versucht habe, „vor allem in den Wahlbezirken aktiv zu werden, ‚wo ich beim letzten Mal schon gut lag'"[567]. In drei Stadtteilen mit schwacher Wahlbeteiligung und guten Ergebnissen für den späteren Sieger wurden zusätzlich Werbebriefe verteilt.[568] Dort erhöhte sich die Wahlbeteiligung zwar kaum mehr als in der gesamten Stadt, aber die Stimmen aus diesen Wahlbezirken trugen maßgeblich zum Sieg bei. Die Wahlbeteiligung stieg in der ganzen Stadt im Vergleich zum ersten Wahlgang um ein Prozent auf 41,2 Prozent. Wie im ersten Wahlgang lag der Sieger auch nach der zweiten Runde rund zwei Prozentpunkte vor dem Zweitplatzierten. Die FWV sah in der CDU den Schuldigen für die Niederlage des Verlierers, weil sie nicht von Beginn an den von der FWV unterstützten Kandidaten mitgetragen hatte.[569] Denn die CDU hatte zunächst einen eigenen parteilosen Kandidaten, einen Beigeordneten der nahen Kreisstadt, unterstützt. Der war nach einem Wahlergebnis mit einem Anteil von 20 Prozent in der ersten Runde nicht mehr angetreten. Die CDU hatte dann zum zweiten Wahlgang zur Wahl des Zweitplatzierten aufgerufen, der zunächst nur von der FWV unterstützt worden war.[570] FWV, CDU und professionelle Beobachter/innen hatten erwartet, dass der Stimmenanteil von 20 Prozent des CDU-Kandidaten aus der ersten Runde in der zweiten in großer Mehrheit zum Zweitplatzierten aus dem gleichen politischen Lager wandern würde. Nicht nur die Lokalzeitung sah als Grund, warum die Wählerwanderung so nicht stattfand, das Verhalten der CDU vor dem ersten Wahlgang. Sie sah neben der abschreckenden Wirkung der Auseinandersetzung zwischen CDU und FWV auf deren Anhänger/innen die Persönlichkeit des Siegers als Erfolgsfaktor: „Dass dieses Kalkül nicht aufging, hat einen Grund: Offenbar beleidigt von der Präsentation eines bürgerlichen Kandidaten von den Freien Wählern überholt worden zu sein, setzte die CDU einen weiteren Aspiranten aufs Karussell. (...) viele konservative Wähler reagierten verschnupft auf diese taktischen Spielchen. Zudem hat (...) (der Sieger) mit seiner gewinnenden Art eine gute Figur abgegeben und damit Punkte auch außerhalb der typischen SPD-Wählerschaft sammeln können."[571]

Fazit: Alle von der Wählerschaft in die engere Wahl genommenen Kandidaten kamen in dieser württembergischen Stadt von außen. Die Persönlichkeit des Siegers, sein Auftreten, wirkte über das Wählerpotential seiner Partei hinaus. Der von CDU und FWV, den bei sonstigen Wahlen dominierenden Kräften, im entscheidenden Wahlgang gemeinsam unterstützte Kandidat konnte deren Wählerpotential nicht für einen Sieg

---

565 Schorndorfer Nachrichten, 4.8.2006.
566 Schorndorfer Nachrichten, 3.8.2006 und Marbacher Zeitung, 2.8.2006.
567 Schorndorfer Nachrichten, 31.7.2006.
568 So der SPD-Fraktionsvorsitzende im Schorndorfer Gemeinderat gegenüber dem Autor am 3.8.2006.
569 Stuttgarter Zeitung, 31.7.2006, Stuttgarter Nachrichten, 1.8.2006.
570 Marbacher Zeitung, 19.7.2006.
571 Stuttgarter Nachrichten, 31.7.2006.

nutzen. Der zur Schau getragene Machtanspruch beider Gruppierungen, der u.a. zum Streit über den geeigneten Kandidaten führte, wurde öffentlich kritisiert und von einem Teil ihrer Anhängerschaft abgelehnt. Die als verwaltungskompetenter als er angesehenen Konkurrenten des Siegers, die in Spitzenpositionen kommunaler Verwaltungen tätig waren, konnten mit diesem Attribut keinen entscheidenden Vorrang in der Wählergunst erringen. Wie in Ostfildern war bei dieser Wahl eine Tätigkeit in der Landesverwaltung - in dem Fall bei einer Landtagsfraktion – Ausweis der Qualifikation für das Oberbürgermeisteramt. In Schorndorf gelang die Mobilisierung von Wählergruppen, bei denen der Sieger mehr Unterstützung zu erwarten hatte als bei der Gesamtheit der Wähler/innen.

Tabelle 19: Zusammenfassung der Wahlkampfmerkmale Schorndorf

Mittelwert der CDU-Prozentanteile bei Europa-, Bundes- und Landtagswahl:	42,9 %
Baden oder Württemberg:	Württemberg
Gemeindegröße:	39 T.
Höhe der Wahlbeteiligung bei der Oberbürgermeisterwahl:	41,2 %
Amtsinhaber/in tritt wieder an:	Nein
Ergebnis der Wahl:	Wechsel/Machtkontrolle

Merkmale der Person der Erst- und Zweitplatzierten:

	Parteibind.:	Verwalt.k.:	Auswärtig:	Persönl.k.:	Wahlkampf:	Themenk.:
Erste/r:	0	0	1	1	1	0
Zweite/r:	1	1	1	0	0	0

5.1.3. Neuwahlen in Orten ohne Dominanz einer Partei bei allen Rats- und Parlamentswahlen

Im Untersuchungszeitraum war die CDU in Heidelberg nur bei der Landtags- und Europawahl, in Emmendingen nur bei der Europa- und Gemeinderatswahl stärkste Kraft. In beiden Städten siegten CDU-Mitglieder.

5.1.3.1. Neuwahl in Emmendingen

In Emmendingen schied der SPD-Oberbürgermeister aus dem Amt. Im zweiten Wahlgang siegte mit 53,2 Prozent bei einer gegenüber dem ersten Wahlgang gesunkenen Wahlbeteiligung von 52,4 Prozent ein CDU-Mitglied und Sohn des 1988 im Amt gestorbenen CDU-Oberbürgermeisters der Stadt. Die Vater-Sohn-Beziehung war - wie in einer Zeitung zu lesen war - „ein Umstand, der dem Junior offenbar beträchtlichen ‚Vaterbonus' eingetragen habe.“[572] Der siegreiche Rechtsanwalt hatte eine Kanzlei in Emmendingen, wohnte in einer Nachbargemeinde und kündigte im Wahlkampf seinen Umzug in die Heimatstadt Emmendingen an. Die örtliche CDU hatte ihn zum Parteiaustritt aufgefordert, nachdem er ohne Parteiunterstützung, aber mit Hinweis auf seine Mitgliedschaft angetreten war. Denn die Union hatte für den ersten Wahlgang ein auswärtiges Mitglied mit Verwaltungserfahrung nominiert. Dieser von der CDU unterstützte Kandidat erreichte zwar im ersten Wahlgang Platz zwei hinter einem einheimischen 57 Jahre alten Mitglied der Grünen, der als seine Berufe Lehrer und

---

[572] Stuttgarter Zeitung, 18.5.2004.

Solar-Unternehmer nannte. Er gab aber auf, als der in der ersten Runde an dritter Stelle liegende spätere Sieger Gespräche über einen Rückzug von der Wahl ablehnte.[573] Selbst zum zweiten Wahlgang rief die CDU nicht zur Wahl ihres Mitglieds auf, verzichtete aber in der Erinnerung an ihre Niederlagen bei den Oberbürgermeisterwahlen 1988 und 1996 auf den offenbar ernsthaft überlegten Schritt, zum zweiten Wahlgang mit einem neuen „offiziellen" CDU-Kandidaten, einem anderen als den späteren Sieger, anzutreten.[574] Lediglich der Aufruf, nicht den Grünen zu wählen, kam von der CDU.[575] Die SPD unterstützte offiziell im ersten Wahlgang einen auswärtigen parteilosen Journalisten, der in einer Stadtverwaltung arbeitete und den vierten Platz erreichte. Die SPD war allerdings bei der Unterstützungserklärung gespalten, denn bei der Ortsvereinssitzung zu diesem Thema votierten nur vier Mitglieder mehr für den parteilosen als für den grünen Bewerber – bei sechs Enthaltungen.[576] Im zweiten Wahlgang stellte sich die SPD dann endgültig hinter den Grünen, der nach Zeitungsmeinung „im Wahlkampf alles richtig gemacht hat."[577] Die Vorsitzende des CDU-Ortsverbands erklärte nach der Wahl den Zickzackkurs ihrer Partei mit der Hoffnung auf Veränderungen durch einen vom örtlichen Geschehen Unabhängigen. Gegenüber der Zeitung sagte sie: „breite Kreise der Bürgerschaft haben uns aufgefordert, einen Bewerber zu holen, der nicht in die hiesigen Querelen eingebunden ist"[578]. Den Wahlsieg begründete sie mit der Unzufriedenheit der Bevölkerung mit der Verwaltungsspitze und dem daraus resultierenden Bedürfnis, eine politische Machtveränderung herbeizuführen: Der „'Wunsch nach einem OB aus dem bürgerlichen Lager war sehr groß'. Nach dem SPD-Mann (...), der ein schwieriger Rathauschef war, verspricht man sich vom Neuen mehr Bereitschaft zur Zusammenarbeit."[579] Die Kritik am Amtsinhaber geriet also zum Nachteil für den Bewerber, der ihm politisch nahe stand. Fazit: Die juristische Ausbildung des Siegers wird in Baden-Württemberg eher als für das Oberbürgermeisteramt qualifizierendes Merkmal gesehen, als Ausbildung und Erwerbstätigkeit seines zuletzt verbliebenen Konkurrenten mit grünem Parteibuch. Die Unterstützung von SPD und Grünen, die bei Bundes- und Landtagswahlen rechnerisch gemeinsam eine Mehrheit erreichten, führte nicht zum Erfolg des grünen Bewerbers. Im badischen Emmendingen war die SPD bei den Bundes- und Landtagswahlen nach der Oberbürgermeisterwahl stärker als die CDU, die bei den Europa- und Gemeinderatswahlen vorne lag. Der Sieger gehörte zum, sich selbst so nennenden, bürgerlichen Lager, das bei den Gemeinderatswahlen dominierte, musste sich aber gegen seine eigene Partei, die CDU, durchsetzen. Wie in Baden-Baden gewann ein CDU-Parteimitglied gegen die eigene Parteiführung. Sowohl der Sieger als auch der im

---

[573] Badische Zeitung, 30.4.2004.
[574] Badische Zeitung, 30.4.2004. In Baden-Württemberg können zum zweiten Wahlgang, in dem die einfache Mehrheit zum Sieg reicht, auch neue Kandidat(inn)en antreten, die nicht in der ersten Runde dabei waren, da es sich rechtlich um eine „Neuwahl" handelt. Sie müssen lediglich die formalen Voraussetzungen erfüllen. Wer beim ersten Wahlgang dabei war, kann über Rückzug oder ein erneutes Antreten in der zweiten Runde selbst entscheiden.
[575] Stuttgarter Zeitung, 3.5.2004.
[576] Badische Zeitung, 8.3.2004.
[577] Stuttgarter Zeitung, 18.5.2004.
[578] Ebenda.
[579] Ebenda.

zweiten Wahlgang verbliebene schärfste Konkurrent waren mit der Kommune, in der gewählt wurde, bereits vor der Wahl verbunden. Bemerkenswert war die „Erbfolge“ im Oberbürgermeisteramt vom Vater als Vorvorgänger zum Sohn, der 21 Jahre alt gewesen war, als der Vater starb.[580] Die Wahlentscheidung wurde durch das Bedürfnis nach Veränderung wesentlich beeinflusst.

Tabelle 20: Zusammenfassung der Wahlkampfmerkmale Emmendingen

Mittelwert der CDU-Prozentanteile bei Europa-, Bundes- und Landtagswahl:	31,7 %
Baden oder Württemberg:	Baden
Gemeindegröße:	26 T.
Höhe der Wahlbeteiligung bei der Oberbürgermeisterwahl:	52,4 %
Amtsinhaber/in tritt wieder an:	Nein
Ergebnis der Wahl:	Wechsel/Machtkontrolle

Merkmale der Person der Erst- und Zweitplatzierten:

	Parteibind.:	Verwalt.k.:	Auswärtig:	Persönl.k.:	Wahlkampf:	Themenk.:
Erste/r:	1	1	0	0	0	0
Zweite/r:	1	0	0	0	0	0

5.1.3.2. Neuwahl in Heidelberg

Die Wahl zur Nachfolge der in Heidelberg nach 16 Jahren aus dem Amt scheidenden SPD-Oberbürgermeisterin bescherte dem SPD-Bewerber schon im ersten Wahlgang eine herbe Niederlage. Der sozialdemokratische Verwaltungsfachmann war der einzige Auswärtige unter den ernst genommenen Nachfolgekandidat(inn)en. Die Amtsführung der Oberbürgermeisterin war für ihn und die SPD nach Meinung der Lokalzeitung kein Bonus, denn „die warf nicht immer ein positives Licht auf die SPD.“[581] Im zweiten Wahlgang siegte mit 53,9 Prozent der Stimmen der parteilose Umweltbürgermeister der Stadt Heidelberg, der im ersten Wahlgang weniger als drei Prozent unter der Fünfzigprozentgrenze gelegen hatte und „von einem breiten Bündnis aus CDU, FDP, Heidelbergern (eine im Stadtrat vertretene Wählervereinigung, d. V.) und FWV unterstützt“ [582] wurde.

Bei einer im Vergleich zum ersten Wahlgang leicht gesunkenen Wahlbeteiligung von 45,2 Prozent konnte die in Heidelberg wohnende, nun auch von der SPD unterstützte grüne Bewerberin - Professorin und ehemalige Gemeinderätin - im zweiten Wahlgang das Ruder nicht mehr herumreißen. Eine grüne Stadträtin sah in der Zeit zwischen den Wahlgängen keine Anzeichen, dass sich Alle hinter der Zweitplatzierten sammeln würden, die nicht für den späteren Sieger gestimmt hatten: „Die Stimmung wollte sich einfach nicht mehr drehen.“[583] Der Unterlegenen gelang es nach eigenen Angaben im Wahlkampf nicht, „herauszukristallisieren“, dass bei ihrer Niederlage das Patt im Stadtrat zwischen „linkem“ und „bürgerlichem“ Lager durch die Stimme eines bürgerlichen Oberbürgermeisters zu deren Gunsten aufgelöst werde.[584] Ihre letztlich vergeblichen Anstrengungen richteten sich auf die Mobilisierung der Wählerschaft des „linken“ Lagers

[580] Badische Zeitung, 13.3.2004.
[581] Rhein-Neckar-Zeitung, 24.10.2006.
[582] Pressemitteilung der Stadt Heidelberg zum Wahlergebnis, Stand: 14.11.2006.
[583] Stuttgarter Zeitung, 13.11.2006.
[584] Ebenda.

im Gemeinderat: „'wir haben bis zur Schmerzgrenze gearbeitet, um die Wahlbeteiligung zu erhöhen.'“[585] Sie hatte versucht, insbesondere die „wahlmüden“ Studierenden zur Wahl zu bewegen.[586] Ihre Rechnung, dass sie mit den Stimmen aller beim zweiten Wahlgang nicht mehr angetretenen Kandidaten aus dem ersten Wahlgang, die ihr politisch nahe standen, auf über 51 Prozent käme, ging nicht auf.

Am Beispiel eines bei allgemeinen Wahlen „rot“ wählenden Stadtteils, in dem der Sieger bereits in der ersten Runde über 50 Prozent der Stimmen erhalten hatte, wurde in einer in der Lokalzeitung wiedergegebenen Analyse des Wahlverhaltens an der SPD orientierter Wähler/innen aufgezeigt, dass „Wahlempfehlungen einen eher begrenzten Nutzen haben. Offenbar folgten nur etwa 60 Prozent der noch wählenden Genossen der Empfehlung.“[587] 40 Prozent derer, die im ersten Wahlgang noch den Kandidaten mit SPD-Mitgliedsbuch gewählt hatten, trugen demnach mit ihrer Stimme für den Sieger im zweiten Wahlgang dazu bei, dass er in ihrem Stadtteil noch einmal 10 Prozent zulegen konnte und dort über 60 Prozent Zustimmung erhielt.[588] Zur höheren Mobilisierung konservativer Wähler/innen äußerte sich der Wahlforscher Roth allgemein und auf Heidelberg bezogen: „Die Bürgerlichen haben es da immer noch ein bisschen einfacher. Das war mit Sicherheit auch jetzt eine einseitige Mobilisierung der Anhängerschaften. Die Bürgerlichen sprechen eher die Älteren an, die sind einfach pflichtbewusster. Und der Akt des Wählens wird ja als eine Pflicht gesehen.“[589] Laut Roth beteiligte sich ein Teil der an der SPD orientierten Wähler/innen am zweiten Wahlgang nicht, weil sie keine Grüne wählen wollten: „Die SPD hat ihren Kandidaten zurückgezogen und da gibt es jetzt traditionelle SPD-Wähler, die aber wenig Berührungspunkte mit den Grünen haben. Die sind natürlich noch viel eher der Wahl fern geblieben.“[590]

Obwohl der Sieger aus der Stadtverwaltung kam, wurde nach Ansicht der Presse die Kritik an seiner Vorgesetzten zum Vorteil für ihn: Er hat „von der Unzufriedenheit vieler Bürger mit der bisherigen Amtsinhaberin profitiert. Sie hat immer wieder neue Pläne vorgelegt, aber nur wenig zu Ende gebracht.“[591] Das am Ende der Amtszeit negative Image der Oberbürgermeisterin brachte demnach gar für seine größte Konkurrentin Probleme, weil beide Frauen ähnlich wirkten: „Für die Kandidatin der Grünen (...), die in Aussehen und Auftreten auf den ersten Blick große Ähnlichkeit mit der Rathauschefin hat, gab es schon deswegen keinen Frauenbonus. Viele sehnten sich nach einem Kontrastprogramm.“[592] Der Sieger bildete auch mit seinem persönlichen Auftreten die Alternative zur amtierenden Oberbürgermeisterin: Er „verkörpert in vielerlei Hinsicht das Gegenteil seiner Vorgängerin: Er ist ein Machertyp, zupackend, offen,

---

[585] Ebenda.
[586] Ebenda.
[587] Rhein-Neckar-Zeitung, 14.11.2006; die an der SPD orientierten Wähler/innen durchweg als „Genossen“ zu bezeichnen geht zwar an der Sache vorbei, aber aus dem Zusammenhang geht hervor, dass es nicht um die Mitgliedschaft, sondern um die parteiorientierte Wahlentscheidung geht.
[588] Ebenda.
[589] Der ehemalige Vorstand der Mannheimer Forschungsgruppe Wahlen Dieter Roth im Gespräch mit der Rhein-Neckar-Zeitung in deren Ausgabe am 14.11.2006.
[590] Ebenda.
[591] Ebenda.
[592] Ebenda.

wirtschaftsfreundlich."[593] Nach dem Wahlerfolg betonte er, dass es keine Parteien-, sondern eine Personenwahl war.[594]

Fazit: In Heidelberg wurde von der Wählerschaft nicht der bei der Stadtverwaltung tätige Kandidat für das gesunkene Ansehen der Verwaltungschefin abgestraft. Der Kandidat, der der gleichen Partei angehörte wie sie, und eine Kandidatin, die ihr im Habitus glich, wurden für deren Fehler in Haftung genommen. Mit dem Sieger verbunden wurde der Wunsch nach einem Wechsel. Der einheimische Verwaltungsfachmann konnte sich nicht nur auf das, im Vergleich zur Konkurrenz leichter mobilisierbare, Wählerpotential einer ihn unterstützenden, „bürgerlichen Koalition" stützen, sondern fand auch Zustimmung darüber hinaus, etwa bei der SPD zugeneigten Wähler/innen. Die Bindungskraft der SPD war nicht so groß, dass mit ihr sympathisierende Wähler/innen geschlossen der Wahlempfehlung ihrer Partei folgten. Zur Niederlage des Auswärtigen trugen nicht nur die Belastung durch die Amtsführung seiner Parteifreundin und die „badische Wahltradition", sondern auch die Wahlkampfanforderungen in einer Großstadt bei. Im Wahlkampf bedarf es größerer - nicht nur, aber auch - zeitlicher Anstrengungen als in kleineren Kommunen, um die Menschen zu erreichen. Die Bewerber/innen sind im Großstadt-Wahlkampf mehr als in anderswo auf örtliche Unterstützernetzwerke angewiesen. Wenn Auswärtige nicht auf umfassende, funktionierende Unterstützerstrukturen zurückgreifen können, sind Einheimische auch in dieser Hinsicht im Vorteil.

Tabelle 21: Zusammenfassung der Wahlkampfmerkmale Heidelberg

Merkmal	Wert
Mittelwert der CDU-Prozentanteile bei Europa-, Bundes- und Landtagswahl:	33,0 %
Baden oder Württemberg:	Baden
Gemeindegröße:	144 T.
Höhe der Wahlbeteiligung bei der Oberbürgermeisterwahl:	45,2 %
Amtsinhaber/in tritt wieder an:	Nein
Ergebnis der Wahl:	Wechsel/Machtkontrolle

Merkmale der Person der Erst- und Zweitplatzierten:

	Parteibind.:	Verwalt.k.:	Auswärtig:	Persönl.k.:	Wahlkampf:	Themenk.:
Erste/r:	1	1	0	1	0	0
Zweite/r:	1	0	0	0	0	0

5.1.4. Einigung der relevanten politischen Gruppierungen auf die Unterstützung eines gemeinsamen Kandidaten bei Neuwahlen

In zwei Städten, in Eppingen und Ludwigsburg, wurde ein Kandidat von fast allen – den stärksten auf jeden Fall - Parteien und Wählervereinigungen bei der Oberbürgermeisterwahl unterstützt. Was bestimmte die Vorauswahl der politischen Gruppierungen, die de facto die Wahl durch die Bevölkerung vorwegnahm?

5.1.4.1. Neuwahl in Ludwigsburg

In Ludwigsburg trat der parteilose Amtsinhaber nicht mehr an, da er sich beruflich veränderte. Ein parteiloser Oberbürgermeister einer anderen Stadt gewann im ersten

---

593 Ebenda.

594 Rhein-Neckar-Zeitung, 13.11.2006.

Wahlgang die Oberbürgermeisterwahl bei einer Wahlbeteiligung von 25,8 Prozent mit 73 Prozent der Stimmen.[595] Unterstützt wurde er von CDU, SPD und Freien Wählern. Die niedrige Wahlbeteiligung ebenso wie rund 25% der Stimmen für zwei örtliche Kandidaten ohne Verwaltungshintergrund, die nicht ernst genommen wurden und von denen einer sich freute, dass er nicht gewählt wurde, wurden als Protest dafür gesehen, dass keine wirklichen Alternativen zur Wahl standen.[596] Ein ebenfalls auswärtiger Verwaltungsfachmann, der sich beworben hatte, zog sechs Wochen vor der Wahl seine Bewerbung zurück, weil sich „für ihn ‚die Situation fundamental verändert'" hatte.[597] Er stellte dies fest, nachdem sich die Fraktionen von CDU, SPD und Freien Wählern nicht für ihn, sondern den späteren Sieger entschieden hatten.

Fazit: Einem auswärtigen Verwaltungsfachmann, der bereits Erfahrungen als Oberbürgermeister gesammelt hatte, wurde von den maßgeblichen Fraktionen im Gemeinderat in dieser württembergischen Stadt am ehesten zugetraut, die Stadtverwaltung zu führen. Als Parteiloser bot er den kleinsten politischen Nenner, auf den sich die größten Fraktionen im Stadtrat einigen konnten.[598] Da die politischen Gruppierungen der Person mit der ihrer Meinung nach größten Verwaltungskompetenz den Vorzug gaben, zog ein Interessent seine Bewerbung zurück. Die Unterstützungsentscheidung der stärksten kommunalpolitischen Kräfte war für die Wahl entscheidend, da danach nur noch ein ernstgenommener Kandidat zur Wahl stand und auch von der Bevölkerung gewählt wurde.

Tabelle 22: Zusammenfassung der Wahlkampfmerkmale Ludwigsburg

Mittelwert der CDU-Prozentanteile bei Europa-, Bundes- und Landtagswahl:	38,8 %
Baden oder Württemberg:	Württemberg
Gemeindegröße:	87 T.
Höhe der Wahlbeteiligung bei der Oberbürgermeisterwahl:	25,8 %
Amtsinhaber/in tritt wieder an:	Nein
Ergebnis der Wahl:	Kontinuität

Merkmale der Person der Erst- und Zweitplatzierten:

	Parteibind.:	Verwalt.k.:	Auswärtig:	Persönl.k.:	Wahlkampf:	Themenk.:
Erste/r:	1	1	1	1	0	0
Zweite/r:	0	0	0	0	0	0

5.1.4.2. Neuwahl in Eppingen

In Eppingen hörte der CDU-Amtsinhaber auf. Als Nachfolger wurde im Jahr 2004 der parteilose Kämmerer aus dem eigenen Rathaus, der zunächst von der SPD, dann auch von CDU und FWV unterstützt wurde, ohne ernst genommene Konkurrenz mit über 78 Prozent der abgegebenen Stimmen gewählt. Der allein gegen ihn angetretene Metzgermeister erreichte bei einer Wahlbeteiligung von 45% über 20 Prozent.[599] Dass dieser Kandidat, dem von vorneherein öffentlich nicht zugetraut wurde, das

[595] Ludwigsburger Kreiszeitung, 30.6.2003

[596] Ebenda und Stuttgarter Zeitung, 30.6.2003.

[597] Ludwigsburger Kreiszeitung, 14.5.2003.

[598] Im Jahr 2009 wurde der Ludwigsburger Oberbürgermeister als Parteiloser für die CDU in das Regionalparlament der Region Stuttgart gewählt.

[599] Heilbronner Stimme, 26.1.2004.

Oberbürgermeisteramt auszuüben, trotzdem ein Fünftel der abgegeben Stimmen erhielt, zeigte die Enttäuschung über fehlende „wirkliche“ Alternativen.
Fazit: Für den aus der örtlichen Stadtverwaltung kommenden Bewerber gab es keine Konkurrenz von Fachleuten um das Amt. Wie in Ludwigsburg war auch in Eppingen der Bewerber, den fast alle kommunal aktiven politischen Parteien und die Freie Wählvereinigung unterstützten, parteilos. Dass es in diesem Fall ein Mitarbeiter der örtlichen Stadtverwaltung war, passt in die badische Tradition der Bevorzugung Einheimischer. Das Image der Stadtverwaltung wurde nicht zum Störfaktor.

Tabelle 23: Zusammenfassung der Wahlkampfmerkmale Eppingen

Mittelwert der CDU-Prozentanteile bei Europa-, Bundes- und Landtagswahl:	46,9 %
Baden oder Württemberg:	Baden
Gemeindegröße:	21 T.
Höhe der Wahlbeteiligung bei der Oberbürgermeisterwahl:	45 %
Amtsinhaber/in tritt wieder an:	Nein
Ergebnis der Wahl:	Wechsel

Merkmale der Person der Erst- und Zweitplatzierten:

	Parteibind.:	Verwalt.k.:	Auswärtig:	Persönl.k.:	Wahlkampf:	Themenk.:
Erste/r:	1	1	0	1	0	0
Zweite/r:	1	0	0	0	0	0

5.2. Die 16 Wiederwahlen in den Jahren 2003 bis 2006

Da wieder antretenden Oberbürgermeister(inne)n beste Siegchancen eingeräumt werden, haben sie seltener als „ernsthaft“ eingestufte Konkurrenz als bei Neuwahlen. Die 16 Wiederwahlen fanden in den Städten Bühl, Ravensburg, Öhringen, Rottenburg, Rheinfelden, Geislingen, Remseck, Karlsruhe, Stuttgart, Lörrach, Lahr, Schramberg, Esslingen, Kehl, Konstanz und Schwäbisch Hall statt.

5.2.1. Wiederwahl in Ravensburg

Der CDU-Amtsinhaber wurde ohne Konkurrenz auf dem Stimmzettel bei einer Wahlbeteiligung von 25,9 Prozent mit 98,9 Prozent wiedergewählt.[600] Er war Mitglied der stärksten Partei vor Ort, gegen die er sich bei seiner ersten Wahl acht Jahre zuvor noch durchsetzen musste.
Fazit: Bei dieser unbestrittenen Wiederwahl konnte der Amtsinhaber voll auf seinen Amtsbonus setzen, den er sich in acht Jahren Amtszeit erarbeitet hatte.

[600] Stuttgarter Nachrichten und Schwäbische Zeitung vom 24.3.2003.

Tabelle 24: Zusammenfassung der Wahlkampfmerkmale Ravensburg

Mittelwert der CDU-Prozentanteile bei Europa-, Bundes- und Landtagswahl:	46,0 %
Baden oder Württemberg:	Württemberg
Gemeindegröße:	49 T.
Höhe der Wahlbeteiligung bei der Oberbürgermeisterwahl:	25,9 %
Amtsinhaber/in tritt wieder an:	Ja
Ergebnis der Wahl:	Kontinuität

Merkmale der Person der Erst- und Zweitplatzierten:

	Parteibind.:	Verwalt.k.:	Auswärtig:	Persönl.k.:	Wahlkampf:	Themenk.:
Erste/r:	0[601]	1	0	1	0	0
Zweite/r:	0	0	0	0	0	0

5.2.2. Wiederwahl in Lörrach

In Lörrach wurde die CDU-Oberbürgermeisterin bei einer Wahlbeteiligung von 34,11 Prozent mit 60 Prozent der abgegebenen Stimmen wiedergewählt.[602] Sie war im Jahr davor erfolglos in Freiburg bei der Oberbürgermeisterwahl angetreten. Unter den in der Lörracher Öffentlichkeit als aussichtslos geltenden Gegenkandidaten erreichte ein PDS-Mitglied mit über 17 Prozent den höchsten Anteil – mit „einem Blitzwahlkampf von nur wenigen Tagen."[603] Dies wurde in den Zeitungen als „sensationell" gewertet. Und eine Zeitung sah keinen Grund für die Amtsinhaberin, damit zufrieden zu sein: „60 Prozent für den Amtsinhaber ohne wirklich starke Gegenkandidaten sind kein Anlass für Jubelstürme."[604] Trotz der angesichts der Bewerberlage als niedrig empfundenen Zustimmungsquote zeigte sich die Siegerin zufrieden, da sie ihre gescheiterte Bewerbung in Freiburg und die kommunalpolitische Situation als Bürde für ihre Wahl empfand: „Die Voraussetzungen seien schwierig gewesen. Da stand immer noch der Freiburg-Ausflug gegen sie, Teilaspekte der Spardiskussion (in der Stadt, d. Verf.) seien instrumentalisiert worden."[605] SPD und Grüne hatten keine Gegenkandidat(inn)en zur Amtsinhaberin unterstützt.[606]

Fazit: Die im Vergleich zu anderen Oberbürgermeisterwahlen mit Konkurrenz auf dem Stimmzettel niedrige Wahlbeteiligung und relativ gute Ergebnisse von Kandidaten, die in der Öffentlichkeit bereits vorweg „abgeschrieben" worden waren, deuten auf Unzufriedenheit mit der wieder antretenden Oberbürgermeisterin hin. In dieser Situation verhalf ihr der Amtsbonus verbunden mit der im Bewerberfeld allein ihr zugeschriebenen Fachkompetenz zum Sieg. Nur gemutmaßt werden kann, wie die Wahl mit allgemein ernst genommener Konkurrenz verlaufen wäre. Eine stärkere Mobilisierung des Unterstützerlagers der Oberbürgermeisterin und damit mehr Stimmen für sie (bei vermutlich insgesamt höherer Wahlbeteiligung) hätten Folge sein können. Möglich gewesen wäre auch, dass der Unmut zur Nichtwiederwahl geführt hätte.

---

601 Auch wenn bei Wiederwahlen siegende Amtsinhaber/innen an die dominierende Partei gebunden sind, wird Parteibindung bei tabellarischen Zusammenfassungen der Wiederwahlen nur gekennzeichnet, wenn es von relevanten politischen Kräften unterstützte Konkurrenz gibt.

602 Stadt Lörrach: Endgültiges Ergebnis der Oberbürgermeisterwahl am 30.3.2003, Badische Zeitung, 31.3.2003.

603 Oberbadisches Volksblatt, 31.3.2003.

604 Ebenda.

605 Badische Zeitung, 31.3.2003.

606 Ebenda.

Tabelle 25: Zusammenfassung der Wahlkampfmerkmale Lörrach

Mittelwert der CDU-Prozentanteile bei Europa-, Bundes- und Landtagswahl:	37,3 %
Baden oder Württemberg:	Baden
Gemeindegröße:	47 T.
Höhe der Wahlbeteiligung bei der Oberbürgermeisterwahl:	34,11 %
Amtsinhaber/in tritt wieder an:	Ja
Ergebnis der Wahl:	Kontinuität

Merkmale der Person der Erst- und Zweitplatzierten:

	Parteibind.:	Verwalt.k.:	Auswärtig:	Persönl.k.:	Wahlkampf:	Themenk.:
Erste/r:	0	1	0	0	0	0
Zweite/r:	0	0	1	0	1	0

5.2.3. Wiederwahl in Rottenburg

In der von der CDU klar dominierten Stadt Rottenburg wurde der CDU-Amtsinhaber ohne öffentlich als ernsthaft gesehene Alternative mit 89,59 Prozent wiedergewählt. Die Wahlbeteiligung von 40,53 Prozent[607] und die Stimmenzahl für den Gegenkandidaten, der über keine Verwaltungserfahrung verfügte, waren höher als allgemein erwartet. Der Sieger dankte seinem Herausforderer für die durch die Konkurrenz beförderte Wählermobilisierung: „Die hohe Wahlbeteiligung ist auch dem spannenden Wahlkampf mit Ihnen zu verdanken."[608] Als möglicher Grund für den Gang zur Urne wurde in den Zeitungen zusätzlich das Angebot des siegreichen Amtsinhabers genannt, „dem Bezirk mit der höchsten (Wahl-)Quote ein Fass Freibier zu stiften."[609] Es gab also einen als „spannend" empfundenen Wahlkampf, obwohl ein Mann im Amt bestätigt wurde, „zu dem es im Moment keine Alternative gibt"[610] – wie in der Zeitung geschrieben wurde. Der Sieger hatte im Wahlkampf „keinerlei Versprechungen gemacht"[611]. Auch der Wahlverlierer sah mit dem Ergebnis sein „Wahlziel voll erreicht, die Demokratisierung voranzutreiben."[612] Er sagte dies vor dem Hintergrund, dass SPD, FDP und Grüne auf Gegenkandidat(inn)en verzichtet hatten, da der Amtsinhaber sehr beliebt war.[613]

Fazit: Nachdem sich der Oberbürgermeister bei seiner ersten Wahl acht Jahre zuvor gegen harte Konkurrenz und seine eigene Partei, die damals bis zuletzt an einem „offiziellen" CDU-Kandidaten festgehalten hatte, durchsetzen musste, konnte er nun voll auf seinen in acht Jahren Amtszeit erworbenen Amtsbonus setzen. Auch in seiner Partei machte er Karriere. Er wurde deren Kreisvorsitzender und 2006 für die CDU in den Landtag gewählt.[614]

---

[607] Amtsblatt der Stadt Rottenburg 29-2003.
[608] Schwarzwälder Bote, 15.7.2003.
[609] Schwarzwälder Bote, 14.7.2003.
[610] Schwarzwälder Bote, 14.7.2003.
[611] Schwäbisches Tagblatt, 14.7.2003.
[612] Ebenda.
[613] Südwest-Presse/Schwäbisches Tagblatt, 15.7.2003.
[614] Anfang des Jahres 2008 wechselte der Rottenburger Oberbürgermeister als Amtschef in ein Landesministerium.

Tabelle 26: Zusammenfassung der Wahlkampfmerkmale Rottenburg

Mittelwert der CDU-Prozentanteile bei Europa-, Bundes- und Landtagswahl:	49,3 %
Baden oder Württemberg:	Württemberg
Gemeindegröße:	43 T.
Höhe der Wahlbeteiligung bei der Oberbürgermeisterwahl:	40,53 %
Amtsinhaber/in tritt wieder an:	Ja
Ergebnis der Wahl:	Kontinuität

Merkmale der Person der Erst- und Zweitplatzierten:

	Parteibind.:	Verwalt.k.:	Auswärtig:	Persönl.k.:	Wahlkampf:	Themenk.:
Erste/r:	0	1	0	1	0	0
Zweite/r:	0	0	0	0	1	0

5.2.4. Wiederwahl in Öhringen

Am selben Tag wie in Rottenburg wurde ohne Gegenkandidat/in sein Öhringer CDU-Kollege mit fast 99 Prozent bei einer Wahlbeteiligung von 33,5 Prozent bestätigt.[615] Der nach 16 Jahren wieder antretende Oberbürgermeister und Landtagsabgeordnete war in seiner Amtsführung unumstritten. Weder von Parteien und Wählervereinigungen noch von Einzelkämpfer/innen erwuchs ihm Konkurrenz.
Fazit: Sein Amtsbonus sorgte dafür, dass er ohne Konkurrenz wiedergewählt wurde.

Tabelle 27: Zusammenfassung der Wahlkampfmerkmale Öhringen

Mittelwert der CDU-Prozentanteile bei Europa-, Bundes- und Landtagswahl:	49 %
Baden oder Württemberg:	Württemberg
Gemeindegröße:	23 T.
Höhe der Wahlbeteiligung bei der Oberbürgermeisterwahl:	33,5 %
Amtsinhaber/in tritt wieder an:	Ja
Ergebnis der Wahl:	Kontinuität

Merkmale der Person der Erst- und Zweitplatzierten:

	Parteibind.:	Verwalt.k.:	Auswärtig:	Persönl.k.:	Wahlkampf:	Themenk.:
Erste/r:	0	1	0	1	0	0
Zweite/r:	0	0	0	0	0	0

5.2.5. Wiederwahl in Rheinfelden

Bei einer Wahlbeteiligung von 41,79 Prozent wurde in Rheinfelden der CDU-Oberbürgermeister im ersten Wahlgang mit 51,05 Prozent knapp wieder gewählt. Herausgefordert hatte ihn der Beigeordnete aus der eigenen Stadt, ein SPD-Mitglied, der nur 232 Stimmen weniger erhielt. In den SPD-Hochburgen und in der gesamten Kernstadt lag der Herausforderer vorn – allerdings bei einer im Durchschnitt geringeren Wahlbeteiligung in diesen Wahlbezirken im Vergleich zu denen, in denen der Amtsinhaber vorne lag.[616] Bei Bundes- und Landtagswahlen ein bzw. zwei Jahr/e nach dieser Oberbürgermeisterwahl erhielt die SPD in dieser badischen Stadt mehr Stimmen als die CDU. Bei den Europa- und Kommunalwahlen war die CDU (wie in Emmendingen) stärker als die SPD. Die CDU schnitt mit 39 Prozent Zustimmung bei der Gemeinderatswahl im Vergleich aller angetretenen Listen am besten ab, lag mit diesem Ergebnis aber unter dem ihres Mitglieds bei der Oberbürgermeisterwahl.

---

[615] Hohenloher Zeitung, 14.7.2003.
[616] Oberbadisches Volksblatt, 27.4.2004 und von der Stadt Rheinfelden veröffentlichte Ergebnisse der Oberbürgermeisterwahl 2004 am 25.04.2004.

Die Wahlbeteiligung war bei der Gemeinderatswahl im Jahr 2004 in Rheinfelden mit 40,8 Prozent etwa so hoch wie bei der Oberbürgermeisterwahl im gleichen Jahr. Der Sieger räumte Probleme mit der Ausgangslage vor der Wahl ein, „womit er die unrühmliche und von ihm in der Öffentlichkeit als Fehler und Versäumnis eingestandene Nebentätigkeits-Affäre meinte."[617] Erst nachträglich und auf Druck des Regierungspräsidiums hatte der Oberbürgermeister nämlich für seine Nebentätigkeiten von 1998 bis 2002 Geld an die Stadtkasse abgeführt, womit für seine politischen Gegner/innen allerdings die Sache nicht abgeschlossen war.[618] Der Amtsbonus sicherte dem Oberbürgermeister die Wiederwahl. Dass er im Amt blieb, hat er nach Meinung der Lokalzeitung, „dem Ansehen zu verdanken, das er sich in den vergangenen acht Jahren erarbeitet hat."[619]
Fazit: Der Wahlausgang zeigte, dass die Wiederwahl des Amtsinhabers gefährdet war. Eine stärkere Mobilisierung von Wähler/innen, die bei Wahlen auf Bundes- und Landesebene nicht seine Partei wählten oder den Amtsinhaber ablehnten, hätte das Ergebnis drehen können. Stattdessen war die Wahlbeteiligung in den Wahlbezirken, in denen der Amtsinhaber mehr Stimmen als sein Konkurrent erhielt, größer als in denen, in denen sein Herausforderer vorne lag. Mit der unterschiedlich hohen Mobilisierung von Wählergruppen wurde der Sieg erreicht. Der Amtsinhaber konnte mit Erfolgen seiner Amtszeit punkten, die letztlich mehr wogen, als seine öffentlich diskutierten Fehler. Beide Konkurrenten waren kommunale Verwaltungsfachleute.

Tabelle 28: Zusammenfassung der Wahlkampfmerkmale Rheinfelden

Mittelwert der CDU-Prozentanteile bei Europa-, Bundes- und Landtagswahl:	38,1 %
Baden oder Württemberg:	Baden
Gemeindegröße:	32 T.
Höhe der Wahlbeteiligung bei der Oberbürgermeisterwahl:	41,79 %
Amtsinhaber/in tritt wieder an:	Ja
Ergebnis der Wahl:	Kontinuität

Merkmale der Person der Erst- und Zweitplatzierten:

	Parteibind.:	Verwalt.k.:	Auswärtig:	Persönl.k.:	Wahlkampf:	Themenk.:
Erste/r:	1	1	0	0	0	0
Zweite/r:	1	1	0	0	0	0

5.2.6. Wiederwahl in Konstanz

In Konstanz wurde der Amtsinhaber im zweiten Wahlgang bei einer gegenüber dem ersten leicht gestiegenen Wahlbeteiligung von 50,4 Prozent wiedergewählt. Mit einem Anteil von 38,6 Prozent der Stimmen überholte er knapp einen parteilosen Widersacher, einen Bürgermeister einer kleineren Gemeinde, der im ersten Wahlgang vorne gelegen hatte und leicht zurückfiel. Der Stimmanteil des Siegers lag nur wenig über dem bei seiner ersten Wahl acht Jahre zuvor mit damals 35,7 Prozent.[620] Als erstes Mitglied der Grünen überhaupt in Baden-Württemberg trat er damit eine zweite Amtsperiode als Oberbürgermeister an. Nach dem ersten Wahlgang wurde in der Lokalzeitung bereits der Abgesang auf den grünen Rathauschef gesungen und ein Machtwechsel

617 Anzeiger, 28.4.2004.
618 Stuttgarter Zeitung, 6.3.2004.
619 Badische Zeitung, 26.4.2004.
620 Südkurier, 26.7.2004 und Stuttgarter Zeitung, 26.7.2004.

angekündigt: „Fast 66 Prozent der zur Wahl gegangenen Bürger bestätigten seine Arbeit nicht, sie hatten vielmehr Lust auf einen Wechsel. Die Wechselstimmung, von der man vor wenigen Wochen noch nichts spürte, sie ist da."[621] Da der an dritter Stelle liegende Sozialdemokrat aus dem Bundeskanzleramt in Berlin vor dem entscheidenden Wahlgang nicht zurückzog, wurde ihm von den Grünen schon die Schuld an der drohenden Niederlage gegeben. Die Frage, aus welchem politischen Lager die für den Sieg entscheidenden Stimmen gewonnen wurden, rückte angesichts des knappen Wahlausgangs in den Hintergrund. Der Wahlerfolg wurde in der Lokalzeitung mit Wählermobilisierung und Demobilisierung erklärt: „Im Vergleich zum ersten Wahlgang gingen gestern nur 890 Wähler mehr als am 11. Juli an die Urnen."[622] Während die beiden Hauptkonkurrenten etwas verloren, hat der Sieger einige zusätzliche Stimmen hinzugewonnen „– so dürfte das Ergebnis zustande gekommen sein."[623] Die Analyse des Hauptamts der Stadt Konstanz bestätigte, dass die Mobilisierung von Nichtwähler(inne)n (des ersten Wahlgangs) der entscheidende Beitrag zum Sieg war.[624] Der Amtsinhaber siegte, obwohl er neben Stimmenzuwachs auch Verluste an die Konkurrenten hinnehmen musste, die aber in der Summe 1500 Stimmen geringer waren als sein Zuwachs.[625] Trotz seiner Schwächen hat der Oberbürgermeister laut einer Zeitung „am Ende sein Potenzial im grün-alternativen Spektrum und liberalen Bürgertum voll ausgeschöpft."[626]

Die beiden Unterlegenen beklagten „Attacken unterhalb der Gürtellinie."[627] Denn in einem, einer offiziellen Mitteilung der Stadtverwaltung nachempfundenen, Flugblatt in hoher Auflage wurde drei Tage vor dem Wahlsonntag der Amtsinhaber kräftig gelobt; gleichzeitig wurden Bedenken gegen die beiden anderen Kandidaten gestreut. Diese Angriffe auf die Konkurrenz zielten auf die Mobilisierung des eigenen und die Demobilisierung des gegnerischen Lagers. Der Sieger setzte bei der Werbung für sich auf seine Herkunft aus Konstanz und seinen Amtsbonus. Zum Vorteil für ihn wurde, dass der von der CDU unterstützte Konkurrent Wahlkampfhilfe prominenter christdemokratischer Redner erhielt und so Parteipolitik ins Spiel brachte. Eine Zeitung schrieb: „Letztendlich zog bei den Wählern seine simple Botschaft, ein gebürtiger Konstanzer und einer der ihren zu sein. Die überraschende Abstrafung mit Platz zwei nach dem ersten Wahlgang dürfte manchen (...) Sympathisanten aufgeschreckt haben. (...) Der (siegreiche, d.V.) Jurist (...) hat in der Endphase des Wahlkampfs alles richtig gemacht. Er nahm sich völlig zurück und baute auf seinen Amtsbonus. Hier machte insbesondere (...) (der zuletzt Zweitplatzierte) entscheidende Fehler. Der angeblich

---

[621] Südkurier, 12.7.2004.
[622] Südkurier, 26.7.2004.
[623] Ebenda.
[624] Stadt Konstanz, Hauptamt: „Wahl des Oberbürgermeisters 2004 in der Stadt Konstanz", Konstanz, März 2005, S. 8 und 24; der Stimmenzustrom für den Amtsinhaber wurde zwar auch durch die Wählerschaft „sonstiger Kandidaten" (dies waren 600 Stimmen für einen Kandidaten, der zum zweiten Wahlgang nicht wieder antrat, sowie 12 Stimmen für auf den Stimmzettel hinzugefügte Personen), gespeist, aber diese reichten nicht aus für eine Veränderung des Stimmenverhältnisses.
[625] A.a.O., S. 24; die beiden Hauptkonkurrenten verloren gleichzeitig zusammen mehr als 1000 Wähler/innen an das Nichtwählerlager.
[626] Stuttgarter Zeitung, 26.7.2004.
[627] Ebenda.

unabhängige Tauberbischofsheimer Bürgermeister hatte als Wahlkampfhelfer mit Teufel, Oettinger und Rommel die Crème de la Crème der Landes-CDU aufgefahren. Das war den eher konservativen Konstanzern zu viel der Parteipolitik.“[628]
Fazit: Der Amtsbonus wirkte in Konstanz nur beschränkt. In der badischen Stadt sprach für den umstrittenen Amtsinhaber seine Herkunft als „eingeborener“ Einheimischer im Vergleich mit Auswärtigen. Attacken seiner Unterstützer/innen auf die Konkurrenten trugen zur Mobilisierung seiner Anhänger/innen bei. Weniger als 40 Prozent Zustimmung ist das prozentual schlechteste Ergebnis aller Sieger/innen bei Oberbürgermeisterwahlen im Untersuchungszeitraum. Die CDU, bei Landtags- und Gemeinderatswahl danach stärkste Partei, scheiterte mit ihrem Versuch, parteiorientierte Wähler/innen durch prominente Redner der eigenen Partei für ihren Kandidaten zu gewinnen. Der dadurch erzielte Effekt ging in eine andere Richtung, da ein zu großer Teil der Wählerschaft keine zu enge Parteibindung wollte. Alle in der Wählergunst vorne liegenden Bewerber waren verwaltungskompetent.

Tabelle 29: Zusammenfassung der Wahlkampfmerkmale Konstanz

Mittelwert der CDU-Prozentanteile bei Europa-, Bundes- und Landtagswahl:	35,8 %
Baden oder Württemberg:	Baden
Gemeindegröße:	81 T.
Höhe der Wahlbeteiligung bei der Oberbürgermeisterwahl:	50,4 %
Amtsinhaber/in tritt wieder an:	Ja
Ergebnis der Wahl:	Kontinuität

Merkmale der Person der Erst- und Zweitplatzierten:

	Parteibind.:	Verwalt.k.:	Auswärtig:	Persönl.k.:	Wahlkampf:	Themenk.:
Erste/r:	0	1	0	0	1	0
Zweite/r:	1	1	1	0	0	0

5.2.7. Wiederwahl in Stuttgart

Der in Stuttgart acht Jahre zuvor erstmals knapp gegen einen Konkurrenten der Grünen gewählte CDU-Oberbürgermeister wurde im zweiten Wahlgang bei einer - gegenüber dem ersten gesunkenen - Wahlbeteiligung von 43,1 Prozent mit 53,3 Prozent wiedergewählt. Der 8,1-Prozent-Vorsprung des 55jährigen gegenüber seiner 56jährigen SPD-Herausforderin war für seine Partei angesichts des vom CDU-Kreisvorsitzenden konstatierten bundes- und landespolitischen Gegenwinds überraschend.[629] Eine Zeitung zitierte einen Christdemokraten, der den Gemütszustand seiner Partei vor der Wahl drastisch beschrieb: „'Wir hatten die Hosen gestrichen voll.'“[630] Dass der Sieger im zweiten Wahlgang auch von der FDP unterstützt wurde, war weniger sensationell als die Entscheidung der Grünen. Der nach der ersten Runde als Oberbürgermeisterkandidat ausgeschiedene Tübinger grüne Landtagsabgeordnete und seine Partei, die im Stuttgarter Rathaus mit der CDU punktuell zusammenarbeitete, empfahlen mehr oder minder direkt, im zweiten Wahlgang den konservativen Amtsinhaber, das „kleinere Übel“[631], zu wählen. Damit erhielt der zweite Wahlgang landes- und bundespolitische

---

628 Ebenda.
629 Stuttgarter Zeitung und Stuttgarter Nachrichten vom 25.10.2004.
630 Rhein-Neckar-Zeitung, 25.10.2004.
631 So der grüne Kandidat in der Nachbetrachtung laut Stuttgarter Nachrichten vom 25.10.2004.

Brisanz. Aus Ärger über die Empfehlung gab dem Grünen der Stuttgarter SPD-Stadtratsfraktionsvorsitzende auf den Weg, dass er sich nicht zu Stuttgart äußern sollte: „'Der soll doch in Tübingen bleiben und dort als Sohn seines Vaters reden.'“[632]
Die unterlegene Bewerberin der SPD, eine Stuttgarter Bundestagsabgeordnete, die bei der anschließenden Bundestagswahl 2005 ihren Wahlkreis zum dritten Mal in Folge direkt gewann, erreichte „das ‚beste Ergebnis, das ein SPD-Bewerber bei einer Stuttgarter OB-Wahl überhaupt erreicht hat.'“[633] Sie wurde gar „Oberbürgermeisterin von Stuttgart-City“[634] genannt. Denn im zweiten Wahlgang konnte sie in den grünen Hochburgen der Innenstadt am stärksten zulegen und erhielt in allen fünf inneren Stadtbezirken insgesamt ein Prozent mehr Stimmen als der Amtsinhaber; in drei der fünf Innenstadtbezirke erreichte sie die absolute Mehrheit der Stimmen.[635] Ihre besten Ergebnisse hatte sie, wie die SPD bei anderen Wahlen, in statusniedrigen Wohngebieten. In statushöheren Wohngebieten konnte sie erst im zweiten Wahlgang zulegen. Aber auch der Amtsinhaber gewann in der zweiten Runde in statushöheren Gebieten Stimmen hinzu und blieb dort in der Wählergunst deutlich vorn. Insgesamt sozialstrukturell ausgeglichener als die SPD und deren Bewerberin wurden die CDU bei anderen Wahlen und ihr Kandidat bei der Oberbürgermeisterwahl gewählt.[636]
In der vom statistischen Amt der Stadt erstellten Wählerwanderungsbilanz wird gezeigt, dass nur ein Teil der Wähler/innen des Grünen seiner Empfehlung für den CDU-Mann folgte. Danach wählten rund 4800 seiner Wähler/innen im ersten Wahlgang (12,5 Prozent seiner Wählerschaft) im zweiten den Amtsinhaber. 13.000 von ihnen (= 34,4 Prozent) gingen nicht mehr zur Wahl und über 20.000 von ihnen (= 52,3 Prozent) wählten die SPD-Kandidatin.[637] Der Sieger erhielt im Saldo seine höchsten Zuwächse aus dem ehemals grünen Stimmpotential mit 1,2 Prozent (bezogen auf die Wahlberechtigten). „Kaum weniger wichtig waren die Zugewinne von (...) Wählern (der Zweitplatzierten, d.V.) (+0,9) und die Mobilisierung von Nichtwählern (+0,8).“[638] Dass die SPD-Bewerberin mehr Stimmen als der Sieger aus dem grünen Reservoir schöpfte, verhalf ihr dazu, den Vorsprung des Siegers im Vergleich zum ersten Wahlgang zu verkürzen. Sie verlor aber gleichzeitig 3000 Stimmen an ihn und konnte „keine weiteren Mobilisierungserfolge erzielen.“[639] Der Stimmenzuwachs aus dem Lager des in der ersten Runde Drittplatzierten „bescherte ihr bei der Neuwahl höhere Stimmenanteile in den GRÜNEN-Hochburgen (49,5%) als in den SPD-Hochburgen (48,2%).“[640] In SPD-Hochburgen erhielt der Sieger gar im Durchschnitt „die absolute Mehrheit der gültigen

---

[632] Stuttgarter Zeitung, 25.10.2004. Der Vater des grünen Landtagsabgeordneten trat vor dieser Zeit bei vielen Bürgermeister- und Oberbürgermeisterwahlen im Land an.
[633] So der Stuttgarter SPD-Kreisvorsitzende laut Stuttgarter Nachrichten vom 25.10.2004.
[634] So der stellvertretende SPD-Kreisvorsitzende laut Stuttgarter Zeitung vom 25.10.2004.
[635] Landeshauptstadt Stuttgart, Statistisches Amt (Hrsg.), Bearbeiter: Thomas Schwarz: „Die Oberbürgermeisterwahl am 10.Oktober 2004 und die Neuwahl am 24.Oktober 2004 in Stuttgart. Eine Analyse des Wahlverhaltens in räumlicher und sozialstruktureller Differenzierung“, Stuttgart, 2004, S. 19-22.
[636] A.a.O., S. 11, 12, 15 und 23.
[637] Ebenda, S. 11, 15 u. 18. Siehe auch bw-woche/Staatsanzeiger für Baden-Württemberg, 17.1.2005.
[638] Landeshauptstadt Stuttgart, Statistisches Amt, s.o., S. 11.
[639] A.a.O., S. 15.
[640] A.a.O., S. 15.

Stimmen (50,2%).“[641] Mit seinem bisher besten Ergebnis in vier Wahlgängen bei zwei Oberbürgermeisterwahlen (1996 und 2004) „übertraf er rechnerisch die Gesamtstärke des bürgerlichen Lagers bei vergleichbaren Wahlen (z.B. Gemeinderatswahl 2004: 49,1%). In FDP-Hochburgen (der Gemeinderatswahl 2004) kam er fast auf dieselben Prozentanteile (56,9 %) wie in CDU-Hochburgen (58,5%).“[642]
Unter den Stuttgarter Wahlberechtigten sind die Frauen mit 53 Prozent in der Mehrheit. 10,4 Prozent der Wahlberechtigten in der Stadt haben die Staatsangehörigkeit eines anderen EU-Staates als Deutschland. Von den EU-Bürger(inne)n gingen bei beiden Wahlgängen nur knapp über 15 Prozent zur Wahl. Und die Wahlberechtigten werden im Durchschnitt älter: „Beinahe ein Drittel der Wahlberechtigten (31,4%) hatte ein Alter von 60 Jahren und älter.“[643] Da die Wahlbeteiligung wie bei anderen Wahlen mit dem Lebensalter stieg, ist das Durchschnittsalter der Wähler/innen im Vergleich zur vorausgegangenen Oberbürgermeisterwahl um fast ein Jahr auf 52,7 Jahre gestiegen.[644] Dies kam, nach allen bisherigen Erfahrungen, dem konservativen Amtsinhaber zu Gute.
Neben der Unterstützung der Grünen für den CDU-Mann nannte die unterlegene Sozialdemokratin als Grund ihrer Niederlage, dass der Oberbürgermeister trotz von ihr gesehener programmatischer Unterschiede „ihre“ Themen nach und nach besetzte: „Allerdings hat der OB wiederholt Themen für sich entdeckt, nachdem ich sie angesprochen habe.“[645] Auch der Sieger nannte neben der für sich reklamierten Erfolgsbilanz „seiner“ Stadt von ihm angesprochene Themen als Grund für den Sieg - als siegbringend sah er „eine Kombination aus meiner Bilanz und meinem Programm.“[646] Seine Anhänger/innen betonten den Sieg des kompetenten Verwaltungsjuristen über die Charmeoffensive der Unterlegenen, die im Gegensatz zu ihm keine Erfahrungen in einer kommunalen Verwaltung vorweisen konnte. Aber auch der Sieger fand im Laufe des Wahlkampfs „zunehmend Geschmack an der Bürgernähe und wurde mit jedem Auftritt selbstsicherer.“[647] Auf das Logo seiner Partei verzichteten er und „seine politischen Berater bewusst.“[648] Hier unterschied er sich nicht von seinen zwei wichtigsten Konkurrent(inn)en, die ihre Werbemittel ebenfalls nicht mit Parteiemblemen versahen.
Fazit: In Stuttgart punktete der Amtsinhaber mit seinem Amtsbonus. Er besetzte aus dem Amt heraus Themen, die während des Wahlkampfes zu einer Schärfung seines Profils beitrugen. Verbunden mit der ihm zugeschriebenen Verwaltungskompetenz konnte er damit nicht nur in Hochburgen von CDU und FDP Mehrheiten gewinnen, sondern auch in Hochburgen der SPD. Die im zweiten Wahlgang unterlegene Sozialdemokratin erreichte Mehrheiten in Hochburgen der Grünen. Die Wahlempfehlung der Grünen für den konservativen Amtsinhaber brachte zwar nicht alle Wähler/innen ihres Kandidaten aus dem ersten Wahlgang auf die Seite des Oberbürgermeisters, aber sie bescherte ihm einen Stimmenzuwachs, der zum Sieg beitrug. Der Sieger gewann

---

[641] A.a.O., S. 15.
[642] A.a.O., S. 12.
[643] A.a.O., S. 25.
[644] A.a.O., S. 27.
[645] Die Unterlegene im Interview mit der Stuttgarter Zeitung am 25.10.2004.
[646] Pforzheimer Zeitung, 25.10.2004.
[647] Stuttgarter Nachrichten, 25.10.2004.
[648] Ebenda.

Zustimmung also nicht nur bei Anhänger/innen der ihn unterstützenden bürgerlich-konservativen Gruppierungen, sondern darüber hinaus.

Tabelle 30: Zusammenfassung der Wahlkampfmerkmale Stuttgart

Mittelwert der CDU-Prozentanteile bei Europa-, Bundes- und Landtagswahl:	35,5 %
Baden oder Württemberg:	Württemberg
Gemeindegröße:	593 T.
Höhe der Wahlbeteiligung bei der Oberbürgermeisterwahl:	43,1 %
Amtsinhaber/in tritt wieder an:	Ja
Ergebnis der Wahl:	Kontinuität

Merkmale der Person der Erst- und Zweitplatzierten:

	Parteibind.:	Verwalt.k.:	Auswärtig:	Persönl.k.:	Wahlkampf:	Themenk.:
Erste/r:	1	1	0	0	0	1
Zweite/r:	0	0	0	0	0	1

5.2.8. Wiederwahl in Schwäbisch-Hall

In Schwäbisch Hall stand nur der Name des SPD-Oberbürgermeisters auf dem Stimmzettel. Seine Wahl war bei den örtlichen politischen Gruppen unumstritten. Bei einer Wahlbeteiligung von 22,3 Prozent wurde er mit 93,2 Prozent wiedergewählt.[649]

Tabelle 31: Zusammenfassung der Wahlkampfmerkmale Schwäbisch-Hall

Mittelwert der CDU-Prozentanteile bei Europa-, Bundes- und Landtagswahl:	36,7 %
Baden oder Württemberg:	Württemberg
Gemeindegröße:	37 T.
Höhe der Wahlbeteiligung bei der Oberbürgermeisterwahl:	22,3 %
Amtsinhaber/in tritt wieder an:	Ja
Ergebnis der Wahl:	Kontinuität

Merkmale der Person der Erst- und Zweitplatzierten:

	Parteibind.:	Verwalt.k.:	Auswärtig:	Persönl.k.:	Wahlkampf:	Themenk.:
Erste/r:	0	1	0	1	0	0
Zweite/r:	0	0	0	0	0	0

5.2.9. Wiederwahl in Bühl in Baden

Der Bühler CDU-Oberbürgermeister wurde ohne Gegenkandidat(inn)en mit 99,3 Prozent der Stimmen bei einer Wahlbeteiligung von 28,45 Prozent wiedergewählt.[650] Fazit für Bühl und Schwäbisch Hall: Der Amtsbonus verhinderte Konkurrenz auf dem Stimmzettel und sicherte damit die ungefährdete Wiederwahl.

[649] Pressemitteilungen der Stadt Schwäbisch Hall mit dem Wahlaufruf und dem Ergebnis der Wahl am 6.3.2005.

[650] Stadt Bühl in Baden: Zusammenstellung der endgültigen Ergebnisse der Oberbürgermeisterwahl am 3.7.2005.

Tabelle 32: Zusammenfassung der Wahlkampfmerkmale Bühl

Mittelwert der CDU-Prozentanteile bei Europa-, Bundes- und Landtagswahl:	51,3 %
Baden oder Württemberg:	Baden
Gemeindegröße:	30 T.
Höhe der Wahlbeteiligung bei der Oberbürgermeisterwahl:	28,45 %
Amtsinhaber/in tritt wieder an:	Ja
Ergebnis der Wahl:	Kontinuität

Merkmale der Person der Erst- und Zweitplatzierten:

	Parteibind.:	Verwalt.k.:	Auswärtig:	Persönl.k.:	Wahlkampf:	Themenk.:
Erste/r:	0	1	0	1	0	0
Zweite/r:	0	0	0	0	0	0

5.2.10. Wiederwahl in Lahr

In Lahr wurde der wieder antretende SPD-Oberbürgermeister mit 76,4 Prozent Zustimmung bei einer Wahlbeteiligung von 35,65 Prozent wiedergewählt.[651] Von dem gegen ihn als „Unabhängiger" antretenden, einheimischen Pharmazeuten und CDU-Mitglied distanzierte sich die eigene Partei, die öffentlich über ihn sagte: „Man könne als CDU nur einen Bewerber unterstützen, der Aussicht auf einen Wahlsieg habe und von dem man erwarten dürfe, dass er das Amt besser ausüben werde als" der Amtsinhaber.[652] Die örtliche Führung der CDU sah für ihren Parteifreund weder Siegchancen, noch glaubte sie, dass er ein besserer Oberbürgermeister wäre als der bisherige.

Fazit: Bereits bei der Frage der Unterstützung durch die eigene Partei scheiterte in Lahr ein Gegenkandidat. Es gelang ihm auch nicht, aus eigener Kraft eine große Zahl von Wähler/innen zu gewinnen. Die geringe Wahlbeteiligung zeigt, dass die Auseinandersetzung zwischen Amtsinhaber und Herausforderer wenig Spannung erzeugte und keine mobilisierende Wirkung hatte. Der Amtsbonus wirkte auch hier schon im Vorfeld der Wahlentscheidung auf die in der Kommunalpolitik Aktiven. Selbst die vor Ort größte Partei, der der Oberbürgermeister nicht angehörte, bescheinigte dem Amtsinhaber eine gute Amtsführung. Die CDU sah keine Siegchance für ihr Parteimitglied, das ihr als nicht fachkompetent erschien.

Tabelle 33: Zusammenfassung der Wahlkampfmerkmale Lahr

Mittelwert der CDU-Prozentanteile bei Europa-, Bundes- und Landtagswahl:	44,1 %
Baden oder Württemberg:	Baden
Gemeindegröße:	44 T.
Höhe der Wahlbeteiligung bei der Oberbürgermeisterwahl:	35,65 %
Amtsinhaber/in tritt wieder an:	Ja
Ergebnis der Wahl:	Kontinuität

Merkmale der Person der Erst- und Zweitplatzierten:

	Parteibind.:	Verwalt.k.:	Auswärtig:	Persönl.k.:	Wahlkampf:	Themenk.:
Erste/r:	0	1	0	1	0	0
Zweite/r:	0	0	0	0	0	0

---

[651] Stuttgarter Zeitung, 10.10.2005.
[652] Stuttgarter Zeitung, 6.10.2005.

5.2.11. Wiederwahl in Kehl

In Kehl wurde am gleichen Tag wie in Waiblingen gewählt. Nur ein WASG-Mitglied kandidierte gegen den wieder antretenden sozialdemokratischen Oberbürgermeister. Der Amtsinhaber konnte sich bei einer Wahlbeteiligung von 28,6 Prozent mit 87,91 Prozent Zustimmung klar im Amt behaupten.[653] Bei seiner Wiederwahl wurde er von der örtlichen SPD, der CDU und der FDP unterstützt.[654]
Fazit: Amtsbonus, Verwaltungskompetenz und die Unterstützung dreier Parteien sicherten einen ungefährdeten Erfolg.

Tabelle 34: Zusammenfassung der Wahlkampfmerkmale Kehl

Mittelwert der CDU-Prozentanteile bei Europa-, Bundes- und Landtagswahl:	38,8 %
Baden oder Württemberg:	Baden
Gemeindegröße:	35 T.
Höhe der Wahlbeteiligung bei der Oberbürgermeisterwahl:	28,6 %
Amtsinhaber/in tritt wieder an:	Ja
Ergebnis der Wahl:	Kontinuität

Merkmale der Person der Erst- und Zweitplatzierten:

	Parteibind.:	Verwalt.k.:	Auswärtig:	Persönl.k.:	Wahlkampf:	Themenk.:
Erste/r:	0	1	0	1	0	0
Zweite/r:	0	0	0	0	0	0

5.2.12. Wiederwahl in Geislingen an der Steige

In Geislingen, Remseck und Karlsruhe wurden am gleichen Tag Amtsinhaber bei niedriger Wahlbeteiligung jeweils im ersten Wahlgang bestätigt.
In Geislingen war im Vergleich der drei Städte mit 43,2 Prozent die Wahlbeteiligung am höchsten. Ein in Neu-Ulm kommunalpolitisch engagierter, an einer Hochschule tätiger Sozialdemokrat und – wie der Amtsinhaber vor seiner Wahl – Ingenieur sowie ein parteiloser einheimischer Verwaltungsmann traten gegen den parteilosen Oberbürgermeister an. Der Amtsinhaber hatte als Quereinsteiger aus der Industrie acht Jahre zuvor in einer Abwahl gesiegt. Beiden Herausforderern wurden vorweg mehr als die von ihnen erzielten rund 17 bzw. 25 Prozent zugetraut. Im Nachhinein wurden sie aber von einem Gegner des Oberbürgermeisters als „nicht stark genug gesehen", um dem Amtsinhaber gefährlich zu werden.[655] Das von einem über seine Partei hinausreichenden Unterstützerkreis getragene SPD-Mitglied sah als Grund seines Abschneidens auf Platz drei nicht die von ihm formulierten „Zukunftsthemen", die nach seinem Eindruck richtig platziert waren. Auch eine Zeitung bescheinigte ihm, dass er „im Wahlkampf mit detailliertem Wissen um die Geislinger Probleme verblüfft"[656] hatte. Entscheidend war für ihn die mangelnde Wählermobilisierung: „'Ich konnte nicht genügend Wähler mobilisieren, zur Wahlurne zu gehen. Die Weltmeisterschaft im Hintergrund und das schöne Wetter taten ein Übriges. (...) die Bevölkerung hat sich nicht

[653] Homepage der Stadt Kehl unter http://www.kehl.de: Wahlergebnis der Oberbürgermeisterwahl 2006.
[654] Meldung der dpa vom 2.2.2006.
[655] So der SPD-Fraktionsvorsitzende im Gemeinderat in der Geislinger Zeitung vom 3.7.2006.
[656] Stuttgarter Zeitung, 3.7.2006.

so sehr für den Wahlkampf interessiert.'"[657] Auch im Zeitungskommentar wurde das geringe Interesse an der Wahl bedauert: „In Zeiten, in denen nur König Fußball zu regieren scheint, ist vielen Leuten das Gemeinwesen offenbar piepegal."[658] Der zweitplatzierte Einheimische klagte, dass er in einer Stadt dieser Größe „nicht jeden Wähler direkt" erreichte.[659]

Das Wahlergebnis von 56,5 Prozent - drei Prozent weniger als acht Jahre zuvor – sah der siegende Oberbürgermeister als Bestätigung seiner Arbeit und erinnerte an Kritik, die im Wahlkampf an ihm geäußert wurde: „Missmanagement beim Personal, bei der Wirtschaftsförderung und in der Jugendpolitik hatten seine Gegner ihm unter anderem vorgeworfen."[660] Als Verwaltungschef hatte er Teile seiner Beschäftigten gegen sich aufgebracht – bis hin zu Prozessen vor dem Arbeitsgericht. Auch einige Gemeinderatsmitglieder übten heftige Kritik an ihm. Die bei anderen Wahlen erfolgreichste Partei vor Ort, die CDU, unterstützte ihn. Am Wahlabend verwies er auf die positive Wirkung seiner öffentlichen Zurückhaltung trotz Angriffen gegen ihn: „Ich habe während des Wahlkampfes öffentlich nie ein kritisches Wort gegen meine Mitbewerber gesagt. Das sah bei meinen Mitbewerbern ganz anders aus."[661]

Fazit: Die Schwäche seiner Herausforderer war die Grundlage für die Wiederwahl eines teilweise umstrittenen Oberbürgermeisters. Mit Themen punktete er nicht, aber mehrheitlich wurde ihm die Kompetenz für die Amtsführung zugesprochen. Er machte nicht den Fehler, seine Konkurrenten öffentlich persönlich anzugreifen, sondern spielte die Rolle des „Stadtvaters". Die stärkste Partei stützte ihn.

Tabelle 35: Zusammenfassung der Wahlkampfmerkmale Geislingen

Mittelwert der CDU-Prozentanteile bei Europa-, Bundes- und Landtagswahl:	41,9 %
Baden oder Württemberg:	Württemberg
Gemeindegröße:	28 T.
Höhe der Wahlbeteiligung bei der Oberbürgermeisterwahl:	43,2 %
Amtsinhaber/in tritt wieder an:	Ja
Ergebnis der Wahl:	Kontinuität

Merkmale der Person der Erst- und Zweitplatzierten:

	Parteibind.:	Verwalt.k.:	Auswärtig:	Persönl.k.:	Wahlkampf:	Themenk.:
Erste/r:	0	1	0	0	0	0
Zweite/r:	0	1	0	0	0	0

5.2.13. Wiederwahl in Remseck am Neckar

In Remseck kandidierte gegen den parteilosen Oberbürgermeister eine parteilose, ortsansässige Diplomverwaltungswirtin; sie hatte damit die gleiche Ausbildung wie der Amtsinhaber, aber keine kommunale Verwaltungserfahrung. Präsentiert wurde sie als Kandidatin von einem mit ihr befreundeten FDP-Stadtrat, gab aber im Laufe des Wahlkampfes ihre Nähe zur CDU zu erkennen.[662] Aber von der CDU unterstützt wurde

---

[657] Geislinger Zeitung, 3.7.2006.
[658] Ebenda.
[659] Ebenda.
[660] Stuttgarter Zeitung, 3.7.2006.
[661] Geislinger Zeitung, 3.7.2006.
[662] Stuttgarter Nachrichten, 3.7.2006.

der Amtsinhaber - wie bei seiner ersten Wahl.[663] Er siegte mit 75,9 Prozent der Stimmen bei einer Wahlbeteiligung von 33,6 Prozent.[664] Die Verliererin war nach vier Monaten Wahlkampf zufrieden mit ihrem Ergebnis von 23,8 Prozent, das sie mit wirtschaftlichen Verkaufserfolgen verglich: „'Ein Unternehmer wäre sehr zufrieden, mit einem neuen Produkt so schnell einen solchen Marktanteil zu gewinnen.'"[665]
Auf Grund der Wahlen in Geislingen und Remseck konstatierte eine Zeitung einen Trend zum Vertrauen in erfahrene Verwaltungsleute: „Das ist in beiden Städten ein Zeichen der Kontinuität und ein Symbol dafür, dass die Wähler in der heutigen Zeit wieder auf erfahrene Rathauschefs setzen. Diese Ergebnisse setzen nämlich den Trend fort, der schon bei den OB-Wahlen in Waiblingen und Vaihingen/Enz zu beobachten war. (...) Das Motto der wählenden Bevölkerung lautet also: Erfahrung siegt."[666]
Fazit: Die Erfahrung an der Spitze der Stadtverwaltung in Remseck war ein entscheidender Unterschied zu einer gegen den Amtsinhaber angetretenen Diplomverwaltungswirtin. Der Amtsbonus wirkte.

Tabelle 36: Zusammenfassung der Wahlkampfmerkmale Remseck

Mittelwert der CDU-Prozentanteile bei Europa-, Bundes- und Landtagswahl:	40,2 %
Baden oder Württemberg:	Württemberg
Gemeindegröße:	22 T.
Höhe der Wahlbeteiligung bei der Oberbürgermeisterwahl:	33,6 %
Amtsinhaber/in tritt wieder an:	Ja
Ergebnis der Wahl:	Kontinuität

Merkmale der Person der Erst- und Zweitplatzierten:

	Parteibind.:	Verwalt.k.:	Auswärtig:	Persönl.k.:	Wahlkampf:	Themenk.:
Erste/r:	0	1	0	1	0	0
Zweite/r:	0	0	0	0	0	0

5.2.14. Wiederwahl in Karlsruhe

In Karlsruhe wurde im ersten Wahlgang der CDU-Amtsinhaber mit 55,5 Prozent der abgegebenen Stimmen bei einer Wahlbeteiligung von 30,3 Prozent bestätigt.[667] Der seit acht Jahren amtierende Oberbürgermeister wurde in der Zeitung beschrieben als „alles andere als ein Visionär mit Charisma. Er war und ist ein solider Verwaltungsfachmann mit einer ebenso soliden Hausmacht."[668] Analysiert wurde in dem zitierten Artikel auch die Wahlentscheidung, die mit Amtsbonus und schwacher Konkurrenz erklärt wurde: „Seine Gegenkandidaten konnten ob dieser Übermacht zum Teil erst nach monatelanger Suche nominiert werden. Populäre politische Persönlichkeiten hatten eine Kandidatur abgelehnt, um nicht politisch verbrannt zu werden. Also wagten sich ausschließlich lokale Größen, die nichts zu verlieren hatten, in den Ring. Aber auch sie blieben in einem reichlich lauen Wahlkampf ähnlich blass wie der Amtsinhaber. Dem genügte folglich sein Amtsbonus."[669] Ein SPD-Bundestagsabgeordneter meinte zwar, es „hätte eigentlich

---

[663] Nach seiner Wiederwahl trat er vor der Kreistagswahl 2009 in die CDU ein.
[664] Er erhielt 13 Prozent mehr als bei seiner ersten Wahl; Ludwigsburger Kreiszeitung, 3.7.2006.
[665] Ebenda.
[666] Kommentar in der Stuttgarter Zeitung vom 3.7.2006.
[667] Stuttgarter Zeitung, 3.7.2006.
[668] Ebenda.
[669] Ebenda.

genug Stoff für mehr Konfrontation im Wahlkampf gegeben"[670], aber es gelang niemand, ein kommunalpolitisches Thema exklusiv zu besetzen und sich damit zu profilieren.[671] In der Wahlanalyse des städtischen Wahlamts wird festgestellt, dass - wie in anderen Städten - die Wahlbeteiligung in der Kernstadt deutlich niedriger lag als „in den ländlich geprägten Stadtteilen am Rand der Großstadt."[672] Die Beteiligung an der Oberbürgermeisterwahl stieg wie bei anderen Wahlen mit höher werdendem sozialen Status: „Je höher der soziale Status, umso höher auch die Wahlbeteiligung. Während in Stadtteilen, wo die Menschen im Schnitt über ein geringes Einkommen verfügen, die Bereitschaft zur Wahl deutlich geringer ausfällt."[673] Mit höherer Wahlbeteiligung einher geht höhere Zustimmung für den Amtsinhaber in den Wohngebieten, in denen bei allgemeinen Wahlen die ihn unterstützenden Parteien erfolgreich waren. Dies wird am Beispiel einer Hochburg der FDP deutlich: „Beispielsweise liegt die Wahlbeteiligung in einem Bezirk mit traditionell hohem Stimmanteil für die FDP (...) bei 40 Prozent. Wobei die Liberalen noch nicht einmal einen eigenen Kandidaten aufgestellt hatten. (...) die FDP-Anhänger (...) haben (...) den CDU-Mann (...) besonders stark gemacht."[674] Das gute Abschneiden in der FDP-Hochburg „hat der Titelverteidiger nur in den Hochburgen der Union übertroffen."[675] In den Hochburgen der anderen Parteien schnitt er zwar unterdurchschnittlich ab, erhielt aber auch dort die Mehrheit. Die an zweiter Stelle platzierte Kandidatin mit SPD-Mitgliedschaft erreichte in den SPD-Hochburgen durchschnittlich einen um 16,6 Prozent höheren Stimmanteil als in der gesamten Stadt, aber auch hier lag der Amtsinhaber knapp vor ihr. Auch in Hochburgen der Grünen und Alternativen konnte die Herausforderin überdurchschnittliche Ergebnisse erreichen; dies hatte nur geringe Auswirkungen auf das Gesamtergebnis, da die Wahlbeteiligung unterdurchschnittlich war. Die Wahlbeteiligung war in CDU- und SPD-Hochburgen leicht überdurchschnittlich.[676] 46,9 Prozent der Wahlberechtigten bei dieser Wahl waren über 50 Jahre alt.[677]

Fazit: Der Amtsbonus, das Vertrauen in seine Amtsführung und die im Vergleich zur Konkurrenz stärkere Mobilisierung des Wählerpotentials der den Amtsinhaber unterstützenden Parteien - der CDU, der stärksten Partei, und der FDP - sicherten in Karlsruhe eine ungefährdete Wiederwahl gegen als schwach gesehene Konkurrenz.

---

[670] Badische Neueste Nachrichten, 3.7.2006.
[671] Stuttgarter Zeitung, 3.7.2006.
[672] Badische Neueste Nachrichten, 14.7.2006.
[673] Stadt Karlsruhe, Amt für Stadtentwicklung: „Oberbürgermeisterwahl 2006 am 2. Juli in Karlsruhe – Ergebnisse der Oberbürgermeisterwahl am 2. Juli 2006, Karlsruhe, Juli 2006, S.14.
[674] Ebenda.
[675] Ebenda.
[676] A.a.O., S. 41-43.
[677] A.a.O., S. 14.

Tabelle 37: Zusammenfassung der Wahlkampfmerkmale Karlsruhe

Mittelwert der CDU-Prozentanteile bei Europa-, Bundes- und Landtagswahl:	36,8 %
Baden oder Württemberg:	Baden
Gemeindegröße:	286 T.
Höhe der Wahlbeteiligung bei der Oberbürgermeisterwahl:	30,3 %
Amtsinhaber/in tritt wieder an:	Ja
Ergebnis der Wahl:	Kontinuität

Merkmale der Person der Erst- und Zweitplatzierten:

	Parteibind.:	Verwalt.k.:	Auswärtig:	Persönl.k.:	Wahlkampf:	Themenk.:
Erste/r:	1	1	0	0	0	0
Zweite/r:	0	0	0	0	0	0

5.2.15. Wiederwahl in Schramberg

In der nach einer Eingemeindung kurz vor der Oberbürgermeisterwahl um fast 4000 Einwohner/innen gewachsenen Stadt Schramberg wurde der SPD-Amtschef ohne Konkurrenz mit 99,4 Prozent der Stimmen bei einer Wahlbeteiligung von 35,59 Prozent bestätigt.[678] Er wurde von allen Gemeinderatsfraktionen gelobt und unterstützt. Das Interesse richtete sich daher auf die Wahlbeteiligung, die ein Sprecher einer Ratsfraktion als im „Vergleich mit dem Landesdurchschnitt (...) immer noch klasse“[679] bezeichnete. Fazit: Wie in anderen Städten verhinderte auch hier der Amtsbonus bereits im Vorfeld der Wahl Konkurrenz auf dem Stimmzettel und sicherte so die Wiederwahl.

Tabelle 38: Zusammenfassung der Wahlkampfmerkmale Schramberg

Mittelwert der CDU-Prozentanteile bei Europa-, Bundes- und Landtagswahl:	48,4 %
Baden oder Württemberg:	Württemberg
Gemeindegröße:	22 T.
Höhe der Wahlbeteiligung bei der Oberbürgermeisterwahl:	35,59 %
Amtsinhaber/in tritt wieder an:	Ja
Ergebnis der Wahl:	Kontinuität

Merkmale der Person der Erst- und Zweitplatzierten:

	Parteibind.:	Verwalt.k.:	Auswärtig:	Persönl.k.:	Wahlkampf:	Themenk.:
Erste/r:	0	1	0	1	0	0
Zweite/r:	0	0	0	0	0	0

5.2.16. Wiederwahl in Esslingen

Bei den sozialdemokratischen Oberbürgermeister/innen sowohl in Esslingen als auch in Tübingen mussten nach den Kommunalwahlen 2004 die Alarmglocken läuten. Die vom Esslinger Oberbürgermeister für seinen Wahlbezirk angeführte SPD-Liste für die Wahl zum Regionalparlament verlor prozentual mehr Stimmen als die SPD im Kreis Esslingen insgesamt bei dieser Wahl. Die Tübinger Oberbürgermeisterin büßte bei der Kreistagswahl gegenüber der im Jahr 1999 erheblich an Zustimmung ein.[680]

---

678 Schwarzwälder Bote, 25.9.2006.

679 Schwarzwälder Bote, 26.9.2006, siehe zum Ansehen des Amtsinhabers auch den Schwarzwälder Boten vom 25.9.2006.

680 Während bei der Kreistagswahl wie bei der Gemeinderatswahl in Baden-Württemberg Stimmen für eine Person kumuliert und Namen auf andere Listen panaschiert werden können, kann bei der Wahl des im Land eine Sonderstellung einnehmenden Parlaments der Region Stuttgart nur eine Liste von Personen gewählt werden. Deren Reihenfolge kann aber von der Bevölkerung nicht mehr verändert werden. Die Popularität einer Person wird also bei der Kreistagswahl direkt, bei der Regionalparlamentswahl nur indirekt und v.a. bei der Person an der Spitze deutlich.

Nach einem intensiven, in der Endphase von der Gegenseite direkt gegen den sozialdemokratischen Oberbürgermeister gerichteten, Wahlkampf setzte sich Anfang Oktober 2006 in Esslingen der Amtsinhaber mit 57,7 Prozent gegen seinen schärfsten, von der CDU unterstützten, auswärtigen Konkurrenten mit CSU-Parteibuch durch.[681] Das Ergebnis fiel angesichts des relativ schlechten Abschneidens bei der vorausgegangen Regionalwahl und des heftigen Gegenwinds im Wahlkampf für viele Beobachter/innen unerwartet deutlich aus. Dass trotz der Konkurrenz um den Posten eine niedrige Wahlbeteiligung erwartet wurde, bringt die Lokalzeitung zum Ausdruck: „Mit einer Wahlbeteiligung von 44,4 Prozent haben sich die schlimmsten Befürchtungen nicht bestätigt."[682]
Die örtliche CDU hatte viele Monate vor dem Wahltermin im Oktober 2006 einen Gegenkandidaten gegen den Amtschef angekündigt, den sie aber erst Ende Juli 2006 kurz vor den Schulsommerferien präsentierte. Der Unterlegene suchte die Schuld an seiner Niederlage aber nicht in der, wie manche meinten, zu spät erfolgten Nominierung durch „seine" Partei. Er sah eher Vorteile in einem kurzen Wahlkampf: „Dem würden Erfahrungen aus anderen Wahlen widersprechen. Ein kurzer und intensiver Wahlkampf rufe eine höhere Aufmerksamkeit hervor."[683] Dem von der Jungen Union am Ende verschärften, ruppigen Wahlkampf, in dem persönliche Angriffe gegen den Amtsinhaber gefahren wurden, gab er die Schuld, dass er nicht besser abschnitt. Denn er schrieb sich zu, die seiner Meinung nach von den Bürger(inne)n gewünschten Zukunftskonzepte präsentiert zu haben.[684] Der Sieger sah mit dem Wahlergebnis sein Ziel von mehr als 50 Prozent erreicht, da in den letzten acht Jahren viel geschehen sei, was eben z.T. auch Kritik hervorrufe. Er meinte: „In einer Zeit, da viele Oberbürgermeister im Land bei Wahlen kämpfen müssten, hält (er) (...) sein Resultat keineswegs für selbstverständlich."[685]
Fazit: In Esslingen verfehlten die Gegner/innen mit ihren Attacken auf den Amtsinhaber ihr Ziel und verhinderten durch die polemische Zuspitzung der Angriffe auf die Person die vom Herausforderer gewollte thematische Auseinandersetzung. Die örtliche CDU hatte im Vorfeld der Oberbürgermeisterwahl erhebliche Anstrengungen unternommen, um eine Alternative zum Amtsinhaber zu finden, und dominierte auch den Wahlkampf des Herausforderers. So konnte der von ihr gefundene Kandidat als Person nur wenig über das Parteiumfeld hinaus wirken. Der Amtsbonus und die damit verbundene Kompetenzzuschreibung wirkten für die Wiederwahl.

---

[681] Eßlinger Zeitung – EZ-Online, 9.10.06.
[682] Ebenda.
[683] Eßlinger Zeitung – EZ-Online, 10.10.06.
[684] Ebenda und Stuttgarter Nachrichten, 10.10.06.
[685] Eßlinger Zeitung, 9.10.06.

Tabelle 39: Zusammenfassung der Wahlkampfmerkmale Esslingen

Mittelwert der CDU-Prozentanteile bei Europa-, Bundes- und Landtagswahl:	38,8 %
Baden oder Württemberg:	Württemberg
Gemeindegröße:	92 T.
Höhe der Wahlbeteiligung bei der Oberbürgermeisterwahl:	44,4 %
Amtsinhaber/in tritt wieder an:	Ja
Ergebnis der Wahl:	Kontinuität

Merkmale der Person der Erst- und Zweitplatzierten:

	Parteibind.:	Verwalt.k.:	Auswärtig:	Persönl.k.:	Wahlkampf:	Themenk.:
Erste/r:	0	1	0	0	1	0
Zweite/r:	1	0	1	0	0	0

5.3. Die sechs Nichtwiederwahlen in den Jahren 2003 bis 2006

Im Jahr 2003 wurden drei der sieben wieder antretenden Oberbürgermeister/innen, 2004 wurde einer der vier Amtsinhaber nicht wiedergewählt. 2005 wurden alle drei zur Wahl stehenden Oberbürgermeister im Amt bestätigt. Im Jahr 2006 wurden sechs Amtsinhaber wiedergewählt; von den zwei Nichtwiederwahlen in diesem Jahr wurde die in Tübingen landes- und bundesweit beachtet, die in Schwetzingen fast nur vor Ort wahrgenommen. Mit den sechs Nichtwiederwahlen in Reutlingen, Ettlingen, Bad Mergentheim, Göppingen, Tübingen und Schwetzingen wird die Darstellung der Fallbeispiele abgeschlossen. Auch wenn es um Nichtwiederwahlen von wieder antretenden Amtsinhaber/innen geht, werden diese Wahlen meist - auch hier - als „Abwahlen“ bezeichnet. Abwahlen von (Ober-)Bürgermeister/innen während der Amtsperiode sind in Baden-Württemberg nicht möglich.

5.3.1. Abwahl in Reutlingen

In Reutlingen besiegte im Jahr 2003 eine parteilose Herausforderin im zweiten Wahlgang den wieder antretenden Oberbürgermeister mit CDU-Parteibuch mit fast 60 Prozent der Stimmen. Unterstützt wurde sie von SPD, FDP und parteilosen Bürger(inne)n. Bereits beim ersten Wahlgang lag der Amtsinhaber zwei Prozent hinter der späteren Siegerin. Bei der ersten Runde hatte noch ein Bürgermeister einer anderen Gemeinde kandidiert, der vor seiner Zeit als Bürgermeister grüner Landtagsabgeordneter im Wahlkreis Reutlingen gewesen war. Nach seinem Rückzug unterstützten im zweiten Wahlgang auch die Grünen die Herausforderin. Die Wahlbeteiligung war vom ersten zum zweiten Wahlgang um über zwei auf 50,7 Prozent gestiegen. Die Bewerberin hatte einige Jahre zuvor die Oberbürgermeisterwahl in Fellbach, wo sie Beigeordnete war, gegen einen jungen Mann verloren, dessen Vater früher Oberbürgermeister Fellbachs gewesen war.

Über den abgewählten Katholiken wurde im Zeitungskommentar gesagt, er habe „im überwiegend protestantischen Reutlingen nie hohe Sympathiewerte erreicht, was auch an seiner häufig an den Tag gelegten Arroganz lag.“[686] Die Abwahl in Reutlingen ist für Kern ein Beispiel dafür, wie unsensibel mit dem Thema Konfession umgegangen werden kann. Die in einer Zeitung veröffentlichte Meinungsäußerung, dass die evangelische Mehrheit den Katholiken loswerden wolle, führte nicht zu der damit intendierten

[686] Schwäbisches Tagblatt, 23.2.2003.

Mobilisierung für den letztlich Unterlegenen, sondern zu öffentlichen Distanzierungen von dieser Meinung und damit zum Gegenteil, nämlich der Unterstützung der späteren Siegerin.[687] Nach der Wahl betonte der Abgewählte den konfessionellen Unterschied und wollte damit erklären, warum er nach acht Jahren Amtszeit nicht bei den Leuten „angekommen" war. Die ihm zugeschriebene Überheblichkeit, die seinem Ansehen schadete, kommentierte er nicht.

Von Wehling wurde der Strategie des Abgewählten, insbesondere vor dem zweiten Wahlgang einen parteiorientierten Wahlkampf zu führen, wesentliche Bedeutung für die Niederlage zugemessen, da damit nicht die gesamte Wählerschaft angesprochen wurde: „Wenn man als OB einen CDU-Wahlkampf führt, braucht man sich nicht zu wundern, dass man nicht über die CDU-Grenze rauskommt."[688] Auch für Kern ist die Zuspitzung des Wahlkampfes des Unterlegenen und seiner Partei auf das Ziel der Verhinderung einer von ihnen vorausgesagten „rot-grünen Apokalypse" ein Beispiel für eine misslungene Wahlkampfstrategie.[689] Die örtliche CDU wollte mit dieser Wahlkampagne vom Bundestrend zu Gunsten ihrer Partei profitieren.[690] Die vom Amtsinhaber und der CDU auch allgemein gegen „Links"[691] gerichtete Kampagne mit dem Ziel der Mobilisierung der Wähler/innen des sogenannten „bürgerlichen Lagers" führte nicht zum Sieg. Die Steigerung der Wahlbeteiligung vom ersten zum zweiten Wahlgang kam beiden verbliebenen Kontrahent(inn)en zu Gute. Die Siegerin legte exakt um die 16,5 Prozent zu, die der nach dem ersten Wahlgang ausgeschiedene Grüne erreicht hatte.[692] Die CDU erreichte bei den Bundes- und Landtagswahlen nach der Oberbürgermeisterwahl als stärkste Partei um die 40 Prozent.[693] Aber weder deren großes Wählerpotential noch der zur Zeit der Oberbürgermeisterwahl günstige bundespolitische Trend verhalfen der CDU und ihrem Kandidaten - die Partei hatte ihn öffentlich zu „ihrem" Kandidaten gemacht - zum Erfolg.

Wehling wies auf die Lage des Abgewählten einige Monate vor der Wahl hin, als Pläne der Stadtverwaltung für ein Kultur- und Kongresszentrum per Bürgerentscheid abgelehnt wurden: „Kenner der Reutlinger Situation wussten seit dem verlorenen Bürgerentscheid, dass der Oberbürgermeister (...) im höchsten Maß gefährdet ist und dass man nur einen potenten Gegenkandidaten braucht, um ihn zu kippen. (...) (Er) hatte Schwierigkeiten im Umgang mit den Bürgern und im Umgang mit der eigenen Mannschaft im Rathaus. Dort war er nicht beliebt, und die Mitarbeiter tragen so etwas nach außen. Das war alles bekannt."[694]

Fazit: Das vom ersten zum zweiten Wahlgang auf dem gleichen Niveau bleibende Ergebnis des Oberbürgermeisters deutet darauf hin, dass er mit seinem (verstärkt in der Schlussphase) auf das CDU-Wählerpotential und das des sogenannten bürgerlichen Lagers zielenden Wahlkampfs einen zu kleinen Teil der Wählerschaft erreichte. Bei dieser Wahl sind einige der Punkte zu finden, die Kern als typisch für eine Abwahl

---

[687] Siehe dazu Timm Kern, s.o., S. 222-223.
[688] Hans-Georg Wehling laut Schwäbischem Tagblatt vom 23.2.2003.
[689] Kern, s.o., S. 348-349.
[690] A.a.O., S. 348.
[691] Siehe dazu Schwäbisches Tagblatt, 23.2.2003.
[692] Schwäbisches Tagblatt, 27.2.2003.
[693] Siehe Anhang 3 dieser Arbeit.
[694] Hans-Georg Wehling im Interview mit der Stuttgarter Zeitung, am 12.1.2004.

bezeichnet: Im Nachhinein als wichtig empfundene konfessionelle Unterschiede zwischen Amtsinhaber und Bevölkerungsmehrheit als Indiz für Fremdheit zwischen Oberbürgermeister und Bevölkerung, die Unfähigkeit für den „Frieden" in der Stadt zu sorgen, die mangelnde Fähigkeit zu kommunizieren und zu führen sowie der parteipolitisch polarisierende Wahlkampf. Der Amtsinhaber war bei der Bevölkerung, auch den Beschäftigten der Stadtverwaltung, unbeliebt. Die aus der nahen Umgebung stammende Siegerin wirkte als Persönlichkeit und konnte Wähler/innen des nach der ersten Runde nicht wieder angetretenen Grünen-Mitglieds gewinnen. Mit über 100.000 Einwohner/innen wies die kleinste Großstadt Baden-Württembergs eine Größe auf, bei der Kern die Gefahr der Abwahl als geringer ansieht als in kleineren Städten (Reutlingen hatte er aber schon in seine Analyse einbezogen). Bei den kommunalpolitischen Themen hatte der Abgewählte ein Problem, da der Vorschlag der Stadtverwaltung für ein wichtiges kommunales Projekt bei einem Bürgerentscheid abgelehnt worden war. Wie der abgewählte Oberbürgermeister war auch die Siegerin verwaltungserfahren.

Tabelle 40: Zusammenfassung der Wahlkampfmerkmale Reutlingen

Mittelwert der CDU-Prozentanteile bei Europa-, Bundes- und Landtagswahl:	39 %
Baden oder Württemberg:	Württemberg
Gemeindegröße:	112 T.
Höhe der Wahlbeteiligung bei der Oberbürgermeisterwahl:	50,7 %
Amtsinhaber/in tritt wieder an:	Ja
Ergebnis der Wahl:	Wechsel/Machtkontrolle

Merkmale der Person der Erst- und Zweitplatzierten:

	Parteibind.:	Verwalt.k.:	Auswärtig:	Persönl.k.:	Wahlkampf:	Themenk.:
Erste/r:	0	1	1	1	1	1
Zweite/r:	1	1	0	0	0	0

5.3.2. Abwahl in Bad Mergentheim

In Bad Mergentheim wurde nach acht Jahren Amtszeit im ersten Wahlgang ein während seiner Amtszeit aus der SPD ausgetretener Oberbürgermeister von einem jungen, parteilosen Hauptamtsleiter einer Stadt in der Region Stuttgart besiegt, der auch aus der SPD ausgetreten war und knapp über 50 Prozent Zustimmung erhielt. Die Wahlbeteiligung war mit 63,84 Prozent etwas niedriger als acht Jahre zuvor. Die „patriarchalisch" genannte Amtsführung, eine mit der Beschimpfung eines Journalisten verbundene Beleidigungsaffäre, „mehrere Sachen über Jahre hinweg" führten nach Beobachtermeinung zur Niederlage des als „wenig volksnah"[695] geltenden Oberbürgermeisters. Die Unterstützung der dominierenden CDU für den Wahlkampf des Herausforderers wurde öffentlich verneint. Bekannt wurde sein Zusammentreffen mit Mitgliedern der CDU vor seinem ersten öffentlichen Auftritt. Erst vor seinem gescheiterten Wiederwahlversuch im Jahr 2011 machten Freie Wähler und CDU, die zwischenzeitlich von ihm abgerückt waren, ihre Unterstützung für ihn im Jahr 2004 öffentlich, um seine 2011 gegen die Unterstützung durch Parteien und Wählervereinigungen gerichteten Äußerungen zu kontern.[696]

---

[695] Stuttgarter Zeitung, 25.3.2003 und Fränkische Nachrichten, 24.3.2003.
[696] Tauber Zeitung – Bad Mergentheim, Südwest Presse Online, 24.2.2011.

Fazit: In dieser nordwürttembergischen Stadt zeigte sich ein auch andernorts zu findendes und von Kern beschriebenes Abwahlmuster: Ein zunehmend unbeliebt gewordener Amtsinhaber störte den Frieden in der Gemeinde, statt für ihn zu sorgen. Er machte nicht nur Fehler bei Führungsaufgaben, sondern stritt auch mit einem Redakteur der örtlichen Zeitung. Er verlor mit seinem Verhalten das Vertrauen der Bevölkerung und unterlag gegen einen auswärtigen Verwaltungsfachmann. Der Herausforderer wurde von politischen Gruppierungen vor Ort unterstützt.

Tabelle 41: Zusammenfassung der Wahlkampfmerkmale Bad Mergentheim

Mittelwert der CDU-Prozentanteile bei Europa-, Bundes- und Landtagswahl:	51 %
Baden oder Württemberg:	Württemberg
Gemeindegröße:	22 T.
Höhe der Wahlbeteiligung bei der Oberbürgermeisterwahl:	63,84 %
Amtsinhaber/in tritt wieder an:	Ja
Ergebnis der Wahl:	Wechsel/Machtkontrolle

Merkmale der Person der Erst- und Zweitplatzierten:

	Parteibind.:	Verwalt.k.:	Auswärtig:	Persönl.k.:	Wahlkampf:	Themenk.:
Erste/r:	0	1	1	1	1	0
Zweite/r:	0	1	0	0	0	0

5.3.3. Abwahl in Ettlingen

In Ettlingen gewann die Mannheimer FDP-Vorsitzende und damals Gesellschafterin einer Veranstaltungsagentur mit über 53 Prozent im ersten Wahlgang gegen den wieder angetretenen CDU-Oberbürgermeister. Sie wurde von SPD, FDP, Grünen und Freien Wählern vor Ort unterstützt. Die Wahlbeteiligung lag bei 56,56 Prozent. Im Gemeinderat hatte die CDU die Mehrheit, die FDP keinen Fraktionsstatus. Die Siegerin „führte ihren Erfolg auf einen ‚großen Unmut in der Bevölkerung' zurück." [697] Sie beschrieb, dass sich die Unzufriedenheit der Menschen sowohl auf die dominierende Partei als auch auf den Oberbürgermeister bezog: „‚Viele kleine kommunalpolitische Versprechen wurden nicht eingehalten.' Die jahrzehntelange CDU-Vorherrschaft in der 40 000-Einwohner-Stadt-Ettlingen habe zu Verdruss geführt. ‚Da wurde die Demokratie zum Teil beschnitten' (...). Viele Bürger hätten sich auch darüber beklagt, dass der seit 16 Jahren amtierende OB (...) nur selten im Rathaus erreichbar gewesen sei."[698] Auch Kern untersucht die Gründe für die Abwahl in Ettlingen. Als einen sieht er die angeblich häufige Abwesenheit des Amtsinhabers im Rathaus wegen seiner vielen anderweitigen Ämter und Funktionen.[699] Und auch er weist auf die öffentliche Kritik an der dominierenden CDU hin, „die ihre prozentuale Überlegenheit gegenüber den konkurrierenden Parteien unverhältnismäßig überlegen"[700] ausspielte. Dass nach den Erfahrungen bei anderen Oberbürgermeisterwahlen die von mehreren politischen Gruppierungen unterstützte Siegerin nicht „automatisch" mit deren Stimmenpotential rechnen konnte, ist das eine; in Ettlingen hätte bei einer rein parteiorientierten Wahlentscheidung selbst deren Stimmenpotential für sie nicht zum Sieg gereicht, denn die CDU erreichte alleine

---

[697] Suedwest-Aktiv (Südwest-Presse-Online), 22.7.2003.
[698] Ebenda.
[699] Kern, s.o., S. 238-241.
[700] A.a.O., S. 253.

Mehrheiten bei anderen Wahlen. Diese Dominanz einer Partei und das Verhalten deren Repräsentant(inn)en lösten Unbehagen aus. Auch im Wahlkampf machte der Amtsinhaber Fehler und ließ sich u.a. bei einer offiziellen Kandidatenvorstellung zu Angriffen auf die Person der Herausforderin hinreißen. Diese, in der Presse als „Schläge unter die Gürtellinie“ bezeichneten, Angriffe werden von Kern mit als Grund für seine Niederlage gesehen.[701] Die Oberbürgermeisterwahl wurde als Chance genutzt, mit der Person auch deren Partei die rote Karte zu zeigen. Machtkontrolle war ein Motiv für die Wahlentscheidung. Die Unzufriedenheit mit der stärksten Partei, der Amtsführung und dem Verhalten des Oberbürgermeisters waren so groß, dass eine „Außenseiterin“ gewinnen konnte. In den Wahlen zu überörtlichen Parlamenten nach der Oberbürgermeisterwahl erreichte die CDU wieder gute Ergebnisse, bei der Landtagswahl 2006 über 50 Prozent. Nur bei der auf die Oberbürgermeisterwahl folgenden Gemeinderatswahl verlor sie Stimmen durch neue Listenkombinationen und damit erneut Einfluss auf die kommunale Politik.[702]

Bereits nach den Abwahlen der Oberbürgermeister in Reutlingen, Friedrichshafen, Bad Mergentheim, Pforzheim und Baden-Baden in der Zeit davor hatte ein Sprecher des baden-württembergischen Städtetags festgestellt, dass die Wähler/innen die Kommunalpolitik kritischer als in der Vergangenheit begleiten und von den Verwaltungschefs auch Managementfähigkeiten erwarten. Seine Äußerungen wurden nach dieser Wahl erneut in den Medien aufgegriffen und als Grund für die Abwahl genannt: „Die Bürger stehen der Kommunalpolitik und deren Repräsentanten offener, sensibler und kritischer gegenüber (...). Gefragt ist heute als Oberbürgermeister der dynamische Managertyp.“[703] Die Wahl der Oberbürgermeisterin in Ettlingen mit deren beruflichem Hintergrund sieht auch Kern als Beispiel dafür, dass „für die Wählerinnen und Wähler andere Faktoren eine ausschlaggebende Rolle (spielen) als die administrative Fachkompetenz.“[704]

Fazit: Sowohl die Zugehörigkeit der Siegerin zu einer kleinen Partei, die in der badischen Stadt Ettlingen keine bedeutende Rolle spielte, als auch ihre Tätigkeit außerhalb einer Verwaltung waren nach den in der Literatur genannten Kriterien keine guten Voraussetzungen, um die Wahl zu gewinnen. Die Unzufriedenheit mit dem Auftreten und dem Verhalten des Amtsinhabers sowie der Wunsch nach Begrenzung der Macht einer dominierenden Partei waren aber so groß, dass die „klassischen“ Kriterien nicht die Wahlentscheidung dominierten. Mit der Wahl der Siegerin verbunden wurde die Hoffnung auf eine Änderung der kommunalpolitischen Situation als Kontrast zum Auftreten des Amtsinhabers sowie der stärksten Partei in der Stadt.

---

[701] Kern, s.o., S. 344.
[702] Siehe Anhang 3 dieser Arbeit.
[703] Suedwest-Aktiv (Südwest-Presse-Online), 22.7.2003.
[704] Kern, s.o., S. 208.

Tabelle 42: Zusammenfassung der Wahlkampfmerkmale Ettlingen

Mittelwert der CDU-Prozentanteile bei Europa-, Bundes- und Landtagswahl:	46,5 %
Baden oder Württemberg:	Baden
Gemeindegröße:	39 T.
Höhe der Wahlbeteiligung bei der Oberbürgermeisterwahl:	56,56 %
Amtsinhaber/in tritt wieder an:	Ja
Ergebnis der Wahl:	Wechsel/Machtkontrolle

Merkmale der Person der Erst- und Zweitplatzierten:

	Parteibind.:	Verwalt.k.:	Auswärtig:	Persönl.k.:	Wahlkampf:	Themenk.:
Erste/r:	0	0	1	1	1	0
Zweite/r:	1	1	0	0	0	0

5.3.4. Abwahl in Göppingen

Der wieder angetretene Göppinger CDU-Amtsinhaber wurde im ersten Wahlgang mit einem Abstand von über 10 Prozent von einem Sozialdemokraten entthront, der in einem „neuen“ Bundesland wohnte und zuletzt als Berater arbeitete. Davor war der gebürtige Rheinländer Beigeordneter einer großen Stadt und eines Kreises im Osten Deutschlands gewesen. Er siegte bei einer Wahlbeteiligung von 43 Prozent mit 50,73 Prozent der Stimmen und machte für den Wahlerfolg „neben seinem eigenen, engagiert geführten Wahlkampf vor allem die ‚große Unzufriedenheit in der Stadt' verantwortlich. Sie sei überall zu spüren gewesen.“[705] Im Lager des Unterlegenen, der von seiner Partei und den Freien Wählern unterstützt worden war, klagte ein CDU-Stadtrat über die Unterstützung für den Sieger, der nicht nur bei politischen Gruppierungen, sondern auch bei Vertreter/innen der Presse und der Kirche auf Wohlwollen stieß: „'Gegen drei Parteien, die Evangelische Kirche und die Zeitung kann niemand gewinnen.'“[706] Neben der SPD standen weitere politische Gruppierungen der Stadt ganz oder teilweise hinter dem Sieger. Der gerade zitierte CDU-Stadtrat hatte im Wahlkampf selbst eine Kampagne gegen den späteren Sieger wegen angeblicher Fehler während einer früheren Tätigkeit losgetreten. Diese Kampagne fiel aber in sich zusammen und schadete eher dem Ansehen der Unterstützer/innen des Amtsinhabers.[707] Der abgewählte Oberbürgermeister meinte, dass ihm eine Mobilisierung der Wähler/innen nicht gelungen sei und sah die bereits mit der Äußerung des oben genannten CDU-Stadtrats angedeuteten „Differenzen mit dem Leiter der Lokalpresse, die sich in der Zeitung niedergeschlagen hätten“[708], als Hauptursache für sein Scheitern. Die Missstimmung in der Stadt wurde von ihm nicht wahrgenommen, obwohl – wie ein Kommunalpolitiker feststellte – sich der „Unmut gegen den OB (...) seit Jahren aufgebaut“ hatte.[709] Zum Unmut trugen nicht nur der Ärger über die Gestaltung der „Neuen Mitte“ der Stadt und die hohen Kosten dafür bei, die der Oberbürgermeister zu verantworten hatte, sondern laut einem Stadtrat auch sein Umgang mit Menschen: „Wenn der OB seinen Chauffeur mit Blumen zu einer diamantenen Hochzeit schickt und

---

[705] Stuttgarter Nachrichten, 25.10.2004.
[706] Ebenda.
[707] Stuttgarter Nachrichten, 25. und 26.10.2004.
[708] Stuttgarter Zeitung, 26.10.2004.
[709] Stuttgarter Nachrichten, 26.10.2004.

nicht selbst kommt, spricht sich das in der Stadt schnell rum."[710] Geäußert wurde auch, dass die Stimmabgabe nur als Denkzettel gemeint gewesen war, der im zweiten Wahlgang in Zustimmung verwandelt werden sollte, und niemand damit gerechnet hatte, „dass aus dem Denkzettel eine Rote Karte" wird.[711]

Fazit: Allein das Wählerpotential der politischen Gruppierungen, die sich gegen den abgewählten Amtsinhaber ausgesprochen hatten, hätte nicht ausgereicht, um seine Wiederwahl zu verhindern. Die CDU, seine Partei, war bei den Bundes- und Landtagswahlen danach stärkste Partei. Sein Umgang mit seinen Mitbürgerinnen und Mitbürgern wurde als nicht so wertschätzend empfunden, wie sie es erwarteten. Auch der Unmut über ein wichtiges kommunales Projekt und damit verbundene hohe Kosten für die Stadt traf den amtierenden Oberbürgermeister. Gewonnen hat ein Verwaltungsfachmann von außen, der nicht aus Baden-Württemberg kam. Er stellte mit seinem Auftreten und seiner Persönlichkeit ein Gegenbild zum unbeliebt gewordenen Amtsinhaber dar, dessen Unterstützer/innen den Herausforderer außerdem persönlich angriffen. Im Wahlkampf griff er Themen aus der Bilanz des Amtsinhabers auf, die von der Bevölkerung nicht positiv bewertet wurden.

Tabelle 43: Zusammenfassung der Wahlkampfmerkmale Göppingen

Mittelwert der CDU-Prozentanteile bei Europa-, Bundes- und Landtagswahl:	42,1 %
Baden oder Württemberg:	Württemberg
Gemeindegröße:	58 T.
Höhe der Wahlbeteiligung bei der Oberbürgermeisterwahl:	43 %
Amtsinhaber/in tritt wieder an:	Ja
Ergebnis der Wahl:	Wechsel/Machtkontrolle

Merkmale der Person der Erst- und Zweitplatzierten:

	Parteibind.:	Verwalt.k.:	Auswärtig:	Persönl.k.:	Wahlkampf:	Themenk.:
Erste/r:	0	1	1	1	1	1
Zweite/r:	1	1	0	0	0	0

5.3.5. Abwahl in Tübingen

In Tübingen endete im Jahr 2006 die Oberbürgermeisterwahl mit einer Sensation. Der 34jährige Tübinger Landtagsabgeordnete der Grünen, der in Stuttgart zwei Jahre zuvor bei der Oberbürgermeisterwahl Platz drei erreicht hatte, verdrängte mit 50,4 Prozent der abgegebenen Stimmen im ersten Wahlgang die SPD-Amtsinhaberin, die nur 30,2 Prozent erhielt. Die Wahlbeteiligung war mit 51,6 Prozent etwas niedriger als 1998.[712] Damit wurde erstmals in Baden-Württemberg ein Mitglied der Grünen gleich im ersten Wahlgang zum Oberbürgermeister gewählt. Der studierte Mathematiker hatte keine Verwaltungserfahrung und war „nur" Landtagsabgeordneter. Nach der Wahl gestand er öffentlich neben der fehlenden Verwaltungserfahrung auch seine Wissensdefizite bei kommunalen Sachfragen ein: „Es gibt Rathausthemen, von denen ich nichts oder noch zu wenig weiß."[713] Dass es in der Grünenhochburg bereits im ersten Wahlgang zum

---

[710] Ein Göppinger Kommunalpolitiker in den Stuttgarter Nachrichten am 26.10.2004.
[711] Ebenda.
[712] Stuttgarter Zeitung, 23.10.06.
[713] Schwäbisches Tagblatt-Online, 24.10.06, siehe auch u.a. Stuttgarter Zeitung, Stuttgarter Nachrichten vom 23. und 24.10.06.

Duell Rot gegen Grün kam, lag daran, dass die CDU zunächst einen parteilosen Bürgermeister unterstützt hatte, der fünf Wochen vor der Wahl seine Kandidatur aus gesundheitlichen Gründen zurückzog.[714] Der Vorsitzende der Tübinger CDU-Stadtratsfraktion erzählte einer Zeitung nach dessen Rückzug, dass bereits Zeit und Geld in den Wahlkampf investiert worden waren: So waren „Plakate wie Prospekte (...) gedruckt, diese Woche sollte das Wahlkampfbüro eröffnet werden. Manches CDU-Mitglied hat bereits viele Urlaubstage in den OB-Wahlkampf investiert."[715] Aus dem sogenannten „bürgerlichen Lager" blieb als Kandidat der Leiter der Reutlinger Kriminalpolizei und CDU-Mitglied übrig, der aber weder von seiner Partei noch sonst vor Ort wesentlich unterstützt wurde und 12 Prozent der Stimmen erhielt. Offensichtlich halfen dem grünen Sieger konservative Stimmen, hatte er doch nach dem Ausscheiden des offiziellen CDU-Kandidaten den Stuttgarter CDU-Altoberbürgermeister und den ersten Bürgermeister Stuttgarts (und CDU-Mitglied) in Wahlkampfauftritte eingebunden. Dies löste nach seinem Sieg Ärger in der Landes-CDU aus – nicht zuletzt weil er heftig für schwarzgrüne Optionen in der Landespolitik warb.[716] In der politikwissenschaftlichen Analyse wird dieser Sieg zwar nicht unbedingt als schwarzgrüner Meilenstein gesehen, aber er zeigt laut Wehling, dass in einer Persönlichkeitswahl „die Grünen auch bis weit hinein ins bürgerliche Lager wählbar sind."[717]

Wenn auch die Person des Siegers als jemand mit Ideen gewürdigt wurde, wurde doch von Beobachter/innen festgestellt, dass der Sieg „vor allem den Schwächen der abgewählten Amtsinhaberin zu verdanken ist."[718] Dabei wurde die Erfolgsbilanz der Oberbürgermeisterin allseits anerkannt. Sie geriet aber durch ihren ungeschickten Umgang mit einem zum falschen Zeitpunkt in der Öffentlichkeit platzierten Thema in den Hintergrund, wie in der Zeitung geschildert wurde: „Ihre mit Intelligenz und großem Einsatz vorangetriebenen Entscheidungen mögen kritisiert werden. Von einer schlechten Bilanz ihrer acht Jahre Regierungszeit in Tübingen reden aber auch Kritiker nicht. Dennoch könnte ein Sachthema sie entscheidende Stimmen gekostet haben. Vom politischen Instinkt völlig verlassen, präsentierte sie der Öffentlichkeit wenige Tage vor der Wahl die ihr seit Monaten bekannten Pläne eines Pharmakonzerns, der in Tübingen Impfstoffe für Tiere entwickeln möchte und dafür zwei große Ställe bauen will. Dass Tierversuche dazu gehören, wird gar nicht abgestritten. (...) Das Thema hat (...) (ihr) dramatisch geschadet."[719] Der ebenfalls die Verdienste der Oberbürgermeisterin für die Stadt anerkennende Sieger hatte nach eigenen Angaben die Brisanz und Bedeutung der Debatte über die Pläne der Pharmafirma am Samstag vor der Wahl erkannt und für sich festgestellt: „Jetzt liege ich vorn, nach der Sache mit dem Saustall hat sie keine Chance mehr."[720] Für Wehling ist der thematische Missgriff der Oberbürgermeisterin ein

---

[714] Schwäbisches Tagblatt, 16.9.06, Sonntag Aktuell, 17.9.06.

[715] Stuttgarter Zeitung, 18.9.06.

[716] Eßlinger Zeitung, 24.10.06, Stuttgarter Zeitung 24. und 25.10.06.

[717] Hans-Georg Wehling im Interview mit der Stuttgarter Zeitung am 24.10.06.

[718] Stuttgarter Nachrichten, 22.10.06.

[719] Stuttgarter Zeitung, 23.10.2006.

[720] Ebenda. Ironie der Geschichte: Im November 2006 (nach der Abwahl) zieht der Pharmakonzern die Ansiedlungspläne in Tübingen zurück mit Verweis auf fehlende Planungssicherheit und die Debatte in der Presse. Die plötzliche Absage vor einer offiziellen Informationsveranstaltung dazu bedauern nun sowohl

Beleg für ihre mangelnde Sensibilität für die Stimmung in der Bevölkerung: „Sie hatte sich die Ansiedlung der Versuchsställe von Boehringer als großen Coup vorgestellt. Doch bei der Bevölkerung haben diese Pläne Ängste ausgelöst. Sie hätte diese Reaktion kennen müssen. Das nicht wahrzunehmen ist typisch für fehlende Sensibilität."[721]
Wehling sieht diesen thematischen Fehlgriff als symptomatisch für das Agieren der Amtsinhaberin, die „in Tübingen in letzter Zeit wenig angesehen (war), weil es ihr an Bürgernähe fehlte und an Sensibilität im Umgang mit den Mitarbeitern, mit dem Gemeinderat und auch mit der Öffentlichkeit."[722] In einer Zeitung wird beschrieben, dass das Verhalten der Oberbürgermeisterin in der Bevölkerung auf Kritik stieß: „viele Menschen in der Stadt kritisieren, dass sie ihre Entscheidungsfindungen nicht transparent darstellt und selbst den Gemeinderat mitunter nicht vollständig informiert oder zu spät einbezieht. So charmant sie sein kann zu Leuten, die ihr wichtig erscheinen, mancher Bürger bekam von ihr zu spüren, dass sie ihn eben nicht unbedingt für bedeutsam hält."[723] Bei der Nominierung der chancenlos gebliebenen Oberbürgermeisterkandidatin des Tübinger Links-Bündnisses hatte eine Gemeinderätin die Oberbürgermeisterin scharf kritisiert: „die habe eine ‚unsoziale Art, mit den Menschen umzugehen, sie benutzt Menschen und das stößt uns ab.'"[724] Der Verliererin wird mangelnde Kritikfähigkeit bescheinigt und in ihrem Rückblick nach der Wahl verbindet sie mit der Abwahl Erleichterung über wieder gewonnene persönliche Freiheit: „Ich blicke mit Stolz auf meine Bilanz zurück und, wenn ich an die vielen Montage im Gemeinderat denke, mit Erleichterung in die Zukunft."[725]
Der Herausforderer schien vier Wochen vor der Wahl nicht so eindeutig auf der Siegerstraße. Denn er machte einen unpopulären Vorschlag zur Lösung der innerstädtischen Verkehrssituation, von dem er sich erst distanzieren musste, um angesichts der Defizite der Amtsinhaberin zum Hoffnungsträger für die Zukunft zu werden. Laut der Zeitung hatte er sich „mit seinem Vorschlag einer Citymaut für Tübingen viele Sympathien verscherzt. Doch als es ihm gelungen war, dieses Thema als Gedankenmodell abzustreifen, sahen die Bürger in ihm einen Hoffnungsträger."[726]
Als mit dem Sieger verbundene Botschaften und Erwartungen nennt die Zeitung: „Er steht für Transparenz der Rathausentscheidungen, für pfiffige Ideen einerseits und für pragmatische und von Sachkenntnis geprägte Entscheidungen andererseits. Der mitunter recht temperamentvolle Mathematiker wird nun zeigen müssen, dass er seine mangelnde Verwaltungserfahrung mit Delegieren und Zuhören ausgleichen kann."[727]
Die auf den Arbeitsstil bezogenen Erwartungen waren das Gegenteil zu dem, was über die Amtsinhaberin gesagt wurde. Als Quelle für die Aussage, dass sie weder delegieren noch zuhören könne, werden „Rathausmitarbeiter" genannt. Die Meinung des Siegers,

---

die scheidende Amtsinhaberin als auch der kommende Oberbürgermeister. Siehe Schwäbisches Tagblatt-online, 29. und 30.11.2006.
[721] Hans Georg Wehling im Interview mit der Stuttgarter Zeitung am 24.10.2006.
[722] Ebenda.
[723] Stuttgarter Zeitung, 23.10.2006.
[724] Reutlinger Generalanzeiger, 10.7.06.
[725] Stuttgarter Zeitung, 24.10.06.
[726] Stuttgarter Zeitung, 23.10.06.
[727] Ebenda.

dass bei einer (Ober-)Bürgermeisterwahl weniger die Leistungsbilanz bewertet wird, sondern mit ihr eher Erwartungen an die Zukunft verbunden sind, bestätigt Wehling: „Es ist falsch, wenn ein Amtsinhaber nur darauf verweist, dass er in der Vergangenheit etwas gemacht hat. Er muss auch sagen, wie es weitergehen soll."[728]

Fazit: Die Nichtwahl einer Oberbürgermeisterin, die Fehler gemacht hatte und unbeliebt geworden war, stand im Vordergrund der Wahlentscheidung in Tübingen. So konnte in einer württembergischen Stadt ein einheimischer Politiker ohne Verwaltungskompetenz gewinnen. Noch am ehesten im badischen Teil Baden-Württembergs wurden vor dieser Wahl derart profilierten Politiker(inne)n Chancen bei einer Oberbürgermeisterwahl eingeräumt.[729] Die fachliche Qualifikation des Siegers entsprach nicht den in der Literatur genannten Grundlagen für den Sieg bei einer Oberbürgermeisterwahl. Die Amtsinhaberin war fachlich anerkannt und hatte für die Stadt erfolgreich gearbeitet. Im Umgang mit Menschen aber zeigte sie Schwächen und machte im Wahlkampf bei einem kommunalen Projekt den Fehler, die Wahrnehmung durch die Bevölkerung falsch einzuschätzen. Was sie thematisch als Pluspunkt für sich gesehen hatte, wurde zu einem Thema, bei dem sie im Gegenteil ins Kreuzfeuer der Kritik geriet. Die Grünen, denen der Sieger angehört, und die mit ihnen verbundene Alternative Liste waren bei drei von vier anderen Wahlen im Untersuchungszeitraum (bei einer lag die SPD vorn) stärkste politische Kraft. Der Sieger gewann über das Potential seiner Partei hinaus Stimmen. Seine Persönlichkeit – im Kontrast zum Auftreten der Verliererin – und sein am Ende des Wahlkampfes richtiger Umgang mit kommunalen Themen waren Erfolgsfaktoren.

Tabelle 44: Zusammenfassung der Wahlkampfmerkmale Tübingen

Mittelwert der CDU-Prozentanteile bei Europa-, Bundes- und Landtagswahl:	27,6 %
Mittelwert der Grünen-Prozent. bei Europa-, Bundes- und Landtagswahl:[730]	31,7 %
Baden oder Württemberg:	Württemberg
Gemeindegröße:	83 T.
Höhe der Wahlbeteiligung bei der Oberbürgermeisterwahl:	51,6 %
Amtsinhaber/in tritt wieder an:	Ja
Ergebnis der Wahl:	Wechsel/Machtkontrolle

Merkmale der Person der Erst- und Zweitplatzierten:

	Parteibind.:	Verwalt.k.:	Auswärtig:	Persönl.k.:	Wahlkampf:	Themenk.:
Erste/r:	1	0	0	1	1	1
Zweite/r:	0	1	0	0	0	0

5.3.6. Abwahl in Schwetzingen

Das Wahlergebnis in Schwetzingen war von niemand erwartet worden – auch nicht von dem nach acht Jahren wieder antretenden 51-jährigen CDU-Amtsinhaber; der hatte „nicht eine Sekunde (...) daran gedacht, dass er die Wahl verlieren könnte."[731] Unterstützt worden war er von Freier Wählervereinigung und CDU, „die (nach eigenem

[728] Ebenda.
[729] Wehling: „Der Bürgermeister – Rechtsstellung....", s.o., S. 149.
[730] Ohne Berücksichtigung der Erststimmen, da 2005 die Wähler/innen der Grünen ihre Erststimme in hohem Maß nicht an die Wahlkreiskandidat(inn)en der präferierte Partei vergaben.
[731] Stuttgarter Zeitung, 5.12.2006.

Eingeständnis, d. Verf.) zu wenig im Wahlkampf gemacht hat."[732] Der 53-jährige parteilose Fraktionsvorsitzende des von der Freien Wählervereinigung abgespaltenen Schwetzinger Wählerforums, ein Architekt und Städteplaner, war als einziger Kandidat gegen den Amtsinhaber angetreten. Auch er gab sich „nach der Papierform (...) keine Chance"[733]. Er war nach „nur" acht Wochen Wahlkampf von seinem knappen Sieg mit 47 Stimmen Vorsprung (50,23 Prozent Zustimmung) im ersten Wahlgang so überrascht, dass er am Tag der Wahl nicht wusste, welche Regelung er mit seinem bisherigen Arbeitgeber in der Industrie finden würde, um sein neues Amt rechtzeitig antreten zu können.[734] Kandidiert hatte er vor allem, „damit die Bürger eine Wahl hätten."[735] In einem Zeitungskommentar wurde diese Wahl als „Quittungswahl" bezeichnet, hinter der „sich Bürger verbergen, die aus irgendeinem Grund vom Oberbürgermeister oder dessen Verwaltung enttäuscht wurden. Denen etwas verboten wurde, die eine Genehmigung nicht bekommen haben, die ständig Knöllchen kassieren, denen man bei einer Gelegenheit patzig oder arrogant gekommen ist oder die einfach die Art, wie der Oberbürgermeister sich in der Öffentlichkeit in den Mittelpunkt stellt, nicht leiden können."[736] In einer anderen Zeitung werden „die Auffassung von der Amtsführung des Amtsinhabers" und die Fixierung auf die eigene Person des „fleißigen Öffentlichkeitsarbeiters" als Gründe seiner Niederlage gesehen. Protest gegen die Stadtverwaltung und das Auftreten des Oberbürgermeisters sowie Zustimmung zur Persönlichkeit des Herausforderers waren Motive für die Wahlentscheidung. Die Lokalzeitung führte aus: „Dieses Protestpotential hat der Kandidat des SWF auf sich vereint und sie zu jenen Stimmen addiert, die er aufgrund seiner Persönlichkeit und Zugehörigkeit sowieso bekommen hätte."[737] Mit entscheidend für die Wahl war das Abschneiden der Beiden in ihrem gemeinsamen Wohngebiet, in dem sich der Herausforderer oft in Konfrontation zur Stadtverwaltung engagierte und nun 149 Stimmen mehr erhielt als der Amtsinhaber.[738]

Als kommunalpolitisches Problem, das den Amtsinhaber Stimmen kostete, wurde die von ihm verantwortete Erweiterung der Fußgängerzone genannt.[739] Der Unterlegene sah in seiner Amtsführung keine Fehler. Er nannte in der Zeitung als Grund für seine Niederlage die seiner Meinung nach geringe Wahlbeteiligung in Verbindung mit dem Potential der überall vorhandenen Unzufriedenen: Er „sieht sich als Opfer der relativ geringen Wahlbeteiligung von 43,4 Prozent. ‚Da dachte doch jeder, der schafft es sowieso – und ist daheim geblieben', sagte er. ‚20 Prozent Unzufriedene gibt es in jeder Stadt – und die haben sich hinter (...) (dem Gewinner) versammelt.' Eigene Fehler oder Versäumnisse sieht er nicht."[740] Der Abgewählte nannte keinen Grund, warum bei dieser Wahl die Unzufriedenen zur Wahl gingen.

---

[732] Schwetzinger Zeitung, 4.12.2006.
[733] Stuttgarter Zeitung, 5.12.2006.
[734] Rhein-Neckar-Zeitung, 4.12.2006.
[735] Stuttgarter Zeitung, 5.12.2006.
[736] Schwetzinger Zeitung, 4.12.2006.
[737] Ebenda.
[738] Ebenda.
[739] Rhein-Neckar-Zeitung, 4.12.2006 und Stuttgarter Zeitung, 5.10.2006.
[740] Stuttgarter Zeitung, 5.12.2006.

Die örtliche SPD hielt sich aus der personellen Auseinandersetzung heraus und gab keine Wahlempfehlung für einen der beiden Kandidaten ab, so dass die örtliche Zeitung über das Wahlverhalten ihrer Anhänger/innen rätselte: „Vor allem den Anhängern der SPD dürfte es nach den Auseinandersetzungen der letzten Wochen schwer gefallen sein, einem der beiden Kandidaten ihre Stimme zu geben.“[741] Zwei Gemeinderatsmitglieder stellten fest, dass sich vor allem in den letzten beiden Wochen vor der Wahl die Stimmung der Wahlberechtigten veränderte: „Da gab es plötzlich ganz gelegentlich, aber doch spürbar, bei manchen Bürgern eine leise Änderung in der Einstellung.'“[742]

Fazit: Die Unzufriedenheit mit dem Amtsinhaber mobilisierte seine Gegner/innen, deren Stimmabgabe auf die Bewertung seiner Art der Machtausübung zielte. Bei mehr öffentlich wahrgenommener „Ernsthaftigkeit“ der Wahl, bei mehr Engagement der Unterstützer/innen des Amtsinhabers wäre theoretisch eine andere Entscheidung möglich gewesen. Aber weder der Oberbürgermeister noch seine Anhänger/innen sahen die Notwendigkeit eines intensiven Wahlkampfes. In Schwetzingen zeigt sich die Bedeutung einer Alternative für die Wahl und die Relevanz des damit überhaupt erst stattfindenden Wahlkampfes, bei dem Schwächen des Amtsinhabers thematisiert werden können. Weder siegte der Repräsentant der politischen Mehrheit noch ein Verwaltungsmann, sondern in Bezug auf beide Aspekte ein Außenseiter. Wie in Tübingen wurde die Bewertung des Auftretens des Amtsinhabers ein Motiv der Wahlentscheidung. Die Frage nach der Verwaltungskompetenz trat in den Hintergrund. Auch hier trug neben unterschiedlichen Persönlichkeitsprofilen ein strittiges kommunales Thema zum Sieg des Herausforderers bei. In dieser badischen Kommune hat auf Grund der Wahltradition ein/e Einheimische/r mehr Siegchancen bei einer Oberbürgermeisterwahl als in württembergischen Kommunen.

Tabelle 45: Zusammenfassung der Wahlkampfmerkmale Schwetzingen

Mittelwert der CDU-Prozentanteile bei Europa-, Bundes- und Landtagswahl:	41,6 %
Baden oder Württemberg:	Baden
Gemeindegröße:	22 T.
Höhe der Wahlbeteiligung bei der Oberbürgermeisterwahl:	43,4 %
Amtsinhaber/in tritt wieder an:	Ja
Ergebnis der Wahl:	Wechsel/Machtkontrolle

Merkmale der Person der Erst- und Zweitplatzierten:

	Parteibind.:	Verwalt.k.:	Auswärtig:	Persönl.k.:	Wahlkampf:	Themenk.:
Erste/r:	0	0	0	1	1	1
Zweite/r:	1	1	0	0	0	0

[741] Schwetzinger Zeitung, 4.12.2006.
[742] Rhein-Neckar-Zeitung, 6.12.2006.

6. Zusammenfassende Analyse der Kandidatenmerkmale der 44 Oberbürgermeisterwahlen

Nach der Einzelfallanalyse ist der nächste Schritt der Erörterung der Bedeutung der Erfolgsfaktoren die zusammenfassende Untersuchung der Merkmale der im entscheidenden (ersten oder zweiten) Wahlgang Erst- und Zweitplatzierten der 44 Oberbürgermeisterwahlen. Verglichen werden wie bei Witt/Krause[743] Sieger/innen und Zweitplatzierte, da die Einbeziehung weiterer Verlierer/innen eher zur Unübersichtlichkeit als zur Schärfung von Unterschieden beitragen würde. Bevor die für den Wahlerfolg als entscheidend angesehene Kandidatenmerkmale analysiert werden, werden Angaben zu familiärem Umfeld, Konfession, Alter und Geschlecht der Sieger/innen dargestellt, um Aussagen aus der Literatur fortzuschreiben. Dies gilt auch für den folgenden Blick auf die Wahlbeteiligung bei Oberbürgermeisterwahlen. Dabei wird an wenigen Stellen über die Jahre 2003 bis 2006 hinausgeblickt.

6.1. Wahlbeteiligung

Zu den Rahmenbedingungen der Oberbürgermeisterwahlen gehört die Beteiligung der Wahlberechtigten an ihnen. Eine Umfrage des baden-württembergischen Städtetags unter seinen Mitgliedskommunen ergab, dass in den vergangenen Jahren die Beteiligung an (Ober-)Bürgermeisterwahlen geringer wurde; verglichen wurden die Wahlen in den Jahren 1987 bis 1995 mit denen von 1999 bis 2007. Demnach sank in den neuen Stadtkreisen (überwiegend Großstädte) die durchschnittliche Wahlbeteiligung um 7,8 Prozentpunkte von 52,9 auf 45,1 Prozent. In den Mitgliedskommunen über 15.000 Einwohner/innen lag sie mit 45,9 Prozent um 5,8 Prozentpunkte unter der Beteiligungsquote im Zeitraum davor. In Kommunen unter 15.000 Einwohner/innen sank sie um 5,1 Prozentpunkte auf 53,8 Prozent. Mit zunehmender Einwohnerzahl wurde also die Wahlenthaltung größer.[744]
Wie groß ist die Beteiligung an den Wahlen in den Jahren 2003 bis 2006? Verglichen werden die Beteiligungsquoten bei Ab-, Wieder- und Neuwahlen.

---

[743] Witt/Krause, s.o..

[744] Brugger, s.o., S. 5. Siehe dazu auch Alexandra Klein,: „Je kleiner, desto größer? Gemeindegröße und Wahlbeteiligung bei Gemeinderats- und Bürgermeisterwahlen in Baden-Württemberg“, in: Statistisches Monatsheft Baden-Württemberg, 1/2011, S. 3 -10.

Tabelle 46: Wahlbeteiligung bei Oberbürgermeisterwahlen in den Jahren 2003 bis 2006
(Die Beteiligungsquoten sind Prozentzahlen beim entscheidenden Wahlgang):

Wahljahr:	Neuwahlen:	Abwahlen:	Wiederwahlen:
2003	62,87 (Wertheim)	50,7 (Reutlingen)	25,9 (Ravensburg)
	57,44 (Ellwangen)	63,84 (Bad Mergent.)	34,11 (Lörrach)
	25,8 (Ludwigsburg)	56,56 (Ettlingen)	40,53 (Rottenburg)
	55,51 (Calw)		33,5 (Öhringen)
	46,7 (Nürtingen)		
	54,6 (Tuttlingen)		
	47,6 (Kirchheim)		
Durchschnitt 2003:	*50,07*	*57,03*	*33,51*
2004	45 (Eppingen)	43 (Göppingen)	41,79 (Rheinfelden)
	54,1 (Sinsheim)		50,4 (Konstanz)
	54 (Bietigheim-Biss.)		43,1 (Stuttgart)
	52,4 (Emmendingen)		
	51,8 (Hockenheim)		
	57 (Donaueschingen)		
Durchschnitt 2004:	*52,38*	*43*	*45,10*
2005	51,4 (Ostfildern)		22,3 (Schwäbisch Hall)
	49,6 (Aalen)		28,45 (Bühl)
	43,57 (Singen)		35,65 (Lahr)
Durchschnitt 2005:	*48,19*		*28,8*
2006	39,7 (Waiblingen)	51,6 (Tübingen)	28,6 (Kehl)
	44,3 (Baden-Baden)	43,4 (Schwetzingen)	43,2 (Geislingen)
	54,9 (Vaihingen)		33,6 (Remseck)
	46,73 (Mosbach)		30,3 (Karlsruhe)
	41,2 (Schorndorf)		35,59 (Schramberg)
	45,2 (Heidelberg)		44,4 (Esslingen)
Durchschnitt 2006:	*45,34*	*47,5*	*35,95*
Durchschnitt 2003-2006:	**49,43**	**48,04**	**35,84**
Durchschnitt aller Arten von Wahlen in den Jahren 2003 bis 2006: 44,44			

Quelle: Eigene Daten und eigene Auswertung.

Durchschnittlich 44,44 Prozent der Wahlberechtigten beteiligen sich an den 44 Oberbürgermeisterwahlen in den Jahren 2003 bis 2006. Die Beteiligung liegt also 1,5 Prozentpunkte unter dem von Brugger für die Mitgliedskommunen des Städtetags mit über 15.000 Einwohner/innen errechneten Wert für die Jahre 1997 bis 2007.
Wie entwickelt sich die Beteiligung bei verschiedenen Arten von Oberbürgermeisterwahlen in den Jahren 2003 bis 2006 und wodurch wird sie beeinflusst? Bei Wiederwahlen verläuft die Entwicklung der Beteiligungsquote uneinheitlich. Die Spanne der Wahlbeteiligung reicht von Wahlen mit konkurrenzlos angetretenen Amtsinhabern in Schwäbisch Hall mit 22,3, in Ravensburg mit 25,9 oder in Bühl mit 28,45 Prozent bis zu Wiederwahlen mit heftiger Konkurrenz wie in Stuttgart mit 43,1, in Geislingen mit 43,2, in Esslingen mit 44,4 oder in Konstanz mit 50,4 Prozent. Die Motivation zur Stimmabgabe wird bei den Wiederwahlen mit hoher Beteiligung wesentlich durch den Anreiz bestimmt, aufgrund der Kandidatenkonstellation über ernstgenommene Alternativen abstimmen zu können. Die im Jahr 2003 die Beteiligung an allen anderen Wiederwahlen in diesem Jahr übertreffende Quote von über 40 Prozent in Rottenburg ist dem engagierten Wahlkampf eines Bewerbers geschuldet, der „nur eine Alternative bieten" wollte.
Bezogen auf den ganzen Untersuchungszeitraum ist die Beteiligung an Abwahlen über ein Prozent niedriger als an Neuwahlen. Hinsichtlich der Wahlbeteiligung sind sich Ab- und Neuwahlen also insgesamt gesehen ähnlicher als nach den Aussagen von Kern zu erwarten war, der eine höhere Beteiligung bei Ab- als Neuwahlen feststellte. In zwei von drei Jahren mit Abwahlen liegt die Beteiligung daran im Schnitt höher als bei Neuwahlen.

Unter dem Durchschnitt der Beteiligung an Neuwahlen im jeweiligen Jahr liegen zwei Abwahlen, eine im Jahr 2004, eine 2006. Bei der 2006 liegt die Wahlbeteiligung knapp zwei Prozent unter dem Durchschnitt der Neuwahlen, aber damit noch höher als bei zwei der sechs Neuwahlen in diesem Jahr. Die Beteiligung an der einzigen Abwahl im Jahr 2004 liegt fast zehn Prozent unter dem Beteiligungsdurchschnitt bei Neuwahlen in dem Jahr. Von den Verlierern beider Abwahlen wurde „Wahlmüdigkeit" der eigentlich mit ihnen Zufriedenen als wesentlich für das Ergebnis gesehen; gewählt hätte, wer unzufrieden war und den Wechsel wollte. Bei fünf der sechs untersuchten Abwahlen, die im ersten Wahlgang entschieden wurden, kann so die Niederlage begründet werden, da es für die Amtsinhaber/innen nicht mehr möglich war, die vermutete Übermacht eigener Anhänger/innen zu mobilisieren. Bei der Abwahl in Reutlingen kann die Vermutung, dass Stimmenhaltung im ersten Wahlgang Zustimmung für den Amtsinhaber bedeutete, die im zweiten durch aktive Stimmabgabe hätte ausgedrückt werden können, nicht zutreffen, da die Wahl in der zweiten Runde entschieden wurde.

Bei den Neuwahlen, bei denen auf jeden Fall ein neues Stadtoberhaupt zu wählen ist, zeigt der Trend der Wahlbeteiligung nach unten. In den Jahren 2003 bis 2006 wird somit für Neuwahlen die in der Untersuchung des Städtetags festgestellte Tendenz sinkender Wahlbeteiligung bestätigt. Dem widerspricht nur scheinbar der Beteiligungsdurchschnitt im ersten Jahr des Untersuchungszeitraums. Denn 2003 wird der Durchschnitt gesenkt durch die sehr niedrige Beteiligung in Ludwigsburg, wo aufgrund der Kandidatenlage schon vor dem Wahltag die Wahl als entschieden angesehen wurde, so dass sich nur wenige Wahlberechtigte beteiligen.

Bei der Neuwahl sowie der in Eppingen mit nur einem ernstgenommenen Bewerber im Jahr danach und einer unterdurchschnittlichen Wahlbeteiligung wird - wie bei den Wiederwahlen - deutlich, dass die Wählerschaft differenziert in Bezug auf die wahrgenommene Qualität Kandidierender. Sie bewertet öffentlich ernstgenommene Bewerber/innen anders als bereits im Vorfeld der Wahl „durchgefallene". Bei Neu- und Wiederwahlen erkennbar wird also der Anreiz, sich an der Wahl zu beteiligen, durch die Frage bestimmt, ob es eine wirkliche Auswahl gibt. Ein Merkmal „ernsthafter" Bewerbung ist ein auf Sieg ausgerichteter Wahlkampf. Die Relevanz der Bewerberqualität für die Beteiligung stellt Kern auch für Abwahlen fest. Demnach trägt nicht die Bewerberzahl, sondern die „fachliche und persönliche Qualität der Herausforderer"[745] zur Erhöhung der Wahlbeteiligung bei. In das Muster passt die Abwahl in Schwetzingen mit einem nicht ernstgenommener Herausforderer, weniger die in Göppingen mit einem verwaltungskompetenten. Dies kann darauf hindeuten, dass das Lager des Amtsinhabers in Göppingen die Konkurrenz nicht ernst nahm.

Im Landtagswahljahr 2006 wird die geringe Beteiligung an Oberbürgermeisterwahlen in Relation zu anderen Wahlen deutlich. Die Wahlbeteiligung bei der Landtagswahl war landesweit „mit 53,4 Prozent auf den niedrigsten Stand in der Geschichte Baden-Württembergs gefallen"[746]. Die folgende Tabelle zeigt die Beteiligung an beiden Wahlen in den Städten mit Oberbürgermeisterwahlen im Jahr 2006.[747]

---

[745] Kern, s.o., S. 159.

[746] Gabriel, Oscar W./Völkl, Kerstin: „Wählerverhalten bei der Landtagswahl 2006 in Baden-Württemberg", in: Schmid, Josef/Zolleis, Udo, s.o., S. 219-238, S. 219.

[747] Siehe die Zahlen bei den Einzelfallanalysen und in Anhang 3.

Tabelle 47: Wahlbeteiligung im Jahr 2006 in Städten mit und bei Oberbürgermeisterwahlen sowie bei der Landtagswahl

(bei den Oberbürgermeisterwahlen Zahlen des für die Wahl entscheidenden Wahlgangs):

	Wahlbeteiligung bei OB-Wahl:			**Wahlbeteiligung bei**	**Differenz:**	
Stadt:	*Neuwahl:*	*Abwahl:*	*Wiederwahl:*	*Landtagswahl 2006:*		
Waiblingen	39,7%			54,4%	14,7%	
Baden-Baden	44,3%			49,5%	5,2%	
Vaihingen	54,9%			62,7%	7,8%	
Mosbach	46,73%			49,8%	3,07%	
Schorndorf	41,2%			55,7%	14,5%	
Heidelberg	45,2%			52,9%	7,7%	
Tübingen		51,6%		61,7%	10,1%	
Schwetzingen		43,4%		49,5%	6,1%	
Kehl			28,6%	38,5%	9,9%	
Geislingen			43,2%	48,1%	4,9%	
Remseck			33,6%	59,1%	25,5%	
Karlsruhe			30,3%	50,1%	19,8%	
Schramberg			35,59%	49,7%	14,11%	
Esslingen			44,4%	58,4%	14%	
				Im Durchschnitt	**11,24%**	**Differenz**

Die Beteiligungsquote ist in allen Städten bei Oberbürgermeisterwahlen niedriger 2006 als bei der Landtagswahl.[748] Am dichtesten beieinander liegt die Beteiligung in Kommunen, in denen sie an der Landtagswahl unter dem Landesschnitt liegt und die Kandidatenkonstellation bei der Oberbürgermeisterwahl für Spannung sorgt: in Mosbach, Geislingen, Baden-Baden und Schwetzingen (zwei Neuwahlen, jeweils eine Wieder- und Abwahl). Die größten Beteiligungsunterschiede zwischen Oberbürgermeister- und Landtagswahl bestehen in Remseck und Karlsruhe, wo der Konkurrenz der Amtsinhaber kaum Siegchancen eingeräumt werden und die Beteiligung an der Oberbürgermeisterwahl insgesamt gering ist. Sowohl die Wahlen mit der geringsten als auch die mit der größten Differenz zwischen der Beteiligung an Oberbürgermeister- und Landtagswahl bestätigen die Bedeutung der Kandidatenkonstellation für die Höhe der Wahlbeteiligung.

Im Untersuchungszeitraum ist die Beteiligung an Oberbürgermeisterwahlen also niedriger als an Parlamentswahlen. Sie sinkt tendenziell. Örtliche Faktoren bestimmen die unterschiedlich hohe Beteiligung an Oberbürgermeisterwahlen. Wahlen mit als ernsthaft bewerteter Konkurrenz weisen eine höhere Beteiligung auf als Wahlen ohne oder ohne ernstgenommene Konkurrenz.

---

748 Die wenigen vorliegenden Daten deuten darauf hin, dass die Beteiligungsquote wahlberechtigter EU-Bürger/innen ohne deutsche Staatsangehörigkeit weit unter der durchschnittlichen Beteiligung insgesamt an Oberbürgermeisterwahlen liegt. Dies trägt bei zur geringen Beteiligung an Oberbürgermeisterwahlen, ist aber allein keine Erklärung für den Unterschied zu der an der Landtagswahl 2006. An der Oberbürgermeisterwahl 2004 in Stuttgart beteiligen sich z.B. 15 Prozent der EU-Bürger/innen ohne deutsche Staatsangehörigkeit; siehe Landeshauptstadt Stuttgart, Statistisches Amt (Hrsg.), s.o., S. 25 und 27.

6.2. Familie, Konfession, Alter und Geschlecht

Da familiäres Umfeld, religiöse Bindung, Alter und Geschlecht der Kandidierenden in der wissenschaftlichen Literatur als weitgehend unbedeutend für den Erfolg gesehen werden, werden sie nur kurz erörtert, bevor auf die als Erfolgsfaktoren geltenden Merkmale eingegangen wird.
Kern stellt öffentlich gewordene Einzelfälle dar, bei denen die negative Bewertung der persönlichen Situation, insbesondere der Familiensituation, zum Wahlergebnis beitrug. Bei den Oberbürgermeisterwahlen im Untersuchungszeitraum wird nirgendwo öffentlich diskutiert, dass Entscheidungen aufgrund der Beurteilung persönlicher, familiärer Lebensumstände der Bewerber/innen zustande kamen.
Dass die enge Bindung der katholischen Bevölkerung an die CDU etwa in großen Teilen Badens und Oberschwabens zur Folge hat, dass es dort vermehrt mit der CDU verbundene Oberbürgermeister/innen gibt, weist auf einen indirekten Einfluss religiöser Bindungen auf Entscheidungen bei Oberbürgermeisterwahlen hin. Nur selten sind im Untersuchungszeitraum religiöse Bindungen oder konfessionelle Unterschiede Teil der Begründung für Erfolg oder Misserfolg. In Ellwangen wurden bis dato nur katholische Oberbürgermeister gewählt. Im protestantisch geprägten Reutlingen empfindet sich der abgewählte katholische Amtsinhaber nach der Wahl als jemand, der auf Grund des konfessionellen Unterschieds nicht zur Stadt gepasst hatte. Die Einzelfälle sind Hinweise, dass religiöse Bindung der Bewerber/innen die Wahlentscheidung beeinflussen kann.
Das Lebensalter der Kandidierenden als Grund für Wahl oder Nichtwahl wird bei keiner Wahl genannt. Die neu Gewählten bewegen sich im „Alterskorridor“ von Anfang 30 bis Anfang 50 Jahre. Beim Alter der bei Neuwahlen Erfolgreichen wird die immer wieder geäußerte Erwartung bestätigt, dass neue Oberbürgermeister/innen mindestens 16 Jahre amtieren können sollen.
Die Zahl weiblicher Oberbürgermeisterinnen bleibt gleich in Baden-Württemberg im Untersuchungszeitraum. Drei neu gewählte kompensieren mit ihrer Wahl zahlenmäßig - auf das ganze Land bezogen - eine Abwahl und das altersbedingte Ausscheiden zweier Amtsinhaberinnen. Einen „Rekordanteil“ von Frauen an den (Ober-)Bürgermeister(inne)n meldet der Gemeindetag Baden-Württemberg 2007: „Noch nie zuvor haben die Baden-Württemberger mehr Frauen zu Ortsoberhäuptern gewählt als 2007: sechs Bürgermeisterinnen und Oberbürgermeisterinnen.“[749] Die in den ersten acht Monaten des Jahres 2007 mit sechs Siegen erreichte Erfolgsquote ist höher als in den Jahren davor, in denen drei bis vier (Ober-)Bürgermeisterinnen jährlich[750] gewählt wurden. Im August 2007 amtieren insgesamt 34 Oberbürgermeisterinnen und Bürgermeisterinnen[751], 2010 sind es 36. Bezogen auf alle Gemeinden aller Einwohnerklassen in Baden-Württemberg beträgt im Jahr 2010 der Frauenanteil an den

---

749 Gemeindetag Baden-Württemberg: Pressemitteilung vom 16.8.2007: „Rekordjahr für Bürgermeisterinnen“.
750 Stuttgarter Zeitung, 21.8.2007.
751 Gemeindetag Baden-Württemberg, s.o..

(Ober-)Bürgermeister/innen 3,3 Prozent.[752] Mit acht Oberbürgermeisterinnen lag der Frauenanteil an allen 98 Amtsinhaber(inne)n 2007 bei über acht, mit 10 von 100 Oberbürgermeister(inne)n 2010 bei zehn Prozent[753] und damit über dem Anteil in Gemeinden aller Größenklassen sowie in denen mit weniger als 20.000 Einwohner/innen.
Bevorzugung oder Benachteiligung wegen des Geschlechts ist bei den untersuchten Wahlen an Hand öffentlicher Äußerungen nicht erkennbar. Aber es kandidieren nicht nur weniger Frauen als Männer, der Frauenanteil an den Zweitplatzierten (15,9%) ist auch höher als an den Sieger/innen (9,1%). Dies bestätigt den Befund von Brugger, dass der Anteil erfolgreich kandidierender Frauen geringer ist als der von Männern. Es gab in Gesprächen Hinweise - aber nicht in Medien abgebildet -, dass bei Frauen familiärer Hintergrund und Qualifikation für das Wahlamt kritischer geprüft werden als bei Männern. Frauen müssen vor der Wahl die gleichen Hürden überwinden, die sie generell beim Weg in Führungspositionen behindern. Dazu gehören laut Scholz etwa fehlende Netzwerke und die ihnen gesellschaftlich immer noch zugeschriebene Aufgabe der Kindererziehung.[754] Wenn diese Hürden überwunden sind, zeigt sich bei den hier analysierten Wahlen wie bei Scholz, dass Frauen öffentlich bei Qualifikation und anderen Kriterien weitgehend gleichen Anforderungen wie Männer genügen müssen, um zum Kreis der ernsthaften Konkurrenz um das Amt zu gehören.[755]
Bei zwei der sechs Abwahlen siegen Frauen. Der von Wehling genannte höhere Frauenanteil an den Sieger/innen bei Abwahlen im Vergleich zu Neuwahlen wird also bestätigt. Seine Erklärung, dass eher Frauen bei Wahlen mit vermeintlich geringeren Chancen antreten, weil Männer das erhöhte Risiko der Niederlage scheuen, ist plausibel, aber mit den untersuchten Wahlen nicht verifizierbar.
Bei den untersuchten Oberbürgermeisterwahlen hat also die Erörterung von Familienverhältnissen keinen Einfluss auf den Erfolg. In Einzelfällen sind religiöse Bindungen Teil der Erklärung für das Wahlergebnis. Lebensalter und Geschlecht tragen nicht bzw. nicht öffentlich erkennbar zur Begründung von Erfolgen bei.

6.3. Vergleich der Kandidatenmerkmale

Erörtert und verglichen werden folgende Kandidatenmerkmale:

- Parteibindung an Stelle der zu hinterfragenden Parteiferne
- Die „objektiven“ Merkmale Verwaltungskompetenz und Auswärtigkeit
- Persönlichkeit, Themen- und Wahlkampfkompetenz, die in der Literatur als nachrangige Erfolgsfaktoren gesehen und daher in den folgenden Teilen der Arbeit im Zusammenhang mit der Erörterung von Parteibindung, Verwaltungskompetenz und Auswärtigkeit betrachtet werden.

---

[752] Wehling: „Wer wird Bürgermeister?“, s.o., S. 47; siehe auch: Paul Witt: „Wohin entwickelt sich der Beruf der Bürgermeisterin/des Bürgermeisters in der Zukunft?“, in: Witt (Hrsg.): „Karrierechance Bürgermeister ...“, s.o., S. 189-204, S. 194.
[753] Ebenda.
[754] Scholz, s.o., S. 246 und S. 174 ff.
[755] Scholz, s.o., S. 174.

Tabellarisch zusammengefasst werden Merkmale der Erst- und Zweitplatzierten der zuvor einzeln analysierten Oberbürgermeisterwahlen. Das Vorhandensein eines Merkmals oder ein gradueller bzw. durch Alleinstellung bewirkter Vorteil dabei werden markiert durch „1", Fehlen oder Nachteil durch „0". Parteibindung wird mit 1 gewertet bei an die bei anderen Wahlen stärkste Partei oder bei annähernd gleich starken Partei an die stärksten Gebundenen. Unterschieden werden Wahlen mit (=Ab-/Wiederwahlen) und ohne (=Neuwahlen) Beteiligung von Amtsinhaber(inne)n.

Tabelle 48: Merkmalsvergleich Erst- und Zweitplatzierter bei Ab- und Wiederwahlen

Stadt		*Amtsb.*	*Parteibind.*	*Verwalt.k.*	*Auswärtig*	*Persönl.k.*	*Wahlk.*	*Themenk.*
Tübingen	Sieger/in	0	1	0	0	1	1	1
	Verlierer/in	1	0	1	0	0	0	0
B. Mergenth.	Sieger/in	0	1	1	1	1	0	0
	Verlierer/in	1	0	1	0	0	0	0
Reutlingen	Sieger/in	0	0	1	1	1	1	1
	Verlierer/in	1	1	1	0	0	0	0
Göppingen	Sieger/in	0	0	1	1	1	1	1
	Verlierer/in	1	1	1	0	0	0	0
Ettlingen	Sieger/in	0	0	0	1	1	1	0
	Verlierer/in	1	1	1	0	0	0	0
Schwetzing.	Sieger/in	0	0	0	0	1	1	1
	Verlierer/in	1	1	1	0	0	0	0
Stuttgart	Sieger/in	1	1	1	0	0	0	1
	Verlierer/in	0	0	0	0	0	0	1
Karlsruhe	Sieger/in	1	1	1	0	0	0	0
	Verlierer/in	0	0	0	0	0	0	0
Rheinfelden	Sieger/in	1	1	1	0	0	0	0
	Verlierer/in	0	1	1	0	0	0	0
Konstanz	Sieger/in	1	0	1	0	0	1	0
	Verlierer/in	0	1	1	1	0	0	0
Esslingen	Sieger/in	1	0	1	0	0	1	0
	Verlierer/in	0	1	0	1	0	0	0
Ravensb.	Sieger/in	1	0	1	0	1	0	0
	Verlierer/in	0	0	0	0	0	0	0
Lörrach	Sieger/in	1	0	1	0	0	0	0
	Verlierer/in	0	0	0	1	0	1	0
Lahr	Sieger/in	1	0	1	0	1	0	0
	Verlierer/in	0	0	0	0	0	0	0
Rottenburg	Sieger/in	1	0	1	0	1	0	0
	Verlierer/in	0	0	0	0	0	1	0
Schwäb. H.	Sieger/in	1	0	1	0	1	0	0
	Verlierer/in	0	0	0	0	0	0	0
Kehl	Sieger/in	1	0	1	0	1	0	0
	Verlierer/in	0	0	0	0	0	0	0
Bühl	Sieger/in	1	0	1	0	1	0	0
	Verlierer/in	0	0	0	0	0	0	0
Geislingen	Sieger/in	1	0	1	0	0	0	0
	Verlierer/in	0	0	1	0	0	0	0
Öhringen	Sieger/in	1	0	1	0	1	0	0
	Verlierer/in	0	0	0	0	0	0	0
Remseck	Sieger/in	1	0	1	0	1	0	0
	Verlierer/in	0	0	0	0	0	0	0
Schramb.	Sieger/in	1	0	1	0	1	0	0
	Verlierer/in	0	0	0	0	0	0	0

Tabelle 49: Merkmalsvergleich Erst- und Zweitplatzierter bei Neuwahlen

Stadt		*Amtsb.*	*Parteibind.*	*Verwalt.k.*	*Auswärtig*	*Persönlichk.*	*Wahlk.*	*Themenk.*
Baden-Bad.	Sieger/in	0	1	1	1	0	0	0
	Verlierer/in	0	1	1	0	0	0	0
Waiblingen	Sieger/in	0	1	1	1	0	1	0
	Verlierer/in	0	0	0	1	0	0	0
Singen	Sieger/in	0	1	1	1	0	1	0
	Verlierer/in	0	0	1	1	0	0	0
Tuttlingen	Sieger/in	0	1	1	1	0	0	0
	Verlierer/in	0	0	0	0	1	1	0
Mosbach	Sieger/in	0	1	1	0	0	1	0
	Verlierer/in	0	0	1	0	0	0	0
Wertheim	Sieger/in	0	1	1	1	0	0	0
	Verlierer/in	0	0	0	0	0	1	0
Calw	Sieger/in	0	1	1	1	0	0	0
	Verlierer/in	0	0	1	0	0	0	0
Donauesch.	Sieger/in	0	1	1	1	0	0	0
	Verlierer/in	0	0	0	1	0	0	0
Aalen	Sieger/in	0	0	1	1	1	1	1
	Verlierer/in	0	1	1	1	0	0	0
Bietigh.-B.	Sieger/in	0	0	1	1	1	1	0
	Verlierer/in	0	1	1	1	0	0	0
Kirchheim	Sieger/in	0	0	0	0	1	0	0
	Verlierer/in	0	1	1	0	0	0	0
Nürtingen	Sieger/in	0	0	1	1	1	1	0
	Verlierer/in	0	1	1	1	0	0	0
Schorndorf	Sieger/in	0	0	0	1	1	1	0
	Verlierer/in	0	1	1	1	0	0	0
Sinsheim	Gewinner/in	0	0	1	1	1	0	0
	Verlierer/in	0	1	0	1	0	0	0
Ostfildern	Sieger/in	0	0	0	1	1	1	1
	Verlierer/in	0	1	1	0	0	0	0
Ellwangen	Sieger/in	0	0	1	1	0	0	0
	Verlierer/in	0	1	1	1	0	0	0
Hockenheim	Sieger/in	0	0	1	1	1	1	0
	Verlierer/in	0	1	1	0	0	0	0
Vaihingen[756]	Sieger/in	0	0	1	1	1	0	0
	Verlierer/in	0	1	1	1	0	0	0
Heidelberg	Sieger/in	0	1	1	0	1	0	0
	Verlierer/in	0	1	0	0	0	0	0
Emmend.[757]	Gewinner/in	(1)	1	1	0	0	0	0
	Verlierer/in	0	1	0	0	0	0	0
Ludwigsburg	Sieger/in	0	1	1	1	1	0	0
	Verlierer/in	0	0	0	0	0	0	0
Eppingen	Sieger/in	0	1	1	0	1	0	0
	Verlierer/in	0	0	0	0	0	0	0

Da nachfolgend die „objektiven" Faktoren, die das für Oberbürgermeisterwahlen zu prüfende Erfolgsmuster kennzeichnen, im Vordergrund stehen, werden zunächst Zahlen zusammengefasst zu den weiteren, subjektiven, nicht überall benannten Faktoren, um aus dem Blickwinkel deren Bedeutung als Erfolgsfaktor zu erörtern.

Persönlichkeit wird bei über 60 Prozent aller Oberbürgermeisterwahlen (über 54 Prozent bei Neu- und 100 Prozent bei Abwahlen) als Merkmal und zugleich Vorteil der

[756] Der Sieger ist mit der im Rat stärksten Kraft, der FWV, verbunden. Der Zweitplatzierte ist Mitglied der CDU, der bei allen Parlamentswahlen stärksten Kraft.

[757] Der „ererbte" Amtsbonus bei dieser Neuwahl ist mit dem bei Wiederwahlen nicht vergleichbar und wird daher nur erwähnt. Der Sieger verfügt in der entscheidenden Runde allein über ein gewisses Maß an Verwaltungskompetenz und ist daher als verwaltungskompetent zu kennzeichnen – auch wenn seine Qualifikation bei anderen Wahlen zur Wertung „weniger verwaltungskompetent" führt.

Sieger/innen gegenüber den Zweitplatzierten gesehen. Persönlichkeit wird gegenüber der Konkurrenz positiv gewertet bei 50 Prozent der Erst- oder Zweitplatzierten bei Neuwahlen, von denen über 90 Prozent (also alle außer einem) siegen. Bei über 22 Prozent der Neuwahlen wird gewonnen mit Persönlichkeitsvorteil gegen hinsichtlich Verwaltungskompetenz und Auswärtigkeit Gleichwertige, bei über 13 Prozent mit Vorteil bei Persönlichkeit und Nachteil bei Verwaltungskompetenz (ein Drittel davon, also über 4 Prozent der Neuwahlen mit Vorteil bei Auswärtigkeit und Nachteil bei Verwaltungskompetenz), bei über 18 Prozent mit Vorteil bei Persönlichkeit und Verwaltungskompetenz. Nicht zu erwarten waren Siege mit Vorteil bei Persönlichkeit und gleichzeitig Nachteil bei Verwaltungskompetenz, da für Wehling u.a. der Vorteil bei Verwaltungskompetenz schwerer wiegt als bei Persönlichkeit.

In den Nachbetrachtungen der analysierten Oberbürgermeisterwahlen werden Themen meist als nicht ergebnisrelevant bezeichnet. Die Ansätze der Kandidierenden zur Lösung kommunaler Probleme werden häufig als weitgehend übereinstimmend beschrieben, so dass sie nicht zur Unterscheidung beitragen. Der Befund stimmt überein mit dem bereits genannten Umstand, dass oft unumstrittene Ziele („valence issues") die Agenda der Kommunalpolitik bestimmen.

So tragen bei nur etwa 14 Prozent aller Wahlen im Wahlkampf aufgegriffene örtliche Themen und die Art, wie damit umgegangen wird, zum Sieg bei. Allerdings haben bei Abwahlen über 66 Prozent der Sieger/innen einen thematischen Vorteil gegenüber der Konkurrenz. Damit hat die Themenkompetenz aus Sicht der Unterlegenen vor allem bei missglückten Wiederwahlen die größte Bedeutung im Vergleich zu anderen Wahlen. Dann sind Themenmissgriffe, in der Bevölkerung umstrittene Projekte und örtliche Problemlagen Gründe, jemanden nicht zu wählen.

Drei Muster thematischer Defizite und Missgriffe werden deutlich.

Zum einen reichen vergangenheitsorientierte Programme von Amtsinhaber(inne)n oder designierten Nachfolger(inne)n nicht aus, die sich auf ihre persönliche Bilanz und/oder die „ihrer Stadtverwaltung" beziehen. Die Wählenden erwarten von Anwärter(inne)n auf das Amt an der Spitze ihrer Stadt, dass - im Fall von Amtsinhaber(inne)n zusätzlich zur Erfolgsbilanz - realistische Zukunftsperspektiven für die Kommune aufgezeigt werden. Geäußert wird dies etwa in Ostfildern.

Zum anderen wird die Leistungsbilanz wieder antretender Amtsinhaber/innen von Wähler(inne)n negativ bewertet. Umstrittene Projekte, die sie zu verantworten hatten, werden etwa in Reutlingen, Göppingen und Schwetzingen als Grund für die Abwahl der Oberbürgermeister genannt.

Und zum Dritten wird bei der Erklärung des Scheiterns darauf hingewiesen, dass Kandidat(inn)en Themen aufgreifen, die von ergebnisrelevanten Bevölkerungsteilen anders bewertet werden als von ihnen. Ein Beispiel dafür, dass die Stimmung in der Stadt nicht wahrgenommen wird, ist die Wahl in Aalen, bei der der später Unterlegene vor dem zweiten Wahlgang ein Thema in einer Weise aufgriff, die ihn Ansehen kostete. Dies geschah auch bei der Abwahl in Tübingen, als die Amtsinhaberin in der Endphase des Wahlkampfes ein Thema platzierte, das von den Medien und der Bevölkerung negativ aufgenommen wurde. Bei der Wahl wird auch deutlich, dass der Zeitpunkt, an dem ein Thema in der Öffentlichkeit platziert wird, wichtig ist: Der spätere Sieger machte

einen Vorschlag zur Lösung innerstädtischer Verkehrsprobleme, der auf Widerstand stieß, zeitlich weit genug vor der Wahl, um noch auf die öffentliche Debatte reagieren zu können. Während dieses Thema an Bedeutung für die Wahlentscheidung verlor, präsentierte die Oberbürgermeisterin „ihr“ auf breite öffentliche Ablehnung stoßendes Thema kurz vor dem Wahltag. Sie konnte – wenn sie gewollt hätte – nicht mehr auf die öffentliche Debatte reagieren.
Themenkompetenz ist also ein Erfolgsfaktor bei Oberbürgermeisterwahlen. Um einer Niederlage zu entgehen, müssen Kandidierende in der Lage sein, zum Zeitpunkt des Wahlkampfes relevante Themen aufzugreifen und Entwicklungsperspektiven für die Kommune aufzuzeigen. Bei umstrittenen Themen ist es wichtig, die Stimmung in der Bevölkerung wahrzunehmen. Bis zum Wahltag kontrovers diskutierte Projekte und Lösungsvorschläge entfalten mit zunehmender Zeitdauer Wirkung auf die Wahlentscheidung. Themensetzung und ggf. der Zeitpunkt der Platzierung von Themen sind also zu bedenken.
Wo die Wünschbarkeit kommunalpolitischer Ziele unumstritten ist, geht es bei der Kandidatenbewertung darum, ob ihnen generell zugetraut wird, Aufgaben zu bewältigen und Probleme zu lösen, um die Problemlösungskompetenz, die hier als Aspekt der Persönlichkeit behandelt wird.

Im Wahlkampf kann alles richtig gemacht und trotzdem verloren werden; trotz Wahlkampffehler kann gewonnen werden. Aber mit dem Wahlkampf können Chancen genutzt oder vertan werden. Gefragt wird hier nicht, ob die Wahlkämpfe bei 44 Wahlen gut oder schlecht sind oder was einen guten Wahlkampf ausmacht, sondern ob der auf breite Öffentlichkeitswirkung und/oder Mobilisierung einzelner Wählergruppen ausgerichtete Wahlkampf als Erfolgsfaktor wahrgenommen wird.
Ein öffentlich positiv bewerteter Wahlkampf und damit die Wahlkampfkompetenz Kandidierender führt etwa in Wertheim und Tuttlingen nicht zum Wahlsieg, hält aber den Wettbewerb offener, als angesichts der Bewerberlage erwartet wird. Öffentlichkeit und Konkurrenz nehmen Bewerber/innen ernst, denen es gelingt, sich im Wahlkampf als ernst zu nehmende Alternative zu präsentieren, obwohl ihnen Verwaltungskompetenznachteile zugeschrieben werden. Die durch die Konkurrenz gegen den wieder antretenden Oberbürgermeister in Schwetzingen im Wahlkampf stattfindende Auseinandersetzung ist Auslöser für Zweifel an dem, der als sicherer Sieger gilt. In Waiblingen ist gezielte Wahlkampfvorbereitung vor dem öffentlichen Start ein Erfolgsfaktor. Der Unterlegene bescheinigt dem Sieger in Schorndorf einen „guten Wahlkampf“ und sieht den u.a. auf Wählermobilisierung in ausgewählten Wahlbezirken ausgerichteten Wahlkampf als Beitrag zum Erfolg. Bei über 36 Prozent der Wahlen, über 40 Prozent der Neuwahlen, über 83 Prozent der Abwahlen werden öffentlich die Sieger/innen beim Wahlkampf im Vorteil gegenüber der Konkurrenz gesehen. 9 Prozent der Kandidierenden, denen bei Neuwahlen ein Vorteil dabei bescheinigt wird, verlieren. Ihnen wird Wahlkampfkompetenz bescheinigt. Bei den vier Neuwahlen mit jeweils der niedrigsten Wahlbeteiligung aller Neuwahlen mit ernstgenommener Konkurrenz in den jeweiligen Jahren in Nürtingen, Hockenheim, Singen und Waiblingen sind die Sieger/innen beim Wahlkampf im Vorteil gegenüber der Konkurrenz. Sie mobilisieren erfolgreich potentiell geneigte Wahlberechtigte.

Die als bedeutend für das Wahlergebnis geltende, also für den Wahlkampf wichtige offizielle Kandidatenvorstellung der Kommune wirkt unterschiedlich. In Waiblingen übernimmt der spätere Sieger durch seinen Auftritt dabei die Favoritenrolle. Bei anderen Oberbürgermeisterwahlen spiegelt sich die Bewertung des Auftritts bei der Präsentation nicht im Ergebnis wider. Trotz der in Medien als gleichwertig gesehenen Auftritte jeweils zweier Konkurrenten bei gut besuchten Kandidatenvorstellungen in Wertheim und Donaueschingen gibt es Siege mit einem Vorsprung, der so nicht erwartet wurde. Bei der schlecht besuchten Kandidatenvorstellung in Stuttgart überzeugt nur der dort im ersten Wahlgang Drittplatzierte. Die nicht das Ergebnis widerspiegelnde Vorstellung in Stuttgart bestätigt beispielhaft die Annahme, dass mit zunehmender Einwohnerzahl die Kandidatenvorstellung an Bedeutung verliert.
Intensive Wahlkämpfe, bei denen Themen angesprochen werden, die nicht passen, und Mittel eingesetzt werden, die nicht adäquat sind, führen nicht zum Ziel. In Aalen betreibt der Unterlegene vor dem zweiten Wahlgang einen Wahlkampf mit hohem persönlichen und materiellen Einsatz, der nicht nur eigene Anhänger/innen, sondern auch die Gegenseite mobilisiert. Er verbindet öffentlich seine Partei mit seiner Person, um parteiorientierte Wähler/innen zu gewinnen. Wie in Schorndorf steigt die Wahlbeteiligung zwischen erstem und zweitem Wahlgang – allerdings nicht nur die der eigenen Anhängerschaft. Die Strategie öffentlicher Mobilisierung parteiorientierter Wähler/innen führt nicht zum Erfolg, da ein Teil der Bevölkerung den umfassenden Machtanspruch der Partei ablehnt. Angriffe gegen die persönliche Integrität schaden bei den Wahlen in Sinsheim und Göppingen weniger dem Ansehen der Angegriffenen als dem derer, aus deren Lager heraus angegriffen wird. In Konstanz und Donaueschingen verlieren dagegen heftig attackierte Kandidaten. Um die mit dem Wahlkampf intendierte Erfolgswirkung zu erzielen, ist also eine Wahlkampfstrategie notwendig, die örtliche Bedingungen berücksichtigt.
Positiv wahrgenommener, mit passenden Mitteln geführter Wahlkampf ist bei einem Drittel aller Oberbürgermeisterwahlen, über 80 Prozent der Abwahlen Siegervorteil. Wahlkampfkompetenz ist also Erfolgsfaktor bei Oberbürgermeisterwahlen.

6.3.1. Ab- und Wiederwahlen

Vor der weiteren Analyse ist festzuhalten, dass sich Ab- und Wiederwahlen von Neuwahlen unterscheiden, da die Bewerbung amtierender Oberbürgermeister/innen spezielle Kontextbedingungen schafft. Der Vergleich der Erfolgsfaktoren und die Überprüfung des Erfolgsmusters können nur eingeschränkt auf Wahlen mit wieder antretenden Oberbürgermeister/innen bezogen werden. Amtsinhaber/innen sind per se einheimisch, so dass die Zahl einheimischer Sieger/innen im Vergleich zu Wahlen ohne Amtsinhaber/innen überproportional groß ist. Sie gelten als verwaltungskompetent, in der Regel als verwaltungskompetenter als ihre Konkurrenz. Konkurrenz ist bei Ab- und v.a. Wiederwahlen eingeschränkt (wenn ernstgenommene Herausforderer/innen fehlen) oder nicht vorhanden – bei einigen Wiederwahlen stehen Amtsinhaber/innen allein auf dem Stimmzettel. Parteien und Parteienkonkurrenz sind nur begrenzt wichtig, da häufig wieder antretende Amtsinhaber/innen wegen ihrer Unterstützungsressourcen auf die Hilfe von Parteien und Wählervereinigungen verzichten. Politische Kräfte suchen oft nicht nach oder unterstützten keine Kandidierenden, da sie ihre Rolle als gering sehen angesichts des vorweg als wahrscheinlich gesehenen Siegs von Amtsinhaber(inne)n. Bisherige Annahmen von Kern und Wehling zur Bedeutung des durch das Wiederantreten von Amtsinhaber(inne)n wirkenden Amtsbonus werden nachfolgend überprüft.

6.3.1.1. Ungefährdete und gefährdete Wiederwahlen

In der Literatur und der Öffentlichkeit wird dem Amtsbonus großes Gewicht für die Entscheidung bei Oberbürgermeisterwahlen zugewiesen. Die Bevölkerung setzt mit der Wahl von Bewerber(inne)n mit Amtsbonus auf Verlässlichkeit und Kontinuität der Amtsführung der Oberbürgermeister/innen. Bei 72,73 Prozent[758] der 22 Wahlen, bei denen der Amtsbonus wirken kann, werden Oberbürgermeister/innen wiedergewählt. Bei über 31 Prozent der Wiederwahlen treten Amtsinhaber ohne Konkurrenz auf dem Stimmzettel an - in Städten mit durchweg weniger als 50.000 Einwohner/innen. Bei über 56 Prozent gewinnen Amtsinhaber/innen gegen Konkurrenz im ersten Wahlgang, bei über 12 Prozent im zweiten[759]. Nicht nur bei den zwei im zweiten Wahlgang errungenen Wiederwahlen wird mit im Vergleich zu anderen Wiederwahlen wenig Zustimmung gesiegt, sondern auch bei einem Teil der Erfolge im ersten – obwohl mitunter die Konkurrenz wenig Wahlkampf betreibt. Niedrige Wahlbeteiligung und Stimmen für öffentlich wenig ernst genommene Konkurrenz sind Indikatoren von Gleichgültigkeit oder Ablehnung. Schwächen und Fehler der Gegner/innen tragen neben dem Amtsbonus in dieser Situation zur Wiederwahl bei. Bei den zu 100 Prozent verwaltungskompetenten Sieger/innen sind in einigen Fällen Bindung an die stärkste Partei, noch seltener Wahlkampf und Themenkompetenz Erfolgsfaktoren. Entweder rückt die Bewertung der Persönlichkeit bei schwacher Konkurrenz wenig ins Blickfeld oder sie ist so positiv, dass keine (wirkliche) Konkurrenz antritt (weshalb bei einigen Wahlen auch bei fehlender Stimmzettelkonkurrenz ein Vorteil dabei gewertet wird).

6.3.1.2. Nichtwiederwahlen

Von Kern werden die Nichtwiederwahlen in Baden-Württemberg in 31 Jahren bis ins Jahr 2003 untersucht. Die von ihm errechnete Abwahlquote wird von Wehling bis zum Jahr 2009 fortgeschrieben. Eine Überprüfung der von ihnen genannten Abwahlquoten und damit Aussagen zur Wirksamkeit des Amtsbonus sind mit dieser Arbeit für Städte über 20.000 Einwohner/innen möglich.

Um die Abwahlquote zu vergleichen, ist Kerns statistische Herangehensweise noch einmal zu erläutern. Beim Vergleich der Abwahlen nach unterschiedlichen Gemeindegrößen legt Kern die Zahl der Orte zu Grunde, in denen in den drei

---

[758] Bei der Oberbürgermeisterneuwahl in Emmendingen trug ein an den Sohn „vererbter" Amtsbonus zum Sieg bei. Der Sieger war Sohn seines verstorbenen Vorvorgängers. Dieser Fall wird aber hier nicht einbezogen, da es keine Wiederwahl war. Er steht nicht allein. Auch bei der Neuwahl in Fellbach im Jahr 2000 wurde der Sohn des Vorvorgängers gewählt, der vom Ansehen des Vaters profitierte.

[759] Bei einer Wiederwahl im zweiten Wahlgang lag der Amtsinhaber im ersten nur an zweiter Stelle.

Jahrzehnten einmal oder mehrfach die Verwaltungsspitze abgewählt wurde. Aus dieser Rechnung ergibt sich, dass in 20,2 Prozent der Städte über 20.000 Einwohner/innen in den 31 Jahren mindestens eine Abwahl stattgefunden hat.[760]

Die von ihm genannte Abwahlhäufigkeit von (Ober-)Bürgermeister/innen in Baden-Württemberg von rund fünf Prozent[761] errechnet er in Relation zur vermuteten[762] Gesamtzahl aller Wahlen in allen Orten in 31 Jahren bis zum Jahr 2003. So rechnet auch Wehling, der Kern bestätigt und dem zufolge bis zum Jahr 2009 weniger als 5 Prozent aller Wahlen Abwahlen sind. Wenn in der vorliegenden Untersuchung diese Berechnungsmethode von Kern und Wehling nachvollzogen wird, sind keine Schätzungen notwendig. Denn die Zahl der Abwahlen wird mit der genauen Zahl aller Oberbürgermeisterwahlen im Untersuchungszeitraum in Relation gesetzt. Die Zahl von sechs Abwahlen bei insgesamt 44 Oberbürgermeisterwahlen ergibt einen prozentualen Anteil der Abwahlen von 13,64 Prozent an allen Wahlen. Im Vergleich zu dem von Kern und Wehling errechneten Anteil von fünf Prozent an den Bürgermeister- und Oberbürgermeisterwahlen bis 2009 ist in den Jahren 2003 bis 2006 der Anteil der Abwahlen an allen Oberbürgermeisterwahlen höher.

Bezogen auf die 22 Städte, in denen in den vier Jahren eine Abwahl möglich ist, da Amtsinhaber/innen antreten, verdoppelt sich der Prozentsatz der Abwahlen auf 27,27 Prozent. Kern und Wehling rechnen so nicht, da sie Wahlen mit wieder antretenden Amtsinhaber(inne)n nicht von anderen Wahlen unterscheiden.

Dass über ein Viertel der zur Wiederwahl antretenden Oberbürgermeister/innen nicht gewählt wird, zeigt im Vergleich zur von Kern und Wehling genannten Abwahlquote die Dimension der Gefährdung der Wiederwahlen im Untersuchungszeitraum – sie sind nicht selbstverständlich. Dies zeigen auch die Wiederwahlen im zweiten Wahlgang in Konstanz und Stuttgart. Selbst in Städten wie Rottenburg und Lörrach, in denen die größten politischen Gruppen wieder antretende Amtsinhaber/innen unterstützen oder nicht gegen deren Wiederwahl wirken, verhindern „Außenseiter/innen“ zwar nicht die Wiederwahl, erreichen aber gute Ergebnisse.

Im Vergleich zu bisher genannten Zahlen ist also der Amtsbonus weniger wirksam. Über ein Viertel der wieder antretenden Amtsinhaber/innen wird nicht wiedergewählt. Manche Wiederwahlen werden mit geringer Zustimmung erreicht. Die Gefährdung der Wiederwahl ist nicht immer vor dem Wahltag sichtbar; als Außenseiter/innen gesehene Konkurrenz kann unerwartet erfolgreich sein.

6.3.2. Parteibindung und öffentlich postulierte Parteidistanz

Wehling u.a. sehen Parteidistanziertheit als objektives Merkmal, das zum Sieg bei Bürgermeister- und Oberbürgermeisterwahlen beiträgt. Auf der anderen Seite steht die

---

[760] Kern, s.o., S. 123; an gleicher Stelle nennt er die Zahlen für Orte unter 20.000 Einwohner/innen: in 14,1 Prozent dieser Gemeinden hatten Abwahlen stattgefunden. Im Durchschnitt aller Gemeinden aller Einwohnergrößen hatte mindestens eine Abwahl in 14,7 Prozent der Gemeinden stattgefunden.

[761] Kern, s.o., S. 76.

[762] Im Nachhinein konnte Kern die Gesamtzahl der Wahlen in den 31 Jahren nur an Hand von Erfahrungswerten schätzen, siehe dazu Kern, s.o., S. 73-76.

konträre Erkenntnis, dass Parteibindung und Wahlkampfunterstützung durch Parteien positiv wirken.
Im Folgenden geht es um Unterstützung durch politische Gruppen im Wahlkampf, politische Bindung der Gewählten in Abhängigkeit von der Stärke der dominierenden Partei, Ausschöpfung des Parteiwählerpotentials bei Oberbürgermeisterwahlen und die Bedeutung von Wählermobilisierung.

6.3.2.1. Unterstützung durch politische Gruppen und Parteidistanz

Bei den Oberbürgermeisterwahlen im Untersuchungszeitraum treten neben von Parteien und/oder Wählervereinigungen unterstützten Bewerber(inne)n zwar Personen an, die nicht mit politischen Gruppen verbunden sind. Aber keine/r dieser im Wortsinn wirklich parteifernen „Einzelgänger/innen“ siegt, niemand von ihnen wird so ernst genommen, dass jemand ein Sieg zugetraut wird. Alle als mögliche Oberbürgermeister/innen gesehenen, ernst genommenen Kandidierenden sind zumindest durch Unterstützung politisch gebunden. Durch Unterstützung entsteht Bindung an Parteien und Wählervereinigungen, ohne dass dadurch gebundene Bewerber/innen formal Mitglied sein müssen.
Bei den Wiederwahlen reicht die Wahlkampfunterstützung der unterschiedlich fest politisch gebundenen Sieger/innen durch Wählervereinigungen und Parteien vom Verzicht auf die Suche nach oder Hilfe für Gegenkandidat(inn)en bis zur aktiven Hilfe. Bei Ab- und allen Neuwahlen ist die aktive Wahlkampfunterstützung durch politische Gruppen die Regel. Zur Unterstützung im Wahlkampf gehören logistische Hilfe sowie Wahlaufrufe von Repräsentant(inn)en und Ratsmitgliedern politischer Gruppierungen. Dass die Vorauswahl durch Parteien und Wählervereinigungen das Bewerberangebot prägt, wird in Ludwigsburg exemplarisch deutlich, als ein Kandidat mit erfolgversprechendem Profil wegen fehlender Unterstützung kommunalpolitischer Kräfte seine Bewerbung zurückzieht. Bei der Wahl ist belegt, bei anderen denkbar[763], dass an einer Bewerbung Interessierte nicht antraten, weil sie keine Erfolgsaussichten sehen angesichts fehlender Unterstützung durch relevante politische Kräfte. Obwohl Parteien und Wählervereinigungen in Baden-Württemberg kein formales Vorschlagsrecht bei Oberbürgermeisterwahlen haben, sind sie also relevant für das Bewerberangebot und einen erfolgversprechenden Wahlkampf.
Nur vier der zwölf bei Neu- oder Abwahlen siegreichen Parteilosen werden bei ihrem Antritt nicht von Parteien und deren Mitgliedern[764], sondern ausschließlich von Wählervereinigungen unterstützt und treten gegen von Parteien unterstützte Konkurrenz an - in Ellwangen, Vaihingen, Schwetzingen und Aalen. Die drei dieser Städte, in denen die Sieger bis zur endgültigen Entscheidung ohne Parteiunterstützung bleiben[765], haben

---

[763] Etwa in Eppingen ist vorstellbar, dass sich Vergleichbares „hinter den Kulissen“ abspielte.
[764] In Baden-Baden und Emmendingen wurden die Sieger/innen nicht von der Führung ihrer Partei unterstützt, aber von Parteimitgliedern.
[765] In Aalen gehörten FDP-Mitglieder von Beginn an zur den Sieger tragenden Wählervereinigung, aber die FDP trat nicht als Partei auf. Dort riefen vor dem zweiten Wahlgang Sozialdemokrat(inn)en und Grüne, die in der ersten Runde eine Konkurrentin unterstützt hatten, zur Wahl des Siegers auf. Der erste Wahlgang brachte die Vorentscheidung, auf Grund der der spätere Sieger sich danach in einer Position befand, in der er den neuen Unterstützer/innen keine Zugeständnisse machen musste.

unter 30.000 Einwohner/innen; die größte ist Vaihingen, in der die bei den Gemeinderatswahlen erfolgreichste Kraft, die Freie Wählervereinigung, den Sieger unterstützt. Da Wählervereinigungen im kommunalen Bereich gleiche politische Funktionen (Kandidatenrekrutierung, Orientierung beim Wahlverhalten und Wahlkampfunterstützung) haben wie örtliche Parteigliederungen, sind an sie gebundene Kandidierende den mit Parteien verbundenen bei politischer Bindung gleichzusetzen. Meist wird in dieser Arbeit der Begriff Parteibindung benutzt und damit generell politische Bindung gemeint.

Die Sieger/innen der Oberbürgermeisterwahlen im Untersuchungszeitraum sind also durchweg an politische Kräfte gebunden. Ungebundene und damit real parteiferne Sieger/innen gibt es bei den Oberbürgermeisterwahlen nicht. Der in der Literatur formulierte Befund, dass die Bedeutung der Parteien bei Direktwahlen mit wachsender Einwohnerzahl zunimmt, wird untermauert durch die Feststellung, dass bei den Oberbürgermeisterwahlen in Städten mit über 30.000 Einwohner/innen Parteien immer am Unterstützungsbündnis für Sieger/innen beteiligt sind.

Beim öffentlichen Auftritt treten die Unterstützung politischer Gruppen und damit die politische Bindung der Bewerber/innen in den Hintergrund, um Unabhängigkeit zu signalisieren. Auch parteigebundene Kandidierende wollen - wie es ein erfolgreiches Parteimitglied ausdrückt - „glaubhaft darstellen können“[766], Oberbürgermeister/in für alle Bürger/innen zu sein oder werden zu wollen. Die Unterstützung durch Parteien ist also nicht mit öffentlicher Vereinnahmung von Kandidierenden durch eine Partei gleichzusetzen. Öffentlich tritt kein/e parteigebundene/r Sieger/in als „Parteikandidat/in“ in dem Sinn an, dass die Parteibindung das zentrale Argument für die Wahl ist. Auch Parteimitglieder wahren öffentlich Distanz zur Partei. Es ist durchaus üblich, dass sich auch parteigebundene Kandidierende im Wahlkampf allen oder fast allen Fraktionen im Gemeinderat vorstellen (nicht nur der „eigenen“), um Unabhängigkeit zu demonstrieren. Dies geschieht auch, wenn es auf Grund eigener politischer Bindung oder der Festlegung der Fraktion auf eine andere Person aussichtslos erscheint, Unterstützung zu erhalten.

Um Unabhängigkeit zu demonstrieren erscheinen Embleme einzelner Parteien nicht auf Plakaten und anderen Materialien, mit denen für aussichtsreiche Bewerber/innen bei Oberbürgermeisterwahlen geworben wird. Nur die Wahl in Heidelberg ist als Ausnahme im Untersuchungszeitraum bekannt. Auf Großflächenplakaten und in einem Mobilisierungsprospekt werden die Logos aller den späteren Sieger unterstützenden Wählervereinigungen und Parteien aufgeführt, um zu zeigen, dass erstmals bei einer Oberbürgermeisterwahl in dieser Stadt das „bürgerliche Lager“ geschlossen eine Person unterstützt und nicht wie in der Vergangenheit mehrere Bewerber/innen. Nicht der Unterschied von Parteien ist die zentrale Botschaft, sondern die Einheit des politischen Lagers. Um Unabhängigkeit zu zeigen, betont der Sieger ausdrücklich, dass es eine Personen- und keine Parteienwahl war.

Die Strategie, im Oberbürgermeisterwahlkampf Parteibindung als zentrales Wahlmotiv in den Vordergrund zu rücken, führt in Reutlingen, Konstanz, Aalen und Baden-Baden

---

[766] Frei, s.o., S. 143.

nicht zum Sieg. Die Verlierer/innen setzen dort darauf, durch öffentliche Mobilisierung der mit ihnen durch die gemeinsame Parteipräferenz verbundenen Wahlberechtigten zu gewinnen.

Im Untersuchungszeitraum sind also alle Sieger/innen der Oberbürgermeisterwahlen und ernst genommenen Bewerber/innen - unterschiedlich fest - an Parteien und/oder Wählervereinigungen gebunden. Die Bedeutung der Parteien steigt mit wachsender Einwohnerzahl; sie und/oder deren Mitglieder unterstützen in Städten über 30.000 Einwohner/innen immer die Sieger/innen. Nur in drei kleineren Städten siegen allein von Wählervereinigungen getragene Parteilose gegen Parteien; sie sind aber ebenso politisch gebunden, da Wählervereinigungen und örtliche Parteigliederungen kommunal gleiche politische Funktionen haben. Da alle Sieger/innen der Oberbürgermeisterwahlen politisch gebunden sind, im Wahlkampf alle siegorientierten Kandidierenden (auch Parteimitglieder) Parteiferne postulieren, ist Parteidistanz kein Unterscheidungsmerkmal. Die als Erfolgsfaktor postulierte Parteiferne ist also bei Oberbürgermeisterwahlen eher als Vorgabe für auf Sieg zielendes taktisches Verhalten in der Öffentlichkeit zu sehen denn als reale Nicht-Bindung an politische Kräfte. Unterstützung vor und im Wahlkampf durch politische Gruppen ohne öffentliche Vereinnahmung der Kandidierenden ist ein Erfolgsfaktor bei Oberbürgermeisterwahlen. Dass diese Unterstützung bei einer Wahl für potentiell Interessierte wichtig ist, zeigt beispielhaft der Rückzug eines Bewerbers mit der Begründung fehlender Unterstützung. Die durchweg vorhandene politische Bindung wird meist im Folgenden als Parteibindung bezeichnet und weiter analysiert.

6.3.2.2. Politische Bindung und Bedeutung der Parteistärke

6.3.2.2.1. Parteibindung

Da Sieger/innen und ernst genommene Kandidierende der Oberbürgermeisterwahlen durchweg an politische Gruppen gebunden sind, ist nach der Bedeutung von Parteibindung zu fragen – ein Merkmal, das auch Bindung an Wählervereinigungen einschließt. Wenn Parteibindung und damit Parteiorientierung bei der Oberbürgermeisterwahl wirkt, ist anzunehmen, dass die Mehrzahl der Sieger/innen an die stärkste politische Kraft im Land gebunden ist. Im Untersuchungszeitraum ist die CDU bei Rats- und Parlamentswahlen stärkste Partei in Baden-Württemberg: Bei den Wahlen erhält sie landesweit 2004 47,4 (Europa), 37,6 (Kreistag) und 33,2 Prozent (Gemeinderat), 2005 (Bundestag) 39,2, 2006 (Landtag) 44,2 Prozent.[767]
Um zunächst zusammengefasst zu zeigen, wie die Sieger/innen der Oberbürgermeisterwahlen in den Jahren 2003 bis 2006 politisch gebunden sind, werden sie zahlenmäßig nach ihrer politischen Zuordnung sortiert nachfolgend aufgeführt (in Klammer die Art der Wahl, bei der sie siegen):

---

[767] Zahlen des statistischen Landesamts Baden-Württemberg.

Tabelle 50: Politische Bindung der Sieger/innen der Oberbürgermeisterwahlen

Jahr	*CDU-Mitglieder*	*CDU- u.a. unterstützte Parteilose*	*SPD-Mitglieder*	*SPD- u.a. unterstützte Parteilose*	*Mitglieder der Grünen*	*Parteilose (inklusive FWV)*[768]	*FDP-Mitglieder*
2003	7 (4x Wieder-, 3x Neuwahl)	-	2 (alle Neuwahl)	1 (Abwahl)	-	3 (1x Ab-, 2x Neuwahl)	1 (Abw.)
2004	4 (2x Wieder-, 2x Neuwahl)	-	4 (3x Neu-, 1x Abwahl)	-	1 (Wieder-wahl)	1 (Neuwahl)	-
2005	2 (1x Wieder-, 1x Neuwahl)	-	3 (1x Neu-, 2x Wiederwahl)	-	-	1 (Neuwahl)	-
2006	3 (2x Neu-, 1x Wiederwahl)	4 (2x Wieder-, 2x Neuwahl)	4 (3x Wieder-, 1x Neuwahl)	-	1 (Abwahl)	2 (1x Neu-, 1x Abwahl)	-
Ges.	16	4	13	1	2	7	1

Bei 44 Oberbürgermeisterwahlen setzen sich durch: 16 CDU-Mitglieder, 13 SPD-Mitglieder, zwei Mitglieder der Grünen, ein FDP-Mitglied, vier Parteilose mit vorrangiger Unterstützung der CDU, eine Parteilose mit vorrangiger Unterstützung der SPD, sieben Parteilose mit unterschiedlichen Unterstützungskoalitionen (darunter drei von der CDU offen oder verdeckt mit unterstützte). Bei den 22 Neuwahlen siegen acht CDU-Mitglieder, sieben SPD-Mitglieder, zwei Parteilose mit vorrangiger CDU-Unterstützung, fünf Parteilose mit unterschiedlichen Unterstützungskoalitionen (darunter zwei von der CDU mitgetragene). Unter den 16 Wiederwahlsieger(inne)n sind acht CDU-Mitglieder, zwei von der CDU gestützte Parteilose, fünf SPD-Mitglieder und eines der Grünen. Bei den sechs Abwahlen siegen drei Parteilose (davon eine von der SPD, einer von der CDU unterstützt), ein Sozialdemokrat, ein Grüner, ein FDP-Mitglied.

Wenn die unterschiedlich starke Bindung an Parteien betrachtet wird, ergibt sich: Einer politischen Partei gehören 72,7 Prozent der Sieger/innen an, weitere 11,3 Prozent werden als parteinah wahrgenommen, da sie als Parteilose primär von Parteien unterstützt werden. Knapp 16 Prozent sind nicht Parteimitglieder und werden von unterschiedlich breiten Unterstützungskoalitionen getragen, in denen Parteien nur als Bestandteil oder (in drei Fällen) nicht vertreten sind.

In den Jahren 2003 bis 2006 sind Mitglieder der landesweit stärksten politischen Kraft, der CDU, und von ihr unterstützte Parteilose am erfolgreichsten mit Siegen bei über 52 Prozent der 44 Oberbürgermeisterwahlen.[769] 54 Prozent der 22 Neuwahlsieger/innen sind Mitglied der CDU oder werden durch sie maßgeblich unterstützt. Wenn es möglich oder notwendig ist, sucht die CDU - bei umkämpften Entscheidungen spätestens beim entscheidenden Wahlgang - den Schulterschluss innerhalb des von den Beteiligten so genannten „bürgerlichen Lagers", d.h. mit der FDP[770] und Wählervereinigungen wie etwa der – landesweit organisierten und in vielen Kommunen vertretenen – Freien Wählervereinigung (FWV). Da bei den meisten Rats- und Parlamentswahlen in der Mehrzahl der Städte das „bürgerliche Lager" Mehrheiten erzielt, liegt es für ihre Repräsentant(inn)en nahe, dieses Stimmenpotential für Oberbürgermeisterwahlen zu nutzen.

---

[768] Die Sieger in Eppingen und Ludwigsburg werden hier den Parteilosen zugeordnet, da sie zwar von der stärksten Partei mit unterstützt werden, sich aber nicht an eine politische Richtung binden.

[769] Enthalten sind Wahlen, bei denen CDU-Mitglieder gegen die eigene Parteiführung siegen (Baden-Baden, Emmendingen), sowie die parteilosen Wahlsieger, bei deren Unterstützung die CDU Teil einer breiten Allianz ist oder nichtöffentlich unterstützt (Eppingen, Ludwigsburg und Bad Mergentheim).

[770] FDP-Listen sind nicht flächendeckend bei Ratswahlen vertreten.

Die SPD, die andere Volkspartei, hat in keiner der 44 in diese Studie einbezogenen Städte eine vergleichbar starke Stellung bei Rats- und Parlamentswahlen wie die CDU in den von ihr dominierten Kommunen. Mitglieder der SPD und eine vorrangig von ihr unterstützte Parteilose siegen bei fast 32 Prozent aller Wahlen. Bei keiner der Oberbürgermeisterwahlen der Jahre 2003 bis 2006 wird eine dem Konstrukt des „bürgerlichen Lagers" vergleichbare Unterstützungskoalition kommunalpolitischer Gruppierungen gegen die CDU geschmiedet, die die Mehrheit bei anderen Wahlen repräsentiert und gleichzeitig ein SPD-Mitglied unterstützt.[771] Allenfalls gelingt die Einigung kommunalpolitischer Mehrheiten gegen die CDU auf ein Mitglied einer anderen Partei oder eine/n Parteilose/n. SPD-Mitglieder können auch nicht oder wenig auf ein für sie günstiges Lagerwahlverhalten bauen, da in der Kommunalpolitik dem „bürgerlichen Lager" kein oder ein nicht konsistentes „rotgrünes Lager" gegenübersteht. SPD und Grüne sind nicht ähnlich eng verbündet wie Kräfte des „bürgerlichen Lagers". Vielmehr unterstützen Grüne in Bietigheim und Stuttgart, „Alternative" in Waiblingen mit der CDU verbundene Kandidaten, CDU-Mitglieder unterstützen in Tübingen den grünen Bewerber – jeweils gegen SPD-Konkurrenz.

SPD-Mitglieder siegen bei über 31 Prozent der Neuwahlen – jeweils in Städten, in denen bei anderen Wahlen die CDU dominiert und gemeinsam mit Bündnispartnern des „bürgerlichen Lagers" die örtliche Politik beherrscht. Mit diesen sieben Siegen und (politisch weniger deutlich) drei[772] gegen die CDU antretenden Siegern aus dem bürgerlichen Lager wird bei über 45 Prozent der Neuwahlen ein Gegengewicht zur politischen Dominanz einer Partei geschaffen. Die Siege dreier Parteiloser aus dem bürgerlichen Lager gegen die CDU sind Beispiele dafür, dass sich CDU, FDP und „bürgerliche" Wählervereinigungen bei Personalentscheidungen in der Kommune nicht immer einig sind.[773]

Die Siege des FDP-Mitglieds und der zwei Mitglieder der Grünen bedeuten einen Erfolg bei über zwei bzw. über vier Prozent aller Oberbürgermeisterwahlen, dabei aber bei keiner Neuwahl. Mit je einem Sieg bei einer Abwahl sind Mitglieder von FDP und Grünen mit jeweils über 16 Prozent bei den Sieger/innen dieser Art von Oberbürgermeisterwahl überproportional vertreten im Vergleich zu anderen Arten.

Ein Vergleich Erst- und Zweitplatzierter bei den Wiederwahlen hinsichtlich des Vorteils bei Parteibindung ist nur begrenzt möglich, da oft Konkurrenz fehlt oder vor Ort ohne Unterstützung bleibt. Bei einigen Wahlen (Stuttgart, Karlsruhe, Rheinfelden) mit parteigebundener Konkurrenz siegen Amtsinhaber mit überproportionalen Stimmanteilen in Hochburgen der sie unterstützenden Parteien. Sie haben Vorteile durch Parteibindung im Gegensatz zum Verlierer in Konstanz, dem die Bindung an die stärkste Partei nicht zum Sieg verhilft. Mit der bei anderen Wahlen stärksten Partei offen (Grüne) oder verdeckt (CDU) verbunden und damit in dieser Hinsicht im Vorteil sind bei

---

[771] In Göppingen unterstützten einen Sozialdemokraten mehrere Parteien bzw. Wählvereinigungen, die aber keine Mehrheit bei anderen Wahlen erhielten.

[772] In Aalen, Ellwangen und Vaihingen.

[773] Nicht nur bei diesen Wahlen, sondern auch bei denen in Reutlingen, Ettlingen, Schwetzingen und Singen trat das „bürgerliche Lager" nicht geschlossen auf. Wähler/innen „freier" Wählervereinigungen sind bei Parlamentswahlen nicht nur der CDU zuzuordnen. Sie folgen nicht immer bei Personalwahlen Empfehlungen „ihrer" Wählervereinigung. Siehe z.B. Gabriel: „Kommunales Wahlverhalten....", s.o..

Abwahlen über 33 Prozent der Sieger/innen.[774] Bei 40 Prozent der Neuwahlen ist die Bindung der Sieger/innen an die CDU als stärkste Kraft ein Vorteil gegenüber Zweitplatzierten. Er wäre höher, wenn nicht zwei CDU-Mitglieder in einer Stadt gegeneinander anträten.
Wie bei den Sieger(inne)n im Untersuchungszeitraum ist die Mehrheit der in Baden-Württemberg Ende des Jahres 2007 amtierenden Oberbürgermeister/innen Mitglied der christlichen Union: Fast 39 Prozent von ihnen gehören Unionsparteien an – 37 der CDU an, einer der CSU; über 25 Prozent sind parteilos (darunter auch parteinahe, deren Zuordnung unterlassen wird); 28 Prozent sind Mitglied der SPD, drei Prozent der FDP und vier Prozent der Grünen.[775]

Über die Hälfte der Sieger/innen aller Oberbürgermeisterwahlen und der Neuwahlen sind also verbunden mit der in Baden-Württemberg stärksten Partei. Dies ist ein Indiz der Bedeutung von Parteibindung als Erfolgsfaktor. Obwohl sich die Ergebnisse von Rats- und Parlamentswahlen nicht in allen Oberbürgermeisterwahlen widerspiegeln, ist davon auszugehen, dass ein Teil der Wählerschaft auch bei Oberbürgermeisterwahlen parteiorientiert abstimmt. Parteibindung wirkt bei Wiederwahlen wegen fehlender Konkurrenz nur begrenzt; in Parteihochburgen gesicherte Wiederwahlsiege zeigen aber auch hier deren Wirkung. Ein Vorteil durch Bindung an die stärkste Partei besteht bei rund einem Drittel der Ab- und 40 Prozent der Neuwahlen, wobei einmal nur CDU-Mitglieder konkurrieren.

6.3.2.2.2. Parteibindung in Baden und Württemberg

Zum in der Literatur beschriebenen Baden-Profil gehört, dass dort mehr Parteimitglieder bei (Ober-)Bürgermeisterwahlen siegen als im württembergischen. Wenn langfristige Parteibindungen wirksam sind, wenn parteiorientiert gewählt wird, sind von der stärksten Partei unterstützte Bewerber/innen im Vorteil.
Bis 1972 bildeten die alten Grenzen zwischen den ehemaligen Ländern Baden und Württemberg die administrative Grenze zwischen dem badischen und dem württembergisch-hohenzollerischen Teil des neuen gemeinsamen Bundeslandes (die hohenzollerischen Kreise kamen nach 1945 hinzu). Seit 1973 gehören einige zuvor badische Kreise und Gemeinden zu württembergischen und zuvor württembergische zu badischen Regierungsbezirken. Für den Vergleich des Wahlverhaltens in den Landesteilen ist die Grenze zwischen den ehemaligen Ländern Württemberg und Baden wichtiger als die aktuelle zwischen den vier Regierungsbezirken.[776] Denn die etwa von

---

[774] In fünf der sechs Städte mit Abwahlen war die CDU bei allen anderen Wahlen im Untersuchungszeitraum stärkste Kraft. In einer der fünf Städte (Bad Mergentheim) siegte ein von der CDU unterstützter Parteiloser. In den restlichen vier Städten mit CDU-Dominanz wurden CDU-Amtsinhaber abgewählt. Nur in einer Stadt mit einer Abwahl (Tübingen) liegt die CDU nicht vorn - sie ist die einzige der 44 Städte, in der die CDU bei keiner Wahl im Untersuchungszeitraum vorne lag. Dort siegte der mit der bei anderen Wahlen erfolgreichsten Partei verbundene grüne Kandidat.
[775] Siehe Anhang 2. Vermutlich begünstigen auch im Vergleich zur Konkurrenz größere Personalressourcen in öffentlichen Verwaltungen die Mehrheit des sogenannten bürgerlichen Lagers bei den Oberbürgermeister(inne)n.
[776] Siehe Anhang 2 zur Zugehörigkeit der Städte zu den Landesteilen vor und nach 1972.

Wehling oder Grande[777] nach 50 Jahren Zusammenleben festgestellten Unterschiede der politischen Kultur in „Baden“ und „Württemberg“ beziehen sich auf die alten Landesgrenzen. Sie beruhen auf differierenden Entwicklungen in den zu Beginn des 19. Jahrhunderts gebildeten Ländern Baden und Württemberg. Wie viele Oberbürgermeister/innen in Baden und Württemberg am Ende des Jahres 2007 Mitglied einer Partei oder parteilos waren, zeigt die folgende Tabelle.

Tabelle 51: Politische Bindung der Oberbürgermeister/innen in Baden und Württemberg
Parteilose und Parteimitglieder in den ehemaligen Ländern Baden und Württemberg sowie innerhalb der Grenzen der aktuellen Regierungsbezirke Baden-Württembergs - Stand Dezember 2007 - in absoluten Zahlen und auf die Landesteile bezogenen, gerundeten Prozentanteilen[778]:

Mitgliedschaft:	*CDU+1xCSU*	*SPD*	*Grüne*	*FDP*	*Parteilos*
Baden bis 1972:	19 (49%)	8 (20%)	3 (8%)	2 (5%)	7 (18%)
Württemberg bis 1972:	19 (32,5%)	19 (32,5%)	1 (2%)	1(2%)	18 (31%)
Regierungsbezirke Nord- und Südbaden:	20 (45,5 %)	12 (27%)	3 (7%)	3 (7%)	6 (13,5%)
Regierungsbezirke Nord- und Südwürttemberg:	18 (33%)	16 (30%)	1 (2%)	0 (0%)	19 (35%)

Bei Zugrundelegung aktueller Grenzen der Regierungsbezirke amtieren Ende des Jahres 2007 sechs parteilose Oberbürgermeister/innen in Nord- und Südbaden, in Nord- und Südwürttemberg mit 19 parteilosen Amtsinhaber(inne)n mehr als drei Mal so viele. Im Gebiet des ehemaligen Landes Baden gibt es sieben parteilose Oberbürgermeister im Vergleich mit 18 in dem des ehemaligen Landes Württemberg und damit zweieinhalb Mal so viel wie in „Baden“ bei der etwa anderthalbfachen Zahl württembergisch geprägter Städte in Relation zu badisch geprägten. Im Gebiet des ehemaligen Landes Baden beträgt der Anteil parteiloser Oberbürgermeister/innen 18 Prozent gegenüber 30 Prozent im ehemaligen Württemberg.[779] Bei den Wahlen im Untersuchungszeitraum siegen mit neun genau drei Mal so viele Parteilose in (ehemals) Württemberg im Vergleich zu Baden. Der Anteil parteigebundener Oberbürgermeister/innen ist in „Baden“ also größer als in „Württemberg“.Auch wenn die politische Bindung aller im Jahr 2007 amtierenden Oberbürgermeister/innen betrachtet wird, werden die Unterschiede zwischen den Landesteilen sichtbar: Zwei Mitglieder der FDP (fünf Prozent) und drei der Grünen (acht Prozent) im badisch geprägten Gebiet stehen ein Oberbürgermeister der FDP und einer der Grünen (jeweils zwei Prozent) in dem württembergischen gegenüber. Deutlich unterscheiden sich die Landesteile bei den Anteilen der Mitglieder der Volksparteien im Oberbürgermeisteramt. Im ehemaligen Baden stehen 19 CDU-

[777] Siehe Edgar Grande: „Aspekte der politischen Kultur Baden-Württembergs“, in: Landeszentrale für politische Bildung Baden-Württemberg (Hrsg.): „'Ziemlich demokratisch – Zur politischen Kultur Baden-Württembergs'“, Stuttgart, 1982, S. 5-24; Wehling: „Politische Kultur....“ in: Eilfort (Hrsg.): „Parteien in Baden-Württemberg“, s.o., S. 207 ff. und 212-213. Nicht eingegangen wird auf innerhalb dieser Grenzen vorhandene regional verschiedene Verortung der CDU in Württemberg und Baden, etwa von Wehling genannte Spezifika in Oberschwaben und anderen württembergischen Gebieten.

[778] Wenn die aktuellen Regierungsbezirke betrachtet werden, kommt ein Sozialdemokrat hinzu, der in Villingen-Schwenningen Oberbürgermeister ist und bei der historischen Aufteilung weggelassen wird, da diese „Doppelstadt“ 1972 aus einer ehemals badischen und einer ehemals württembergischen Stadt gebildet wurde. D.h. die Summen der Zahl der Amtsinhaber/innen differieren.

[779] Siehe dazu und zum Folgenden Anhang 2 mit den Oberbürgermeister/innen in Baden-Württemberg im Dezember 2007.

Mitgliedern - 49 Prozent - acht Sozialdemokraten - 20 Prozent - gegenüber.[780] In den württembergisch geprägten Gebieten ziehen die Sozialdemokrat(inn)en mit 19:19 (jeweils 32,5 Prozent Anteil) mit den Unionsmitgliedern (darunter ein CSU-Mitglied) gleich. Die Zahl der CDU-Stadtoberhäupter ist im Landesteil mit badischer Tradition Ende 2007 so groß wie in dem mit württembergischer, der 1,5 Mal mehr Städte umfasst als der mit badischer.

Die von Wehling/Wehling beschriebene starke Verwurzelung der CDU in Baden – verbunden mit der „badischen Wahltradition" – wird also sichtbar bei der Zahl der Oberbürgermeister/innen mit CDU-Parteibuch im Vergleich zu Mitgliedern anderer Parteien und Parteilosen. Wehling/Wehling sprechen von der Gewissheit, dass „die CDU-Klientel im katholischen Baden und in Oberschwaben eine relativ sichere Bank für die CDU"[781] ist.

In Württemberg sind bei Oberbürgermeisterwahlen Mitglieder der CDU weniger erfolgreich als in Baden. In der in der Mitte dieses Landesteils gelegenen Region Stuttgart - die die Landeshauptstadt und die fünf Landkreise Böblingen, Esslingen, Göppingen, Ludwigsburg und Rems-Murr umfasst - bilden gar über 33 Prozent (neun) sozialdemokratische Oberbürgermeister/innen die relative Mehrheit gegenüber je rd. 30 Prozent (acht) parteilosen und christdemokratischen. Im „urbanen Stuttgarter Großraum" können sich bei Oberbürgermeisterwahlen Mitglieder der CDU weniger als in ländlichen Gebieten auf die Gefolgschaft der Wähler/innen verlassen, die bei anderen Wahlen ihre Partei bevorzugen. Wehling/Wehling konstatieren für diese Region eine zunehmende Wechselwilligkeit städtischer Wähler/innen: „die urbane Wählerschaft ist in hohem Maße ‚volatil', d.h. sie muss ständig umworben werden, schließlich kann sie statt CDU genauso gut SPD, FDP und vor allem die Grünen wählen."[782]

Hinsichtlich der politischen Bindung der Oberbürgermeister/innen bestehen also Unterschiede zwischen den durch unterschiedliche regionale politische Kulturen geprägten Teilen Baden-Württembergs. Im badisch geprägten Landesteil siegen im Untersuchungszeitraum und davor mehr Parteimitglieder sowie mehr Mitglieder der stärksten Partei, der CDU, als im württembergisch geprägten.

6.3.2.2.3. Stärkste Partei und Siegchancen

Die CDU ist in fast allen der hier einbezogenen Städte stärkste Kraft bei Parlaments- und Ratswahlen.[783] Nur in zwei Städten (Emmendingen, Tübingen) liegt sie im Untersuchungszeitraum nicht vorn bei den am stärksten durch parteiorientiertes

---

780 Villingen-Schwenningen (Regierungsbezirk Südbaden) wird als durch die Verwaltungsreform neu geschaffene Kommune beim Vergleich entlang der historischen Grenzen nicht eingerechnet, da diese Kommune aus einer ehemals badischen und einer ehemals württembergischen Stadt gebildet wurde.

781 Wehling, Hans-Georg/ Wehling, Rosemarie: „Politische Kultur und Geschichte im deutschen Südwesten", in: Schmid, Josef/Zolleis, Udo: „Wahlkampf im Südwesten", Berlin, 2007, S. 13-31, S. 21; auf die Erfolge der CDU in Oberschwaben wird hier nicht eingegangen, ich beschränke mich auf die Unterschiede zwischen „Baden" und „Württemberg".

782 Wehling/Wehling, s.o., S. 20.

783 Siehe die Daten des statistischen Landesamts Baden-Württemberg und Anhang 3 mit Wahlergebnissen der Parteien, deren Mitglieder Oberbürgermeister/innen sind.

Wahlverhalten bestimmten Parlamentswahlen; Parteistärke wird hier gemessen durch den Mittelwert der bei Europa-, Landtags- und Bundestagswahl (bei letzterer Erst- und Zweitstimmen) erzielten Stimmprozente. Gibt es einen Zusammenhang zwischen Dominanz der stärksten Partei und Zahl der Siege mit ihr Verbundener?
Da politische Konkurrenz bei Wieder- und Abwahlen insgesamt gesehen eingeschränkt ist, wird zunächst für Neuwahlen dargestellt, wie groß die Anteile der Sieger/innen und Verlierer/innen an den Kandidierenden sind, die sich durch fehlende politische Bindung, Bindung an die stärkste Partei oder andere politische Kräfte als die stärkste Partei unterscheiden:

Tabelle 52: Politische Bindung Erst- und Zweitplatzierter bei Neuwahlen

		Bindung an		**Ohne polit.**	Gesamt
		stärkste Partei	**and. polit. Kraft**	**Bindung**	
Sieger/innen	**Neuwahlen**	11	11	0	**22**
	Proz. Ant.	*47,8%*	*57,9%*	*%*	
Verlierer/innen	**Neuwahlen**	12	8	2	**22**
	Prozent. Ant.	*52,2%*	*42,1%*	*100%*	
Gesamt		*23*	*19*	*2*	***44***
		100%	*100%*	*100%*	

Festzustellen ist noch einmal, dass die Bindung an relevante politische Kräfte immer ein Merkmal ernstgenommener Kandidierender bei Oberbürgermeisterwahlen ist. Sie stellt den Zugang her zu deren Unterstützung und Wählerpotentialen, ist ein Baustein zum Erfolg. 100 Prozent der politisch Ungebundenen verlieren. Ohne politische Bindung anzutreten ist kein Erfolgsfaktor. Die Zahl der Neuwahlsieger/innen, die an die stärkste Partei oder in anderer Weise politisch gebunden ist, ist gleich. Da bei einer Wahl zwei an die stärkste Partei gebundene Bewerber gegeneinander antreten, sind zwar 50 Prozent der Sieger/innen an sie gebunden, aber die Wahrscheinlichkeit, als an die stärkste Partei Gebundene/r zu siegen, sinkt unter 50 Prozent. Zu bedenken ist auch, dass das CDU-Mitglied in Emmendingen zur Kategorie der Bindung des Siegers an andere politische Kräfte gerechnet wird, wo die SPD zwar beim Mittelwert knapp stärkste Partei bei Parlamentswahlen ist, aber nicht eine vergleichbar dominierende Rolle spielt wie die CDU in anderen Städten. Die Zahl der an andere politische Kräfte gebundenen Zweitplatzierten wird gemindert, da zwei von keiner politischen Gruppe unterstützte Kandidierende zwar nicht ernstgenommen werden, aber mangels ernsthafter weiterer Konkurrenz Zweite werden. Bindung an die stärkste Partei führt nicht zwingend zum Sieg. Dass damit nicht erklärbare Wahlergebnisse in Parteihochburgen durch spezifische Umstände zu erklären sind, zeigt etwa die Wahl in Ellwangen, der Stadt mit dem höchsten CDU-Mittelwert: Aus Ärger über Repräsentant(inn)en der stärksten Partei wird deren Kandidat nicht gewählt, aber ein dem bürgerlichen Lager zuzurechnender.
Dass Bindung an die stärkste Partei zum Sieg verhelfen kann, wird beispielhaft bei Einzelfallanalysen geschildert etwa bei den Neuwahlen in Mosbach sowie Singen mit bei objektiven Merkmalen gleichwertiger und politisch unterschiedlich gebundener Konkurrenz, bei den Wiederwahlen in Karlsruhe, Stuttgart und Rheinfelden, wo überproportionale Zustimmung in Hochburgen der sie unterstützenden Parteien zum Sieg beiträgt. Wächst insgesamt gesehen die Zahl der Siege von CDU-Mitgliedern und von dieser Partei unterstützter Bewerber/innen bei Oberbürgermeisterwahlen mit der Stärke der CDU bei anderen Wahlen? Zur Klärung werden die Städte entlang dem

Mittelwert der von der CDU bei Parlamentswahlen im Untersuchungszeitraum erzielten Stimmanteile gereiht. Mit X sind Wahlen markiert, bei denen die CDU vorne liegt: Europaparlament 2004 (EP), Landtag 2006 (LT), Bundestag 2005 (BT), Gemeinderat 2004 (GR). Wenn andere politische Kräfte gleichstark (wie ...) oder stärker sind, stehen sie in Klammern. Aufgeführt wird die politische Bindung der Sieger/innen und ihrer Vorgänger/innen.

Tabelle 53: Parteibindung der Sieger/innen und Vorgänger/innen sowie CDU-Stärke

Stadt	*Wahlart*	*Polit. Bindung Sieger/in*	*Polit. Bindung Vorgänger/in*	*CDU-Mittelwert*	*CDU stärkste Kraft bei (bei BT-Wahl Zweitstimmenanteile)*			
					LT	*BT*	*GR*	*EP*
Ellwangen	Neuwahl	Parteilos	CDU	57,5	X	X	X	X
Bühl	Wiederw.	CDU	CDU	51,3	X	X	X	X
Bad Mergent.	Abwahl	Part.l. (CDU-u.)	Parteilos	51	X	X	X	X
Wertheim	Neuwahl	CDU	CDU	49,5	X	X	X	X
Rottenburg	Wiederw.	CDU	CDU	49,3	X	X	X	X
Öhringen	Wiederw.	CDU	CDU	49	X	X	X	X
Mosbach	Neuwahl	CDU	CDU	48,8	X	X	X	X
Schramberg	Wiederw.	SPD	SPD	48,4	X	X	X	X
Donauesch.	Neuwahl	CDU	Parteilos	47,6	X	X	X	X
Eppingen	Neuwahl	Parteilos	CDU	46,9	X	X	X	X
Ettlingen	Abwahl	FDP	CDU	46,6	X	X	X	X
Ravensburg	Wiederw.	CDU	CDU	46	X	X	X	X
Sinsheim	Neuwahl	SPD	CDU	45,5	X	X	X	X
Baden-Baden	Neuwahl	CDU	Parteilos	44,7	X	X	X	X
Vaihingen	Neuwahl	Parteilos	Parteilos	44,5	X	X	(FWV)	X
Singen	Neuwahl	CDU	CDU	44,2	X	X	X	X
Tuttlingen	Neuwahl	CDU	CDU	44,2	X	X	X	X
Lahr	Wiederw.	SPD	SPD	44,1	X	X	X	X
Nürtingen	Neuwahl	SPD	Parteilos	43,6	X	X	X	X
Schorndorf	Neuwahl	SPD	CDU	42,9	X	X	X	X
Aalen	Neuwahl	Parteilos	SPD	42,5	X	X	X	X
Göppingen	Abwahl	SPD	CDU	42,1	X	X	X	X
Geislingen	Wiederw.	Parteilos	Parteilos	41,9	X	X	X	X
Schwetzingen	Abwahl	Parteilos	CDU	41,6	X	X	X	X
Ostfildern	Neuwahl	SPD	Parteilos	41,6	X	X	X (wie FWV)	X
Calw	Neuwahl	CDU	Parteilos	40,7	X	X	(FWV)	X
Bietigh.-Biss.	Neuwahl	SPD	CDU	40,5	X	X	X	X
Remseck	Wiederw.	Parteilos	Parteilos	40,2	X	X	X	X
Waiblingen	Neuwahl	Parteilos	FDP	40,2	X	X	X	X
Kirchheim	Neuwahl	SPD	Parteilos	40,1	X	X	X	X
Hockenheim	Neuwahl	SPD	FDP	39,3	X	(SPD)	X	X
Reutlingen	Abwahl	Parteilos	CDU	39	X	X	X	X
Ludwigsburg	Neuwahl	Parteilos	Parteilos	38,8	X	(SPD)	X	X
Esslingen	Wiederw.	SPD	SPD	38,8	X	X (wie	X	X
Kehl	Wiederw.	SPD	SPD	38,8	X	(SPD)	X	X
Rheinfelden	Wiederw.	CDU	CDU	38,1	(SPD)	(SPD)	X	X
Lörrach	Wiederw.	CDU	CDU	37,3	X	(SPD)	X	X
Karlsruhe	Wiederw.	CDU	CDU	36,8	X	(SPD)	X	X
Schwäb. H.	Wiederw.	SPD	SPD	36,7	X	(SPD)	X	X
Konstanz	Wiederw.	Grüne	Grüne	35,8	X	(SPD)	X	X
Stuttgart	Wiederw.	CDU	CDU	35,5	X	(SPD)	X	X
Heidelberg	Neuwahl	Parteilos	SPD	33	X	(SPD)	X (wie SPD)	X
Emmending.	Neuwahl	CDU	SPD	31,7[784]	(SPD)	(SPD)	X	X
Tübingen	Abwahl	Grüne	SPD	27,6[785]	(Grün	(SPD)	(AL/Grün)	(Gr.)

[784] Nur hier war der von der SPD erzielte Mittelwert von 37,2 der höchste, also höher als der der CDU.
[785] Nur hier war der von den Grünen erzielte Mittelwert von 31,7 der höchste, höher als der der CDU.

Wenn die Oberbürgermeisterwahlen in den Städten oberhalb der Mitte (also über 45,25) zwischen höchstem (57,5) und niedrigstem (33) CDU-Mittelwert in Städten mit der CDU als stärkster Partei betrachtet werden, sind 70 Prozent der Sieger/innen mit der CDU verbunden. Bei über 66 Prozent der 18 Oberbürgermeisterwahlen in den Städten mit CDU-Mittelwerten bei Parlamentswahlen über 44 Prozent (57,5 bis 44,1 Prozent) siegen von der CDU unterstützte Kandidierende. Bei 42 Prozent der 26 Wahlen in Städten mit geringeren Mittelwerten als 44 Prozent siegen von ihr unterstützte. In 10 Städten mit Neuwahlen erzielt die CDU im Durchschnitt der Parlamentswahlen über 44 Prozent, in 70 Prozent dieser Städte siegen mit der CDU verbundene Kandidaten bei der Oberbürgermeisterwahl. 70 Prozent der 10 Neuwahlsiege gegen die CDU als stärkste Partei werden in Städten erzielt, in denen der CDU-Mittelwert unter 44 Prozent liegt. Mit zunehmendem Wählerpotential der dominierenden Partei siegen also häufiger mit ihr verbundene Kandidierende.
Wenn die CDU-Mittelwerte in den Städten verglichen werden, wo ein Parteimitglied die Oberbürgermeisterwahl gewinnt, wird der Befund besonders bei Siegen von Mitgliedern der Grünen unterstrichen. In den 16 Städten mit Siegen von CDU-Mitgliedern liegt der CDU-Mittelwert bei 43,42 Prozent, in den 13 mit siegreichen SPD-Mitgliedern bei 41,72 Prozent, in den zwei mit Siegen von Mitgliedern der Grünen bei 31,7 Prozent. Der CDU-Mittelwert liegt beim Sieg des FDP-Mitglieds mit 46,6 Prozent klar über dem aller 44 Städte, der bei 42,37 Prozent liegt.

Die These der Wirkungslosigkeit der Parteibindung bei Oberbürgermeisterwahlen wird also nicht bestätigt. Nur nicht ernstgenommene Bewerber/innen sind politisch ungebunden. Sie gewinnen keine Wahl. Parteibindung ermöglicht Zugang zu Wählerpotentialen und Unterstützungsressourcen. Mit der Stärke einer dominierenden Partei steigt die Häufigkeit, dass mit ihr verbundene Kandidierende siegen. Kandidierende mit vergleichbaren Merkmalen haben nicht gleiche Siegchancen, wenn sie an unterschiedlich starke politische Kräfte gebunden und daher mit verschieden großen Unterstützergruppen und Parteiwählerpotentialen verbunden sind.

6.3.2.2.4. Parteiwählerpotential und bei Oberbürgermeisterwahlen von Parteimitgliedern erzielte Ergebnisse

Konvergenztheoretisch erklärbar sind Siege bei Oberbürgermeisterwahlen mit der unterschiedlichen Mobilisierung parteiorientierter Wähler/innen. Werden die Oberbürgermeisterwahlen im Rahmen des Parteiwählerpotentials gewonnen? Gibt es aufgrund des Parteiwählerpotentials Mobilisierungsreserven für parteigebundene Kandidierende?
Parteiorientiert Wählende müssen bei fehlendem Kandidatenangebot der präferierten Partei bei Oberbürgermeisterwahlen ähnliche Überlegungen anstellen wie bei der Erststimme bei Bundestagswahlen. Wenn die zur Wahl stehenden Alternativen mit Aussicht auf Erfolg nicht erste Präferenz sind, wird für sie in beiden Fällen eine taktische, koalitions- oder lagerorientierte Entscheidung notwendig für die Person, die der bevorzugten Partei am nächsten steht. Denn bei beiden Wahlen kann nur Eine/r siegen. Wahlkreiskandidat(inn)en der großen Parteien profitieren in der Regel bei der

Bundestagswahl von parteitaktischen[786] Erwägungen, in Baden-Württemberg im Untersuchungszeitraum CDU und SPD.[787] Um zu erkennen, wie groß das im besten Fall von Parteien erreichte Wählerpotential ist, das ggf. bei anderen Wahlen mobilisierbar ist, ist daher bei großen Parteien in der Regel die Erststimmenzahl bei Bundestagswahlen zu betrachten. Relevant ist bei der FDP unter dem Gesichtspunkt der parteitaktischen Wahl in der Regel das Zweitstimmenergebnis bei der Bundestagswahl, bei den Grünen aufgrund der spezifischen landespolitischen Stärke das Landtagswahlergebnis. Da Grenzen politischer Lager in Kommunen unscharf sind und die Wählervereinigungen nur kommunal agieren, werden in diesem Kapitel nur Parteimitglieder betrachtet. Bei Oberbürgermeisterwahlen kandidierende Parteimitglieder sind eindeutiger parteigebunden als Parteilose. Bei Sieger(inne)n mit Parteibuch ist angesichts der beschriebenen parteitaktischen Überlegungen bei begrenztem Angebot eher ein Stimmergebnis über dem besten Ergebnis ihrer Partei bei Rats- und Parlamentswahlen zu erwarten.

Die Sieger/innen der Oberbürgermeisterwahlen mit Parteibuch erhalten tatsächlich prozentual durchgängig mehr Stimmanteile als ihre Partei beim größten Erfolg bei Rats- und Parlamentswahlen im Untersuchungszeitraum.[788]

Die Ergebnisse der erfolgreichen Christdemokraten reichen von nur 3,4 Prozent in Mosbach über dem besten örtlichen CDU-Ergebnis (bei der Landtagswahl) bis über 20 Prozent (Erststimmen bei der Bundestagswahl) in Emmendingen. Alle siegreichen Sozialdemokrat(inn)en liegen prozentual mindestens 10 Prozent über den größten SPD-Erfolgen bei anderen Wahlen (immer die Erststimmen bei der Bundestagswahl), dreimal sind es mehr als 15 Prozent.

Die zwei Sieger mit grünem Parteibuch haben mit 18 Prozent über dem besten Resultat bei Rats- und Parlamentswahlen (in beiden Städten die Landtagswahl) einen prozentualen Vorsprung vor der Konkurrenz, der in Emmendingen und Nürtingen mit je rund 20 Prozent von einem CDU- und einem SPD-Mitglied übertroffen wird. Die Grünen-Mitglieder gewinnen in Parteihochburgen, in denen sie auf einem im Landesvergleich hohen Parteiwählersockel aufbauen können.[789] Mit fast 40 Prozentpunkten über dem besten Ergebnis ihrer Partei bei anderen Wahlen setzt sich die FDP-Kandidatin in Ettlingen am deutlichsten von ihrer Partei ab. Unterstützt wurde sie von fast allen

---

[786] Siehe Joachim Behnke/ Stefani Hergert/ Florian Bader: „Stimmensplitting – Kalkuliertes Wahlverhalten unter den Bedingungen der Ignoranz", Bamberger Beiträge zur Politikwissenschaft: Forschungsschwerpunkt Theorie der Politik, Nr. I-7, 2004. Demnach gibt es nur wenige Beispiele für persönlichkeitsorientiertes Wahlverhalten beim Stimmensplitting. Vielmehr bestimmen partei- und koalitionsstrategische Überlegungen die Stimmabgabe. Die Bundestagskandidat(inn)en der beiden großen Parteien erzielten in den Wahlkreisen, in denen die untersuchten Oberbürgermeisterwahlen stattfanden, immer mehr Erststimmen als ihre Partei Zweitstimmen.

[787] Erstmals bei den Bundestagswahlen 2009 und 2013 erhielten in Baden-Württemberg Erstkandidat(inn)en der Grünen mehr Erst- als Zweitstimmen und profitierten so vom Stimmensplitting.

[788] Zahlen des statistischen Landesamts Baden-Württemberg und eigene Erhebungen. Wegen rechtlicher Normen wie kommunales Wahlrecht für Bürger/innen der Europäischen Union ohne deutsche Staatsbürgerschaft ist die Grundgesamtheit der Wahlberechtigten bei den Wahlen nicht identisch. Bürger/innen der EU-Mitgliedsstaaten, die bei Landtags-, Bundestags- und Europawahlen (es sei denn, sie verzichten bei der Europawahl im Heimatland auf das Wahlrecht) nicht wählen dürfen, sind bei (Ober-)Bürgermeister- und Ratswahlen wahlberechtigt. Ihre Wahlbeteiligung war aber laut vorliegenden Zahlen deutlich geringer als die der Wahlberechtigten insgesamt.

[789] In Konstanz erreichte das siegreiche Grünen-Mitglied bei der Oberbürgermeisterwahl nur 38,6%.

politischen Kräften - außer der CDU, deren Wähler/innen ihr im Sinne des Lagerdenkens am nächsten stehen.

Da in den Jahren 2003 bis 2006 die Beteiligung an Oberbürgermeisterwahlen durchweg geringer ist als an Bundestags- und Landtagswahlen, bei denen die Parteien ihre größten Erfolge[790] erzielen, sind auch die absoluten Stimmenzahlen der Wahlen zu betrachten, um den Zuspruch für die Sieger/innen in Relation zum Parteiwählerpotential genauer zu klären. Dargestellt werden absolut erreichte Stimmen und das Niveau der bei der Oberbürgermeisterwahl erreichten Stimmen in Relation zum Spitzenergebnis der Partei bei anderen Wahlen.
Manche prozentual deutliche Siege von Parteimitgliedern werden mit einer absoluten Stimmenzahl erreicht, die kleiner ist als beim besten Ergebnis der „eigenen" Partei bei Parlamentswahlen. Dies ist der Fall bei drei sozialdemokratischen und vier christdemokratischen Gewinnern. Am weitesten weg vom größten Erfolg seiner Partei ist der sozialdemokratische Wiederwahlsieger in Esslingen, der ein Niveau von 70,97 Prozent des SPD-Wählerpotentials bei Parlamentswahlen erreicht und weniger Stimmen erhält als die sozialdemokratische Bundestagswahlkreiskandidatin sowie wenige Monate zuvor der SPD-Landtagskandidat.[791] Die vom Karlsruher Wiederwahlsieger, dessen Konkurrenz wenig ernst genommen wird, erreichte Stimmenzahl bedeutet 73,44 Prozent des Stimmpotentials der CDU bei Parlamentswahlen. Unter dem maximalen Niveau ihrer Partei bei Parlamentswahlen bleiben auch der Wiederwahlsieger in Rheinfelden (97,08%), die Neuwahlsieger in Mosbach (89,03%), Singen (92,5%) und Schorndorf (85,08%) sowie der Abwahlsieger in Göppingen (95,35%). Zu den Ergebnissen trägt die durchweg niedrigere Beteiligung an den Oberbürgermeisterwahlen im Vergleich zu den in Relation gesetzten Wahlen bei.[792] Die Beteiligungsquoten sind in allen Städten bei den Oberbürgermeisterwahlen niedriger als bei der Bundestagswahl 2005 und bei der Landtagswahl 2006. Ein Sieg bei einer Oberbürgermeisterwahl mit einer Stimmzahl innerhalb des Parteiwählerpotentials ist also möglich.
Die Ergebnisse der siegreichen Parteimitglieder bei allen anderen als den genannten sieben Oberbürgermeisterwahlen, der Mehrheit der verglichenen Wahlen, liegen nicht nur prozentual, sondern auch in absoluten Stimmzahlen über den größten Erfolgen ihrer Partei bei anderen Wahlen. Sechs Sozialdemokrat(inn)en (alle bei Neuwahlen) und fünf Christdemokraten (bei einer Wieder- sowie vier Neuwahlen) liegen über den Spitzenwerten ihrer Partei in der jeweiligen Stadt - immer verglichen mit bei der Bundestagswahl 2005 erhaltenen Erststimmen, bei denen beide Parteien im Untersuchungszeitraum die höchsten absoluten Stimmenzahlen erreichen. Bezogen auf das Bundestagswahlergebnis reicht das Niveau der Zustimmung für diese Oberbürgermeisterwahlsieger/innen von knapp über 100% (bei Neuwahlen in Kirchheim

---

[790] Nur in Rheinfelden erzielte eine Partei, die CDU, bei der Gemeinderatswahl prozentual einen höheren Stimmenanteil als bei Bundes- und Landtagswahl. Die Zahl der („gleichwertigen") absoluten Stimmen für die CDU, war aber bei der Ratswahl geringer als bei der Bundestagswahl.
[791] Die weiteren acht sozialdemokratischen Sieger/innen bei Oberbürgermeisterwahlen in diesen vier Jahren erhielten mehr Stimmen als die SPD bei der Landtagswahl 2006 in den jeweiligen Städten.
[792] Statistisches Landesamt Baden Württemberg, eigene Erhebungen, siehe auch Anhang 3.

und Ostfildern) bis zu 135% (Neuwahl in Emmendingen). Bei Neuwahlen liegt das Niveau der von Sieger/innen mit CDU- und SPD-Mitgliedschaft bei Oberbürgermeisterwahlen erzielten Stimmen im Vergleich zum besten Parteiergebnis bei Parlamentswahlen zwischen 70 und 135 Prozent.

Alle bei Oberbürgermeisterwahlen erfolgreichen Mitglieder der Grünen und der FDP siegen unter anderen Umständen als bei einer Neuwahl. Sie übertreffen durchweg die größten Erfolge ihrer Partei bei anderen Wahlen. Bei beiden Siegen von Grünen liegt die Beteiligung an der Oberbürgermeisterwahl ebenfalls unter, aber näher an der Wahl mit dem Parteispitzenergebnis, der Landtagswahl 2006. In Tübingen steht in beiden Fällen das gleiche Mitglied der Grünen zur Wahl. Er erhält bei der Abwahl fast 4.000 Stimmen mehr als bei der Landtagswahl einige Monate zuvor. Sein Stimmenniveau von 137 Prozent im Vergleich zum Parteispitzenergebnis liegt in der Stadt mit den Grünen als bei fast allen anderen Wahlen stärkste Partei nur wenig über von CDU- und SPD-Mitgliedern erzielten Niveauwerten. Bei der Wiederwahl in Konstanz liegt das von dem grünen Parteimitglied erreichte Stimmniveau bei 196 Prozent bezogen auf das Ergebnis bei der Landtagswahl 2006. Wie beim Prozentvergleich überragt das Stimmenniveau der FDP-Abwahlsiegerin in Ettlingen mit 351 Prozent am deutlichsten das beste von ihrer Partei bei einer anderen Wahl erzielte Ergebnis; der beste FDP-Wert ist dort das Zweitstimmenergebnis bei der Bundestagswahl 2005, zu dem mutmaßlich ebenfalls taktisch Wählende beitrugen.
Das bei Rats- und Parlamentswahlen im Vergleich zur Konkurrenz geringe Parteiwählerpotential kleinerer Parteien als CDU und SPD ist eine Erklärung, warum deren Mitglieder nicht siegen bei Neuwahlen im Untersuchungszeitraum. Mitglieder kleinerer Parteien müssen, wenn das Parteiwählerpotential betrachtet wird, wenn sie allein von ihrer Partei unterstützt werden, in höherem Maße als die großer Parteien über die bei anderen Wahlen erreichten Stimmen „ihrer“ Partei hinaus Wähler/innen gewinnen. Sie müssen mehr Wahlberechtigte ansprechen, die grundsätzlich keine oder andere Parteien präferieren.[793] Parteiorientierte Wählerpotentiale sind also ein Baustein für den Erfolg bei Oberbürgermeisterwahlen. Mit der Größe der unterstützenden politischen Kraft und der Unterstützerkoalition wachsen Wählerpotential und die für den Wahlkampf zur Verfügung stehenden Ressourcen.

Parteimitglieder unter den Sieger(inne)n bei Oberbürgermeisterwahlen erhalten also prozentual betrachtet durchweg mehr Zustimmung als ihre Partei bei anderen Wahlen. Dies bedeutet nicht in allen Fällen, dass die absolute Zahl der Stimmen für sie über dem Parteiwählerpotential bei anderen Wahlen liegt. Bei Neuwahlsiegen liegen die Parteimitglieder bei der absoluten Stimmenzahl im Korridor von 70 bis 135 Prozent des maximal erreichten Zuspruchs für ihre Partei. Das Parteiwählerpotential ist ein Baustein für den Erfolg, wie der Vergleich der Mitglieder von CDU und SPD mit denen kleinerer Parteien zeigt. Mitglieder kleinerer Parteien gewinnen keine Neuwahl und liegen bei ihren Ab- und Wiederwahlsiegen, bei denen sie mit Unterstützung über ihre Partei hinaus

[793] Wie erwähnt ist etwa die FDP auch bei Bundestagswahlen in der Vergangenheit von Wähler/innen gewählt worden, die grundsätzlich eine andere Partei präferierten.

erfolgreich sind, deutlicher über dem Parteiwählerpotential als Kandidierende der großen Parteien.

6.3.2.2.5. Wahlenthaltung und Mobilisierung parteiorientierter Wähler/innen

Als Grund sinkender Beteiligung an (Ober-)Bürgermeisterwahlen nennt Brugger die zunehmende, mit steigender Einwohnerzahl stärkere Entfremdung der Bürger/innen von ihrer Kommune - bedingt durch die Mobilität der Menschen.[794] Mit zunehmender Entfremdung steigt die Zahl wenig mit ihrer Kommune verbundener Bürger/innen, die sich in geringerer Zahl an kommunalen Wahlen beteiligen als in das Gemeinwesen integrierte und vor Ort engagierte Bürger/innen. Damit steigt die Bedeutung der sich stärker als andere Wahlberechtigte an kommunalen Wahlen beteiligenden Wählergruppen, die Löffler überwiegend als soziale Basis konservativer Gruppierungen in Baden-Württemberg bezeichnet. Das konservative Wählerpotential wird vergrößert durch die im Vergleich zu Jüngeren höhere Beteiligung älterer Menschen, die - wie Wahlanalysen zeigen - in Baden-Württemberg mehrheitlich konservativ wählen. Daraus ergibt sich die Hypothese, dass mit konservativen politischen Kräften verbundene Bewerber/innen einen Nutzen aus einer niedrigen Wahlbeteiligung ziehen.
Die Oberbürgermeisterwahl in Waiblingen bestätigt diese Annahme: Bei der zweitniedrigsten Wahlbeteiligung aller Neuwahlen im Untersuchungszeitraum, der niedrigsten Beteiligung an Neuwahlen mit ernstgenommener Konkurrenz ist die Mobilisierung eines Teils der Wählerschaft der Schlüssel zum Sieg des konservativen Kandidaten. Bei den Wahlen in Mosbach und Heidelberg gehen konservativ Wählende häufiger zur Wahl als andere. Andererseits siegen auch SPD-Mitglieder aufgrund einseitiger Mobilisierung, so etwa bei den Wahlen in Schorndorf und Nürtingen, wo die CDU ein Mobilisierungsdefizit in ihren Reihen beklagt. Mobilisierungserfolge bzw. Mobilisierungsprobleme als Erklärung für das Wahlergebnis werden nicht nur bei der Analyse der Wahlen in diesen Städten genannt, sondern auch in Rheinfelden, Ostfildern, Singen und Göppingen – also bei je zwei Siegen von CDU- und SPD-Mitgliedern. Bis auf Ostfildern ist die Beteiligung an den Wahlen unterdurchschnittlich im Vergleich zu den Oberbürgermeisterwahlen gleicher Art in den jeweiligen Jahren. Nicht nur an konservative Parteien gebundene Bewerber/innen profitieren also von Defiziten oder Erfolgen bei der Mobilisierung in Wählersegmenten, sondern auch an deren politische Konkurrenz gebundene.
Wenn die Wahlen in Nürtingen und Kirchheim 2003, in Göppingen und Rheinfelden 2004, in Waiblingen und Schorndorf 2006[795] mit jeweils ernsthafter, politisch unterschiedlich gebundener Konkurrenz und verglichen mit gleichartigen Wahlen im jeweiligen Jahr auffallend niedriger Wahlbeteiligung betrachtet werden, siegen weniger konservativ als anderweitig Gebundene. In Waiblingen siegt der mit der CDU verbundene Kandidat mit Verwaltungskompetenzvorteil, in Rheinfelden der mit dem Herausforderer bezüglich objektiver Merkmale gleichwertige CDU-Amtsinhaber. Die

---

[794] Brugger, s.o., S.5.
[795] Auch in Schwetzingen mit einer für Abwahlen niedrigen Wahlbeteiligung setzte sich ein Außenseiter durch, der allerdings nur von einer kleinen politischen Gruppe unterstützt wurde.

anderen vier Wahlen gewinnen bezüglich geografischer Herkunft und Verwaltungskompetenz gleichwertige oder mit Nachteilen versehene Kandidierende, die nicht mit der konservativen und stärksten Partei verbunden sind. Bei niedriger Wahlbeteiligung als Randbedingung einer Wahl siegen also weniger an die stärkste politische Kraft als anders gebundene Kandidierende. Nicht bestätigt wird die Annahme, dass primär an konservative politische Kräfte gebundene Bewerber/innen bei niedriger Wahlbeteiligung siegen.

Verfügen im Untersuchungszeitraum Parteien, deren Mitglieder nicht siegen, über ein für den Sieg ausreichend großes Wählerpotential?[796] Da die zwei Volksparteien über das größte Parteiwählerpotential verfügen, werden Oberbürgermeisterwahlen verglichen, bei denen sich im entscheidenden Wahlgang Mitglieder von CDU und SPD gegenüber stehen. Verglichen werden die Stimmergebnisse Erst- und Zweitplatzierter mit Parteibuch bei Oberbürgermeisterwahlen mit dem Ergebnis ihrer Partei bei Bundestagswahlen, bei denen die Parteien in den Städten die höchsten absoluten Stimmenzahlen im Untersuchungszeitraum erzielen. Die fünf Oberbürgermeisterwahlen werden mit knapp über oder unter 50 Prozent Zustimmung entschieden. Vier der fünf Wahlen gehören zu den sechs mit auffallend niedriger Beteiligung, sie weisen im Vergleich mit den anderen Neu- oder Abwahlen in den jeweiligen Jahren (2003 und 2004) die niedrigste Wahlbeteiligung auf.

Tabelle 54: Vergleich der Stimmen bei Oberbürgermeisterwahlen und Parteiwählerpotential - ausgewählte Wahlen, nur CDU und SPD; erste Zeile Sieger/in, zweite Verlierer und deren Partei

Stadt:	*BT-Wahl 05* Erst-	Zweitstimmen	*OB-Wahl*	**Minimalste** Abweichung von OB-Wahl zu allg. Wahl, wenn mehr	**Maximale** Abweichung von OB Wahl zu allg. Wahl wenn weniger
				Stimmen erreicht wurden	
Rheinfelden (CDU)	5108	4466	4959		-149
SPD-Verlierer	*6466*	*5478*	*4727*		*-1739*
Göppingen (SPD)	9379	7990	8943		-436
CDU-Verlierer	*10910*	*8445*	*7107*		*-3803*
Kirchheim u.T. (SPD)	6134	5339	6191	57	
CDU-Verlierer	*7895*	*6147*	*6023*		*-1842*
Nürtingen (SPD)	5983	5235	6928	945	
CDU-Verlierer	*8776*	*7082*	*6159*		*-2617*
Sinsheim (SPD)	5454	4730	6548	1094	
CDU-Verlierer	*7739*	*6365*	*5939*		*-1800*

Die Zahlen in der Tabelle zeigen, dass die Sieger/innen in den aufgeführten Städten näher an oder über den besten Ergebnissen ihrer Partei bei anderen Wahlen in dieser Zeit liegen als die unterlegenen Hauptkontrahenten. Die Verlierer erhalten deutlich weniger Stimmen als ihre Partei beim größten Wahlerfolg. Insbesondere die Defizite der CDU-Mitglieder (bei Wahlen in den Jahren 2003 und 2004) bezogen auf das über die Ausrichtung an der CDU theoretisch erreichbare Wählerpotential sind bemerkenswert, da die CDU – wie oben ausgeführt – durch die allgemeine politische Stimmung in diesen

[796] Da nur die Wahlen im Untersuchungszeitraum einbezogen sind, werden die in dieser Zeit bei Rats- und Parlamentswahl sichtbar gewordenen Parteiwählerpotentiale dargestellt.

Jahren begünstigt ist.[797] Dieser Befund ist ein Argument gegen die konvergenztheoretische Annahme, dass durch die allgemeine politische Stimmung ausgelöste, einseitige Mobilisierung parteiorientierter Wähler/innen primär Oberbürgermeisterwahlen entscheidet.
Eine mögliche Erklärung für das Ergebnis ist, dass die niedrige Wahlbeteiligung bei den vier Wahlen mit der niedrigsten Wahlbeteiligung im jeweiligen Jahr auf einseitige Enthaltung an der CDU orientierter Wahlberechtigter zurückzuführen ist, die wegen der für die CDU positiven allgemeinpolitischen Stimmung durch den lokalen Kontext zu erklären ist. Bei der fünften Wahl in Sinsheim, die sich von den anderen vier durch eine im Vergleich zu den Neuwahlen in dem Jahr hohe Beteiligung unterscheidet, ist zu vermuten, dass aufgrund persönlicher Angriffe aus der CDU heraus gegen den späteren Sieger eine relevante Zahl an ihr orientierter Wahlberechtigter entgegen der Parteipräferenz wählt.
Sichtbar wird beim Vergleich der Verlierer/innen und Sieger/innen dieser fünf Wahlen die Relevanz der Erschließung des Parteiwählerpotentials. Wenn bei diesen Wahlen die Zweitplatzierten die von ihrer Partei beim größten Erfolg bei anderen Wahlen maximal erreichte Stimmenzahl bei der Oberbürgermeisterwahl erhalten hätten, hätten alle das Ergebnis der Sieger/innen übertroffen. Die Mobilisierung parteiorientierter Wähler/innen ist also eine Möglichkeit, um bei Oberbürgermeisterwahlen erfolgreich zu sein – eine Möglichkeit neben der Gewinnung kandidatenorientierter, thematisch und instrumentell orientierter Wahlberechtigter. Die im Vergleich zur Konkurrenz bessere Mobilisierung potentiell zugeneigter Wahlberechtigter ist ein Ausweis von Wahlkampfkompetenz.

Die Ausschöpfung von Parteiwählerpotentialen, die Mobilisierung parteiorientierter Wahlberechtigter ist also ein Baustein zum Erfolg bei Oberbürgermeisterwahlen. Parteidistanziertheit ist auch aus dieser Sicht eher als Empfehlung für das öffentliche Auftreten im Wahlkampf zu sehen als für Verzicht auf Parteibindung. Die tendenziell sinkende Wahlbeteiligung und unterschiedliche Beteiligung verschiedener Wählergruppen bei Oberbürgermeisterwahlen bedeuten auf Grund der überdurchschnittlichen Beteiligung konservativ orientierter Wahlberechtigter einen Vorteil für an die CDU gebundene Kandidierende, der aber – ebenso wie die bundespolitische Stimmungslage - nicht automatisch zum Sieg führt. Sichtbar wird, dass Wählermobilisierung ein wichtiger Baustein des Wahlkampfes ist. Da Wählermobilisierung zum Erfolg beiträgt, ist auch aus dieser Sicht Wahlkampfkompetenz ein Erfolgsfaktor.

---

[797] Auch wenn auf der Individualebene evtl. allgemeine politische Stimmung das Wahlverhalten parteiorientierter Wähler/innen bestimmt, führt die von der politischen Großwetterlage beeinflusste Mobilisierung oder Demobilisierung parteiorientierter Wahlberechtigter - wie gezeigt - nicht zur Häufung von Oberbürgermeisterwahlsiegen parteigebundener Bewerber/innen. An einige Beispiele sei erinnert: Im Juni 2004 verliert die SPD bei Europa- und Kommunalwahlen massiv; in Hockenheim erzielt sie bei der Europawahl 22,6, bei der Gemeinderatswahl 19,8 Prozent. Im politischen Stimmungstief steckt die Partei wenige Wochen später immer noch, als ein SPD-Mitglied die Oberbürgermeisterwahl mit einer von Sozialdemokrat(inn)en bei anderen Wahlen nie erreichten Stimmenzahl gewinnt. In Schorndorf erreicht die SPD bei der Landtagswahl 2006 (wenige Monate vor der Oberbürgermeisterwahl) 24,1 Prozent. Bei der Oberbürgermeisterwahl erzielt der zu der Zeit bei der baden-württembergischen SPD-Landtagsfraktion arbeitende Sozialdemokrat über 50 Prozent.

6.3.2.2.6. Parteibindung als Erfolgsfaktor: Zusammenfassung

Alle auf Sieg setzenden Oberbürgermeisterwahlbewerber/innen treten also öffentlich im Wahlkampf „parteifern“ auf, so dass diese Eigenschaft nicht als Merkmal zur Unterscheidung beiträgt. Alle Sieger/innen und ernstgenommene Bewerber/innen sind politisch gebunden, auch wenn sie im Wahlkampf Distanz zu politischen Gruppen demonstrieren. Bei Oberbürgermeisterwahlen ermöglicht Parteibindung Zugang zu Wählerpotentialen und Unterstützungsressourcen. Sie ist ein als Erfolgsfaktor zu sehendes Kandidatenmerkmal, das in die Untersuchung einbezogen ist. Unterstützung durch politische Gruppen trägt zum Erfolg bei. Mehrheitlich, bei Neuwahlen zur Hälfte, sind die Oberbürgermeisterwahlsieger/innen mit der im Land stärksten Partei verbunden, im badisch geprägten Landesteil häufiger als im württembergischen. Mit der Stärke einer dominierenden Partei steigt die Häufigkeit, dass mit ihr verbundene Kandidierende siegen. Politisch unterschiedlich gebundene Kandidierende mit sonst vergleichbaren Merkmalen verfügen durch die Bindung über verschieden große Unterstützergruppen sowie über Parteiorientierung erreichbare Wählerpotentiale und damit über unterschiedliche Siegchancen. Die Mobilisierung parteiorientierter Wahlberechtigter ist ein Baustein zum Erfolg, der für nur von ihrer Partei getragene Mitglieder kleiner Parteien entsprechend klein ist. Dies ist eine Erklärung dafür, dass Mitglieder von Grünen und FDP keine Neuwahlen im Untersuchungsraum gewinnen, sondern wo sie ohne darüber hinaus gehende politische Unterstützung verlieren.

6.3.3. Die objektiven Merkmale Verwaltungskompetenz und Auswärtigkeit

Anders als bei der bei Oberbürgermeisterwahlen von Parteimitgliedern und Parteilosen reklamierten Parteidistanziertheit unterscheiden sich Kandidierende bei den „objektiven“ Merkmalen Auswärtigkeit und Verwaltungskompetenz. Das Vorhandensein beider Merkmale wird in den Medien dokumentiert.
Verwaltungskompetenz ist bei der Begründung des personalisierten Wahlverhaltens bei Oberbürgermeisterwahlen der wichtigste Aspekt des erfolgsversprechenden Kandidatenprofils in Baden-Württemberg. Laut Biege u.a. erwartet die Bevölkerung von der an die Verwaltungsspitze zu wählenden Person, dass ihre Kommune gut verwaltet wird. Angenommen wird, dass bei der Oberbürgermeisterwahl erfolgreich ist, wer über Vorteile verfügt bei Verwaltungskompetenz, bei der an erster Stelle die kommunale Verwaltungskompetenz steht. Als „einheimisch“ wird hier gesehen, wer bei der Bewerbung in der Stadt wohnt oder arbeitet, in der gewählt wird. Auswärtigkeit gilt als Vorteil gegenüber Einheimischen.

Da die Wiederwahlsieger/innen kontextbedingt zu 100 Prozent verwaltungskompetent und einheimisch (= nicht auswärtig) sind, werden sie hier nicht dargestellt. Bei den anderen Arten von Wahlen werden beide Faktoren zunächst gemeinsam betrachtet. Nullhypothese ist, dass die beiden „objektiven“ Merkmale Verwaltungskompetenz (Verw.k.) und Auswärtigkeit (Ausw.) kennzeichnend für die Sieger/innen und wahlentscheidend sind. Zunächst wird dargestellt, wie häufig bei Abwahlen beide

Merkmale, ein oder kein Merkmal bei Erst- und Zweitplatzierten der untersuchten Oberbürgermeisterwahlen zu finden sind:

Tabelle 55: Vorhandensein objektiver Merkmale bei Abwahlen

Bei:		V.w.k.+Ausw.	Nur V.w.k.	Nur Ausw.	Beide nicht vorh.	Gesamt
Sieger/innen	**Abwahlen**	3	0	1	2	**6**
	Proz. Ant.	*100%*	*0%*	*100%*	*100%*	
Verlierer/innen	**Abwahlen**	0	6	0	0	**6**
	Proz. Ant.	*0%*	*100%*	*0%*	*0%*	
Gesamt (absolut)		*3*	*6*	*1*	*2*	***12***

Bei Abwahlen führen beide Merkmale zusammen in allen Fällen (N=3) zum Sieg. Gesiegt wird in zwei Fällen aber auch gegen Amtsinhaber, wenn keines der beiden Merkmale vorhanden ist. Bei Abwahlen spielt das von Wehling u.a. postulierte Erfolgsmuster damit keine Rolle, zumal auch die Verwaltungskompetenz (wie sie bei allen Amtsinhaber(inne)n vorhanden ist) in keinem Fall zum Sieg führt. Vielmehr scheinen bei den Abwahlen andere Faktoren wahlentscheidend zu sein, nämlich Persönlichkeit, Wahlkampf und Themen.

Der Vergleich Erst- und Zweitplatzierter bei Neuwahlen, die in gleichem Umfang objektive Merkmale aufweisen, zeigt folgende Siegwahrscheinlichkeiten:

Tabelle 56: Objektive Merkmale Erst- und Zweitplatzierter im Vergleich bei Neuwahlen

		V.w.k.+Ausw.	Nur V.w.k.	Nur Ausw.	Beide nicht vorh.	Gesamt
Sieger/innen	**Neuwahlen**	15	4	2	1	**22**
	Proz. Ant.	*68,18%*	*40%*	*40%*	*14,3%*	
Verlierer/innen	**Neuwahlen**	7	6	3	6	**22**
	Prozent. Ant.	*31,82%*	*60%*	*60%*	*85,7%*	
Gesamt		*22*	*10*	*5*	*7*	***44***
		100%	*100%*	*100*		

50 Prozent Erst- und Zweitplatzierten verfügen über beide objektive Merkmale. 70 Prozent von ihnen gewinnen Oberbürgermeisterneuwahlen und bestätigen damit das Erfolgsmuster. Über 30 Prozent von ihnen verlieren. Von den Kandidierenden, die nur eines der beiden Merkmale haben, siegen nur 40 Prozent. Noch geringer ist die Siegeswahrscheinlichkeit, wenn keines der beiden Merkmale vorliegt.
Da aber beide Merkmale ein erheblicher Anteil sowohl der Erst- als auch der Zweitplatzierten aufweist, können sie nicht durchgehend wahlentscheidend sein. Deutlich wird, dass weitere Faktoren zum Wahlerfolg beitragen. Wenn die Sieger/innen untereinander verglichen werden, ergibt sich, dass 53 Prozent der 15 Neuwahlsieger/innen mit beiden Merkmalen an die stärkste Partei gebunden sind; Persönlichkeit wird bei 12,5 Prozent von ihnen, Wahlkampf bei 25 Prozent, Themenkompetenz bei niemand als Erfolgsfaktor gewertet. 47 Prozent gewinnen gegen die stärkste Partei; bei fast 86 Prozent von ihnen ist Persönlichkeit, bei über 70 Prozent Wahlkampf, bei 14 Prozent Themenkompetenz ein Erfolgsfaktor. Die mit beiden Merkmalen versehenen Neuwahlsieger/innen sind also häufiger an die stärkste Partei gebunden als in Opposition zu ihr. Gegen die stärkste Partei Siegende weisen häufiger als an sie gebundene Persönlichkeit, Wahlkampf- und Themenkompetenz als Erfolgsfaktor auf. Einmal wird gesiegt ohne beide objektive Merkmale und mit Vorteil bei Persönlichkeit gegen die stärkste Partei. Dies ist bemerkenswert, weil mit dem Vorteil bei objektiven Merkmalen nicht nur generell der Sieg bei (Ober-)Bürgermeisterwahlen

erklärt wird, sondern speziell auch der gegen von örtlich dominierenden Parteien unterstützte Bewerber/innen.
Welche Gemeinsamkeiten sind zu erkennen bei den Wahlen, die entgegen den aus dem merkmalsbezogenen Erfolgsmuster resultierenden Erwartungen verloren oder gewonnen werden? Die fast 32 Prozent der Kandidierenden mit beiden objektiven Merkmalen verlieren die Wahlen in Aalen, Bietigheim-Bissingen, Nürtingen, Singen, Schorndorf, Ellwangen und Vaihingen. 14 Prozent von ihnen verlieren u.a. wegen fehlender Wahlkampfkompetenz (Singen), die anderen, weil gegen sie Bewerber erfolgreich sind, mit denen Wechsel und Machtkontrolle verbunden wird. Alle nur mit Verwaltungskompetenz ausgestatteten Kandidierenden siegen als Einheimische gegen einheimische Konkurrenz im badisch geprägten Landesteil, dreimal mit der stärksten Partei (in Mosbach, Eppingen und der Großstadt Heidelberg) einmal bei annähernd gleicher Stärke der großen Parteien (Emmendingen). Die nur mit dem Merkmal Auswärtigkeit siegenden Kandidaten (Ostfildern, Schorndorf) sorgen für einen Neuanfang in der kommunalen Politik und schaffen mit dem Sieg ebenso ein kontrollierendes Gegengewicht gegen den Machtanspruch politisch dominierender Kräfte wie die Siegerin ohne beide objektive Merkmale (Kirchheim).
Eine Systematik von Abweichungen vom Erfolgsmuster wird erkennbar, die im Folgenden durch Vor- und Nachteilsvergleiche weiter zu klären ist.

Auch hinsichtlich Vor- und Nachteilen unterscheiden sich Neuwahlen von Ab- und Wiederwahlen, da bei Wiederwahlen nicht nur häufig Konkurrenz (ganz oder ernstgenommene) fehlt, sondern auch zu bedenken ist, dass Sieger/innen der Wiederwahlen qua Amt verwaltungskompetent und einheimisch sind. Wenn Amtsinhaber/innen antreten, wäre ein Sieg mit Vorteil bei beiden Faktoren nur durch Abwahl bei offensichtlichem „Verwaltungsversagen" möglich; Vorteile bei beiden Merkmalen hat kein/e Sieger/in. Gleich sind Erst- und Zweitplatzierte bei beiden Merkmalen bei 9 Prozent der Wahlen mit Amtsinhaber(inne)n. Beides sind Siege von Oberbürgermeistern gegen Einheimische mit Verwaltungserfahrung.
Um Abweichungen vom Erfolgsmuster weiter nachzugehen, sind die Neuwahlen weiter zu betrachten: Wie oft sind die Sieger/innen bei objektiven Merkmalen verglichen mit Zweitplatzierten gleichwertig, im Vor- oder Nachteil? Da Sieger/innen nie Nachteile bei beiden objektiven Merkmalen aufweisen, ist diese Kategorie nachfolgend nicht aufgeführt. Ausgewiesen wird hier der Anteil der Wahlen mit diesen Mustern an der Gesamtheit der 22 Neuwahlen:

Tabelle 57: Sieger/innen im Vorteil, Nachteil oder gleichwertig bei objektiven Merkmalen

Sieger/innen:	**Vorteil**	**Vorteil nur**	**Vorteil nur**	**Nachteil Vwk.**	**Nachteil Verw.k.**	**Nachteil Ausw.**	**Erste/ Zweite**		*Siegende gesamt*
	Vwk.+ Ausw.	**Vwk.**	**Ausw.**	**Vorteil Ausw.**	**Ausw. gleich**	**Verw.k. gleich**	**gleich**	**Summe**	*mit Vwk.-Nachteil*
Neuwahlen	3	6	3	1	2	0	7	**22**	*3*
Proz. Ant.	13,64%	27,27%	13,64%	4,54	9,09%	0,00%	31,82%	**100%**	*13,64%*

Der Vergleich zwischen Erst- und Zweitplatzierten bei den 22 Neuwahlen hinsichtlich Vor- und Nachteilen bei beiden Merkmalen kommt dazu:

Tabelle 58: Vorteil, Nachteil, Gleichheit Erst- und Zweitplatzierter bei objektiven Merkmalen bei Neuwahlen

Neuwahlen:	**Vorteil**	**Vorteil nur**	**Vorteil nur**	**Nachteil Vwk.**	**Nachteil Verw.k.**	**Nachteil Ausw.**	**Nachteil Ausw.+**	**Erste/ Zweite**	
	Vwk.+ Ausw.	**Vwk.**	**Ausw.**	**Vorteil Ausw.**	**Ausw. gleich**	**Verw.k. gleich**	**Verwk.**	**gleich**	**Summe**
Sieger/innen	3	6	3	1	2	0	0	7	**22**
Proz. Ant.	100%	66,7%	100%	100%	25%	0%	0%	50%	
Verlierer/innen	0	3	0	0	6	3	3	7	**22**
Proz. Ant.	0%	33,3%	0%	0%	75%	100%	100%	50%	
Gesamt	*3*	*9*	*3*	*1*	*8*	*3*	*3*	*14*	***44***
	100%	*100%*	*100%*	*100%*	*100%*	*100%*	*100%*	*100%*	

Vorteile bei beiden objektiven Merkmalen haben 3 der 22 der Neuwahlsieger/innen (weniger als 7 Prozent aller Erst- und Zweitplatzierten), dies bedeutet auch, dass 100 Prozent der Kandidierenden mit Vorteilen bei beiden Merkmalen siegen. Sie sind zu 100 Prozent an die stärkste Partei gebunden (immer die CDU) und siegen im württembergisch geprägten Landesteil (in Ludwigsburg, Tuttlingen, Wertheim). Bei einer dieser Wahlen ist öffentlich dokumentiert, dass die Bindung eines Bewerbers an die stärksten politischen Kräfte einen wie er verwaltungskompetenten und auswärtigen Interessenten von der Bewerbung abhält, da er sie angesichts dieser Kombination für aussichtslos hält. Auch in den zwei anderen Kommunen wirkt offensichtlich das im württembergischen Landesteil als erfolgversprechend geltende Merkmalsmuster abschreckend für siegorientierte Interessierte von außen – nicht in Verbindung mit Parteiferne, sondern durch Bindung an die stärkste Partei und damit deren Unterstützungsressourcen und Wählerpotentiale. Dort treten Einheimische an, denen von vorneherein kein Sieg zugetraut wird und die erst aufgrund ihres Wahlkampfes ernst genommen werden. Nachteile bei zwei objektiven Merkmalen hat – wie gesagt – kein/e Sieger/in, kein/e Verlierer/in hat Vorteile bei beiden. In nachfolgenden Kapiteln werden Unterschiede bei einzelnen Merkmalen behandelt.

Die Sieger/innen der 31 Prozent der Neuwahlen, bei denen Erst- und Zweitplatzierte gleichwertig objektive Merkmale aufweisen (je 50 Prozent der Kandidierenden siegen oder verlieren), sind zu 28,5 Prozent an die stärkste Partei, zu 71,5 Prozent anders politisch gebunden. Die an die stärkste Partei gebundenen Sieger/innen (in Singen und Mosbach) haben zu 100 Prozent einen Vorteil bei Wahlkampf, aber keinem weiteren Faktor. Sie nutzen in badisch geprägtem Gebiet die Bindung an die stärkste Partei, die CDU, und gewinnen im Wahlkampf über die Parteipräferenz mit ihnen verbundene Wähler/innen. Die gegen die stärkste Partei Erfolgreichen haben Vorteile zu 80 Prozent bei Persönlichkeit, 60 Prozent bei Wahlkampf, 20 Prozent bei Themen. Persönlichkeit ist Vorteil für über 57 Prozent aller bei objektiven Merkmale mit Zweitplatzierten gleichen Sieger/innen; alle siegen gegen die stärkste Partei in Württemberg (Aalen, Bietigheim-Bissingen, Ellwangen, Nürtingen, Vaihingen).

Auf Grund der von Biege, Wehling u.a. formulierten Thesen war zu erwarten, dass die nicht an die stärkste örtliche Partei gebundenen Sieger/innen Vorteile bei objektiven Merkmalen aufweisen. Nun ist es umgekehrt so, dass die mit Vorteilen bei beiden objektiven Merkmalen Siegenden durchweg an die stärkste Partei gebunden sind. Wenn beide Merkmale bei Erst- und Zweitplatzierten gleichwertig sind, wird mehr als doppelt so häufig gegen als mit der örtlichen Partei gewonnen.

Zusammenfassend ist also festzuhalten, dass Ab- und Wiederwahlen hinsichtlich Verwaltungskompetenz und Auswärtigkeit gesondert zu sehen sind, da nur Abwahlsieger/innen beide Merkmale aufweisen können. Die Hälfte von ihnen hat sie. Aussagekräftig sind bei Neuwahlen die Befunde zu beiden Merkmalen, über die fast 70 Prozent der Sieger/innen und nur etwa ein Drittel der Zweitplatzierten verfügen. Liegt nur ein Merkmal vor, liegt die Siegwahrscheinlichkeit bei nur noch 40%. Knapp ein Achtel der Neuwahlsieger/innen weisen bei beiden objektiven Merkmalen Vorteile auf; sie sind alle an die stärkste Partei gebunden (immer die CDU). Bei rund 40 Prozent der Neuwahlen sind entweder Erst- und Zweitplatzierte bei beiden objektiven Merkmalen gleichwertig oder die Sieger/innen sind bei einem Merkmal im Nachteil.
Mit einem durch objektive Merkmale gekennzeichneten Erfolgsmuster sind Ergebnisse von Oberbürgermeisterwahlen also nicht durchgängig zu erklären - auch nicht die Siege gegen von dominierenden Parteien unterstützte Kandidierende. Weitere Faktoren und der Kontext sind einzubeziehen. Bei Neuwahlen, bei denen Erst- und Zweitplatzierte bei objektiven Merkmalen gleich sind, ist bei mehr als der Hälfte Persönlichkeit ein Vorteil, nicht bei denen, die mit der stärksten Partei verbunden sind. Gemeinsamkeiten bei Neuwahlen mit unerwarteten Ergebnissen deuten einerseits hin auf die Bedeutung von auf Wechsel und Machtkontrolle gerichteter politischer Stimmung, andererseits auf eine im badisch geprägten Landesteil verortete Wahltradition, die beitragen zu Abweichungen vom Erfolgsmuster. Nachfolgend werden Verwaltungskompetenz und Auswärtigkeit einzeln erörtert, um weitere Facetten ihrer Bedeutung zu beleuchten.

6.3.3.1. Verwaltungskompetenz

Wie bei Einzelfallanalysen beschrieben hat die Frage nach dem Zutrauen zum „Verwalten können“ bereits im Vorfeld der Wahl Folgen für die Kandidatenauswahl durch Parteien und Wählervereinigungen. Wenn politische Gruppen über eine Unterstützung für Bewerber/innen entscheiden, ist Verwaltungskompetenz ein wesentliches Entscheidungskriterium, da sie sie meist als Voraussetzung für das Oberbürgermeisteramt und daher als Bedingung für ihre Unterstützung sehen.
Bei den 44 Oberbürgermeisterwahlen siegen 41 Kandidierende (93 Prozent), die sich selbst als verwaltungskompetent sehen (ohne zunächst auf graduelle Unterschiede einzugehen). Amtsinhaber/innen sind – wenn nicht gravierende Mängel während der Amtszeit sichtbar werden – qua Amt, im Untersuchungszeitraum zu 100 Prozent, verwaltungskompetent. Dies gilt auch, wenn Oberbürgermeister/innen zum Zeitpunkt ihrer ersten Wahl „fachfremd“ tätig waren. So arbeitete etwa der 2006 wiedergewählte Amtsinhaber von Geislingen in der Industrie zum Zeitpunkt seines ersten Erfolgs gegen einen Amtsinhaber. Nach acht Jahren an der Spitze der Stadtverwaltung ist er bei der Wiederwahl in Bezug auf Verwaltungserfahrung keine Ausnahme mehr im Vergleich zu anderen Oberbürgermeister(inne)n.
Bei allen 22 Neuwahlen siegen Bewerber/innen, die vor der Wahl in einer kommunalen oder anderen öffentlichen Verwaltung oder im juristischen Bereich tätig waren. Die Sieger/innen sehen sich qualifiziert, die Aufgabe „verlässlich verwalten zu können“ zu erfüllen. Auf Grund der Berufs- und Ausbildungswege sind aber Differenzierungen der

22 Neuwahlsieger/innen erkennbar. 17 von Ihnen arbeiteten vor ihrer Wahl in kommunalen Verwaltungen. Bestätigt wird mit ihrem Sieg die von Wehling u.a. genannte - etwa nach der Wahl in Sinsheim geäußerte - Bevorzugung kommunaler Verwaltungsfachleute. Fünf Neuwahlsieger/innen (ein Rechtsanwalt, eine Anwältin, drei Beschäftigte der Landesverwaltung) waren vor ihrer Wahl nicht in kommunalen Verwaltungen tätig, hatten keine entsprechende Ausbildung. Sie sind nicht die nach gängiger Meinung bevorzugten „gelernten Verwaltungsfachleute". Ähnliche Nachweise von Verwaltungskompetenz mit vergleichbaren Qualifikationen werden bei anderen Oberbürgermeisterwahlen im Untersuchungszeitraum verglichen mit konkurrierenden kommunalen Verwaltungsleuten geringer bewertet und als Grund für Misserfolge gesehen. Zwei der Fünf, ein Landesbeamter und ein Rechtsanwalt, siegen gegen Konkurrenten, deren Qualifikation im Hinblick auf Verwaltungskompetenz weniger als ihre eigene dem Erfolgsprofil in Baden-Württemberg entspricht. Drei der fünf Sieger/innen ohne kommunalen Verwaltungshintergrund siegen gegen gelernte Verwaltungsleute aus Kommunalverwaltungen, die alle als amtierende Bürgermeister die oberste Stufe kommunaler Verwaltungskompetenz erreicht hatten und damit als bestqualifizierte und aussichtsreichste Anwärter für das Oberbürgermeisteramt gelten.

Wenn die Wahlen mit Vorteilen bei beiden objektiven Merkmalen dazu gerechnet werden, haben Sieger/innen gegenüber Zweitplatzierten bei 50 Prozent aller Wahlen einen Verwaltungskompetenzvorteil, bei über 81 Prozent der Wiederwahlen, über 40 Prozent der Neuwahlen und keiner Abwahl. Auf alle Neuwahlsieger/innen bezogen siegen über 27 Prozent mit Vorteil nur bei Verwaltungskompetenz (weniger als 14 Prozent der Erst- und Zweitplatzierten). Bei je 50 Prozent davon sind Erst- und Zweitplatzierte einheimisch (in Baden: in Emmendingen, Eppingen, Heidelberg) bzw. auswärtig (Donaueschingen, Sinsheim, Waiblingen). Über 66 Prozent von ihnen sind an die stärkste, über 33 Prozent an eine schwächere (bei der Hälfte davon an eine fast gleich starke) Partei gebunden. Wenn die Wahlen mit gleichzeitigem Vorteil bei Auswärtigkeit einbezogen werden, sind die 40 Prozent Neuwahlsieger/innen mit Verwaltungskompetenzvorteil zu über 77 Prozent an die stärkste Partei, zu 23 Prozent an eine andere politische Gruppe gebunden (die Hälfte davon mit einer fast ebenso starken). Weniger ausgeprägt als bei Vorteilen bei beiden objektiven Merkmalen, aber erkennbar ist, dass auch die Kombination dieses Merkmalsvorteils mit Bindung an die stärkste Kraft ein Erfolgsfaktor ist und eventuell Interessierte mit gleichem Muster objektiver Merkmale von einer Bewerbung abhält. Der Sieg mit Verwaltungskompetenzvorteil gegen die stärkste Partei ist die Ausnahme, nicht die Regel; meist wird mit Bindung an die stärkste Partei gewonnen. 50 Prozent der Neuwahlsieger/innen, die nur bei Verwaltungskompetenz im Vorteil sind, hat einen Vorteil bei Persönlichkeit und folgt politisch anders gebundenen Vorgänger(inne)n; über 15 Prozent von ihnen sind im Vorteil bei Wahlkampf.
Jeweils 50 Prozent der 10 gegen bei Verwaltungskompetenz gleiche Konkurrenz erfolgreichen Neuwahlsieger/innen sind an die stärkste Partei oder aber andere Gruppierungen gebunden. Bei der Auswärtigkeit sind über 33 Prozent im Vorteil und 66 Prozent ebenso wie die Konkurrenz auswärtig oder einheimisch. Auswärtige siegen gegen Einheimische dort (in Baden-Baden, Calw, Hockenheim), wo ein/e nicht mit der

örtlichen Politik und Verwaltung Verbundene/r gewünscht wird. Bei der Persönlichkeit hat niemand Nachteile, 40 Prozent Vorteile – sie alle siegen gegen mit der stärksten Partei verbundene Konkurrenz. 50 Prozent der 10 haben bei Wahlkampf, 10 Prozent bei Themen Vorteile.

Bei über 13 Prozent aller Wahlen, auch bei 13 Prozent der Neuwahlen, sind die Sieger/innen bei der Verwaltungskompetenz gegenüber Zweitplatzierten im Nachteil. Wenn alle Erst- und Zweitplatzierten bei den Neuwahlen betrachtet werden, siegen wider Erwarten fast 7 Prozent derer, die dabei im Nachteil sind. 33 Prozent der Neuwahlsieger/innen mit Verwaltungskompetenznachteil sind bei Auswärtigkeit im Vorteil, 66 Prozent siegen gegen in dieser Hinsicht gleichwertige Konkurrenz. Sie alle haben einen Nachteil bei Parteibindung, sind an eine andere als die stärkste Partei gebunden und sorgen für politischen Wechsel. 100 Prozent der mit Verwaltungskompetenznachteil bei Neuwahlen Siegenden haben Vorteile bei Persönlichkeit, 66 Prozent bei Wahlkampf, 33 Prozent bei Themenkompetenz – sie sind bei diesen Faktoren nie im Nachteil.

Wieder antretende Amtsinhaber/innen bilden einen spezifischen Kontext für Ab- und Wiederwahlen. Über 10 Prozent der 28 im Untersuchungszeitraum neu gewählten Oberbürgermeister/innen weisen auf Grund ihrer Ausbildung oder Tätigkeit vor der Wahl keine Verwaltungskompetenz in irgendeiner Weise auf, wie sie in Baden-Württemberg für (Ober-)Bürgermeister/innen vorausgesetzt wird. Alle Drei siegen bei Abwahlen und waren vor ihrer Wahl landes- oder kommunalpolitisch aktiv, sind im Nachteil gegenüber zu 100 Prozent verwaltungskompetenten Verlierer/innen. 66 Prozent dieser „Verwaltungslaien“ sind als Einheimische nicht im Vorteil bei Auswärtigkeit - einer davon siegt gar in einer württembergischen Stadt. Durch die Siege von Verwaltungslaien bei 50 Prozent der Abwahlen im Untersuchungszeitraum wird deutlich, dass sich im Hinblick auf dieses Merkmal Nichtwiederwahlen von anderen Arten von Oberbürgermeisterwahlen unterscheiden. Die sechs Sieger/innen der Abwahlen sind zu 100 Prozent bei Persönlichkeit, zu 66 Prozent bei Themenkompetenz, zu 33 Prozent bei Bindung an die stärkste Partei im Vorteil – dieser Anteil gilt auch bezogen auf die drei Verwaltungslaien. Beim Wahlkampf sind 83 Prozent aller Abwahlsieger/innen im Vorteil, 100 Prozent der Verwaltungslaien.

Verwaltungskompetenz in irgendeiner Weise als Merkmal für sich reklamieren also über 90 Prozent der Sieger/innen aller Oberbürgermeisterwahlen, 100 Prozent derer der Wiederwahlen. Sie beeinflusst die Unterstützungsentscheidung politischer Gruppen. Zwar siegen 75 Prozent der Kandidierenden, die bei Neuwahlen einen Vorteil bei Verwaltungskompetenz aufweisen. Aber bei mehr als der Hälfte der Neuwahlen wird nicht mit Vorteil dabei gewonnen, da auch 60 Prozent der Zweitplatzierten verwaltungskompetent sind. Mit Verwaltungskompetenzvorteil ist der Neuwahlsieg nicht allein zu begründen. An die stärkste Partei gebunden sind mehr als drei Viertel der Neuwahlsieger/innen mit Verwaltungskompetenzvorteil. Der Sieg mit Verwaltungskompetenzvorteil gegen die stärkste Partei ist die Ausnahme, nicht die Regel. Bei einem Drittel der gleich mit Verwaltungskompetenz ausgestatten Erst- und

Zweitplatzierten ist Auswärtigkeit ein Vorteil, auch kein allein begründender Faktor, aber Erklärung für Siege in Kommunen, in denen Oberbürgermeister/innen gewünscht werden, die nicht in die bisherige Kommunalpolitik involviert sind. Etwas häufiger sind Vorteile bei Persönlichkeit – immer bei Siegen gegen die stärkste Partei. Gewonnen werden wider Erwarten mit Verwaltungskompetenznachteil über 13 Prozent aller Oberbürgermeisterwahlen, auch 13 Prozent der Neuwahlen. 50 Prozent der Abwahlsieger/innen sind Verwaltungslaien. Durch Bindung an die stärkste Partei sind Sieger/innen mit diesem Nachteil bei Neuwahlen nie, bei Abwahlen zu einem Drittel im Vorteil.

6.3.3.2. Auswärtigkeit

Postuliert wird, dass Auswärtige eher als Einheimische Oberbürgermeisterwahlen in Baden-Württemberg gewinnen. Wie bei Verwaltungskompetenz ist ein Vorteil bei auswärtiger Herkunft Begründung dafür, dass eine Oberbürgermeisterwahl eine Persönlichkeitswahl ist, bei der entgegen der mehrheitlichen Parteibindung gewählt wird. Daher ist anzunehmen, dass entgegen der mehrheitlichen Parteipräferenz bei anderen Wahlen Siegende häufiger durch Auswärtigkeit im Vorteil sind als mit der dominierenden Partei verbundene Siegende.
Über 47 Prozent der 44 Oberbürgermeisterwahlen gewinnen Auswärtige. Wenn nicht die per se einheimischen Sieger/innen der Wiederwahlen, sondern nur die Gewinner/innen der 28 Neu- und Abwahlen betrachtet werden, sind 21 der 28 auswärtig. D.h. 75 Prozent der im Untersuchungszeitraum neu gewählten Oberbürgermeister/innen kommen von außen, waren vor ihrer Wahl nicht mit dem Ort verbunden, in dem sie gewählt werden. 17 der 22 Neuwahlen, über 77 Prozent, enden mit Siegen Auswärtiger. Auswärtigkeit ist nach Verwaltungskompetenz das zweithäufigste Merkmal der neu nach Oberbürgermeisterwahlen ins Amt Gekommenen. Auch über 45 Prozent der Zweitplatzierten kommen von außen. Neuwahlsieger/innen sind in der Hinsicht aber nie im Nachteil gegenüber der Konkurrenz.
Von den zehn gegen ebenfalls auswärtige Konkurrenz siegenden Auswärtigen haben 30 Prozent einen Vorteil, 10 Prozent einen Nachteil bei der Verwaltungskompetenz; 60 Prozent sind in dieser Hinsicht gleichwertig. 30 Prozent sind an die bei anderen Wahlen stärkste Partei gebunden. 50 Prozent haben einen Vorteil durch Persönlichkeit, 60 Prozent durch Wahlkampf, 10 Prozent durch Themen.
Jeweils 50 Prozent der 18 Prozent der Neuwahlsieger/innen mit Vorteil nur bei Auswärtigkeit sind an die stärkste bzw. an eine andere Partei gebunden. Gemeinsam ist bei ihnen, dass sie erfolgreich sind gegen Einheimische, die als Repräsentanten in die Kritik gekommener kommunaler Verwaltungen und/oder herrschender örtlicher Politik wahrgenommen werden (in Baden-Baden, Calw, Hockenheim, Ostfildern). Laut öffentlichen Äußerungen wird mit ihrer Wahl Kritik daran geübt. Die 50 Prozent von ihnen, die einen Vorteil sowohl durch Persönlichkeit als auch Wahlkampf haben, siegen – wie die 25 Prozent mit Themenkompetenzvorteil - gegen die stärkste Partei. 75 Prozent sind bei Verwaltungskompetenz gleich, 25 Prozent dabei im Nachteil.
Wenn die Gewinner/innen mit Vorteil bei beiden objektiven Merkmalen einbezogen werden, unterscheiden sich insgesamt über 31 Prozent aller Neuwahlsieger/innen durch

Auswärtigkeit von einheimischen Zweitplatzierten, siegen 100 Prozent der Kandidierenden, die bei Auswärtigkeit im Vorteil sind. Fast 43 Prozent von ihnen haben bei Verwaltungskompetenz einen Vorteil, 14 Prozent einen Nachteil. Rund 47 Prozent von ihnen haben einen Vorteil durch Persönlichkeit, über 28 Prozent bei Wahlkampf und 14 Prozent bei Themen. 71 Prozent von ihnen sind gebunden an die stärkste Partei, 29 Prozent an eine andere. Vorteile bei Auswärtigkeit sind wider Erwarten bei mit der stärksten Partei Siegenden häufiger zu finden als bei gegen sie Erfolgreichen. Kein/e Kandidat/in mit Vorteil bei Auswärtigkeit verliert eine Neuwahl.

Einheimische siegen bei knapp 23 Prozent der Neuwahlen. Einer der fünf dabei erfolgreichen Einheimischen tritt (in Eppingen) ohne ernsthafte Konkurrenz und mit Unterstützung aller relevanten politischen Kräfte vor Ort an. Wie er im ersten Wahlgang siegen die vier anderen im zweiten (in Emmendingen, Mosbach, Heidelberg, Kirchheim,) gegen einheimische Konkurrenz. Alle fünf unterscheiden sich also in der Hinsicht nicht von Zweitplatzierten. 60 Prozent von ihnen haben einen Vorteil bei Verwaltungskompetenz, 20 Prozent einen Nachteil; ebenfalls 20 Prozent sind dabei gleichwertig. 60 Prozent haben einen Vorteil bei Persönlichkeit, 20 Prozent beim Wahlkampf und niemand bei Themen.
Der Anteil von fast 67 Prozent Abwahlsieger(inne)n mit Vorteil bei Auswärtigkeit ergibt sich, da die besiegten Amtsinhaber/innen per se einheimisch sind. Anders als diese Zahl zeigen die Siege zweier Einheimischer (davon einer in Württemberg) gegenüber vier Auswärtigen bei sechs Abwahlen - ein Anteil von über 33 Prozent - dass einheimische Sieger/innen bei Abwahlen einen größeren Anteil haben als bei Neuwahlen. Der Faktor Auswärtigkeit hat also bei Abwahlen eine geringere Bedeutung als bei Neuwahlen. Denkbar ist, dass die vermutete Wirkung des Amtsbonus Auswärtige davon abhält, ein gegenüber Neuwahlen vermeintlich höheres Risiko der Niederlage einzugehen.

Bezüglich des Arbeits- oder Wohnorts vor der Wahl ist das von Wehling/Siewert daraufhin formulierte „Badenprofil“ über örtliche Besonderheiten hinaus erkennbar: Von insgesamt sieben neu ins Oberbürgermeisteramt gewählten Einheimischen gewinnen über 28 Prozent im württembergisch geprägten Landesteil, fast 72 Prozent im badischen. Von den zwei in Württemberg erfolgreichen Einheimischen siegt (wie in Baden) einer bei einer Abwahl. 80 Prozent der bei Neuwahlen erfolgreichen Einheimischen siegen im badisch geprägten Landesteil - wobei noch einmal daran zu erinnern ist, dass 1,5 Mal mehr Städte im württembergischen Gebiet als im badischen liegen.[798] Die badische Tradition der Wahl Ortsansässiger lebt fort.
Das Übergewicht einheimischer Sieger/innen in „Baden“ gegenüber „Württemberg“ besteht auch, wenn Wahlkampfvorteile Einheimischer bestehen beim Neuwahlsieg in der Großstadt Heidelberg. Denn ein Exkurs, der Oberbürgermeisterwahlen vor dem Jahr 2003 und nach 2006 (bis 2012) einbezieht, ergibt in badischen Großstädten überproportional viele Siege Einheimischer: Es siegen bezogen auf die jeweils letzte

---

[798] Zur Zugehörigkeit der Städte zu den Landesteilen bis 1972 und zur aktuellen Zuordnung zu den Regierungspräsidien siehe Anhang 2 dieser Arbeit.

Neubesetzung des Oberbürgermeisteramts in den fünf badischen (Pforzheim, Freiburg, Heidelberg, Mannheim, Karlsruhe) der acht Großstädte mit über 100 000 Einwohner/innen im Land vor der Wahl bereits Ortsansässige. Auswärtige siegen in den drei württembergischen Großstädten bei Neuwahlen vor 2003 in Heilbronn[799] und Reutlingen, bei der darauf folgenden Abwahl in Reutlingen sowie bei der Neuwahl 2012 in Stuttgart.

Ein letzter Aspekt der Herkunft ist die von Wehling u.a. insbesondere in früheren Jahren postulierte Herkunft der Sieger/innen überwiegend aus Baden-Württemberg und die damit verbundene Meinung, dass Siege nicht mit diesem Bundesland Verbundener eher in Baden als in Württemberg möglich sind. Woher kommen die 28 bei Ab- und Neuwahlen neu gewählten Sieger/innen?

Tabelle 59: Geografische Herkunft der neu gewählten Oberbürgermeister/innen[800]

Jahr	*Insgesamt neu gewählt*	*Aus dem Wahlort stammten bei einer*		*Von außen kamen bei einer*		*Von den von außen Kommenden wohnten vor der Wahl in*	
		Neuwahl	**Abwahl**	**Neuwahl**	**Abwahl**	**Baden-Württemberg[801]**	**anderen Bundesländern**
2003	10	1		6	3	9	
2004	7	2		4	1	2	3
2005	3	-		3		3	
2006	8	2	2	4		4	
Gesamt	**28**	**5 (23%)[802]**	**2 (33%)**	**17 (77%)**	**4 (67%)**	**18**	**3**

Bei den Oberbürgermeisterwahlen im Untersuchungszeitraum wird trotz des zahlenmäßigen Übergewichts bei den Sieger(inne)n nicht erkennbar, dass generell in Baden-Württemberg Bewerber/innen aus dem „Ländle“ gegenüber denen aus anderen Bundesländern bevorzugt werden.[803] Dass nur drei Sieger/innen nicht aus Baden-Württemberg kommen, zeigt nicht unbedingt einen Vorteil von „Landeskindern“. Da unter den unterlegenen Kandidat(inn)en die nicht aus Baden-Württemberg stammenden nicht überrepräsentiert sind, ist denkbar, dass die Dominanz baden-württembergischer Sieger/innen eher ein „Angebots-“ als ein „Nachfragephänomen“ ist. Die Wahlen im Jahr 2004 zeigen, dass die Herkunft aus Baden-Württemberg nicht zwingend ist. Unter den fünf erfolgreichen Auswärtigen in dem Jahr sind drei (alle SPD-Mitglieder) aus anderen Bundesländern, von denen zwei in Württemberg (Bietigheim, Göppingen), einer in Baden (Hockenheim) siegen. Die Annahme, dass nicht aus Baden-Württemberg Stammende eher in Baden als in Württemberg erfolgreich sind, wird also auch nicht bestätigt. Unter den erfolgreichen Baden-Württemberger(inne)n sind zudem „Zugezogene“, die bereits vor ihrer Wahl in diesem Bundesland lebten und arbeiteten.

---

799 2014 siegt bei der Oberbürgermeisterwahl in Heilbronn ein Einheimischer gegen ausschließlich einheimische Konkurrenz.

800 Aktiv und passiv wahlberechtigt sind bei (Ober-)Bürgermeisterwahlen Bürger/innen aller Staaten der Europäischen Union. Im Untersuchungszeitraum trat kein/e Bewerber/in ohne deutsche Staatsbürgerschaft bei einer Oberbürgermeisterwahl erfolgreich an.

801 Diese Spalte enthält auch Personen, die ursprünglich aus einem anderen Bundesland stammten, aber in der Zeit vor ihrer Wahl in Baden-Württemberg wohnten.

802 Prozentzahlen beziehen sich auf Gesamtzahl der 22 Neuwahlen bzw. der 6 Abwahlen.

803 Siehe auch die bereits zitierte Gehne/Holtkamp-Studie (Gehne/Holtkamp, s.o., S. 129) aus dem Jahr 2003 zu Amtsinhaber/innen, die zu ähnlichen Ergebnissen kommt.

Bei dem Hockenheimer Sieger wird der „richtige Zungenschlag" vermerkt, den er als Pfälzer von jenseits des Rheins in die Kurpfalz, ein Teil Badens, mitbringt. Dies kann als Hinweis gedeutet werden, dass die im Literaturbericht zitierte Erkenntnis, dass ein „Landfremder" nicht gewählt würde, in die dort in einem aktuellen Zitat genannte Richtung umzuformulieren ist: Wer von der „Mentalität"[804] her nicht zum Ort der Wahl passt, hat weniger Chancen als eine Person, die als „passend" empfunden wird. In einigen Regionen gehört dazu der sprachliche Dialekt.

Von außen zu kommen ist also ein Merkmal von drei Viertel der Sieger/innen bei Ab- und Neuwahlen im Untersuchungszeitraum. Zwar hat nur knapp ein Drittel dabei einen Vorteil, so dass damit nicht durchgängig Siege zu erklären sind. Aber alle Kandidierenden mit Vorteil gewinnen. Siege mit der stärksten Partei werden häufiger mit Vorteilen bei „Auswärtigkeit" errungen als die gegen sie. Weniger als 30 Prozent der Sieger/innen mit Vorteil bei Auswärtigkeit sind an Parteien gebunden, die bei anderen Wahlen nicht stärkste Partei sind. Mit Vorteil nur bei Auswärtigkeit wird gegen Einheimische gesiegt, die in die Kritik geratene Kommunalverwaltungen oder politische Kräfte repräsentieren. Einheimische haben bei den Sieger/innen - anders als bei Kern - bei Abwahlen einen größeren Anteil als bei Neuwahlen. Unter den Sieger(inne)n bei Abwahlen ist also nicht nur der Anteil derer mit Nachteil bei Verwaltungskompetenz, sondern auch der Einheimischen höher als bei Neuwahlen. In Baden sind einheimische Sieger/innen im Vergleich zu Württemberg überproportional vertreten. Das „Badenprofil" ist also im Vergleich zu „Württemberg" nicht nur durch mehr Parteimitglieder, mehr Mitglieder der stärksten Partei, sondern auch mehr einheimische Sieger/innen gekennzeichnet. Dass Bewerber/innen aus anderen Bundesländern als Baden-Württemberg bei Oberbürgermeisterwahlen in Baden-Württemberg benachteiligt sind, ist auf Grund des ausgewerteten Datenmaterials nicht zu bestätigen. Aus anderen Bundesländern Stammende sind in Baden nicht erfolgreicher als in Württemberg.

6.3.3.3. Vorteil bei Verwaltungskompetenz, Auswärtigkeit sowie Parteibindung bei Neu-, Ab- und Wiederwahlen im Überblick

Unabhängig vom Kontext gilt ein Vorteil bei sogenannten objektiven Merkmalen als Erfolgsmuster bei Oberbürgermeisterwahlen. Bevor weitere Rahmenbedingungen zusätzlich zu dem mit dem Antreten von Amtsinhaber(inne)n geschaffenen Kontext einbezogen werden, werden Vorteile bei Verwaltungskompetenz, Auswärtigkeit und Parteibindung (statt Parteiferne) bei den Oberbürgermeisterwahlen 2003 bis 2006 noch einmal im Überblick dargestellt.

---

[804] Mentalität ist zwar ein schillernder und weitgefasster Begriff, aber damit wird umschrieben, dass es nicht vorrangig um die geografische Herkunft geht.

Abbildung 2: Vorteil bei Parteibindung, Verwaltungskompetenz und Auswärtigkeit bei Wiederwahlen
der Sieger/innen im entscheidenden Wahlgang (Prozentangaben)

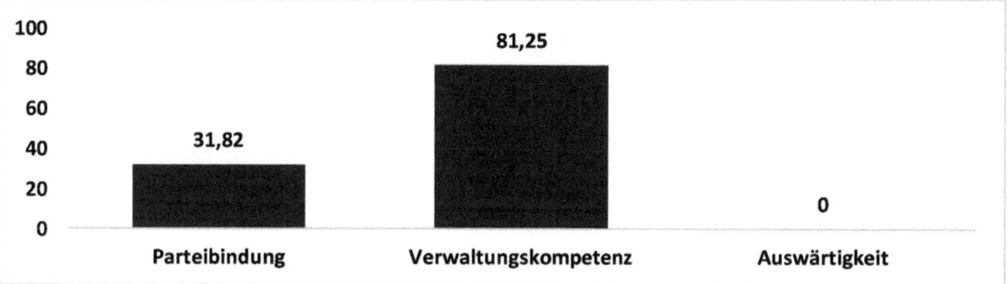

Bei Wiederwahlen ist der Vorteil bei Verwaltungskompetenz kennzeichnend. Nur in wenigen Fällen treten diesbezüglich gleichwertige Herausforderer/innen gegen Amtsinhaber/innen an. Parteibindung ist wegen häufig fehlender ernsthafter Konkurrenz ein Erfolgsfaktor mit nur beschränkter Bedeutung. Ein Vorteil der Sieger/innen bei Auswärtigkeit ist statusbedingt nicht möglich. Bei Wiederwahlen einen Nachteilsvergleich aufzuführen ist nicht zielführend, da Nachteile bei Auswärtigkeit durch den Status erklärt, bei Parteibindung durch den in der vorangegangenen Amtszeit erarbeiteten Amtsbonus kompensiert werden.

Abbildung 3: Vorteil bei Parteibindung, Verwaltungskompetenz und Auswärtigkeit bei Abwahlen
der Sieger/innen im entscheidenden Wahlgang (Prozentangaben)

Der durch die Konkurrenz gegen immer einheimische Amtsinhaber/innen zustande kommende hohe Anteil mit Auswärtigkeits-Vorteil bei Abwahlen ist durch den hohen Anteil Einheimischer unter den Sieger/innen zu relativieren. Im Unterschied zu allen anderen Arten von Wahlen wird nie mit Verwaltungskompetenzvorteil gewonnen.

Abbildung 4: Vorteil bei Parteibindung[805], Verwaltungskompetenz und Auswärtigkeit bei Neuwahlen
der Sieger/innen im entscheidenden Wahlgang (Prozentangaben)

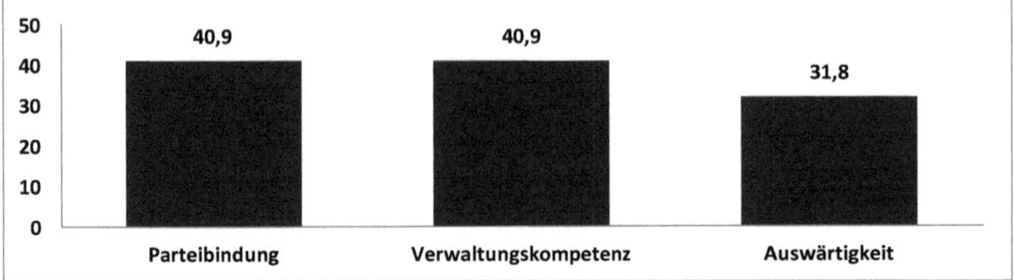

Bei 40 Prozent der Neuwahlen sind die Sieger/innen bei Verwaltungskompetenz und bei Parteibindung, bei über 31 Prozent bei Auswärtigkeit im Vorteil gegenüber Zweitplatzierten.

Wenn bedacht wird, dass bei Abwahlen statusbedingt immer gegen Einheimische gesiegt wird, weichen also die Sieger/innen bei Abwahlen am deutlichsten ab vom zu überprüfenden Erfolgsmuster bei Oberbürgermeisterwahlen. 50 Prozent von ihnen sind Verwaltungslaien. Bei Parteibindung sind sie seltener im Vorteil.
Wenn Neuwahlen betrachtet werden, sind Sieger/innen bei Verwaltungskompetenz und Parteibindung häufiger im Vorteil als bei Auswärtigkeit. Allein Vorteile bei diesen Merkmalen erklären aber nicht zwingend den Sieg. Die Sieger/innen, die bei beiden objektiven Merkmalen im Vorteil sind, sind es auch bei Parteibindung. Kein/e Neuwahlsieger/in hat einen Nachteil bei Auswärtigkeit, aber einige siegen trotz Nachteil bei der Verwaltungskompetenz.

6.4. Erfolgsmuster in unterschiedlichen Kontexten

Vor dem Hintergrund der bei den Oberbürgermeisterwahlen festgestellten Merkmale, werden nachfolgend Merkmalsmuster in unterschiedlichen Kontexten verglichen.

6.4.1. Gemeindegröße als Kontext

Als Kontextfaktor, der verschiedene Erfolgsmuster bei kommunalen Wahlen erklärt, gilt die Einwohnerzahl der Kommunen. In der wissenschaftlichen Literatur wird ausgeführt, dass kommunale Wahlentscheidungen in größeren Städten eher als in kleineren gemäß den auf übergeordnete Ebenen bezogenen Kriterien getroffen werden. Mit wachsender Einwohnerzahl sind größere Anteile parteigebundener und an die stärkste Partei gebundener Sieger/innen zu erwarten. Nachfolgend sind die Städte mit Oberbürgermeisterwahlen nach der Einwohnerzahl gereiht. Aufgeführt sind politische Bindung der Sieger/innen, arithmetisches Mittel der prozentualen Stimmanteile der CDU

805 Bei den Wahlen in Ludwigsburg und Eppingen wird Parteibindung als Vorteil für die Sieger gewertet, da sie von allen relevanten kommunalpolitischen Gruppierungen unterstützt werden.

bei Parlamentswahlen, Siege Auswärtiger (A) oder Einheimischer (E), Sieger/innen mit Verwaltungskompetenz oder Vorteil dabei (X).

Tabelle 60: Oberbürgermeisterwahlen 2003 - 2006 – sortiert nach Einwohnerzahl der Städte

Stadt	*Einw. in Tsd. (ger., 31.3.06)*	*Wahlart:*	*Polit. Bindung OB-Wahlsieger/in:*	*CDU-Mittelw.*	*Verw. k.*	*Ausw. od. Einheim.*
Stuttgart	593	Wiederwahl	CDU	35,5	X	E
Karlsruhe	286	Wiederwahl	CDU	36,8	X	E
Heidelberg	144	Neuwahl	Parteilos (CDUnah)	33	X	E
Reutlingen	112	Abwahl	Parteilos (SPDnah)	39	X	A
Esslingen	92	Wiederwahl	SPD	38,8	X	E
Ludwigsburg	87	Neuwahl	Parteilos	38,8	X	A
Tübingen	83	Abwahl	Grüne	27,6	-	E
Konstanz	81	Wiederwahl	Grüne	35,8	X	E
Aalen	67	Neuwahl	Parteilos	42,5	X	A
Göppingen	58	Abwahl	SPD	42,1	X	A
Baden-Baden	55	Neuwahl	CDU	44,7	X	A
Waiblingen	53	Neuwahl	Parteilos (CDUnah)	40,2	X	A
Ravensburg	49	Wiederwahl	CDU	46	X	E
Lörrach	47	Wiederwahl	CDU	37,3	X	E
Singen	45	Neuwahl	CDU	44,2	X	A
Lahr	44	Wiederwahl	SPD	44,1	X	E
Rottenburg	43	Wiederwahl	CDU	49,3	X	E
Bietigheim-Biss.	42	Neuwahl	SPD	40,5	X	A
Nürtingen	40	Neuwahl	SPD	43,6	X	A
Kirchheim	40	Neuwahl	SPD	40,1	-	E
Ettlingen	39	Abwahl	FDP	46,6	-	A
Schorndorf	39	Neuwahl	SPD	42,9	-	A
Schwäbisch Hall	37	Wiederwahl	SPD	36,7	X	E
Sinsheim	35	Neuwahl	SPD	45,5	X	A
Tuttlingen	35	Neuwahl	CDU	44,2	X	A
Kehl	35	Wiederwahl	SPD	38,8	X	E
Ostfildern	34	Neuwahl	SPD	41,6	X	A
Rheinfelden	32	Wiederwahl	CDU	38,1	X	E
Bühl	30	Wiederwahl	CDU	51,3	X	E
Vaihingen	29	Neuwahl	Parteilos	44,5	X	A
Geislingen	28	Wiederwahl	Parteilos (CDUnah)	41,9	X	E
Emmendingen	26	Neuwahl	CDU	31,7	X	E
Ellwangen	25	Neuwahl	Parteilos	57,5	X	A
Mosbach	25	Neuwahl	CDU	48,8	X	E
Wertheim	24	Neuwahl	CDU	49,5	X	A
Calw	24	Neuwahl	CDU	40,7	X	A
Öhringen	23	Wiederwahl	CDU	49	X	E
Bad Mergenth.	22	Abwahl	Parteilos (CDUnah)	51	X	A
Schramberg	22	Wiederwahl	SPD	48,4	X	E
Schwetzingen	22	Abwahl	Parteilos	41,6	-	E
Remseck	22	Wiederwahl	Parteilos	40,2	X	E
Donaueschingen	21	Neuwahl	CDU	47,6	X	A
Eppingen	21	Neuwahl	Parteilos	46,9	X	E
Hockenheim	20	Neuwahl	SPD	39,3	X	A

Kein Zusammenhang ist zu erkennen zwischen der Häufigkeit des Merkmals Verwaltungskompetenz und zunehmender Einwohnerzahl. Die Häufung von Siegen bei Neuwahlen mit Verwaltungskompetenznachteil bei Einwohnerzahlen um 40.000 ist mit der Gemeindegröße nicht zu erklären.

Groß ist der Anteil von 75 Prozent (sechs) Einheimischen unter den Sieger/innen der größten acht Städte (mit über 80.000 Einwohner/innen). Wenn die vier darin enthaltenen Wiederwahlen mit Siegen Einheimischer gesondert betrachtet werden, ist dort auch bei Neu- und Abwahlen mit 50 Prozent der Anteil Einheimischer hoch.

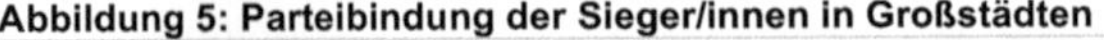
Abbildung 5: Parteibindung der Sieger/innen in Großstädten

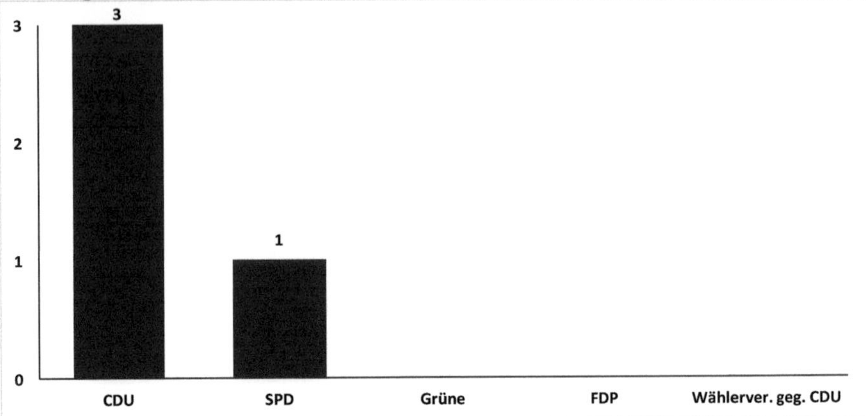

Von der CDU unterstützt werden die Sieger der Oberbürgermeisterwahlen in den größten drei der vier untersuchten Großstädte mit über 100.Einwohner/innen. In allen vier ist die CDU stärkste Partei. Erst in der viertgrößten Stadt setzt sich bei einer Abwahl eine von der SPD maßgeblich unterstützte Parteilose gegen den CDU-Amtsinhaber durch. 75 Prozent der Oberbürgermeisterwahlsieger/innen, 100 Prozent der Wieder- und Neuwahlsieger/innen, sind an die stärkste Partei gebunden.

Abbildung 6: Parteibindung der Sieger/innen in Mittelstädten

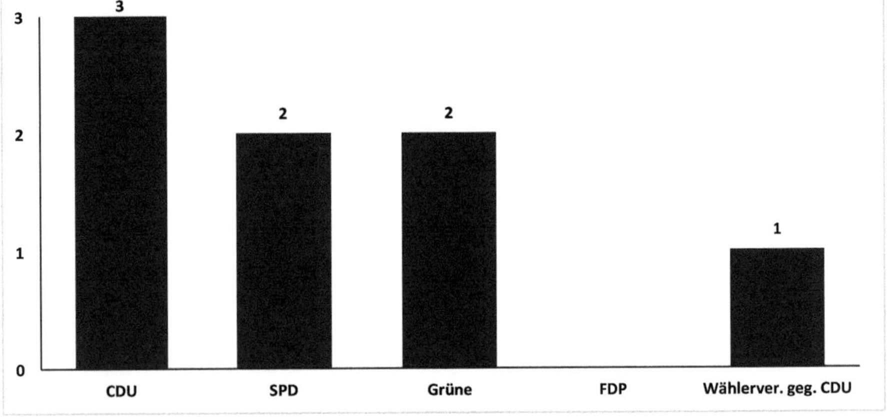

In den acht Mittelstädten mit einer Einwohnerzahl zwischen 50.000 und 100.00 stehen drei der CDU angehörenden oder von ihr unterstützten Gewinner(inne)n fünf gegenüber, die ohne sie erfolgreich sind. Auffällig ist mit zwei Siegen der hohe Anteil erfolgreicher Mitglieder der Grünen. Die CDU ist bei Parlaments- und Ratswahlen in sieben Städten stärkste Kraft, in einer sind dies die Grünen. Bei 50 Prozent der Wahlen ist Bindung an die stärkste Partei ein Vorteil gegenüber Zweitplatzierten.

Abbildung 7: Parteibindung der Sieger/innen in Kleinstädten

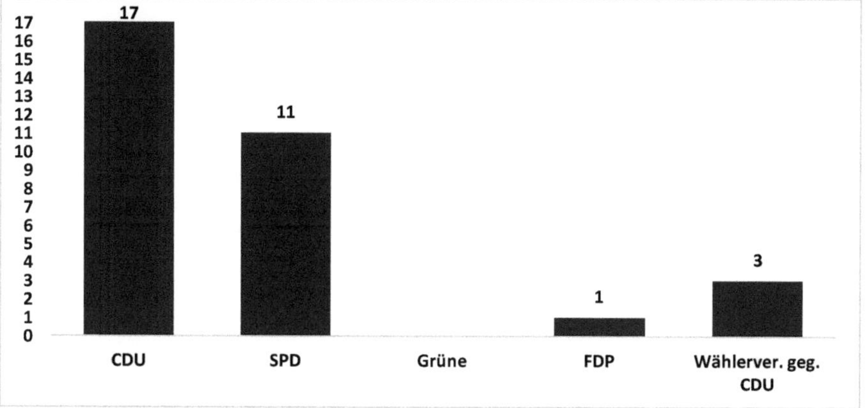

In den 32 Kleinstädten mit einer Einwohnerzahl unter 50.000 bis 20.000 siegen 17 CDU-Mitglieder oder von der CDU gestützte Bewerber/innen und 15 Bewerber/innen mit einem anderen politischen Hintergrund. Nur in Emmendingen ist eine andere Partei als die CDU stärkste Kraft bei Parlamentswahlen. Für 50 Prozent der Sieger/innen ist Bindung an die stärkste politische Kraft ein Vorteil der Sieger/innen.

Während sich also das Siegerprofil bei Oberbürgermeisterwahlen mit wachsender Einwohnerzahl hinsichtlich Verwaltungskompetenz nicht signifikant ändert, ist der Anteil einheimischer Gewinner/innen in Kommunen über 80.000 Einwohner/innen hoch im Vergleich zu anderen Städten. Der Sieg von mit der stärksten Partei verbundenen Bewerber/innen im Untersuchungszeitraum in 75 Prozent der Großstädte mit Oberbürgermeisterwahlen zeigt die Bedeutung der Parteistärke dort.

6.4.2. Merkmalsausprägungen in unterschiedlichen politischen Kontexten

Die Bedeutung des politischen Kontexts wurde u.a. angesprochen mit dem Befund, dass Siege von CDU-Mitgliedern bei Oberbürgermeisterwahlen häufiger werden mit wachsender Stärke der CDU bei anderen Wahlen. Diese - möglicherweise banal klingende - Feststellung widerspricht der Annahme, dass Oberbürgermeisterwahlen unabhängig von Parteibindung und politischem Kontext entschieden werden. Ein weiterer Kontextaspekt ist das politische Ergebnis der Oberbürgermeisterwahl, von dem anzunehmen ist, dass es der Wille eines für die Entscheidung relevanten Teils der Wählerschaft ist. Oben geschilderte Ausnahmen vom Erfolgsmuster und Wahlen mit Verlierer/innen mit erfolgversprechenden Merkmalen weisen Gemeinsamkeiten auf, die darauf hindeuten, dass auf das örtliche Geschehen bezogene politische Stimmung das Wahlverhalten bei Oberbürgerwahlen beeinflusst. Um dies weiter zu klären, werden nachfolgend Merkmalsvor- und Nachteile von Erst- gegenüber Zweitplatzierten hinsichtlich des Erfolgsmusters in verschiedenen politischen Kontexten untersucht, die sich aus der Betrachtung von Wahlen unter verschiedenen Aspekten ergeben.

Einbezogen werden in den Merkmalsvergleich weitere Faktoren neben den Merkmalen Parteibindung, Verwaltungskompetenz und Auswärtigkeit.

6.4.2.1. Kontext politische Kontinuität oder Wechsel

Oberbürgermeisterwahlen unterscheiden sich auch im Hinblick darauf, dass ihre Ergebnisse politische Kontinuität oder aber Machtveränderung bzw. Machtkontrolle bedeuten können. Die von Wehling u.a. genannte Absicht, mit der Wahlentscheidung eine Verfestigung von Machtstrukturen, also „Verfilzung" zu verhindern, spricht für die Annahme, dass Wechsel häufiger ist als politische Kontinuität.
Wiederwahlen und Neuwahlen, die nicht mit einer politischen Richtungsänderung (verkörpert durch einen Personalwechsel an der Verwaltungsspitze) verbunden sind, sorgen für politische Kontinuität in der Kommune. Ein Wechsel der politischen Bindung von Oberbürgermeister(inne)n nach Wahlen im Vergleich zu Vorgänger(inne)n bedeutet eine Änderung politischer Kräfteverhältnisse. Mit allen sechs Abwahlen im Untersuchungszeitraum ist eine Veränderung des politischen Machtgefüges verbunden, da nach der Wahl der/die Oberbürgermeister/in politisch anders gebunden ist als der/die Vorgänger/in.[806]

Wie oft wird bei Neuwahlen ein politischer Wechsel herbeigeführt bzw. wie oft ist die politische Bindung der Neugewählten die gleiche wie die Vorgänger/innen? Dabei wird der Sieg Parteiloser auch als Richtungsentscheidung gesehen, selbst wenn deren Wahl nicht immer eine so eindeutige Richtungsbestimmung ist wie bei Parteimitgliedern. Bei dieser Betrachtung wird nicht die Kategorie „parteinah" gebildet, sondern nur zwischen Parteimitgliedern und Parteilosen unterschieden.

Tabelle 61: Neuwahlen mit und ohne Änderung der politischen Bindung
der Verwaltungsspitze in den Jahren 2003 bis 2006

Wie wurde gewählt?	***Jahr:***	***Zahl der Städte (und welche):***
Nach einem CDU-Mitglied nicht mehr CDU:	2003	1 (Ellwangen)
	2004	3 (Eppingen, Sinsheim, Bietigheim-Bissingen)
	2006	1 (Schorndorf)
Wieder ein CDU-Mitglied gewählt:	2003	2 (Wertheim, Tuttlingen)
	2005	1 (Singen)
	2006	1 (Mosbach)
Nach einem SPD-Mitglied nicht mehr SPD:	2004	1 (Emmendingen)
	2005	1 (Aalen)
	2006	1 (Heidelberg)
Wieder ein SPD-Mitglied gewählt:		0
Nach einem FDP-Mitglied nicht mehr FDP:	2004	1 (Hockenheim)
	2006	1 (Waiblingen)
Wieder ein FDP-Mitglied gewählt:		0
Nach Parteilosen ein Parteimitglied:	2003	3 (Calw, Nürtingen, Kirchheim)
	2004	1 (Donaueschingen)
	2005	1 (Ostfildern)
	2006	1 (Baden-Baden)
Wieder Parteilose gewählt:	2003	1 (Ludwigsburg)
	2006	1 (Vaihingen an der Enz)

[806] In Bad Mergentheim bekennt sich der Sieger öffentlich nicht zu seinen Unterstützer(inne)n. Sein Sieg führt zum politischen Wechsel, da er anders gebunden ist als sein Vorgänger bei seiner Wahl.

Mit einer Änderung der politischen Bindung der Person an der Rathausspitze enden insgesamt 50 Prozent aller 44 Oberbürgermeisterwahlen (6 Ab- und 16 Neuwahlen). Bei allen Abwahlen und bei über 72 Prozent der Neuwahlen sind die Sieger/innen politisch anders gebunden als ihre Vorgänger/innen. Das heißt, Wechsel und nicht politische Kontinuität ist das Kennzeichen von Neuwahlen. Damit wird die Annahme bestätigt, dass in Baden-Württemberg neu gewählte Oberbürgermeister/innen überwiegend anders politisch gebunden sind als ihre Vorgänger/innen.

Die Thesen zur Begründung von Oberbürgermeisterwahlsiegen, die mit einem Wechsel verbunden sind oder gegen eine dominierende Partei errungen werden, gehen dahin, dass aufgrund von Vorteilen bei objektiven Merkmalen gewonnen wird. Der nach dem Ende der Amtszeit von (Ober-)Bürgermeister(inne)n und primär auf deren Person bezogene Wunsch nach von örtlichen Interessen und Verstrickungen unbelasteten neuen Bürgermeister/innen ist ein Aspekt des Wechsels, bei dem Auswärtige im Vorteil sind – unabhängig davon, wie sie politisch gebunden sind. Die Erklärung des politischen Wechsels wird meist gleichgesetzt mit der Bevorzugung Auswärtiger. Sie werden demnach gewählt um zu verhindern, dass sich die lokalen Machtstrukturen „verfestigen". Ohne zu hinterfragen wird postuliert, dass eher Auswärtige und mit Verwaltungskompetenzvorteil Ausgestattete für Machtkontrolle und politischen Wechsel sorgen. Die Annahme ist daher, dass für politischen Wechsel sorgende Sieger/innen bei objektiven Kandidatenmerkmalen Vorteile haben. Um dies zu prüfen, werden Neuwahlen analysiert, da Wieder- und Abwahlen gesondert zu sehen sind. Wie unterscheiden sich bei Vorteilen die Sieger/innen der mit politischem Wechsel verbundenen Neuwahlen von denen, deren Resultat Kontinuität ist?

Abbildung 8: Vorteile der Neuwahlsieger/innen mit und ohne politischen Wechsel
(Prozentangaben bezogen auf 6 (=100 Prozent) ohne und 16 (=100) Wahlen mit parteipol. Wechsel)

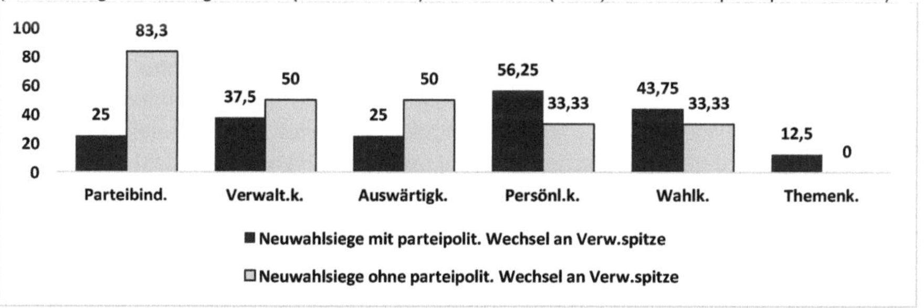

Bindung an die stärkste Partei ist bei 83 Prozent der Wahlen mit politischer Kontinuität ein Vorteil. Politische Kontinuität wird also ganz überwiegend zusammen mit der stärksten Partei gesichert. Wer sorgt für politische Kontinuität bei Neuwahlen? Vier CDU-Mitglieder und zwei Parteilose gewinnen Neuwahlen, bei denen Vorgänger/innen und Nachfolger/innen politisch gleich gebunden sind. CDU-Mitglieder übernehmen über 44 Prozent der neun Oberbürgermeisterämter, die ein Parteikollege räumt. Die Städte, in denen sich CDU-Mitglieder nachfolgen, sind Hochburgen der CDU[807], in denen sie bei allen Rats- und Parlamentswahlen vorne liegt. In Städten im badisch geprägten Landesteil finden 50 Prozent[808] der CDU-Wiederbesetzungssiege statt, die anderen Städte waren württembergisch und gehören nun zu badischen Regierungsbezirken. Den Wähler(inne)n in den badischen Städten werden in der Presse in Übereinstimmung mit wissenschaftlichen Erkenntnissen feste Bindungen an die CDU attestiert, die einher gehen mit höherer Wahlbeteiligung und mehr Vertrauen in das Kandidatenangebot ihrer Partei als bei anderen Wahlberechtigten. 75 Prozent der Wahlen weisen überdurchschnittliche Wahlbeteiligungen verglichen mit Neuwahlen in den jeweiligen Jahren auf. Die verwaltungskompetenten Sieger/innen der vier Wahlen (die zu 50 Prozent dabei im Vorteil sind) kommen - bis auf eine Ausnahme in Baden - von außen. Auch bei den zwei Wahlen mit der Nachfolge Parteiloser nach einem parteilosen Oberbürgermeister siegen auswärtige kommunale Verwaltungsfachleute – zu 50 Prozent mit Verwaltungskompetenzvorteil gegen nicht ernstgenommene Konkurrenz. Einer der dem „bürgerlichen Lager“ zuzurechnenden Parteilosen wird von einem Bündnis aller relevanten politischen Kräfte, der andere von der bei Ratswahlen stärksten politischen Gruppe unterstützt. Letzter siegt gegen die stärkste Partei mit Persönlichkeitsvorteil. Die Wechselhäufigkeit der politischen Bindung ist also regional und im Hinblick auf die politische Ausrichtung unterschiedlich ausgeprägt.

25 Prozent der Sieger/innen der mit Wechsel verbundenen Neuwahlen sind an die stärkste Partei gebunden. Hier wird deutlich, dass Wechsel nicht gleichzusetzen ist mit der Schaffung eines Gegengewichts zur stärksten Partei. Politischer Wechsel findet auch dann statt, wenn nach „Ausnahmewahlen“ wieder gemäß der grundsätzlichen politischen Präferenz gewählt wird. Die 25 Prozent der Änderungen der politischen Bindung der Stadtspitze zusammen mit der stärksten Partei sind damit auch mit parteiorientiertem „Normalwahlverhalten“ zu erklären. Mit Marcinkowski ist darauf hinzuweisen, dass jede von der grundsätzlichen politischen Orientierung abweichende Wahlentscheidung in sich den Keim der Rückkehr zur „Normalität“ im Sinne der Wahl der präferierten Partei bei nächster Gelegenheit trägt.[809] D.h. nach einem Oberbürgermeisterwahlsieg einer mit einer Minderheitspartei verbundenen Person besteht dann, wenn der/die Amtschef/in abtritt, die hohe Wahrscheinlichkeit eines Wechsels hin zur mehrheitlich bevorzugten Partei oder zumindest in Richtung des dominierenden politischen Lagers. Wechsel und Bestätigung sind Ergebnis dieser Wahlen, die unter letzterem Aspekt im nächsten Kapitel zu den Siegen mit Bindung an die stärkste Partei gehören. Bei Wahlen nach Ausnahmewahlen haben also an eine Partei ohne Mehrheit bei anderen Wahlen gebundene Bewerber/innen geringe Siegchancen nach dem Ende der Amtszeit politisch gleich gebundener

---

807 Die CDU-Mittelwerte in zwei der vier Städte sind der zweit- und dritthöchste Wert der 44 Städte. Stärker ist die CDU nur in Ellwangen, wo der Wechsel der politischen Bindung nicht hin zu einer anderen Partei als CDU geht, sondern innerhalb des „bürgerlichen Lagers“ zur Parteilosigkeit.

808 Singen und Mosbach liegen im badisch, Wertheim und Tuttlingen im württembergisch geprägten Landesteil. Die württembergisch geprägten Städte gehören nun zu badischen Regierungsbezirken.

809 Marcinkowski, s.o., S.138.

Oberbürgermeister/innen.[810] Die Sieger der „Normalwahlen“[811] sind durchweg verwaltungskompetent und dabei nie im Nachteil. Im Untersuchungszeitraum gibt es zwar bei den mit politischer Änderung verbundenen Wahlen weniger Normalwahlen (nach Ausnahmewahlen in der Vergangenheit) als Wechsel hin zur Machtkontrolle einer dominierenden Partei. Aber bei Neuwahlen gibt es keine Sieger/innen, die als Nachfolger/in an die gleiche nicht mehrheitlich präferierte Partei gebunden sind wie ihre Vorgänger/innen. Der Ansatz der Normalwahl erklärt, warum kein Mitglied der in den jeweiligen Kommunen nicht dominierenden Parteien FDP und SPD gewählt wird in der Nachfolge abtretender Oberbürgermeister/innen mit gleichem Parteibuch.[812]
Insgesamt haben 37 Prozent der für Wechsel sorgenden Sieger/innen Vorteile bei Verwaltungskompetenz, dagegen 50 Prozent der für Kontinuität stehenden. Bei Auswärtigkeit sind 25 Prozent der für Wechsel Stehenden im Vorteil gegenüber 50 Prozent der politisch gleich wie ihre Vorgänger/innen Gebundenen. Im Vorteil sind bei Persönlichkeit 56 Prozent, bei Wahlkampf 43 Prozent der für Wechsel Stehenden im Vergleich zu jeweils 33 Prozent der Parteifreunden Nachfolgenden bei beiden Punkten. Anders als die Vergleichsgruppe haben 12 Prozent der für Wechsel stehenden Sieger/innen einen Vorteil bei Themenkompetenz.
Der Nachteilsvergleich insbesondere hinsichtlich Verwaltungskompetenz, Persönlichkeit und Wahlkampf unterstreicht die Unterschiede:

Abbildung 9: Nachteile der Neuwahlsieger/innen mit und ohne politischen Wechsel
(Prozentangaben bezogen auf 6 (=100 Prozent) ohne und 16 (=100) Wahlen mit parteipol. Wechsel)

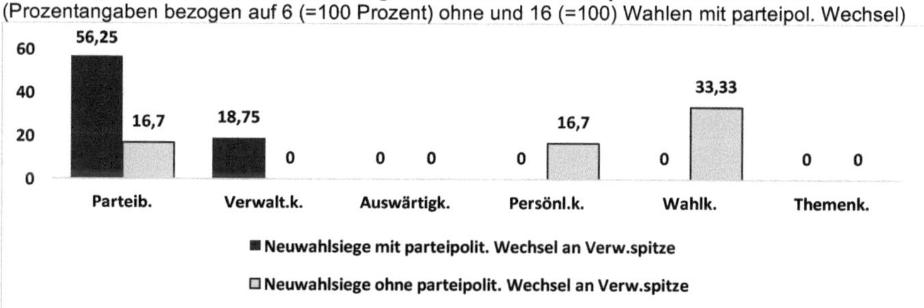

Nicht bei den für Kontinuität sorgenden, aber bei fast 19 Prozent der für Wechsel sorgenden Wahlen weisen die Sieger/innen Nachteile bei Verwaltungskompetenz auf. Nachteile bei Persönlichkeit (16 Prozent) und Wahlkampf (33 Prozent) haben nur Sieger/innen, die politische Kontinuität sichern.
Entgegen den Erwartungen haben damit bei Neuwahlen Sieger/innen, die für politischen Wechsel sorgen, bei den objektiven Merkmalen seltener Vorteile und häufiger Nachteile als Sieger/innen, die Kontinuität sichern. Das heißt, sie gewinnen, obwohl sie bezüglich der objektiven Merkmale seltener Vor- und häufiger Nachteile haben als ihre Konkurrenz. Dagegen sind häufiger Vorteile und keine Nachteile bei Persönlichkeit,

810 Die Gefahr der Nichtwiederwahl wieder antretender Amtsinhaber/innen einer Minderheitspartei wird gemindert durch den Amtsbonus.
811 In Baden-Baden, Calw, Donaueschingen. In Aalen ging es nur in Richtung „bürgerliches Lager“.
812 Grüne Oberbürgermeister/innen traten nicht ab.

Wahlkampf und Themenkompetenz festzustellen bei Sieger/innen, die für politischen Wechsel sorgen im Vergleich zu Kontinuität sichernden.

Änderung der politischen Bindung der Oberbürgermeister/innen kennzeichnet also nicht nur Abwahlen, sondern auch fast drei Viertel der Neuwahlen. Politische Kontinuität ist in Hochburgen politischer Kräfte mit fest mit ihnen verbundenen – im Untersuchungszeitraum immer konservativen – Wähler(inne)n am ehesten möglich. Im Untersuchungszeitraum werden nie Mitglieder nicht dominierender Parteien nach der Amtszeit von Mitgliedern der gleichen Partei gewählt; dies ist mit Normalwahlen gemäß der Parteipräferenz nach Ausnahmewahlen zu erklären. Die politische Kontinuität sichernden CDU-Mitglieder und parteilosen Sieger/innen sind verwaltungskompetent und auswärtig – letzteres mit einer Ausnahme in Baden. Sie sind bei beiden Merkmalen häufiger im Vorteil und nie im Nachteil im Vergleich zu den für Wechsel Sorgenden.
Zusammenfassend ist festzuhalten: Entgegen der Annahme sind für politische Änderung sorgende Sieger/innen seltener bei Verwaltungskompetenz und Auswärtigkeit im Vorteil als die Sieger/innen, die Kontinuität sichern. Demgegenüber sind Vorteile bei Persönlichkeit, Themen- und Wahlkampfkompetenz bei mit Wechsel verbundenen Siegen häufiger ein Erfolgsfaktor als bei Kontinuität sichernden Siegen. Persönlichkeit ist Vorteil beim Kontinuität sichernden Sieg mit der stärksten Kraft bei Ratswahlen gegen die stärkste Partei.

6.4.2.2. Sieg mit oder ohne Bindung an die stärkste Partei

Änderung der politischen Bindung der Verwaltungsspitze ist ein Aspekt von Machtkontrolle. Die Schaffung eines Gegengewichts zur stärksten Partei durch Wahl nicht an sie gebundener Oberbürgermeister/innen ist weiter gehende Machtkontrolle und zielt nicht auf Wechsel, sondern auf Verteilung politischer Macht in der Kommune. Biege u.a.[813] formulieren die These, dass Bewerber/innen aufgrund ihrer Verwaltungskompetenz entgegen der Parteipräferenz gewählt werden. Wie beim Wechsel gehen Aussagen in der Literatur im Allgemeinen dahin, dass Sieger/innen bei der Schaffung von politischem Gegengewicht bei objektiven Merkmalen im Vorteil sind. Denn auch die Bevorzugung Auswärtiger wird nicht nur mit dem von örtlichen Interessen unbelasteten Neuanfang begründet, sondern auch mit der Schaffung eines kontrollierenden Gegengewichts. Es wird angenommen, dass Sieger/innen, die nicht entsprechend der bei anderen Wahlen gezeigten Parteipräferenz gebunden sind, bei objektiven Merkmalen vermehrt im Vorteil sind.
Zur Überprüfung dieser Annahmen werden aus den genannten Gründen auch hier zunächst nur Neuwahlen verglichen. In der Schlussbetrachtung zum Thema Machtkontrolle werden Abwahlen einbezogen. Verglichen werden Vor- und Nachteile bei Merkmalen der Neuwahlsieger/innen, die entweder an die bei Parlamentswahlen (gemessen am Mittelwert) stärkste Partei oder anders politisch gebunden sind. Bindung an die stärkste Partei ist Unterscheidungsmerkmal der Kandidierenden. Entlang dieses Kriteriums werden auch die Wahlen in Emmendingen und Heidelberg unterschieden, wo

---

[813] Biege et. al., s.o., S. 178.

jeweils die stärkste Partei nicht bei allen Wahlen dominiert, aber beim Parlamentswahlen-Mittelwert vorne liegt: In Heidelberg ist der CDU-Mittelwert höher als der anderer Parteien, liegt aber mit 33 Prozent im Untersuchungszeitraum weit unter dem Durchschnitt von 42,37 Prozent in allen 44 Städten mit Oberbürgermeisterwahlen. In Emmendingen ist die SPD immerhin stärker als die CDU. In Heidelberg gewinnt der Kandidat, der mit der stärksten Partei verbunden ist, in Emmendingen der Kandidat, der nicht mit der stärksten Partei verbunden ist. Beide Sieger dieser zwei Neuwahlen haben einen Verwaltungskompetenzvorteil und bilden mit ihrer politischen Bindung einen Kontrast zu am Ende ihrer Amtszeit unbeliebten Oberbürgermeister(inne)n. Die politische Bindung wird verändert. Zu vermuten ist gemäß Aussagen in der Literatur über hohe Mobilisierung der mit der aktuellen Situation Unzufriedenen, dass mit abtretenden Oberbürgermeister(inne)n Unzufriedene und daher für Wechsel stimmende Wähler/innen stärker mobilisiert werden als mit den bisherigen Oberbürgermeistern zufriedene Wähler/innen.

11 der 22 Neuwahlsieger/innen sind mit der stärksten Partei, durchweg der CDU, verbunden (einmal wird gegen ein Mitglied der gleichen Partei[814], zwei Mal ohne politisch relevant unterstützte Konkurrenz gesiegt). Die politische Bindung dieser neu gewählten (durchweg männlichen) Oberbürgermeister entspricht der bei anderen Wahlen ausgedrückten politischen Präferenz der Mehrheit der Bevölkerung; über 54 Prozent von ihnen gewinnen im badisch geprägten Landesteil. Bei über 45 Prozent der Wahlen wird die politische Ausrichtung an der Verwaltungsspitze nicht verändert (bei 36 Prozent folgt ein CDU-Mitglied einem Parteifreund nach, bei 9 Prozent ein Parteiloser einem Parteilosen). Bei fast 55 Prozent der Siege mit der stärksten Partei wird die politische Bindung der Oberbürgermeister/innen verändert; zwei Drittel dieser Siege sind Normalwahlen, bei denen nach Abweichungen innerhalb des bürgerlichen Lagers die von Wahlen im Untersuchungszeitraum gewohnte Parteipräferenz durch mit der CDU verbundene Sieger bestätigt wird. Nicht eindeutig eine Normalwahl, aber eindeutig mit Wechsel verbunden ist die Wahl in Heidelberg, wo ein an die CDU gebundener Kandidat einer SPD-Vorgängerin nachfolgt. 9 Prozent der Siege mit der stärksten Partei bedeuten Wechsel, da ein parteiloser Sieger anders als sein Vorgänger nicht mehr nur mit der CDU verbunden ist, sondern auch mit anderen politischen Kräften. Die an die stärkste Partei gebundenen Neuwahlsieger erfüllen die laut Wehling erwartete Anforderung an die Verwaltungskompetenz. Sie kommen – mit drei Ausnahmen (= 27 Prozent) in badischen Städten – von außen.

Bei den anderen 50 Prozent der Neuwahlen wird gegen die stärkste Partei gesiegt. Gegengewicht zur und damit Kontrolle der Macht dieser Partei ist das Ergebnis. Fast 73 Prozent der Städte liegen in Württemberg. In 10 der 11 Kommunen liegt die CDU bei mindestens 3 von vier Rats- und Parlamentswahlen und beim Mittelwert der Parlamentswahlen vorne, in einer die SPD beim Mittelwert und zwei von vier anderen Wahlen. Gegen die CDU als stärkste Partei gewählt werden sieben SPD-Mitglieder und drei Parteilose aus dem „bürgerlichen Lager“, die gegen mit der CDU verbundene

[814] Neben zwei CDU-Mitgliedern traten in Baden-Baden keine weiteren Kandidat(inn)en an. Möglicherweise hat die CDU-Übermacht weitere Konkurrenz verhindert.

Konkurrenz antreten. Gegen die SPD als stärkste Partei wird ein CDU-Mitglied gewählt. 70 Prozent der Sieger/innen gegen die CDU gewinnen gegen Kandidierende, die nicht nur von der CDU als stärkste Kraft, sondern von Bündnissen unterstützt werden, die zusammen deutliche Mehrheiten bei anderen Wahlen repräsentieren. Das Bündnis gegen den Sieger reicht bei einer Wahl über politische Lager hinaus von der CDU bis zu den Grünen. Der Verlierer beim Sieg gegen die SPD als stärkste Kraft ist Mitglied der Grünen. Er wird von seiner Partei und der SPD unterstützt – beide Parteien erreichen zusammen bei Bundes- und Landtagswahlen absolute Mehrheiten. Die Unterlegenen setzen vergeblich auf das Wählerpotential bei anderen Wahlen bevorzugter politischer Kräfte. Bei über 90 Prozent der Wahlen wird die politische Ausrichtung der Verwaltungsspitze verändert, bei knapp 10 Prozent[815] herrscht politische Kontinuität nach der Wahl. 18 Prozent der gegen die stärkste Partei Gewählten sind Einheimische – ein geringerer Anteil als bei den an sie gebundenen. Bemerkenswert ist, dass die Hälfte (eine) der einheimischen Ausnahmen von der Mehrheit der Auswärtigen, in einer württembergischen Stadt siegt. 27 Prozent der Sieger/innen haben keine kommunale Verwaltungserfahrung und sind bei Verwaltungskompetenz im Nachteil. 9 Prozent haben sie ebenfalls nicht, sind aber im Vorteil gegenüber Konkurrenz ohne Verwaltungshintergrund.

Weil die SPD stärkste Partei nur in einer Stadt mit Neuwahl ist, ist ein Vergleich der von der stärksten Kraft bei Parlamentswahlen erreichten Stimmanteile nur bei der CDU sinnvoll. Zwar erzielt die CDU in den 11 Städten mit CDU-unterstützten Neuwahlsieger/innen und der CDU als stärkster Partei mit durchschnittlich 43,5 Prozent etwas weniger als die 43,8 Prozent in den 10 Städten mit gegen die dominierende CDU erreichten Neuwahlsiegen. Wenn aber die drei Siege gegen die CDU von sich dem bürgerlichen Lager zurechnenden Parteilosen herausgenommen und nur die Siege der sieben Sozialdemokrat(inn)en betrachtet werden, sieht es anders aus. Die CDU erreicht in den sieben Städten durchschnittlich 41,9 Prozent. Während über 63 Prozent der 11 mit der CDU verbundenen Sieger/innen in Städten mit einem CDU-Mittelwert über 44 Prozent erfolgreich sind, siegen nur 14 Prozent der SPD-Mitglieder in Städten, in denen die CDU über 44 Prozent erzielt. Deutlich wird auch damit, dass mit zunehmender Stärke einer dominierenden Partei die Wahrscheinlichkeit des Siegs von mit ihr verbundenen Kandidierenden wächst.

---

[815] In Vaihingen mit dem an die stärkste Kraft bei Ratswahlen gebundenen Sieger.

Der Vorteilsvergleich unter dem Aspekt der Bindung an die stärkste Partei ergibt:

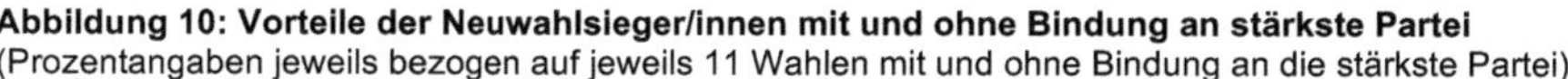
Abbildung 10: Vorteile der Neuwahlsieger/innen mit und ohne Bindung an stärkste Partei
(Prozentangaben jeweils bezogen auf jeweils 11 Wahlen mit und ohne Bindung an die stärkste Partei)

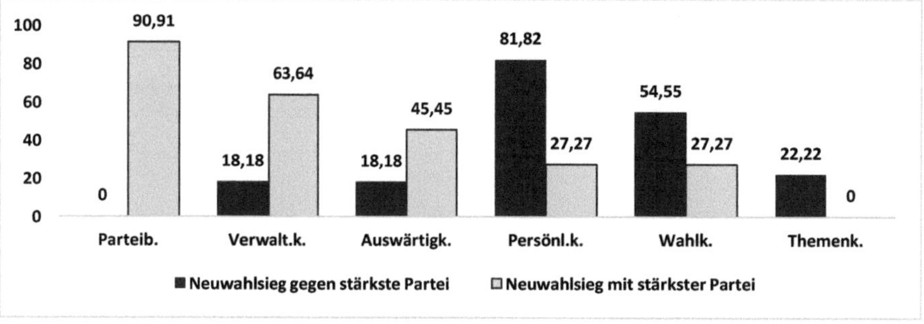

Während nur 18 Prozent der Neuwahlsieger/innen gegen die Parteipräferenz bei anderen Wahlen Vorteile bei der Verwaltungskompetenz haben, sind dies bei Siegen im Gleichklang anderer Wahlen über 63 Prozent. Wenn die These des Siegs entgegen der Parteipräferenz auf Grund des Verwaltungskompetenzvorteils zuträfe, wäre eine andere Prozentverteilung zu erwarten. Bei den politisch gleich gerichteten Neuwahlsiegen in CDU-dominierten Städten ist für über 45 Prozent der Sieger/innen Auswärtigkeit ein Unterschied zu einheimischen Zweitplatzierten, bei gegen gerichteten Neuwahlsiegen nur bei 18 Prozent der Wahlen (wobei – s.o. – der Anteil Einheimischer an den Sieger/innen gegen die stärkste Partei höher ist als bei denen mit ihr). Auch der fehlende häufigere Vorteil bei Auswärtigkeit entspricht nicht den Erwartungen, dass zum Sieg entgegen der Parteipräferenz bei anderen Wahlen dieser Vorteil beiträgt.
Die Sieger/innen gegen die stärkste Partei haben bei über 80 Prozent der Wahlen durch Persönlichkeit einen Vorteil im Vergleich zu weniger als 30 Prozent der an sie gebundenen. Wenn Personen Macht ausüben oder sie ihnen zugeschrieben wird, rückt deren persönliches Verhalten, ihre Persönlichkeit in den Fokus der Betrachtung und Bewertung - laut Pörksen mit zunehmender Macht immer mehr: „Je mächtiger jemand wird, umso mehr rückt sein persönliches Verhalten in den Mittelpunkt.“[816] Da Persönlichkeit wichtig ist bei der Bewertung machtausübender und an die stärkste Partei gebundener Kandidierender, ist bei ihrer Kandidatur auch der bewertende Kandidatenvergleich in dieser Hinsicht wichtiger als bei anderen Wettbewerbssituationen - Persönlichkeit wird zum relevanten Erfolgsfaktor.
Die an die stärkste Partei gebundenen Sieger/innen haben bei Themenkompetenz keinen Vorteil, den 20 Prozent der gegen sie Siegenden aufweisen. Zu Siegen gegen die dominierende Partei tragen Auseinandersetzungen um Themen bei. Der Wahlkampfvorteil bei über 27 Prozent der an die stärkste Partei gebundenen Sieger/innen beruht auf erfolgreicher Mobilisierung von Stammwählerpotentialen. Über 54 Prozent der Siege gegen die stärkste Partei werden mit Wahlkampfvorteil errungen; bei ihnen führt Stammwählermobilisierung der stärksten Partei nicht zum Erfolg, da die Gegenseite mit mobilisiert wird oder persönliche Angriffe zur Demobilisierung im

[816] Interview mit Medienwissenschaftler Professor Bernhard Pörksen, „Sonntag Aktuell“, 3.2.2012.

angreifenden Lager führen. Im erfolgreichen Wahlkampf gegen die stärkste Partei werden Chancen genutzt, die sich etwa aus Unzufriedenheit mit Mächtigen und der Mobilisierung ausgesuchter Zielgruppen ergeben.

Auch hier unterstreichen Aspekte des Nachteilsvergleichs den Unterschied:

Abbildung 11: Nachteile der Neuwahlsieger/innen mit und ohne Bindung an stärkste Partei
(Prozentangaben jeweils bezogen auf jeweils 11 Wahlen mit und ohne Bindung an die stärkste Partei

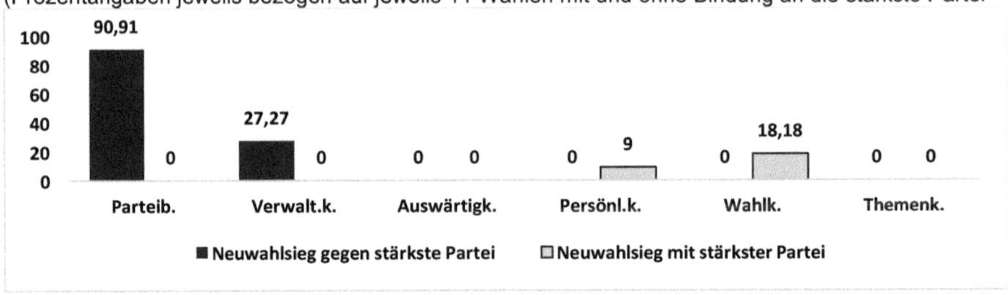

Keiner der an die stärkste Partei gebundenen Sieger/innen hat einen Nachteil bei Verwaltungskompetenz. Entgegen der Annahme sind gegen die stärkste Partei bei Neuwahlen Siegende bei Verwaltungskompetenz nicht nur seltener im Vorteil als die an sie gebundenen, sondern im Nachteil bei 27 Prozent der Siege – Siege, mit denen auch Wechsel verbunden ist. Deutlich wird bei den Siegen mit Nachteilen bei Verwaltungskompetenz, dass berufliche Erfahrungen und Qualifikationen Kandidierender im Kontext der Bewerber- und Machtkonstellation der Wahlen unterschiedlich bewertet werden. Bewertungen und Meinungsäußerungen im Umfeld der Wahl zeigen, dass instrumentelle Erwägungen, der Wunsch nach Machtkontrolle Motive für Wahlentscheidungen sind. Weder bei mit der stärksten Partei noch gegen sie erzielten Neuwahlsiegen sind im entscheidenden Wahlgang Einheimische gegen Auswärtige erfolgreich.
Nur beim Neuwahlsieg mit der stärksten Partei wird in geringem Maß mit Nachteilen bei Persönlichkeit (9 Prozent) und Wahlkampf (18 Prozent) gewonnen. Wegen ihres auf Erfolg ausgerichteten Wahlkampfs werden dabei Verlierer als ernsthafte Konkurrenz wahrgenommen, auch wenn sie damit letztlich nicht siegen.

Zusammenfassend lässt sich sagen: Die Merkmalsausprägungen der Sieger/innen gegen die stärkste Partei entsprechen nicht der Erwartung, dass diese Oberbürgermeisterneuwahlen aufgrund von Vorteilen bei Verwaltungskompetenz und Auswärtigkeit errungen werden. Noch deutlicher als unter dem Aspekt „Wechsel“ werden Unterschiede zur Vergleichsgruppe: Sie haben seltener Vorteile bei den objektiven Merkmalen als die Sieger/innen, die mit der stärksten Partei verbunden sind – über ein Viertel der Sieger/innen hat einen Verwaltungskompetenznachteil. Vorteile bei Persönlichkeit, Themen- und Wahlkampfkompetenz tragen zum Erfolg gegen die stärkste Partei erheblich bei.

6.4.2.3. Machtkontrolle als Wahlmotiv und Oberbürgermeisterwahltypen

Das Phänomen der Machtkontrolle kann sich bei Wahlen auf unterschiedliche Art zeigen: a) bei Abwahlen durch die Beendigung der Machtausübung von Amtsinhaber/innen, b) bei Neuwahlen durch die Änderung der politischen Bindung der Sieger/innen oder c) die Schaffung eines Gegengewichts gegen die dominierende Partei mit der Wahl einer politisch anders gebundenen Person. Entsprechende Wahlen werden nachfolgend auch als machtkontrollorientierte Wahlen bezeichnet.

Empirische Untersuchungen zur politischen Stimmung während des Wahlkampfs bei den analysierten machtkontrollorientierten Oberbürgermeisterwahlen liegen nicht vor. In Medien widergegebene Äußerungen lassen allerdings vermuten, dass Wechselstimmung herrscht und Machtkontrolle ein Wahlmotiv ist. Mit dem Votum für Sieger/innen wird Kritik an der Verwaltungsspitze verbunden und Kritik an den politische Macht Ausübenden. Kritisiert werden als ungerecht empfundene Machtstrukturen und die Art der Machtausübung - etwa:

- Bürgerferne Politik und Amtsführung, überheblicher und arroganter Umgang mit Menschen, fehlende Sensibilität bei Themen und Stimmung der Bevölkerung
- Unkontrollierte und einseitige politische Machtausübung, die Machtverteilung in der Kommune, generell die örtliche Politik.

Äußerungen deuten darauf hin, dass auch parteiorientierte Wähler/innen die Stimmabgabe bei Oberbürgermeisterwahlen als Gelegenheit zur Kritik an Repräsentant(inn)en der präferierten Partei oder des politischen Lagers nutzen und gegen von ihnen unterstützte Bewerber/innen votieren.

Politisch verändernde Neuwahlentscheidungen werden z.T. damit begründet, dass für die Nachfolge abtretender Oberbürgermeister/innen kandidierende Mitglieder der gleichen Partei wie sie für Mängel der Amtsführung und Probleme in Haftung genommen werden (etwa in Bietigheim-Bissingen, Emmendingen, Heidelberg, Waiblingen, eingeschränkt Ostfildern). Ein aus Amtsführung und Problemen resultierender „Malus“ gefährdet also nicht nur die Wahl von Amtsinhaber(inne)n, sondern auch mit ihnen verbundene Nachfolgekandidat(inn)en. In Umkehrung des „Amtsbonus“ kann von einem „Amtsmalus“[817] gesprochen werden.

Begründungen machtkontrollorientierter Entscheidungen beziehen sich also bei Oberbürgermeisterwahlen auf Personen, politische Kräfte, Machtkonstellationen und damit verbundene Themen. Die negative Bewertung von Oberbürgermeister(inne)n oder Machtverhältnissen trägt bei zum Sieg Kandidierender, die ein Gegenbild repräsentieren. Damit wird ein Faktor der Wahlentscheidung benannt, der aus einem Ziel resultiert, das sich kritisch auf die örtliche politische Situation und Bewerberlage bezieht.

Auch bei Kerns Abwahlanalyse wird deutlich, dass das Ziel Machtkontrolle Bewerber/innen begünstigt, mit deren Wahl eine Änderung des aktuellen Zustands verbunden wird. Abwahlsieger/innen verkörpern ein Gegenbild zu unbeliebten Amtsinhaber(inne)n und deren Umfeld. Ihre Siege verändern das kommunale politische

---

[817] Malus als Negativfaktor im Gegensatz zum Bonus als Vertrauensvorschuss.

Gefüge. Mit der Wahl bewertet werden nicht nur Charakteristika der Person, sondern auch deren Positionierung im Kontext der politischen Situation und der Bewerberkonkurrenz. Zur Positionierung gehören programmatische Botschaften, Zuschreibungen persönlicher Eigenschaften und Kompetenzen. Mit der nicht gewählten Alternative zu erklärende Wahlentscheidungen sind zweckorientiert.

Die bisherige Analyse zeigt Abweichungen vom Muster des Erfolgs aufgrund der Merkmale verwaltungskompetent, auswärtig und parteifern. Da alle ernstgenommenen Kandidierenden politisch gebunden sind und in der Regel Parteiferne im Wahlkampf propagieren, kommen die dem Erfolgsideal am nächsten, die verwaltungskompetent sowie auswärtig sind. Da Verwaltungskompetenz und Auswärtigkeit bei Wieder- sowie Abwahlen anders zu werten sind, sind die Neuwahlen zu betrachten, bei denen auf Grund unterschiedlicher Merkmals- und Vorteilsmuster Typen von Oberbürgermeisterwahlen gebildet werden können, die dem propagierten Erfolgsmuster entsprechen oder abweichen. Grundlage für die Typenbildung sind die in den vorigen Kapiteln dargestellten Zahlen.
Knapp 14 Prozent der Sieger/innen aller Neuwahlen haben Vorteile bei Verwaltungskompetenz und Auswärtigkeit. Sie entsprechen am ehesten dem propagierten Erfolgsmuster. Sie alle sorgen mit ihrem Sieg für politische Kontinuität. Politische Kontinuität gesichert wird bei Oberbürgermeisterneuwahlen im Untersuchungszeitraum nur in Kommunen mit überwiegend konservativer politischer Orientierung von an konservative politische Kräfte gebundenen Sieger(inne)n, die zu über 80 Prozent an die stärkste Partei, der Rest (mit Persönlichkeitsvorteil) an die stärkste Kraft bei Ratswahlen (die Freie Wählervereinigung) gebunden sind.
Ohne Nachteil bei Auswärtigkeit und im Vorteil nur bei Verwaltungskompetenz (dem zentralen Faktor des propagierten Erfolgsmodells), also etwas weniger nah dran am Ideal sind über 27 Prozent der Sieger/innen der Neuwahlen. Zwei Drittel von ihnen (also über 18 Prozent der Sieger/innen) sind an die stärkste Partei gebunden. Sieger/innen mit Verwaltungskompetenzvorteil sorgen also überwiegend für Bestätigung der mehrheitlichen Parteipräferenz.
Es gibt keine Zweitplatzierten mit Vorteilen bei beiden objektiven Merkmalen. Bei kontinuitätssichernden und politische Präferenzen bestätigenden Neuwahlen gibt es keine Sieger/innen mit Nachteilen dabei. Laut dem Ansatz der Parteiidentifikation begünstigt die in Zeiten politischer Ruhe durch den Wunsch nach Kontinuität geprägte politische Stimmung Wahlentscheidungen gemäß der politischen Grundorientierung, wenn nicht Störfaktoren - wie ein nicht adäquat erscheinendes Kandidatenangebot der präferierten politischen Gruppierung - zu Irritationen führen.
Gleich verwaltungskompetent wie die Konkurrenz und mit Vorteil bei Auswärtigkeit versehen sind knapp 14 Prozent der Neuwahlsieger/innen. Sie alle sorgen für Wechsel, aber nur ein Drittel von ihnen gegen die stärkste Partei.

Über 31 Prozent der Neuwahlsieger/innen weisen in gleicher Weise beide objektive Merkmale wie ihre zweitplatzierte Konkurrenz. Weniger als die Hälfte von ihnen sorgt für politische Kontinuität (gebunden an die stärkste Partei oder die stärkste Kraft bei der Kommunalwahl), mehr als die Hälfte für politischen Wechsel gegen die stärkste Partei.

Die gegen die stärkste Partei Erfolgreichen siegen im württembergischen Landesteil und haben Vorteile zu 80 Prozent bei Persönlichkeit, 60 Prozent bei Wahlkampf, 20 Prozent bei Themen.
Am stärksten vom Erfolgsideal weichen die Wahlen ab, bei denen mit einem Nachteil bei einem objektiven Merkmal gewonnen wird. Über 13 Prozent der Neuwahlsieger/innen haben einen Nachteil bei Verwaltungskompetenz. Zwei Drittel von ihnen ist bei Auswärtigkeit gleichwertig, ein Drittel hat einen Vorteil, der aber laut dem überprüften Erfolgsmuster den Verwaltungskompetenznachteil nicht kompensiert. Alle drei sorgen für Wechsel und siegen gegen die stärkste Partei.
Bei machtkontrollorientierten Oberbürgermeisterwahlen gibt es also deutliche Abweichungen vom erwarteten Erfolgsmuster. Nicht ein Vorteil bei Verwaltungskompetenz kennzeichnet die Sieger/innen machtkontrollorientierter Wahlen, sondern im Gegensatz zu anderen sind nur hier Nachteile dabei möglich. Weniger als 40 Prozent der für einen Wechsel sorgenden und weniger als 20 Prozent der gegen die stärkste Partei Siegenden haben einen Verwaltungskompetenzvorteil. Während für politische Kontinuität stehende Sieger/innen bei der Verwaltungskompetenz nie im Nachteil sind, sind sie es bei über 18 Prozent der für einen politischen Wechsel, über 27 Prozent der für ein Gegengewicht sorgenden Neuwahlen. Nur 7 Prozent der Erst- und Zweitplatzierten bei Neuwahlen mit Verwaltungskompetenznachteil siegen – alle sind nicht mit der stärksten Partei verbunden und gewinnen gegen sie, alle sorgen für einen politischen Wechsel. 50 Prozent der ebenfalls vom Ziel Machtkontrolle geprägten Abwahlsieger/innen sind ganz ohne Verwaltungskompetenz. Machtkontrollorientierte Siege sind also nicht mit Vorteilen bei Verwaltungskompetenz zu begründen.

Zwar siegen Auswärtige bei machtkontrollorientierten Neuwahlen bei Betrachtung absoluter Zahlen häufiger, aber die Sieger/innen sind dabei (wenn auch die mit Vorteilen bei beiden objektiven Merkmalen einbezogen sind) seltener im Vorteil als die für politische Kontinuität sorgenden. Die nur mit dem Vorteil Auswärtigkeit Kandidierenden siegen zu je 50 Prozent mit und gegen die stärkste Partei. Bei einer Wahl wie der in Ostfildern ist Auswärtigkeit ein Argument für den für Machtkontrolle sorgenden Sieger gegenüber dem Einheimischen aus der Stadtverwaltung, der für ihre Arbeit in Haftung genommen wird. Sie werden aber nicht notwendig auf Grund geografischer Herkunft zur Machtkontrolle gewählt, wie der gegen die stärkste Partei errungene Sieg einer Einheimischen im württembergisch geprägten Landesteil zeigt. Der im Vergleich zu Neuwahlen etwas höhere Anteil einheimischer Sieger/innen bei Abwahlen, davon die Hälfte im württembergisch geprägten Landesteil, zeigt ebenfalls, dass machtkontrollorientierte Wahlentscheidungen nicht notwendig mit dem Merkmal auswärtig verbunden sind.

Unterschiedliche Häufigkeiten bei der Annäherung an das propagierte Erfolgsmuster mit Vorteilen bei objektiven Merkmalen oder Abweichungen davon sind also zu finden bei Oberbürgermeisterwahlen auf, die sich dadurch unterscheiden, dass mit ihrer Wahl Kontinuität, Bestätigung politischer Präferenzen oder umgekehrt Machtveränderung, Schaffung eines Gegengewichts zur stärksten Partei verbunden sind. Vorteile bei objektiven Kandidatenmerkmalen sind nicht Kennzeichen machtkontrollorientierter Siege bei Oberbürgermeisterwahlen, sondern der für Kontinuität und Bestätigung politischer Präferenzen sorgenden. Die Neuwahlen mit politischer Kontinuität als Folge sind eine Teilmenge der Siege mit der stärksten Partei, die mit Wechsel als Ergebnis umfassen sowohl Siege gegen die stärkste Partei als auch „Normalwahlen“ nach von generellen politischen Präferenzen differierenden Ausnahmewahlergebnissen. Die so unterschiedenen Neuwahlen differieren weniger deutlich als die mit Siegen mit der oder gegen die stärkste Partei und zeigen bei der Zusammenfassung die Richtung der Typisierung, ohne dass entlang dieses Kriteriums Typen gebildet werden.

Vier unterschiedliche Typen von Oberbürgermeisterwahlen mit verschiedenen typischen Ausprägungen objektiver Merkmale können gebildet werden, denen zusätzlich zu den Neuwahlen unter Berücksichtigung des Kontexts (mit veränderter Bewertung von Auswärtigkeit) Wieder- und Abwahlen zugeordnet werden können, wenn Abwahlsieger/innen untereinander verglichen werden:

- Kontinuität bei Wiederwahl
- Wechsel durch Nichtwiederwahl von Oberbürgermeister(inn)en
- Neuwahlsieg mit stärkster Partei und damit Bestätigung der Präferenz bei anderen Wahlen
- Neuwahlsieg gegen die stärkste Partei.

Kontinuitätssichernde Oberbürgermeisterwahlen sind am stärksten geprägt durch das propagierte Erfolgsmuster: Bei Wiederwahlen durch Verwaltungskompetenz, bei Neuwahlen bei beiden Merkmalen, v.a. aber bei Verwaltungskompetenz.

Die Oberbürgermeisterwahltypen unterscheiden sich – wie im Zusammenhang unterschiedlicher Kontexte dargestellt - auch durch die Bedeutung anderer Faktoren als objektiver Merkmale. Der Vergleich der Merkmalsvorteile der Sieger/innen unterschiedlicher Arten machtkontrollorientierter Wahlen (bei Abwahlen ist - s.o. - Auswärtigkeit gesondert zu bewerten) zeigt eine Tendenz:

Abbildung 12: Vorteile der Sieger/innen machtkontrollorientierter Wahlen
(Prozentangaben gerundet und jeweils bezogen auf die Gesamtzahl der Art der Wahl)

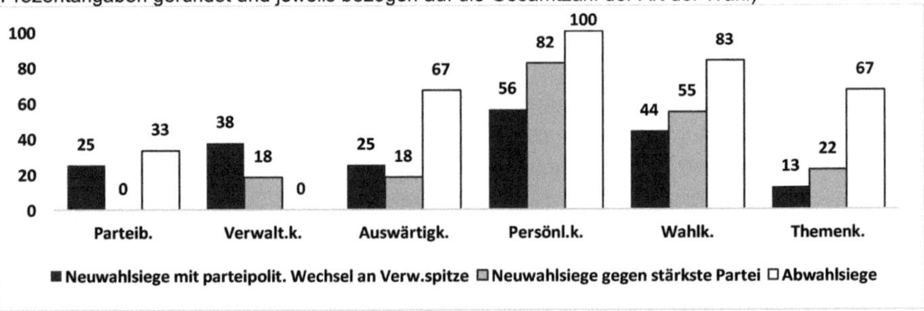

Der Siegeranteil mit Vorteilen bei objektiven Merkmalen wird geringer mit zunehmender Machtkontrolle und damit offensichtlich steigender Bedeutung von Wechselstimmung – wenn Abwahl als Steigerung gesehen wird, da Person und politische Bindung aktiv verändert werden, und dabei Auswärtigkeit anders gewertet wird. Die Faktoren werden augenscheinlich in unterschiedlichen politischen Kontexten als verschieden wichtig

bewertet. Angesichts meist fehlender Nachteile und des z.T. kontextbedingten[818] Unterschieds bei Parteibindung ist als Nachteil hier nur der mit wachsender Machtveränderung (bei Abwahlen Partei und Person) steigende Anteil von Sieger/innen mit Verwaltungskompetenznachteil zu nennen. Denn Verwaltungskompetenzvorteil gilt gemeinhin als zentrale Begründung für machtkontrollorientierte Siege.
Dass zunehmend andere Aspekte der Wahlentscheidung als die objektiven Merkmale in den Fokus rücken, wird sichtbar an wachsenden Anteilen von Vorteilen bei Persönlichkeit, Wahlkampf- und Themenkompetenz. Diese subjektiven, nicht bei allen Wahlen genannten Faktoren sind in die Betrachtung einzubeziehen.
Insgesamt wird die Persönlichkeit von 12 bei Neuwahlen Erst- und Zweitplatzierten im Kontrast zur Konkurrenz positiv wahrgenommen, von denen über 90 Prozent siegen. Ein Vorteil dabei wird 62 Prozent der für Wechsel, fast 82 Prozent der für Gegengewicht sorgenden Neuwahlsieger/innen (das sind fast 73 Prozent aller Neuwahlsieger/innen mit dem Vorteil) und 100 Prozent der Sieger/innen der Abwahlen bescheinigt – deutlich höhere Anteile als bei den anderen Oberbürgermeisterwahlen. Wie erläutert rückt die Bewertung von Persönlichkeit in den Fokus, wenn Kandidierende Macht ausüben oder verbunden sind mit machtausübenden Personen oder politischen Kräften. Die Konkurrenz wird mit ihnen in dieser Hinsicht verglichen. Ein Vorteil bei diesem Vergleich ist ein Erfolgsfaktor.
Auch bei Wahlkampf sind die Sieger/innen machtkontrollorientierter Wahlen häufiger im Vorteil im Vergleich zu anderen. Bei Neuwahlen wird 11 Kandidierenden ein Vorteil dabei attestiert, von denen über 80 Prozent siegen. Über zwei Drittel der Sieger/innen mit dem Vorteil sind gegen die stärkste Partei erfolgreich. Wahlkampf ist Vorteil bei 43 Prozent der für Wechsel, über 54 Prozent der für Gegengewicht sorgenden Neuwahlsieger/innen und über 83 Prozent der Abwahlsieger/innen.
Während für Kontinuität und Bestätigung stehende Gewinner/innen nie im Vorteil sind bei Themenkompetenz, sind es Sieger/innen machtkontrollorientierter Wahlentscheidungen. Bei Themen im Vorteil sind 12 Prozent der für Wechsel, über 22 Prozent der für ein Gegengewicht stehenden Neuwahlsieger/innen und fast 67 Prozent der Abwahlsieger/innen. In der Auseinandersetzung mit der stärksten Partei und für Kontinuität stehenden Kandidierenden ist Themenkompetenz wichtig.
Themen und Wahlkampf sind also zu beachten. Als relevant wahrgenommene und zur Unterscheidung beitragende Themen beeinflussen Entscheidungen bei Oberbürgermeisterwahlen. Im Wahlkampf sind die Person, deren Positionierung im Bewerber- und Machtgefüge, Problemlösungskompetenz und Themen zu vermitteln, Wählerpotentiale zu erschließen. Der Auftritt im Wahlkampf darf nicht Wähler/innen abschrecken (z.B. durch zu enge Parteibindung Ungebundene oder zur Wechselwahl Bereite), darf nicht zurückfallen (z.B. durch ungenügende Werbematerialien) hinter dem der Konkurrenz, muss alle ansprechen und für alle potentiell überzeugend sein. Gezielte Aktivitäten zur (altersbezogenen, partei-, problem- oder themenorientierten) Wählermobilisierung sind wichtig angesichts allgemein geringer Wahlbeteiligung.

[818] Der Wert beim Nachteil bei Parteibindung bei Siegen gegen die stärkste Partei ist kontextbedingt.

Zusammenfassend lässt sich sagen, dass das von Wehling u.a. entwickelte Erfolgsmuster also nicht durchgängig Oberbürgermeisterwahlen prägt, am häufigsten die mit Ergebnissen, die für politische Kontinuität oder Bestätigung vorherrschender Parteipräferenz bei Rats- und Parlamentswahlen sorgen. Abweichungen vom als erfolgversprechend propagierten Merkmals- und Vorteilsmuster sind bei Sieger/innen machtkontrollorientierter Oberbürgermeisterwahlen zu erkennen. Mit zunehmender Machtveränderung und damit wachsender Bedeutung von Wechselstimmung werden die Abweichungen vom durch sogenannte objektive Merkmale gekennzeichneten Erfolgsmuster deutlicher: Bei Neuwahlen stärker unter dem Aspekt „Gegengewicht zur stärksten Partei" als unter dem Aspekt „Wechsel", am deutlichsten bei Abwahlen, bei denen aktiv Amtsinhaber/innen abgewählt und Parteibindungen verändert werden. Bei Abwahlen hat Verwaltungskompetenz die geringste Bedeutung, dort ist der Anteil Einheimischer am höchsten verglichen mit anderen Oberbürgermeisterwahlen. Auch wachsende Bedeutung von Persönlichkeit, Themenkompetenz und Wahlkampf als Erfolgsfaktoren unterscheiden machtkontrollorientierte Oberbürgermeisterwahlen von kontinuitätssichernden und bestätigenden. Instrumentelle Überlegungen wie der aus der Bewertung Machtausübender und örtlicher Machtverhältnisse sich ergebende Wunsch nach Machtkontrolle beeinflussen die Kandidatenbewertung bei Oberbürgermeisterwahlen und so die Gewichtung von Faktoren der Wahlentscheidung.

„Die beste Grundlage klugen Handelns ist die Anerkennung dessen, was ist.“[819]

7. Fazit und Folgerungen für den Wahlkampf

Als Resultat von Einzelfallstudien und Erhebungen der Merkmale baden-württembergischer Amtsinhaber(inne)n entwickelte v.a. Wehling ein Erfolgsmuster für (Ober-)Bürgermeisterwahlen: Im Vorteil sind demnach mit den „objektiv“ genannten Merkmalen parteifern, verwaltungserfahren und auswärtig ausgestattete Kandidierende. Eigenständige Oberbürgermeisterwahlentscheidungen werden mit diesen Merkmalen, bei dabei gleicher Konkurrenz mit Persönlichkeit begründet.

Dass von der allgemeinen politischen Stimmung unabhängige Wahlentscheidungen bei Oberbürgermeisterwahlen möglich sind, wird mit dem Blick auf die in Umfragen und bei Wahlen zum Ausdruck gebrachte Stimmung in den Jahren 2003 bis 2006 bestätigt. Aber auch wenn durch allgemeine politische Präferenzen ein zu Wahlen auf anderen Ebenen „paralleles“ Wahlverhalten nicht generell die Entscheidungen bei Oberbürgermeisterwahlen determiniert, wirkt es doch, wenn etwa nach vorausgegangenen „Ausnahmewahlen“ bei Oberbürgermeisterwahlen wieder entsprechend der Parteipräferenz bei folgenden Wahlen gewählt wird.

Die Auswertung der Literatur zur empirischen Wahlforschung und differenzierende Aussagen zu Bürgermeister- und Oberbürgermeisterwahlen in Baden-Württemberg weisen hin auf komplexe Wirkungszusammenhänge bei kommunalen Wahlentscheidungen, die – wie auf anderen politischen Ebenen – von langfristig und kurzfristig, aber auch von nur lokal wirksamen Faktoren beeinflusst werden. Aspekte der Wahlentscheidung sind Partei-, Themen- und Kandidatenorientierung mit mehreren Facetten der Personenbewertung, Wahlkampf sowie instrumentelle Erwägungen. Die bei Parlamentswahlen mehr als früher gelockerte Parteibindung ist bei Kommunalwahlen - (Ober-)Bürgermeister- und Ratswahlen - weniger wichtig als bei anderen Wahlen. Umgekehrt hat Kandidatenorientierung bei Direktwahlen mehr Relevanz. Nicht zu erkennen ist aber bei (Ober-)Bürgermeisterwahlen eine völlige Lösung der Wählenden von ihrer Parteiorientierung. (Ober-)Bürgermeisterwahlen als reine Persönlichkeitswahlen zu sehen, greift damit zu kurz.

Unterschiedliche Aspekte der Orientierung bei der Wahlentscheidung sind Erfolgsfaktoren, die Siege und Niederlagen bestimmen können. Bei der Analyse der Erfolgsfaktoren von (Ober-)Bürgermeisterwahlen fehlt bisher ein systematischer qualitativer Vergleich als erfolgsrelevant bezeichneter Merkmale Erst- und Zweitplatzierter über mehrere Jahre hinweg bei verschiedenen Arten von Oberbürgermeisterwahlen (Ab-, Neu- und Wiederwahlen) in Baden-Württemberg, der in dieser Arbeit gemacht wird.

Die Überprüfung des von Wehling u.a. entwickelten Erfolgsmusters auswärtig, verwaltungskompetent und parteifern bei den Oberbürgermeisterwahlen in den Jahren 2003 bis 2006 zeigt Abweichungen davon. Sie ermöglicht differenzierende Aussagen zur Bedeutung von Erfolgsfaktoren unter verschiedenen Kontextbedingungen und die

---

[819] Aus einem Kommentar in der Stuttgarter Zeitung am 29.11.12.

Bildung unterschiedlicher Oberbürgermeisterwahltypen vor dem Hintergrund der von Wehling postulierten „Gewinnermerkmale".

Mit dem Wiederantreten per se einheimischer und verwaltungskompetenter Oberbürgermeister/innen und deren Amtsbonus als gewichtiger Erfolgsfaktor werden spezielle Bedingungen für Oberbürgermeisterwahlen geschafften. Der Amtsbonus führt oft dazu, dass gegen zur Wiederwahl stehende Amtsinhaber/innen keine oder keine ernst genommene Konkurrenz antritt. Für Kern und Wehling ist die Gefahr der Nichtwiederwahl gering. Sie nennen eine Abwahlquote von weniger als fünf Prozent an allen (Ober-)Bürgermeisterwahlen. Das ergäbe für den Untersuchungszeitraum einen Abwahlanteil von etwa 13 Prozent. Von ihnen nicht berechnet wird allerdings der Anteil der Abwahlen an den Wahlen, bei denen überhaupt eine Nichtwiederwahl möglich ist, weil ein/e Amtsinhaber/in antritt. Der so errechnete Anteil der Abwahlen an allen Wiederwahlversuchen im Untersuchungszeitraum liegt bei über 27 Prozent. Die Wiederwahl ist also stärker gefährdet als nach Kern und Wehling zu erwarten war. Der Befund wird unterstrichen durch knapp erreichte Wiederwahlen oder gute Ergebnisse von gegen amtierende Oberbürgermeister/innen angetretenen „Außenseiter(inne)n".

Einflüsse auf die Wahlentscheidung durch die Bewertung familiärer Lebensumstände, Aspekte wie Lebensalter, religiöse Bindung und Geschlecht sind bei Oberbürgermeisterwahlen kaum erkennbar. In Einzelfällen werden Wahlergebnisse mit konfessionellen Differenzen erklärt. Frauen und Männern werden gleiche Siegchancen eingeräumt, aber erheblich weniger Frauen als Männer kandidieren. Der statistische Nachweis der Chancengleichheit fehlt damit, da bei Verlierer(inne)n der Frauenanteil höher ist als bei Sieger(inne)n.

Wenn Kandidierende nicht Parteimitglieder sind, heißt das nicht, dass sie politisch ungebunden sind. Bindung – auch Parteiloser – entsteht auch durch Unterstützung von politischen Wählervereinigungen und Parteien. Alle ernstgenommenen Kandidierenden und Sieger/innen der Oberbürgermeisterwahlen in den Jahren 2003 bis 2006 sind politisch gebunden durch Mitgliedschaft und/oder Unterstützung. Allein von Wählervereinigungen unterstützte Sieger/innen sind nur in wenigen Städten unter 30.000 Einwohner(inne)n zu finden. Auch sie sind nicht „parteifern", da kommunale Wählervereinigungen und Parteigliederungen kommunal gleiche politische Funktionen wahrnehmen. Allenfalls beim Wiederantritt von Oberbürgermeister(inne)n ohne ernstgenommene Konkurrenz fehlt aktive Hilfe durch politische Kräfte, wenn sie nicht benötigt wird. Ein Fehlen politischer Unterstützung führt sogar zur Verhinderung von Bewerbungen mit erfolgversprechenden Kandidatenmerkmalen, da deswegen keine Siegchancen gesehen werden. Öffentlich wird die politische Bindung auf Sieg ausgerichteter Kandidierender allerdings in den Hintergrund gerückt, wird Unabhängigkeit und „Parteiferne" demonstriert. Parteidistanz ist damit ein taktisches Verhalten im Oberbürgermeisterwahlkampf. Da alle ernst zu nehmenden Kandidierenden politisch gebunden sind, Parteilose und Parteimitglieder öffentlich für sich Parteiferne reklamieren, ist Parteiferne als Kandidatenunterscheidungsmerkmal ungeeignet. Die jeweilige Parteibindung ist umgekehrt als wichtiger Erfolgsfaktor zu

beachten. Da bei Oberbürgermeisterwahlen teilweise parteiorientiert abgestimmt wird, ist die Bindung Kandidierender an konkurrierende politische Kräfte ein Faktor der Wahlentscheidung.
Die Mitglieder der CDU, der stärksten Partei im Land, bilden den größten Anteil an der Gesamtzahl der Oberbürgermeister/innen. Über die Hälfte der Sieger/innen der Wahlen im Untersuchungszeitraum ist verbunden mit der CDU als örtlich bei anderen Wahlen stärkster Partei. Mit wachsender Stärke der dominierenden Partei sind mit ihr verbundene Oberbürgermeister/innen häufiger zu finden. Unterschiede bestehen zwischen den durch verschiedene politische Kulturen geprägten Teilen Baden-Württembergs. Im badischen Landesteil siegen proportional mehr Parteimitglieder und mehr Mitglieder der stärksten Partei als im württembergischen.
Bewerber/innen verfügen durch Bindung an konkurrierende politische Kräfte nicht nur über unterschiedlich große Unterstützungsressourcen im Wahlkampf, sondern auch über verschieden große, über Parteibindung erreichbare Wählerpotentiale. Das bei anderen Wahlen geringere Wählerpotential von FDP und Grünen ist eine Erklärung, warum ihre Mitglieder bei Neuwahlen im Untersuchungszeitraum nicht siegen – anders als die von CDU und SPD, die mit Stimmenzahlen im Korridor von 70 bis 140 Prozent des maximal erreichten Zuspruchs für ihre Partei gegen parteigebundene Konkurrenz gewinnen. Die Mobilisierung von Wählerpotentialen politischer Gruppen ist wie deren Unterstützung im Wahlkampf ein Aspekt der Parteibindung als Erfolgsfaktor bei Oberbürgermeisterwahlen. Auch daher ist Parteiferne eher eine Empfehlung für das Auftreten im Wahlkampf als für Verzicht auf Parteibindung.

Da Parteiferne ausscheidet, bleiben Verwaltungskompetenz und Auswärtigkeit als zu vergleichende objektive Kandidatenmerkmale zur Überprüfung des Erfolgsmusters. Ab- und Wiederwahlen sind bezogen auf beide Merkmale nicht mit Neuwahlen zu vergleichen. Bei Neuwahlen sind Verwaltungskompetenz und Auswärtigkeit zwar Merkmale von mehr als zwei Drittel der Sieger/innen, aber auch von fast einem Drittel der Verlierer/innen. Mehr als die Hälfte der Neuwahlsieger/innen mit beiden Merkmalen ist an die stärkste Partei gebunden. Nur weniger als 14 Prozent der Neuwahlsieger/innen weisen Vorteile bei beiden objektiven Merkmalen auf; sie sind alle an die stärkste Partei – immer die CDU – gebunden. Allein mit den beiden Merkmalen sind Ergebnisse von Oberbürgermeisterwahlen nicht zu erklären und entgegen geläufigen Annahmen nicht generell Siege gegen von dominierenden Parteien unterstützte Konkurrenz. Umstände von Siegen mit Vorteil bei Parteibindung, Auswärtigkeit und Verwaltungskompetenz deuten darauf hin, dass verwaltungskompetente und auswärtige Interessierte gegen so gekennzeichnete Kandidierende geringe Chancen sehen und daher nicht antreten. Gleich wie die Zweitplatzierten ausgestattet mit beiden objektiven Merkmalen ist weniger als ein Drittel der Sieger/innen, von denen mehr als die Hälfte bei Persönlichkeit im Vorteil sind, so dass dieser Faktor also nicht allein Siege bei dieser Konstellation erklärt. Wenn berücksichtigt wird, dass Wiederwahlen immer von, Abwahlen immer gegen Einheimische gewonnen werden, weichen Abwahlsieger/innen bezüglich objektiver Merkmale am deutlichsten ab vom postulierten Erfolgsmuster. Zwei Drittel von ihnen sind auch nicht an die stärkste Partei gebunden.

Verwaltungskompetenz wird in der Literatur als zentrale Voraussetzung für den (Ober-)Bürgermeisterwahlerfolg gesehen. Die Entscheidung aufgrund dieses Faktors macht demnach die (Ober-)Bürgermeisterwahl zur Persönlichkeitswahl. Ein Vorteil dabei gilt als wahlentscheidend. Unterstützungszusagen politischer Gruppen für Bewerber/innen werden von deren Verwaltungskompetenz abhängig gemacht. Wenn die präferierte Partei keine/n ausreichend verwaltungskompetente/n Bewerber/in präsentiert, gilt dies als Störung der Wahlabsicht gemäß der Parteipräferenz. Die Wahl entgegen der Parteipräferenz wird mit Verwaltungskompetenzvorteil begründet. Über 90 Prozent der Oberbürgermeisterwahlsieger/innen im Untersuchungszeitraum reklamieren Verwaltungskompetenz für sich. Aber über die Hälfte der Neuwahlsieger/innen hat keinen Verwaltungskompetenzvorteil, so dass damit nicht durchgehend Erfolge zu erklären sind. Mehr als drei Viertel der Neuwahlsieger/innen mit Vorteil dabei sind an die stärkste Partei gebunden. Der Sieg gegen die stärkste Partei mit Verwaltungskompetenzvorteil ist die Ausnahme, nicht die Regel.
Siege bei Oberbürgermeisterwahlen sind bei Neu- und Abwahlen auch mit Verwaltungskompetenznachteil möglich. Allerdings gilt dies nur für 13 Prozent der Neuwahlen und 50 Prozent der Abwahlen. Persönlichkeit, Themenkompetenz und Wahlkampf sind Erfolgsfaktoren bei Siegen mit Verwaltungskompetenznachteil.

Nach dem Erfolgsfaktor Auswärtigkeit ist bei per Definition einheimischen Wiederwahlsieger(inne)n nicht zu fragen. Drei Viertel der Sieger/innen bei Ab- und Neuwahlen kommen von außen. Aber einen Vorteil dabei hat nur ein Drittel der Neuwahlsieger/innen, von denen 70 Prozent an die stärkste Partei gebunden sind. Mit Vorteil bei „Auswärtigkeit“ ist nicht generell der Sieg entgegen der mehrheitlichen Parteipräferenz zu erklären. Mit dem Vorteil wird für einen Verkrustung verhindernden Neuanfang gesorgt und gegen Einheimische gesiegt, die örtliche und in die Kritik geratene Machtstrukturen (Kommunalverwaltungen und politische Kräfte) repräsentieren. Einheimische Sieger/innen sind mit einem Anteil von einem Drittel bei Abwahlen - anders als bei Kern – häufiger zu finden als bei Neuwahlen.
Die für Sieger/innen als notwendig postulierte Vereinbarkeit ihrer Mentalität mit der Bevölkerung verhindert nicht, dass Kandidierende aus anderen Bundesländern in Baden-Württemberg Oberbürgermeisterwahlen gewinnen. Aus anderen Bundesländern Stammende siegen in Baden nicht häufiger als in Württemberg. Einheimische Sieger/innen sind im badisch geprägten Landesteil im Vergleich zum württembergischen überproportional vertreten. Das „Badenprofil“ ist also sowohl durch mehr Parteimitglieder, mehr Mitglieder der stärksten Partei, als auch durch mehr einheimische Sieger/innen als im anderen Landesteil gekennzeichnet. Wenn Großstadt und „Baden“ Randbedingungen einer Oberbürgermeisterneuwahl bilden, siegen Einheimische weit überdurchschnittlich.

Wenn alle Neuwahlen betrachtet werden, sind 60 Prozent der Sieger/innen im Vorteil entweder bei beiden oder einem der zwei objektiven Merkmalen. Kein durchgängiges Vorteilsmuster ist festzustellen, sondern ein Merkmalsmuster ernst genommener

Bewerber/innen[820], das teilweise damit zu erklären ist, dass für kommunale Verwaltungsfachleute das (Ober-)Bürgermeisteramt ein wichtiges Karriereziel ist, für das sie erhebliche Mittel einsetzen und einen siegorientierten Wahlkampf führen. Da die vorherrschende öffentliche Meinung dahin geht, dass (Ober-)Bürgermeister/innen verwalten können müssen, daher grundsätzlich Verwaltungskompetente als ernsthafte Bewerber/innen gelten und Medien-Einschätzungen zu Seriosität und Siegchancen die Entscheidungsfindung beeinflussen, tragen sie neben professioneller Werbung dazu bei, dass verwaltungsaffine Kandidierende ernster genommen werden als andere, von denen manche gar ankündigen, nur einen „Achtungserfolg" erringen zu wollen.

Beim Vergleich Erst- und Zweitplatzierter unter verschiedenen Kontextaspekten werden unterschiedlich weit gehende Abweichungen vom Wahlerfolgsmuster bei Verwaltungskompetenz und Auswärtigkeit sichtbar. Neben v.a. durch badische Wahltradition zu begründenden Ausnahmen von der Mehrzahl der Auswärtigen gibt es Abweichungen in unterschiedlichen politischen Kontexten. Abweichende Muster sind bei Neuwahlen aufzuzeigen, da nur deren Erst- und Zweitplatzierte beide objektive Merkmale aufweisen können.

Drei Viertel der Neuwahlen im Untersuchungszeitraum führen zu einer Änderung der politischen Bindung der Verwaltungsspitze. Seltener als anderswo ist Wechsel bei Neuwahlen in Hochburgen politischer Kräfte, in denen sie bei anderen Wahlen (zumindest bei Ratswahlen) konstant stärkste Kraft sind. Im Untersuchungszeitraum belegt wird dies in Hochburgen konservativer Gruppen (bei den Parteien der CDU) mit überproportional vielen Fällen im badischen Landesteil. Mitglieder anderer Parteien (also SPD, Grüne und FDP) werden nicht als Oberbürgermeister/in in der Nachfolge scheidender Mitglieder der gleichen Partei gewählt. Kein/e an die CDU als stärkste Partei gebundene Neuwahlsieger/in hat einen Nachteil bei Verwaltungskompetenz. Wenn dieses Merkmal für konservativ orientierte Wahlberechtigte bei Oberbürgermeisterwahlen ein zentrales Entscheidungskriterium ist, wenn konservative Kräfte ein dementsprechendes Kandidatenangebot präsentieren, weisen kurz- und langfristig wirkende Faktoren für diese Wählergruppe in eine Richtung. In Zeiten politischer Ruhe wird so gemäß den Ansätzen zur politischen Kultur und Parteiidentifikation das Parteiwählerpotential erschlossen.

Am häufigsten zu finden ist das von Wehling u.a. entwickelte Erfolgsmuster bei Neuwahlsieger(inne)n, die mit ihrem Erfolg für politische Kontinuität sorgen oder (bei Kontinuität oder Wechsel) mit der stärksten Partei verbunden sind. Sie haben durchweg dabei keine Nachteile. Alle Sieger/innen mit Vorteilen bei beiden Faktoren sichern politische Kontinuität, sind an die stärkste Partei gebunden, siegen im württembergisch geprägten Landesteil und entsprechen nur bei Parteiferne nicht dem Erfolgsmodell. Über 60 Prozent der an die stärkste Partei gebundenen Sieger/innen hat einen Verwaltungskompetenzvorteil.

Bei den Sieger(inne)n der hier als machtkontrollorientiert bezeichneten Wahlen, deren Ergebnis politischer Wechsel oder Gegengewicht gegen die stärkste Partei ist, sind

---

[820] Auch bundesweit werden v.a. Verwaltungserfahrene (Ober-)Bürgermeister/innen – ca. drei Viertel von ihnen arbeiteten vor ihrer Wahl im öffentlichen Dienst (Verwaltung u.a.); siehe: Bertelsmann Stiftung, Deutscher Städtetag, Deutscher Städte- und Gemeindebund (Hrsg.): „Beruf Bürgermeister/in – Eine Bestandsaufnahme für Deutschland", Gütersloh, Berlin, Köln, Februar 2008, S. 30.

Abweichungen vom zu überprüfenden Erfolgsmuster häufiger zu finden als bei mit Kontinuität oder Bestätigung der politischen Präferenz verbundenen. Bei Verwaltungskompetenz sowie Auswärtigkeit sind die für Wechsel oder Gegengewicht zur stärksten Partei sorgenden Sieger/innen entgegen der verbreiteten Annahme nicht häufiger, sondern seltener im Vorteil als bei Kontinuität und Bestätigung. Themenkompetenz, Persönlichkeit und Wahlkampf sind bei machtkontrollorientierten Oberbürgermeisterwahlen relevantere Erfolgsfaktoren als bei anderen. Siege gegen die stärkste Partei werden überwiegend in württembergischen Städten erzielt. Unter dem Aspekt zunehmender Machtveränderung (mit Abwahl als deutlichste Änderung durch aktive Veränderung von Partei und Person) als Wahlergebnis steigt der Anteil von Sieger/innen mit weniger Vorteilen (gar Nachteilen) bei Verwaltungskompetenz ebenso wie umgekehrt die Bedeutung von Persönlichkeit, Themen und Wahlkampf.
In Abhängigkeit von Bewerberkonstellation und örtlicher politischer Situation ist unterschiedlich große Bedeutung von Verwaltungskompetenz erkennbar. Wenn vor der Wahl - dem Ergebnis entsprechend - Wechselstimmung herrscht in Bezug auf die stärkste Partei oder die/der bisherige Amtsinhaber/in, werden augenscheinlich Kandidatenmerkmale anders gewichtet als wenn mehrheitlich Kontinuität oder Bestätigung der Parteipräferenz gewünscht wird. Instrumentelle, auf ein politisches Ziel gerichtete Erwägungen beeinflussen die Wahlentscheidung.

Wird einerseits die Ausgangslage der Wahl (tritt Amtsinhaber/in an oder nicht?) betrachtet und andererseits das Ergebnis (Wechsel bzw. Bestätigung oder Kontinuität bzw. Gegengewicht) lassen sich Typen von Oberbürgermeisterwahlen definieren, in denen den in dieser Arbeit behandelten Erfolgsfaktoren ein unterschiedliches Gewicht zukommt.
Wiederwahl des Amtsinhabers/ der Amtsinhaberin: Knapp drei Viertel der wieder antretenden Amtsinhaber/innen werden im Untersuchungszeitraum wiedergewählt. Alle wieder antretenden Amtsinhaber/innen sind verwaltungskompetent und meist - dann auch nur - bei diesem Merkmal im Vorteil. Auswärtigkeit spielt keine Rolle. Die Strahlkraft des Amtsbonus wieder antretender Oberbürgermeister/innen kann so weit reichen, dass Konkurrenz abgeschreckt wird. Sie kann so gering sein, dass mehr als ein/e ernsthafte/r Konkurrent/in gegen Amtsinhaber/innen auftritt oder wenig ernstgenommene Konkurrenz überraschend viel Zuspruch findet. Knapp drei Viertel der wieder antretenden Amtsinhaber/innen werden im Untersuchungszeitraum wiedergewählt, mehr als ein Viertel wird abgewählt.
Wechsel durch Abwahl: Abgewählt wird mehr als ein Viertel der wieder antretenden Amtsinhaber/innen. Nur bei diesem Typ sind Sieger/innen zu finden mit fehlender Verwaltungskompetenz und keine mit Vorteil dabei. Einheimische Sieger/innen sind häufiger als bei Neuwahlen. D.h. beide objektive Merkmale – Verwaltungskompetenz und Auswärtigkeit - haben weniger Bedeutung als dort. Persönlichkeit, Wahlkampf und Themen haben im Vergleich zu allen anderen Typen die größte Bedeutung als Erfolgsfaktoren. Persönlichkeitsschwächen, Themenmissgriffe, schlecht bewertete oder misslungene Projekte von Amtsinhaber(inne)n spielen eine große Rolle für den Sieg. Die Abweichung vom zu überprüfenden Erfolgsmuster ist hier am größten.

Bei den Neuwahlen sind Unterscheidungen entlang der objektiven Merkmale Auswärtigkeit und Verwaltungskompetenz sowie der Faktoren Persönlichkeit, Wahlkampf und Themen erkennbar. Die Wahlen mit politischer Kontinuität als Folge sind eine Teilmenge der Siege mit der stärksten Partei, die mit Wechsel als Ergebnis umfassen sowohl Siege gegen die stärkste Partei als auch „Normalwahlen" nach von generellen politischen Präferenzen differierenden Ausnahmewahlergebnissen. Die so unterschiedenen Neuwahlen differieren weniger deutlich als die mit Siegen mit der oder gegen die stärkste Partei und zeigen bei der Zusammenfassung die Richtung der Typisierung, ohne dass entlang dieses Kriteriums Typen gebildet werden.

Politische Kontinuität bei Neuwahl: Im Untersuchungszeitraum wird bei weniger als 30 Prozent der Neuwahlen politische Kontinuität gesichert - am ehesten in Hochburgen politischer Kräfte (belegt bei konservativen Gruppen). Bindung an die stärkste politische Kraft plus Verwaltungskompetenz plus - wo notwendig - Auswärtigkeit bilden die Merkmals-Trias der Neuwahlsieger/innen, die politisch gleich wie ihre Vorgänger/innen gebunden sind. Abweichungen bei Auswärtigkeit gibt es im badisch geprägten Landesteil. Bei diesen Wahlen wird am klarsten deutlich, dass die von Wehling u.a. als Erfolgsmerkmal postulierte Parteiferne bei Oberbürgermeisterwahlen zu sehen ist als taktisches Verhalten im Wahlkampf von ernsthaften Bewerber/innen, die durchweg politisch gebunden sind. Wenn Kandidierende mit als erfolgversprechend gesehenen Merkmalen und Bindung an eine dominierende politische Kraft antreten, wirkt dies abschreckend für Konkurrenz mit vergleichbaren Merkmalen, aber weniger oder keiner politischen Unterstützung.

Politischer Wechsel bei Neuwahl: Bei über 70 Prozent der Neuwahlen findet ein Wechsel der politischen Bindung der Oberbürgermeister/innen statt. Die von scheidenden Amtsinhaber(inne)n sich unterscheidende politische Bindung ist ein Wahlmotiv. Wechsel ist Neuanfang, aber nicht gleichbedeutend mit Kontrolle der stärksten Partei. Nach vorangegangenen „Ausnahmewahlen" nicht an die stärkste Kraft gebundener Oberbürgermeister/innen ist die Wahrscheinlichkeit von „Normalwahlen" der stärksten Partei oder dem stärksten politischen Lager Verbundener groß. Bei Normalwahlen und nur graduellen Änderungen (innerhalb des größten politischen Lagers) sind bei Verwaltungskompetenz und Auswärtigkeit keine Nachteile vorhanden. Auch an politisch nicht dominierende Parteien gebundene Kandidierende postulieren bei Verwaltungskompetenz Gleichwertigkeit, sind aber seltener als bei anderen Neuwahlen im Vorteil und mitunter im Nachteil. Ein Nachteil bei Auswärtigkeit ist zu vermeiden, ein Vorteil nicht notwendig, kann aber die Unabhängigkeit von örtlichen Machtverhältnissen unterstreichen. Bindung an eine andere Partei als die stärkste schreckt die mehrheitlich anders orientierten Wahlberechtigten nicht ab, wenn sie im Wahlkampf nicht zentrales Argument für die Wahlentscheidung ist, sondern den Zugang zu Unterstützungsressourcen eröffnet. Persönlichkeit ist ein Erfolgsfaktor – noch mehr als ebenfalls wichtiger werdende Wahlkampf- und Themenkompetenz.

Im Untersuchungszeitraum wird bei 50 Prozent der Neuwahlen mit Bindung an die stärkste Partei gesiegt, bei 50 Prozent gegen sie. Entlang dieses Kriteriums werden die zwei Neuwahltypen gebildet. Bei den so unterschiedenen Neuwahlen wird am deutlichsten sichtbar bei den Siegen mit der stärksten Partei die Übereinstimmung mit dem postulierten Erfolgsmuster, bei denen gegen sie die Abweichung davon.

Neuwahlsieg mit stärkster Partei und damit Bestätigung der Präferenz bei anderen Wahlen: Die Bestätigung der politischen Präferenz bei anderen Wahlen ist zu finden in Kommunen, in denen die Wähler/innen konstant mit einer dominierenden Partei verbunden sind. Entweder wird dort politische Kontinuität gesichert oder die Wähler/innen kehren nach „Ausnahmewahl" mit der Entscheidung für an die stärkste Partei gebundene Sieger/innen zur eigentlichen politischen Präferenz zurück. Die objektiven Merkmale Verwaltungskompetenz und Auswärtigkeit kennzeichnen die Gewinner/innen, von denen 27 Prozent bei beiden Merkmalen im Vorteil sind. Wenn die 36 Prozent hinzugenommen werden, die nur einen Verwaltungskompetenzvorteil haben, haben diesen Vorteil fast zwei Drittel von ihnen. Jeweils 18 Prozent von ihnen haben einen Vorteil nur bei Auswärtigkeit oder sind bei den objektiven Merkmalen gleich wie die Zweitplatzierten. Im badisch geprägten Landesteil siegen Einheimische eher als im württembergischen, ohne dass sie damit in Nachteil geraten. Die stärkste Partei macht an ihr orientierten Wahlberechtigten ein deren Kandidatenpräferenzen entsprechendes Personalangebot, das bei Verwaltungskompetenz und Auswärtigkeit dem von Wehling u.a. postulierten Erfolgsmuster entspricht. Wenn die objektiven Merkmale zentral für die Kandidatenbewertung und Wahlentscheidung sind, spielen andere Faktoren keine oder nur eine geringe Rolle.

Neuwahlsieg gegen die stärkste Partei: Beim Sieg gegen an die stärkste Partei gebundene Konkurrenz ist politische Bindung eine Unterstützungsressource, aber nicht zentrales Wahlmotiv, um nicht an der stärksten Partei orientierte Wähler/innen zur Wahl gemäß ihrer politischen Präferenz zu motivieren. Kein/e Sieger/in hat Vorteile bei beiden objektiven Merkmalen. Nur rund 18 Prozent von ihnen hat einen Vorteil nur bei Verwaltungskompetenz, nur etwa 9 Prozent nur bei Auswärtigkeit. Über 45 Prozent sind bei beiden Merkmalen gleich wie die Zweitplatzierten. Nachteile bei Verwaltungskompetenz haben über 27 Prozent von ihnen, von denen ein Drittel einen Vorteil bei Auswärtigkeit hat. Sieger/innen, die ein Gegengewicht zur stärksten Partei schaffen, haben also nicht - wie von Wehling u.a. postuliert - häufiger, sondern seltener als bei anderen Neuwahlen Vorteile bei Auswärtigkeit und Verwaltungskompetenz. Mit zunehmender Machtkontrolle (Wechsel, Gegengewicht zur stärksten Partei, Abwahl mit aktiver Änderung von Person und politischer Bindung) und damit offenkundig wachsender Bedeutung von Wechselstimmung wird die bei Neuwahlen weiterhin zu beanspruchende Verwaltungskompetenz für die Entscheidung weniger relevant. Die angesichts der postulierten Bedeutung objektiver Merkmale in der Regel als eher nachrangig gesehenen Faktoren Persönlichkeit, Wahlkampf und Themen sind bei diesem Typ wichtig und noch bedeutender als bei den für Wechsel sorgenden Wahlen. Da die Persönlichkeit machtausübender und mit Machtausübung in Verbindung gebrachter Kandidierender (in dem Fall mit der stärksten Partei verbundener) mit zunehmender Macht mehr beachtet wird, ist ihre Bedeutung als Erfolgsfaktor ihrer Konkurrenz groß. Gegen die stärkste Partei siegen bei Neuwahlen über 80 Prozent mit Vorteil bei Persönlichkeit, über 54 Prozent mit Vorteil beim Wahlkampf und über 22 Prozent mit Vorteil bei Themen.

Was macht also den Unterschied bei den Erfolgsfaktoren? Die politische Stimmung in der Wahlkampfzeit: Herrscht Wechselstimmung bezogen auf die/den Amtsinhaber/in

bzw. die mehrheitlich präferierte Partei oder stehen die Zeichen auf Bestätigung? Ob Wechselstimmung oder der Wunsch nach Bestätigung in der Kommune dominiert, kann allerdings oft vor dem Wahltag nicht sicher vorhergesehen werden. Daher ist die Einteilung in Typen primär ein Instrument zur Erklärung von Wahlentscheidungen, das bei der Wahlkampfplanung vorsichtig zu nutzen ist.
In einer tabellarischen Gegenüberstellung werden die Unterschiede zwischen den vier Haupttypen von Oberbürgermeisterwahlen deutlich. Die Tendenzen der Bedeutung der Faktoren für die Wahlentscheidung sind zugespitzt, gewichtet und in Relation zu anderen Wahlen zu sehen. Sie reichen in der Bedeutungsskala von „keine", über „gering" und „mittel"(-mäßig) bis hoch. Wenn die Bedeutung von Faktoren als gering gewertet wird, bedeutet dies nicht, dass sie nicht zu beachten sind. Vielmehr spielen sie als Erfolgsfaktoren bei dem Typ eine geringere Rolle als bei anderen Typen. Parteibindung wird in der Tabelle als Bindung an die stärkste Partei nur bei Neuwahlen aufgeführt, da sie bei Wahlen mit wieder antretenden Amtsinhaber(inne)n eine geringere Rolle spielt als bei denen ohne sie. Vom in der Tabelle aufgeführten politischen Ergebnis der Oberbürgermeisterwahl kann auf die Stimmung vor der Wahl geschlossen werden: Bestätigungs- oder Wechselwunsch.

Tabelle 62: Erfolgsfaktoren für den Sieg bei Oberbürgermeisterwahlen in Abhängigkeit verschiedener Kontextfaktoren

Amtsin-haber/in tritt an	**Unterstütz. durch stärkste Partei**	**Ergebnis (bez. auf Person bzw. Parteipräferenz)**	**Bedeutung des Faktors:**				
			Verwalt.-komp.	**Auswär-tigkeit**	**Persön-lichkeit**	**Wahl-kampf**	**Themen -komp.**
Ja (Wiederw.)		**Bestätigung**	*Hoch*	*Keine*	*Gering*	*Gering*	*Gering*
Ja (Abw.)		**Wechsel**	*Gering*	*Gering*	*Hoch*	*Hoch*	*Hoch*
Nein (Neuw.)	**Ja**	**Bestätigung**	*Hoch*	*Hoch*	*Gering*	*Gering*	*Gering*
Nein (Neuw.)	**Nein**	**Wechsel**	*Mittel*	*Mittel*	*Hoch*	*Hoch*	*Hoch*

Wenn aus der Einwohnerzahl resultierende Spezifika bedacht werden, sind die Erkenntnisse zu Oberbürgermeisterwahlen auch relevant für Bürgermeisterwahlen in kleineren Gemeinden. Mit abnehmender Einwohnerzahl der Gemeinden geringer werdende Ressourcen, Präsenz und Verankerung der Parteien erhöhen dort bei Bürgermeisterwahlen die Siegchancen politisch ungebundener Bewerber/innen. Mit sinkender Einwohnerzahl erreicht ein größerer Anteil parteiloser „gelernter Verwaltungsleute" ohne erkennbare politische Unterstützung das Bürgermeisteramt.

Zu erkennen sind bei Oberbürgermeisterwahlen unter verschiedenen Umständen nicht nur Bedeutungsunterschiede bei Verwaltungskompetenz, Parteibindung sowie Auswärtigkeit, sondern auch bei Persönlichkeit, Themen- und Wahlkampfkompetenz. Die drei zuletzt genannten, subjektiv bewerteten Erfolgsfaktoren stehen am Ende des Fazits, das mit Folgerungen für den Wahlkampf abgeschlossen wird. Vermittlung von Persönlichkeit und Themenkompetenz ist Aufgabe des Wahlkampfs.
Das Kandidatenmerkmal Persönlichkeit umfasst viele Facetten – von gewinnender, sympathieerweckender Ausstrahlung (beim persönlichen und medial vermittelten Kontakt), über Bürgernähe bis zu durch das Auftreten öffentlich vermittelter Problemlösungs- und Handlungskompetenz, die abhängig von der Konkurrenz für die Bewertung wichtig sind. Persönlichkeit ist tatsächlich abhängig vom Bewerberumfeld ein

Erfolgsfaktor. Aber wichtiger als beim in der Literatur beschriebenen Wettstreit mit objektiven Merkmalen gleich ausgestatteter Kandidierender ist sie, wenn mit Macht verbundene Kandidierende antreten (Amtsinhaber/innen oder an die stärkste Partei gebundene Bewerber/innen) und deren Persönlichkeit bewertet wird. Bei allen Abwahlen punkten die Sieger/innen mit Persönlichkeit gegen die Amtsinhaber/innen. Über 80 Prozent der Neuwahlsieger/innen, die gegen die stärkste Partei gewinnen, wird ein Persönlichkeitsvorteil bescheinigt. Bei Neuwahlen siegen sie damit gegen mit dominierenden politischen Kräften verbundenen Bewerber(inne)n. Da die Persönlichkeit machtausübender und Macht repräsentierender Personen mit zunehmender Macht mehr beachtet und als für die Wahlentscheidung relevant bewertet wird, wird sie auch für ihre Konkurrenz wichtiger.

Die Themenkompetenz der Bewerber/innen ist kontextabhängig ein Erfolgsfaktor bei Oberbürgermeisterwahlen. Bei Neuwahlen gilt: Alle mit einem Vorteil in der Themenkompetenz errungenen Siege sorgen für Wechsel und werden gegen die stärkste Partei errungen. Auch bei Abwahlen spielen Themen eine große Rolle. Themenkompetenz kann helfen, sich gegenüber Schwächen anderer Kandidierender (insbesondere mit der örtlichen Politik oder der stärksten Partei verbundener) zu profilieren. Von Wahlberechtigten als relevant bewertete und mit einer Person positiv verbundene Themen tragen zum Erfolg bei. Themenkompetenz ist wichtig, um Niederlagen zu vermeiden. Themenmissgriffe wie von der Bevölkerung abgelehnte oder bis zum Wahltag kontrovers diskutierte Projekte entfalten mit zunehmender Zeitdauer Wirkung auf die Wahlentscheidung.

Auch der Wahlkampf ist ein Erfolgsfaktor bei Oberbürgermeisterwahlen. Unter dem Aspekt des rationalen Wählens ist ein Wahlkampf zu führen, der den Eindruck vermittelt, dass ein Sieg erreichbar ist. Denn nur möglichen Sieger(inne)n wird zugetraut, etwas durchzusetzen; sie werden als Bewerber/innen ernstgenommen. Wenn die Medien Kandidierende aufgrund ihrer Person und ihres Auftritts ernst nehmen, befördern sie den Eindruck, dass sie siegen können. Die öffentliche Vorwegnahme einer Niederlage ist ein Beitrag zu ihr.

Erfolgversprechende Wahlkämpfe zielen auf die Überzeugung volatiler Wahlberechtigter und die Mobilisierung von etwa aufgrund von Parteipräferenzen oder Themen erreichbaren Wählerpotentialen (ohne das Konkurrenzpotential mit zu mobilisieren). Jede Wahl ist ein Einzelfall, aber das Kennen von Mustern ist notwendig für die Entwicklung einer Wahlkampfstrategie und daraus resultierenden Aktivitäten. Grundlage zielgerichteter Wahlkampfplanung ist die Kenntnis von Erfolgspotentialen. Löffler sieht „Regelmäßigkeiten“ als Voraussetzung professioneller Wahlkampfberatung, die einem „situativen Ansatz“[821] folgend auf einen erfolgsorientierten Wahlkampf zielt: „Die Rolle einer professionellen Wahlkampfberatung besteht also darin, auf der Grundlage gewisser Regelmäßigkeiten, typischen Verhaltensmustern von Wählern und der verschiedenen Verhaltensmöglichkeiten von Kandidaten eine konkrete

---

[821] „Situativer Ansatz“ meint, dass Umfeld und Wechselwirkungen von Faktoren einbezogen werden. Siehe Timon Paul Beyes: „Kontingenz und Management“, Dissertation, Universität St. Gallen, 2002, S. 293, der schreibt, ein situativer Ansatz erfordere eine der Situation angemessene Vorgehensweise, die die jeweilige Ausprägung der, die Lage kennzeichnenden, Faktoren berücksichtigt.

Wahlkampfstrategie zu entwickeln, die den jeweiligen örtlichen, zeitlichen und sachlichen Verhältnissen angepasst ist."[822]

Deutlich macht die Einteilung in Oberbürgermeisterwahltypen mit unterschiedlicher Bewertung der Erfolgsfaktoren, dass Kandidierende sowie ihre Unterstützer/innen die Art der Wahl (mit oder ohne Antreten des Amtsinhabers), das Bewerberumfeld und den örtlichen politischen Kontext[823] bei der Wahlkampfstrategie zu beachten haben. Wechselwunsch, das Bedürfnis nach Kontrolle einer dominierenden Partei, das Wiederantreten kritisch gesehener Oberbürgermeister/innen eröffnen Chancen für Bewerber/innen, die weniger oder nicht dem als erfolgversprechend propagierten Merkmalsprofil entsprechen.

Eine generell niedrige Beteiligung an Oberbürgermeisterwahlen erhöht Erfolgschancen durch hoch mobilisierte Wählergruppen. In Baden-Württemberg sind es vor allem die Anhänger/innen konservativer Parteien, die sich überdurchschnittlich häufig an kommunalen Wahlen beteiligen. Daraus resultiert ein Vorteil für an sie gebundene Kandidierende. Trotzdem sind im Untersuchungszeitraum bei niedriger Wahlbeteiligung Sieger/innen häufig auch an andere Parteien gebunden. Aktionen zur Erhöhung der Wahlbeteiligung in Zielgruppen und Mobilisierungsdefizite konservativer Konkurrenz tragen u.a. zu ihren Siegen bei. Wahlkampfvorteile sind überproportional häufig bei machtkontrollorientierten Siegen festzustellen: Über zwei Drittel der Neuwahlsieger/innen gegen die stärkste Partei und 83 Prozent der Abwahlsieger/innen haben ihn. Die Beteiligung an Wahlen mit ernst genommener Konkurrenz, zu denen ein siegorientierter Wahlkampf gehört, ist höher als an Wahlen ohne sie und schon vor dem Wahltag als entschieden angesehener. Nicht immer voll genutzt werden Mobilisierungsmöglichkeiten des Parteiwählerpotentials.

Unter dem Effizienzaspekt richtet sich zielgruppenorientierter Wahlkampf zuerst an „aktiv Unterstützende" (Stammwähler/innen u.a.), dann thematisch differenziert an politisch interessierte Bürger/innen, zuletzt an mögliche Wechselwähler/innen und politisch nicht Festgelegte. Nach Löffler gilt: „Professionelle Wahlkampfberatung hilft den Kandidaten dabei, möglichst Fehler zu vermeiden. Sie kann sie dabei unterstützen, einen zielgenauen und kostengünstigen Bürgermeisterwahlkampf zu führen."[824]Die Kenntnis der in dieser Arbeit dargestellten und analysierten Erfolgsmuster ist Grundlage einer Strategie, um einen Wahlkampf effizient und zielorientiert zu führen und Fehler zu vermeiden.

---

[822] Löffler: „Bürgermeisterwahlkampf…", s.o., S. 88.

[823] Stärke von Parteien bei Parlaments- und Ratswahlen, deren Bewertung, politische Stimmung und Image amtierender Oberbürgermeister/innen. Prägt der Wunsch nach Kontinuität, Bestätigung oder Wechsel, Machtkontrolle die politische Stimmung? Welche Themen und Botschaften sind für wen relevant? Welche Wählergruppen sind zu erreichen?

[824] Löffler: „Bürgermeisterwahlkampf…", s.o., S. 88.

8. Anhänge

Anhang 1: Tabelle zu Direktwahlen in Gemeinden, Städten und Kreisen in den Bundesländern der Bundesrepublik Deutschland

Bundesland		**Wahlmodus**		**Wahlzeit**	
		Unmittelbar	mittelbar	(O-)BM, Landräte	Rat, Kreistag
Baden-Württemberg	(O-)BM	X		8	5
	Landräte		X	8	5
Bayern	(O-)BM	X		6[1]	6
	Landräte	X		6[1]	6
Brandenburg	(O-)BM	X (seit 2007)		8	5
	Landräte	X		8	5
Hessen	(O-)BM	X		6	4
	Landräte	X		6	4
Mecklenburg-Vorpommern	(O-)BM	X (seit 1999)		7-9[2]	5
	Landräte	X (seit 1999)		7-9[2]	5
Niedersachsen	(O-)BM	X (ab 2001)[3]		5[4]	5
	Landräte	X (ab 2001)[3]		5[4]	5
Nordrhein-Westfalen	(O-)BM	X (zeitgleich mit Rat seit 1999; ab 2009 mit auf 6 Jahre verlängerter Amtszeit und Entkopplung von Ratswahlen; ab 2020 wieder zeitgleich mit Ratswahlen und erneut Verkürzung der Amtszeit auf 5 Jahre)		5	5
	Landräte	X (zeitgleich, s.o.)		5	5
Rheinland-Pfalz	(O-)BM	X (seit 1994)		8	5
	Landräte	X (seit 1994)		8	5
Saarland	(O-)BM	X (seit 1994)		8	5
	Landräte	X (seit 1994)		8	5
Sachsen-Anhalt	(O-)BM	X		7	5
	Landräte	X		7	5
Schleswig-Holstein	(O-)BM	X (seit 1996)		6-8[2]	5
	Landräte	(X, von 1996 bis 2009)	X (seit 2009)	6-8[2]	5
Thüringen	(O-)BM	X		6	5
	Landräte	X		6	5

[1] Bei vorzeitigem Ausscheiden Antrag auf verkürzte Amtszeit des Nachfolgers möglich.
[2] Die jeweilige Hauptsatzung bestimmt die Wahlzeit.
[3] Direktwahlen teilweise seit 1996.
[4] Übergangsfrist - z.T. auch mit längeren Amtszeiten bis 2008 möglich.

Quelle: Ursula Wolf, a.a.O., S. 24; Aktualisierungen durch den Verfasser.

Anhang 2: Liste der Oberbürgermeister/innen in Baden-Württemberg

Stand: Dezember 2007

Ort	Einwohnerz. am 31.3. 2006	Amtsinhaber/in	Partei?	Regierungsbezirke: NB= Nordbad., NW=Nordwürttemb., SB=Südbad., SW=Südwürtt.-Hohenzollern) / Kreis	Historische Zugehörigkeit zu den Landesteilen bis 1972
Baden-Baden	54.607	Wolfgang Gerstner	CDU	NB / Baden-Baden	Baden
Bretten	28.101	Paul Metzger	CDU	NB / Karlsruhe	Baden
Bruchsal	42.945	Bernd Doll	CDU	NB / Karlsruhe	Baden
Bühl	29.505	Hans Striebel	CDU	NB / Rastatt	Baden
Donaueschingen	21.422	Thorsten Frei	CDU	SB / Schwarzw.-Baar-Kreis	Baden
Emmendingen	26.183	Stefan Schlatterer	CDU	SB / Emmendingen	Baden
Karlsruhe	285.628	Heinz Fenrich	CDU	NB / Karlsruhe	Baden
Lörrach	47.169	Gudrun Heute-Bluhm	CDU	SB / Lörrach	Baden
Mosbach	25.066	Michael Jann	CDU	NB / Neckar-Odenwald-Kreis	Baden
Oberkirch	20.129	Matthias Braun	CDU	SB / Ortenaukreis	Baden
Offenburg	58.699	Edith Schreiner	CDU	SB / Ortenaukreis	Baden
Rheinfelden	32.217	Eberhard Niethammer	CDU	SB / Lörrach	Baden
Singen	45.409	Oliver Ehret	CDU	SB / Konstanz	Baden
Waldshut-Tiengen	22.704	Martin Albers	CDU	SB / Waldshut	Baden
Weil am Rhein	29.567	Wolfgang Dietz	CDU	SB / Lörrach	Baden
Wertheim am Main	24.422	Stefan Mikulicz	CDU	NW / Main-Tauber-Kreis	Baden
Rastatt	47.740	Hans Jürgen Pütsch	CDU	NB / Rastatt	Baden
Achern	24.713	Klaus Muttach	CDU	SB / Ortenaukreis	Baden
Rheinstetten	20.408	Sebastian Schrempp	CDU	NB / Karlsruhe	Baden
Albstadt	46.535	Dr. Jürgen Gneveckow	CDU	SW / Zollernalbkreis	Württemberg
Backnang	35.719	Dr. Frank Nopper	CDU	NW / Rems-Murr-Kreis	Württemberg
Balingen	34.387	Helmut Reitemann	CDU	SW / Zollernalbkreis	Württemberg
Calw	23.795	Manfred Dunst	CDU	NB / Calw	Württemberg
Crailsheim	32.665	Andreas Raab	CDU	NW / Schwäbisch Hall	Württemberg
Ehingen	26.018	Johann Krieger	CDU	SW / Alb-Donau-Kreis	Württemberg
Fellbach	44.101	Christoph Palm	CDU	NW / Rems-Murr-Kreis	Württemberg
Heidenheim an der Brenz	49.538	Bernhard Ilg	CDU	NW / Heidenheim	Württemberg
Leinfelden-Echterdingen	36.811	Roland Klenk	CDU	NW / Esslingen	Württemberg
Metzingen	21.998	Dieter Hauswirth	CDU	SW / Reutlingen	Württemberg
Öhringen	22.723	Jochen K. Kübler	CDU	NW / Hohenlohekreis	Württemberg
Ravensburg	49.085	Hermann Vogler	CDU	SW / Ravensburg	Württemberg
Rottenburg	42.797	Klaus Tappeser	CDU	SW / Tübingen	Württemberg
Sindelfingen	60.848	Bernd Vöhringer	CDU	NW / Böblingen	Württemberg
Stuttgart	592.889	Wolfgang Schuster	CDU	NW / Stuttgart	Württemberg
Tuttlingen	34.896	Michael Beck	CDU	SB / Tuttlingen	Württemberg
Weinstadt	26.193	Jürgen Oswald	CDU	NW / Rems-Murr-Kreis	Württemberg
Winnenden	27.734	Bernhard Fritz	CDU	NW / Rems-Murr-Kreis	Württemberg
Leutkirch	22.371	Elmar Stegman	CSU	SW / Ravensburg	Württemberg
Ettlingen	39.015	Gabriela Büssemaker	FDP	NB / Karlsruhe	Baden
Pforzheim	119.145	Christel Augenstein	FDP	NB / Pforzheim	Baden
Horb am Neckar	26.068	Michael Theurer	FDP	NB / Freudenstadt	Württemberg
Freiburg	215.949	Dieter Salomon	GRÜNE	SB / Brsg.-Hochschwarzw.	Baden
Konstanz	80.815	Horst Frank	GRÜNE	SB / Konstanz	Baden
Mühlacker	26.054	Arno Schütterle	GRÜNE	NB / Enzkreis	Baden
Tübingen	83.401	Boris Palmer	GRÜNE	SW / Tübingen	Württemberg
Eppingen	21.275	Klaus Holaschke	parteilos	NW / Heilbronn	Baden
Gaggenau	29.702	Christof Florus	parteilos	NB / Rastatt	Baden

Heidelberg	143.685	Dr. Eckart Würzner	parteilos	NB / Heidelberg	Baden
Schwetzingen	22.381	Bernd Junker	parteilos	NB / Rhein-Neckar-Kreis	Baden
Stutensee	23.116	Klaus Demal	parteilos	NB / Karlsruhe	Baden
Überlingen	21.326	Volkmar Weber	parteilos	SW / Bodenseekreis	Baden
Wiesloch	26.114	Franz Schaidhammer	parteilos	NB / Rhein-Neckar-Kreis	Baden
Kornwestheim	30.837	Ursula Keck	parteilos	NW / Ludwigsburg	Württemberg
Aalen	67.019	Martin Gerlach	parteilos	NW / Ostalbkreis	Württemberg
Bad Mergentheim	22.460	Lothar Barth	parteilos	NW / Main-Tauber-Kreis	Württemberg
Ditzingen	24.293	Michael Makurath	parteilos	NW / Ludwigsburg	Württemberg
Ellwangen	25.212	Karl Hilsenbeck	parteilos	NW / Ostalbkreis	Württemberg
Geislingen an der Steige	27.698	Wolfgang Amann	parteilos	NW / Göppingen	Württemberg
Heilbronn	121.494	Helmut Himmelsbach	parteilos	NW / Heilbronn	Württemberg
Herrenberg	31.297	Thomas Sprißler	parteilos	NW / Böblingen	Württemberg
Leonberg	45.553	Bernhard Schuler	parteilos	NW / Böblingen	Württemberg
Ludwigsburg	87.430	Werner Spec	parteilos	NW / Ludwigsburg	Württemberg
Neckarsulm	27.377	Volker Blust	parteilos	NW / Heilbronn	Württemberg
Remseck am Neckar	22.470	Karl-Heinz Schlumberger	parteilos	NW / Ludwigsburg	Württemberg
Reutlingen	112.270	Barbara Bosch	parteilos	SW / Reutlingen	Württemberg
Rottweil	25.691	Thomas J. Engeser	parteilos	SB / Rottweil	Württemberg
Vaihingen/Enz	28.956	Gerd Maisch	parteilos	NW / Ludwigsburg	Württemberg
Waiblingen	52.924	Andreas Hesky	parteilos	NW / Rems-Murr-Kreis	Württemberg
Wangen/Allgäu	27.125	Michael Lang	parteilos	SW / Ravensburg	Württemberg
Weingarten (Ravensburg)	23.534	Gerd Gerber	parteilos	SW / Ravensburg	Württemberg
Bad Rappenau	20.623	Hans Heribert Blättgen	SPD	NW / Heilbronn	Baden
Hockenheim	20.804	Dieter Gummer	SPD	NB / Rhein-Neckar-Kreis	Baden
Kehl	34.604	Dr. Günther Petry	SPD	SB / Ortenaukreis	Baden
Lahr	43.663	Dr. Wolfgang G. Müller	SPD	NB / Ortenaukreis	Baden
Leimen	26.996	Wolfgang Ernst	SPD	NB / Rhein-Neckar-Kreis	Baden
Mannheim	307.562	Dr. Peter Kurz	SPD	NB / Mannheim	Baden
Sinsheim	35.470	Rolf Geinert	SPD	NB / Rhein-Neckar-Kreis	Baden
Weinheim	43.383	Heiner Bernhard	SPD	NB / Rhein-Neckar-Kreis	Baden
Villingen-Schwenningen	81.797	Dr. Rupert Kubon	SPD	SB / Schwarzwald-Baar-Kreis	V.= Bad., S. = Württ.
Biberach an der Riß	32.268	Thomas Fettback	SPD	SW / Biberach	Württemberg
Bietigheim-Bissingen	42.253	Jürgen Kessing	SPD	NW / Ludwigsburg	Württemberg
Böblingen	46.453	Alexander Vogelgsang	SPD	NW / Böblingen	Württemberg
Esslingen am Neckar	91.986	Jürgen Zieger	SPD	NW / Esslingen	Württemberg
Filderstadt	43.891	Gabriele Dönig-Poppensieker	SPD	NW / Esslingen	Württemberg
Freudenstadt	23.920	Erwin Reichert	SPD	NB / Freudenstadt	Württemberg
Friedrichshafen	58.038	Josef Büchelmeier	SPD	SW / Bodenseekreis	Württemberg
Giengen an der Brenz	20.066	Clemens Stahl	SPD	NW / Heidenheim	Württemberg
Göppingen	57.625	Guido Till	SPD	NW / Göppingen	Württemberg
Kirchheim/Teck	39.960	Angelika Matt-Heidecker	SPD	NW / Esslingen	Württemberg
Nagold	22.779	Dr. Rainer Prewo	SPD	NB / Calw	Württemberg
Nürtingen	40.469	Otmar Heirich	SPD	NW / Esslingen	Württemberg
Ostfildern	34.251	Christof Bolay	SPD	NW / Esslingen	Württemberg
Radolfzell	30.293	Dr. Jörg Schmidt	SPD	SB / Konstanz	Württemberg
Schorndorf	39.247	Matthias Klopfer	SPD	NW / Rems-Murr-Kreis	Württemberg
Schramberg	22.300	Dr. Herbert O. Zinell	SPD	SB / Rottweil	Württemberg
Schwäbisch Gmünd	61.320	Wolfgang Leidig	SPD	NW / Ostalbkreis	Württemberg
Schwäbisch Hall	36.630	Hermann-Josef Pelgrim	SPD	NW / Schwäbisch Hall	Württemberg
Ulm	120.624	Ivo Gönner	SPD	SW / Ulm	Württemberg

(Quellen: Statistisches Landesamt B.W, (O-)BM-Datenbank des SPD-Landesverbands B.W., eigene Recherchen)

Anhang 3: Ergebnisse der Landtags-, Bundestags- sowie Gemeinderatswahlen in den Städten mit Oberbürgermeister(inne)n in Baden-Württemberg und Ergebnisse der Sieger/innen bei den Oberbürgermeisterwahlen 2003 bis 2006

Stand: Dezember 2006 (Quellen: Statistisches Landesamt Baden-Württemberg, Veröffentlichungen der amtlichen Wahlergebnisse durch die Städte)

	Landtagswahl 2006										Ergebnis der bei OB-Wahlen Erfolgreichen mit Parteizugehörigkeit:						
	Wahlber.	Wahlbet.%	CDU	CDU-%	SPD	SPD-%	FDP	FDP-%	Grüne	Grüne-%	Stimmen	CDU	SPD	FDP	Grün	Parteilos	Jahr (Wahlgang)
Aalen	48.285	50,8	10.010	41,3	7.284	30,1	2.206	9,1	2.201	9,1	14501					59,3%	2005 (2.WG)
Achern	18.022	50,4	4.747	53,0	1.496	16,7	1.145	12,8	926	10,3							
Albstadt	33.246	49,7	7.007	42,8	5.804	35,5	1.655	10,1	624	3,8							
Backnang	23.550	54,5	5.586	44,0	3.447	27,1	1.007	7,9	1.555	12,2							
Bad Mergentheim	17.040	51,5	4.547	52,7	1.856	21,5	788	9,1	579	6,7	5356					50,55%	2003 (1.WG)
Bad Rappenau	15.457	46,9	3.214	45,1	2.152	30,2	720	10,1	385	5,4							
Baden-Baden	39.984	49,5	8.730	44,5	4.489	22,9	2.545	13,0	2.695	13,8	12818	63,5%					2006 (1.WG)
Balingen	25.720	50,4	5.935	46,3	3.657	28,5	1.126	8,8	1.006	7,9							
Biberach an der Riß	23.420	54,4	5.044	40,0	2.936	23,3	1.249	9,9	2.525	20,0							
Bietigheim-Bissingen	28.447	54,4	5.937	38,8	4.143	27,0	1.939	12,7	2.003	13,1	8800		54,1%				2004 (2.WG)
Böblingen	31.336	52,4	7.167	44,1	4.274	26,3	1.887	11,6	1.607	9,9							
Bretten	19.336	54,1	4.739	46,0	3.023	29,3	922	8,9	910	8,8							
Bruchsal	30.474	53,6	7.134	44,4	3.748	23,4	2.882	18,0	1.355	8,4							
Bühl	20.977	50,9	5.452	51,8	2.335	22,2	1.056	10,0	1.105	10,5	6150	99,30%					2005 (1.WG)
Calw	15.039	53,3	3.111	39,3	2.008	25,3	1.191	15,0	704	8,9	5314	59,95%					2003 (1.WG)
Crailsheim	24.047	43,5	4.485	43,5	2.898	28,1	1.168	11,3	710	6,9							
Ditzingen	16.356	63,7	4.936	47,8	2.495	24,2	1.103	10,7	1.140	11,0							
Donaueschingen	15.868	49,7	3.550	45,7	1.491	19,2	1.299	16,7	902	11,6	6318	68,75%					2004 (1.WG)
Ehingen (Donau)	17.237	53,3	5.210	57,6	1.685	18,6	782	8,6	746	8,2							
Ellwangen (Jagst)	18.254	55,1	5.519	55,6	1.799	18,1	786	7,9	1.177	11,9	4944					47,60%	2003 (2. WG)
Emmendingen	19.007	49,8	2.967	31,7	3.317	35,5	839	9,0	1.464	15,7	5256	53,2%					
Eppingen	14.796	49,0	3.284	46,1	1.899	26,6	752	10,5	455	6,4	6586					78,23%	2004 (1.WG)
Esslingen am Neckar	58.478	58,4	12.766	37,7	11.241	33,2	3.139	9,3	4.254	12,6	11207		57,76%				2006 (1. WG)
Ettlingen	29.053	57,1	8.290	50,5	3.753	22,9	1.996	12,2	1.537	9,4	8904			53,48%			2003 (1.WG)
Fellbach	28.678	60,3	7.998	46,6	4.174	24,3	2.271	13,2	1.517	8,8							
Filderstadt	29.686	57,0	6.828	40,8	4.055	24,2	2.492	14,9	2.322	13,9							
Freiburg im Breisgau	142.881	52,2	22.355	30,3	19.037	25,8	5.246	7,1	20.430	27,6							
Freudenstadt	16.819	50,1	3.774	45,3	1.977	23,8	1.204	14,5	716	8,6							
Friedrichshafen	40.337	50,7	8.588	42,5	5.843	28,9	1.837	9,1	2.000	9,9							
Gaggenau	21.145	50,3	4.553	43,7	3.074	29,5	898	8,6	862	8,3							

	Landtagswahl 2006										Ergebnis der bei OB-Wahlen Erfolgreichen mit Parteizugehörigkeit:						
	Wahlber.	Wahlbet.%	CDU	CDU-%	SPD	SPD-%	FDP	FDP-%	Grüne	Grüne-%	Stimmen	CDU	SPD	FDP	Grün	Parteilos	Jahr (Wahlgang)
Geislingen an der Steige	17.871	48,1	3.546	41,9	2.983	35,3	675	8,0	386	4,6	4546					56,5%	2006 (1.WG)
Giengen an der Brenz	13.541	47,9	2.816	43,9	2.200	34,3	396	6,2	392	6,1							
Göppingen	38.770	48,5	8.036	43,3	5.376	29,0	1.717	9,3	1.755	9,5	8943		50,73%				2004 (1. WG)
Heidelberg	93.115	52,9	16.878	34,6	12.562	25,8	5.726	11,7	10.261	21,0	23635					53,88%	2006 (2. WG)
Heidenheim a. d. Brenz	34.611	49,6	6.607	38,9	6.380	37,5	1.124	6,6	1.318	7,8							
Heilbronn	77.472	49,6	15.805	41,6	12.146	32,0	3.578	9,4	2.928	7,7							
Herrenberg	21.404	60,0	5.425	42,6	2.911	22,8	1.492	11,7	1.676	13,2							
Hockenheim	14.809	46,2	2.539	37,9	2.138	31,9	835	12,5	563	8,4	4260		55,07%				2004 (2.WG)
Horb am Neckar	18.254	55,5	3.491	35,0	1.364	13,7	3.383	33,9	616	6,2							
Karlsruhe	196.779	50,1	36.309	37,3	27.936	28,7	10.038	10,3	15.847	16,3	34558	55,49%					2006 (1.WG)
Kehl	24.245	38,5	3.665	39,7	2.629	28,5	1.013	11,0	1.090	11,8	6339		87,91%				2006 (1. WG)
Kirchheim unter Teck	27.487	56,6	5.867	38,1	3.878	25,2	1.993	13,0	2.266	14,7	6191		45,9%				2003 (2.WG)
Konstanz	55.283	50,7	10.431	37,6	6.372	22,9	3.141	11,3	5.729	20,6	11249				38,6%		2004 (2.WG)
Kornwestheim	20.168	55,2	4.241	38,5	3.224	29,3	1.080	9,8	1.342	12,2							
Lahr/Schwarzwald	31.609	38,8	5.031	41,8	3.760	31,3	1.216	10,1	1.056	8,8	8596		76,43%				2005 (1.WG)
Leimen	18.696	44,8	3.603	43,8	2.230	27,1	1.021	12,4	711	8,6							
Leinfelden-Echterdingen	25.461	62,3	6.012	38,3	3.734	23,8	2.402	15,3	2.545	16,2							
Leonberg	31.341	59,4	7.398	40,1	4.273	23,2	2.778	15,1	2.732	14,8							
Leutkirch im Allgäu	16.290	51,2	4.635	56,4	1.332	16,2	479	5,8	731	8,9							
Lörrach	32.600	44,5	5.681	39,7	4.319	30,2	1.166	8,1	2.010	14,0	6829	60,30%					2003 (1. WG)
Ludwigsburg	56.949	52,9	11.536	38,6	7.591	25,4	3.089	10,3	4.925	16,5	11127					72,96%	2003 (1. WG)
Mannheim	197.651	44,7	31.230	36,0	29.438	33,9	6.368	7,3	10.247	11,8							
Metzingen	15.139	55,2	3.433	41,7	1.797	21,8	794	9,6	1.680	20,4							
Mosbach	17.531	49,8	4.325	50,2	2.539	29,5	557	6,5	638	7,4	4488	53,61%					2006 (2.WG)
Mühlacker	17.054	55,6	3.441	36,8	2.728	29,2	1.153	12,3	1.028	11,0							
Nagold	15.194	49,6	3.102	41,7	2.552	34,3	672	9,0	405	5,4							
Neckarsulm	17.011	51,2	3.761	43,8	2.448	28,5	719	8,4	704	8,2							
Nürtingen	27.740	57,3	6.536	41,6	3.443	21,9	1.942	12,4	2.273	14,5	6928		52,77%				2003 (2.WG)
Oberkirch	15.009	52,4	4.373	56,5	1.233	15,9	817	10,6	923	11,9							
Offenburg	42.682	44,6	8.596	46,0	4.820	25,8	1.412	7,6	2.603	13,9							
Öhringen	16.453	47,8	4.186	54,0	1.682	21,7	698	9,0	557	7,2	5345	98,89%					2003 (1.WG)
Ostfildern	24.283	59,2	5.838	40,9	4.158	29,1	1.583	11,1	1.685	11,8	6549		51,44%				2005 (1.WG)
Pforzheim	78.426	44,2	16.033	46,9	8.159	23,9	3.693	10,8	2.923	8,6							
Radolfzell am Bodensee	21.528	51,1	4.421	40,7	2.248	20,7	1.624	14,9	1.838	16,9							

	Landtagswahl 2006										Ergebnis der bei OB-Wahlen Erfolgreichen mit Parteizugehörigkeit:						
	Wahlber.	Wahlbet.%	CDU	CDU-%	SPD	SPD-%	FDP	FDP-%	Grüne	Grüne-%	Stimmen	CDU	SPD	FDP	Grün	Parteilos	Jahr (Wahlgang)
Rastatt	34.379	40,9	6.894	50,1	3.640	26,5	1.146	8,3	939	6,8							
Ravensburg	34.578	52,8	8.167	45,2	3.617	20,0	1.724	9,5	2.923	16,2	8713	98,93%					2003 (1.WG)
Remseck am Neckar	15.404	59,1	3.444	38,1	2137	23,7	1.628	18,0	1.153	12,8	4102			73,9%		73,9%	2006 (1.WG)
Reutlingen	74.920	56,5	16.550	39,7	10.461	25,1	4.953	11,9	6.131	14,7	23672					59,3%	2003 (2.WG)
Rheinfelden (Baden)	22.318	45,0	3.769	38,1	3.796	38,4	743	7,5	876	8,9	4959	51,05%					2004 (1.WG)
Rheinstetten	15.784	51,3	3.381	42,4	2.407	30,2	876	11,0	830	10,4							
Rottenburg am Neckar	28.967	57,5	8.667	52,7	2.727	16,6	1.265	7,7	2.401	14,6	10443	89,59%					2003 (1.WG)
Rottweil	18.010	52,7	4.501	48,1	1.833	19,6	1.097	11,7	1.055	11,3							
Schorndorf	27.987	55,7	6.779	44,0	3.715	24,1	1.763	11,4	1.611	10,5	6153		50,8%				2006 (2.WG)
Schramberg	13.275	49,7	3.179	48,8	1.385	21,3	658	10,1	417	6,4	5656		99,4%				2006 (1.WG)
Schwäbisch Gmünd	42.732	50,4	10.245	48,2	5.638	26,5	1.649	7,8	2.164	10,2							
Schwäbisch Hall	26.633	49,7	4.391	33,5	4.201	32,1	1.656	12,6	1.749	13,4	5094		93,2%				2005 (1.WG)
Schwetzingen	15.637	49,5	3.469	45,7	2.115	27,9	689	9,1	712	9,4	3563					50,23%	2006 (1.WG)
Sindelfingen	38.577	53,5	8.757	42,9	5.456	26,7	2.220	10,9	2.398	11,7							
Singen (Hohentwiel)	29.910	42,2	5.475	44,1	3.537	28,5	1.375	11,1	1.002	8,1	7093	49,66%					2005 (2.WG)
Sinsheim	25.106	49,0	5.281	43,6	3.153	26,1	1.729	14,3	903	7,5	6548		48,46%				2004 (2.WG)
Stutensee	16.822	53,9	3.627	40,4	2.792	31,1	1.019	11,4	816	9,1							
Stuttgart	357.898	57,0	73.853	36,5	53.438	26,4	24.026	11,9	33.781	16,7	89661	53,3%					2004 (2.WG)
Tübingen	54.201	61,7	9.051	27,3	7.778	23,4	3.123	9,4	10.632	32,0	14597				50,4%		2006 (1. WG)
Tuttlingen	23.037	51,0	4.726	40,6	2.691	23,1	1.633	14,0	1.573	13,5	7754	59,52%					2003 (1.WG)
Überlingen	16.199	57,4	3.500	38,0	1.628	17,7	1.523	16,5	2.093	22,7							
Ulm	78.855	51,0	16.099	40,5	10.320	25,9	3.258	8,2	7.516	18,9							
Vaihingen an der Enz	19.564	62,7	5.610	46,2	2.520	20,8	1.261	10,4	1.646	13,6	6931					61,96%	2006 (1.WG)
Villingen-Schwenningen	57.181	46,6	11.872	45,1	6.373	24,2	2.700	10,3	2.722	10,3							
Waiblingen	35.242	54,4	7.440	39,1	5.712	30,0	2.735	14,4	1.545	8,1	8229					54,09%	2006 (1.WG)
Waldshut-Tiengen	16.266	45,2	3.428	47,5	1.678	23,2	725	10,0	689	9,5							
Wangen im Allgäu	19.013	54,1	5.652	55,6	2.001	19,7	436	4,3	1.051	10,3							
Weil am Rhein	20.236	43,6	2.879	33,1	3.602	41,4	752	8,6	777	8,9							
Weingarten	16.949	48,4	3.691	45,6	1.863	23,0	675	8,3	984	12,1							
Weinheim	31.007	54,3	7.010	42,3	4.644	28,0	1.664	10,0	1.816	11,0							
Weinstadt	18.341	63,9	5.220	44,9	3.065	26,4	1.315	11,3	1.143	9,8							
Wertheim	18.047	46,1	4.126	50,4	2.359	28,8	569	7,0	501	6,1	6716	59,22%					2003 (1.WG)
Wiesloch	17.749	53,2	4.030	43,2	2.724	29,2	832	8,9	1.214	13,0							
Winnenden	18.269	56,7	4.299	41,9	2.583	25,2	1.527	14,9	911	8,9							

Bundestagswahl 2005

	Wahlberechtigte	Wahlbeteiligung %	Erstst. CDU	CDU %	Erstst. SPD	SPD %	Zweitst. CDU	CDU %	Zweitst. SPD	SPD %	Zweitst. Grüne	Grüne %	Zweitst. FDP	FDP %
Aalen	48.434	74,2	13.477	44,3	11.469	37,7	11.319	37,1	11.125	36,5	2.525	8,3	3.121	10,2
Achern	17.968	74,3	6.389	55,6	3.224	28,0	5.131	44,6	2.920	25,4	1.035	9,0	1.430	12,4
Albstadt	33.284	71,5	10.286	50,6	6.384	31,4	8.225	40,3	6.004	29,4	1.320	6,5	2.830	13,9
Backnang	23.558	75,4	6.929	45,6	5.772	38,0	5.883	38,7	4.985	32,8	1.525	10,0	1.544	10,2
Bad Mergentheim	17.092	74,6	5.694	52,8	3.094	28,7	4.882	45,1	2.858	26,4	938	8,7	1.219	11,3
Bad Rappenau	15.519	73,2	4.912	50,6	3.114	32,1	3.967	40,7	3.133	32,2	660	6,8	1.132	11,6
Baden-Baden	40.168	72,6	10.842	47,2	7.880	34,3	9.018	39,1	6.901	29,9	2.589	11,2	2.979	12,9
Balingen	25.687	72,5	7.347	46,1	5.550	34,8	6.111	38,1	5.251	32,8	1.433	8,9	1.906	11,9
Biberach an der Riß	23.489	74,0	6.093	41,9	3.890	26,7	6.127	42,1	4.248	29,2	1.490	10,2	1.619	11,1
Bietigheim-Bissingen	28.457	77,2	8.243	44,2	6.824	36,6	6.807	36,4	6.335	33,9	2.057	11,0	2.208	11,8
Böblingen	31.470	74,8	9.655	49,0	6.791	34,5	7.401	37,6	5.998	30,5	1.978	10,0	2.806	14,3
Bretten	19.312	75,4	5.913	48,7	4.330	35,7	5.064	41,6	3.666	30,1	1.043	8,6	1.372	11,3
Bruchsal	30.569	74,7	9.595	49,5	6.292	32,5	8.087	41,6	5.712	29,4	1.604	8,3	2.423	12,5
Bühl	21.048	74,5	6.837	51,6	3.875	29,2	6.029	45,4	3.695	27,8	1.230	9,3	1.501	11,3
Calw	15.072	73,6	4.114	43,4	3.383	35,7	3.446	36,3	2.975	31,4	923	9,7	1.263	13,3
Crailsheim	24.063	66,5	6.731	46,9	5.309	37,0	5.852	40,8	4.718	32,9	1.122	7,8	1.462	10,2
Ditzingen	16.361	80,6	5.133	48,2	3.638	34,2	4.049	38,0	3.302	31,0	1.131	10,6	1.389	13,0
Donaueschingen	15.844	72,5	4.799	50,6	2.707	28,6	4.010	42,2	2.469	26,0	866	9,1	1.376	14,5
Ehingen (Donau)	17.257	74,2	6.649	60,2	2.597	23,5	6.016	54,2	2.583	23,3	655	5,9	1.068	9,6
Ellwangen (Jagst)	18.298	75,5	6.798	59,5	2.950	25,8	6.151	53,6	2.666	23,2	858	7,5	1.045	9,1
Emmendingen	18.994	74,6	3.887	32,6	5.736	48,2	3.345	28,1	4.665	39,2	1.880	15,8	1.077	9,1
Eppingen	14.697	73,2	4.770	51,9	3.001	32,6	3.805	41,2	2.866	31,0	624	6,8	1.086	11,8
Esslingen am Neckar	58.688	76,9	15.705	42,8	15.791	43,1	12.334	33,6	12.348	33,6	5.147	14,0	4.149	11,3
Ettlingen	29.096	78,5	9.060	49,4	6.214	33,9	7.444	40,4	5.387	29,3	1.900	10,3	2.533	13,8
Fellbach	28.686	80,1	8.154	44,2	7.571	41,0	6.860	37,1	5.565	30,1	2.201	11,9	2.616	14,2
Filderstadt	29.712	79,3	8.568	44,6	7.285	37,9	7.103	36,8	5.794	30,1	2.483	12,9	2.654	13,8
Freiburg im Breisgau	143.045	75,1	24.965	29,8	41.603	49,6	21.413	25,5	26.916	32,0	21.982	26,2	6.941	8,3
Freudenstadt	16.876	70,9	4.703	47,4	3.482	35,1	4.000	40,4	2.959	29,9	871	8,8	1.258	12,7
Friedrichshafen	40.471	74,8	11.171	43,9	9.057	35,6	9.631	37,8	8.686	34,1	2.393	9,4	2.676	10,5
Gaggenau	21.276	74,1	5.822	45,9	5.100	40,2	4.779	37,6	4.613	36,3	1.077	8,5	1.298	10,2
Geislingen an der Steige	18.007	71,5	4.882	43,9	4.321	38,8	3.920	35,3	3.647	32,8	1.052	9,5	1.227	11,0
Giengen an der Brenz	13.691	72,1	3.830	45,5	3.359	39,9	3.251	38,6	2.954	35,0	619	7,3	768	9,1
Göppingen	38.986	72,3	10.910	45,5	9.379	39,1	8.445	35,1	7.990	33,3	2.385	9,9	2.973	12,4
Heidelberg	93.116	75,6	18.789	34,1	22.688	41,1	16.153	29,3	17.173	31,1	11.029	20,0	6.848	12,4

Bundestagswahl 2005

	Wahlbe-rechtigte	Wahlbe-teiligung %	Erstst. CDU	CDU %	Erstst. SPD	SPD %	Zweitst. CDU	CDU %	Zweitst. SPD	SPD %	Zweitst. Grüne	Grüne %	Zweitst. FDP	FDP %
Heidenheim a. d. Brenz	34.746	72,2	8.759	41,2	9.069	42,7	7.089	33,3	8.020	37,7	2.019	9,5	2.134	10,0
Heilbronn	77.641	71,4	22.688	47,9	16.763	35,4	17.231	36,3	16.208	34,1	3.968	8,4	5.732	12,1
Herrenberg	21.355	80,6	7.316	50,7	4.502	31,2	5.803	40,2	3.947	27,4	1.736	12,0	1.872	13,0
Hockenheim	14.857	77,1	4.060	42,8	3.767	39,7	3.188	33,5	3.223	33,9	879	9,2	1.285	13,5
Horb am Neckar	18.224	75,4	5.983	49,7	3.661	30,4	5.067	42,1	3.094	25,7	940	7,8	1.702	14,1
Karlsruhe	197.356	72,1	47.058	40,6	47.005	40,5	36.877	31,8	37.944	32,7	17.310	14,9	14.187	12,2
Kehl	24.339	67,7	5.906	41,6	5.506	38,7	4.619	32,5	4.976	35,0	1.538	10,8	1.646	11,6
Kirchheim unter Teck	27.474	75,7	7.895	45,7	6.134	35,5	6.147	35,6	5.339	30,9	2.127	12,3	2.293	13,3
Konstanz	55.710	75,1	12.161	37,6	11.684	36,2	10.190	31,4	10.519	32,4	5.579	17,2	4.117	12,7
Kornwestheim	20.122	76,5	5.250	41,1	5.104	39,9	4.308	33,6	4.675	36,5	1.317	10,3	1.415	11,0
Lahr/Schwarzwald	31.635	66,0	8.532	47,1	6.400	35,4	7.210	39,8	5.912	32,6	1.677	9,3	1.776	9,8
Leimen	18.756	72,6	5.271	46,5	4.282	37,8	4.433	39,1	3.701	32,6	984	8,7	1.373	12,1
Leinfelden-Echterdingen	25.595	81,8	7.457	44,5	6.105	36,5	5.817	34,7	5.122	30,5	2.242	13,4	2.561	15,3
Leonberg	31.517	78,4	9.038	46,0	7.117	36,2	6.685	34,0	6.124	31,1	2.348	11,9	3.190	16,2
Leutkirch im Allgäu	16.350	75,4	5.792	53,1	2.225	20,4	5.252	48,1	2.342	21,5	1.066	9,8	1.401	12,8
Lörrach	32.800	70,2	7.013	36,9	8.724	45,9	6.182	32,4	6.808	35,7	2.692	14,1	1.720	9,0
Ludwigsburg	57.109	74,1	14.955	42,6	12.730	36,2	11.819	33,6	11.858	33,7	4.387	12,5	4.158	11,8
Mannheim	198.518	69,1	39.712	36,1	52.016	47,3	32.620	29,6	41.936	38,0	12.345	11,2	10.921	9,9
Metzingen	15.126	75,8	4.639	48,2	3.238	33,6	3.615	37,4	2.950	30,5	1.050	10,9	1.372	14,2
Mosbach	17.578	72,0	5.041	47,1	3.889	36,4	4.382	40,8	3.533	32,9	851	7,9	1.100	10,3
Mühlacker	17.055	74,7	4.647	42,7	4.117	37,8	3.820	35,0	3.793	34,8	1.014	9,3	1.293	11,8
Nagold	15.274	72,0	4.608	49,1	2.942	31,3	4.171	44,5	2.540	27,1	687	7,3	1.123	12,0
Neckarsulm	17.032	76,1	5.765	51,3	3.916	34,8	4.585	40,8	3.825	34,0	789	7,0	1.146	10,2
Nürtingen	27.772	77,2	8.776	48,4	5.983	33,0	7.082	39,1	5.235	28,9	2.012	11,1	2.333	12,9
Oberkirch	15.047	73,9	5.530	57,6	2.567	26,8	4.583	47,7	2.441	25,4	903	9,4	1.053	11,0
Offenburg	42.761	69,3	11.251	44,5	8.852	35,0	9.232	36,5	8.270	32,7	2.944	11,6	2.535	10,0
Öhringen	16.458	70,5	5.071	49,6	3.098	30,3	4.231	41,5	2.957	29,0	794	7,8	1.282	12,6
Ostfildern	24.148	80,4	7.169	45,3	6.454	40,7	5.775	36,4	5.059	31,9	1.912	12,0	2.066	13,0
Pforzheim	78.736	67,8	21.478	48,0	15.120	33,8	17.739	39,7	13.613	30,5	3.535	7,9	5.572	12,5
Radolfzell am Bodensee	21.543	76,5	5.686	42,6	4.498	33,7	4.671	34,9	4.141	30,9	1.730	12,9	1.823	13,6
Rastatt	34.586	67,0	10.115	50,4	7.167	35,7	8.440	41,9	6.598	32,8	1.386	6,9	1.918	9,5
Ravensburg	34.731	73,5	10.125	48,0	6.624	31,4	8.556	40,5	5.780	27,4	2.718	12,9	2.568	12,2
Remseck am Neckar	15.395	80,9	4.615	45,0	3.626	35,4	3.518	34,3	3.327	32,4	1.137	11,1	1.523	14,8
Reutlingen	75.084	74,8	20.029	43,1	17.629	38,0	15.547	33,4	15.466	33,2	5.824	12,5	6.014	12,9
Rheinfelden (Baden)	22.457	71,6	5.108	37,5	6.466	47,5	4.466	32,7	5.478	40,1	1.476	10,8	1.239	9,1

Bundestagswahl 2005

	Wahlbe-rechtigte	Wahlbe-teiligung %	Erstst. CDU	CDU %	Erstst. SPD	SPD %	Zweitst. CDU	CDU %	Zweitst. SPD	SPD %	Zweitst. Grüne	Grüne %	Zweitst. FDP	FDP %
Rheinstetten	15.802	77,5	4.738	45,3	3.922	37,5	3.914	37,3	3.365	32,1	1.012	9,6	1.379	13,1
Rottenburg am Neckar	29.011	78,3	9.569	50,2	6.059	31,8	8.055	42,2	4.878	25,6	2.394	12,5	2.193	11,5
Rottweil	18.051	71,8	5.456	51,2	3.037	28,5	4.719	44,1	2.860	26,7	962	9,0	1.343	12,6
Schorndorf	28.077	76,1	8.353	46,2	7.232	40,0	6.827	37,7	5.353	29,6	2.120	11,7	2.376	13,1
Schramberg	13.367	69,5	3.720	49,6	2.369	31,6	3.234	42,9	2.234	29,6	505	6,7	764	10,1
Schwäbisch Gmünd	42.816	72,3	12.477	48,2	9.276	35,8	10.608	41,0	8.182	31,6	2.585	10,0	2.524	9,7
Schwäbisch Hall	26.668	71,4	6.789	41,1	6.185	37,4	5.552	33,6	5.614	34,0	2.265	13,7	1.754	10,6
Schwetzingen	15.713	76,2	4.196	42,1	4.135	41,5	3.484	34,9	3.330	33,3	1.042	10,4	1.298	13,0
Sindelfingen	38.748	75,5	11.779	47,7	9.081	36,8	9.160	37,1	7.848	31,8	2.450	9,9	3.251	13,2
Singen (Hohentwiel)	29.989	67,6	7.668	44,0	6.164	35,3	6.733	38,5	5.983	34,2	1.248	7,1	2.007	11,5
Sinsheim	25.098	73,2	7.739	49,2	5.454	34,7	6.365	40,4	4.730	30,1	1.258	8,0	1.984	12,6
Stutensee	16.767	77,1	4.868	46,4	3.901	37,2	3.962	37,7	3.297	31,4	1.093	10,4	1.319	12,6
Stuttgart	358.910	74,7	81.146	38,6	88.192	41,9	65.689	31,2	69.388	33,0	31.978	15,2	27.173	12,9
Tübingen	54.272	80,1	10.619	31,3	15.877	46,8	8.274	24,4	10.318	30,4	9.195	27,1	3.507	10,3
Tuttlingen	23.195	71,6	6.562	47,1	4.419	31,7	5.419	38,8	4.406	31,5	1.215	8,7	1.781	12,7
Überlingen	16.220	75,3	4.542	47,5	2.668	27,9	3.592	37,5	2.459	25,7	1.474	15,4	1.495	15,6
Ulm	79.237	75,2	19.867	40,8	19.391	39,9	16.631	34,1	16.075	33,0	6.703	13,7	5.646	11,6
Vaihingen an der Enz	19.514	78,8	6.417	49,2	4.185	32,1	4.933	37,7	3.928	30,1	1.423	10,9	1.768	13,5
Villingen-Schwenningen	57.302	72,2	16.739	48,6	11.652	33,8	13.442	38,9	10.422	30,2	3.045	8,8	4.289	12,4
Waiblingen	35.258	77,5	9.959	43,9	9.432	41,6	8.012	35,3	7.146	31,5	2.577	11,4	3.298	14,5
Waldshut-Tiengen	16.485	68,0	4.216	45,4	3.717	40,0	4.018	42,8	2.900	30,9	809	8,6	995	10,6
Wangen im Allgäu	19.095	77,0	5.654	46,8	3.352	27,8	5.110	42,3	3.312	27,4	1.520	12,6	1.300	10,8
Weil am Rhein	20.358	70,1	4.281	35,6	5.816	48,3	3.706	30,7	4.707	39,0	1.377	11,4	1.188	9,8
Weingarten	17.068	70,9	4.783	47,3	3.370	33,3	4.054	40,2	2.934	29,1	1.065	10,6	1.220	12,1
Weinheim	31.232	78,8	8.304	41,3	7.859	39,1	6.944	34,4	6.802	33,7	2.049	10,2	2.758	13,7
Weinstadt	18.308	82,2	6.176	49,6	4.637	37,2	5.061	40,5	3.441	27,6	1.421	11,4	1.779	14,3
Wertheim	18.155	75,0	5.876	49,2	4.604	38,6	5.447	45,5	3.786	31,6	796	6,7	1.088	9,1
Wiesloch	17.724	77,4	5.126	44,4	4.583	39,7	4.334	37,5	3.618	31,3	1.430	12,4	1.351	11,7
Winnenden	18.289	77,8	5.727	47,5	4.697	39,0	4.682	38,8	3.437	28,4	1.355	11,2	1.648	13,6

Gemeinderatswahl 2004

	Wahl-berechtigte	Wahlbe-teilig. %	Sitz-zahl	CDU	CDU %	SPD	SPD %	FDP	FDP %	Grüne	Grüne %	Partei und WV	Partei u.WV. %	Wählervereinig. (WV) u. Einzelbewerber/in.	WV. u. Einz.bw. %
Aalen	49.464	47,6	48	298.351	43,4	168.188	24,5	0	0,0	93.280	13,6	57.342	8,3	69.646	10,1
Achern	18.131	55,2	26	69.335	30,4	21.592	9,5	3.868	1,7	0	0,0	0	0,0	133.468	58,5
Albstadt	34.703	44,5	32	158.317	37,1	75.552	17,7	36.458	8,5	28.696	6,7	0	0,0	127.456	29,9
Backnang	25.379	51,0	26	116.272	38,8	64.146	21,4	0	0,0	31.646	10,6	0	0,0	87.376	29,2
Bad Mergentheim	17.031	54,1	33	81.337	43,7	23.957	12,9	0	0,0	23.037	12,4	7.492	4,0	50.450	27,1
Bad Rappenau	15.419	48,3	36	87.455	50,8	55.243	32,1	6.380	3,7	0	0,0	0	0,0	9.504	5,5
Baden-Baden	41.281	46,3	46	208.059	39,1	82.268	15,4	60.429	11,3	77.877	14,6	0	0,0	103.904	19,5
Balingen	25.797	48,9	48	108.266	33,7	72.088	22,4	30.594	9,5	0	0,0	0	0,0	110.182	34,4
Biberach an der Riß	23.662	51,8	32	100.469	39,4	54.275	21,3	18.155	7,1	33.228	13,0	0	0,0	49.039	19,2
Bietigheim-Bissingen	30.704	47,6	32	145.350	34,7	105.057	25,1	33.545	8,0	0	0,0	0	0,0	135.374	32,3
Böblingen	33.000	45,2	41	170.307	34,8	103.914	21,3	41.241	8,4	51.420	10,5	0	0,0	121.849	24,9
Bretten	19.927	51,3	26	80.532	35,2	42.874	18,7	0	0,0	26.917	11,8	18.869	8,2	59.844	26,1
Bruchsal	31.042	51,4	39	180.342	43,1	83.371	19,9	34.909	8,3	0	0,0	43.046	10,3	76.830	18,4
Bühl	21.441	52,0	43	118.154	44,4	43.999	16,5	31.257	11,7	0	0,0	0	0,0	72.948	27,4
Calw	16.245	47,1	27	38.328	24,2	25.409	16,0	12.917	8,2	13.735	8,7	0	0,0	68.048	42,9
Crailsheim	24.116	42,2	39	110.280	44,2	60.490	24,3	0	0,0	0	0,0	0	0,0	78.466	31,5
Ditzingen	17.331	55,1	40	93.477	36,1	52.654	20,3	6.459	2,5	0	0,0	0	0,0	106.179	41,0
Donaueschingen	16.263	49,1	39	71.173	39,3	32.454	17,9	0	0,0	19.224	10,6	34.793	19,2	23.556	13,0
Ehingen (Donau)	17.966	51,4	36	145.906	66,2	27.319	12,4	0	0,0	21.951	10,0	0	0,0	25.274	11,5
Ellwangen (Jagst)	18.414	53,7	37	96.994	49,6	28.526	14,6	0	0,0	26.784	13,7	0	0,0	43.338	22,2
Emmendingen	19.151	47,3	26	59.337	27,8	54.091	25,4	20.052	9,4	43.649	20,5	0	0,0	36.229	17,0
Eppingen	14.790	49,6	30	55.400	40,3	39.808	28,9	0	0,0	11.073	8,0	0	0,0	31.294	22,8
Esslingen am Neckar	64.043	49,8	40	360.777	31,5	294.512	25,7	41.903	3,7	157.554	13,7	0	0,0	240.702	21,0
Ettlingen	30.020	56,5	39	156.096	36,1	90.360	20,9	26.520	6,1	35.526	8,2	0	0,0	123.316	28,6
Fellbach	31.565	50,5	36	187.320	36,9	117.775	23,2	0	0,0	61.695	12,2	0	0,0	140.255	27,7
Filderstadt	31.096	50,5	32	121.980	27,3	94.818	21,2	38.339	8,6	65.186	14,6	0	0,0	127.077	28,4
Freiburg im Breisgau	146.976	50,0	48	829.562	26,1	542.326	17,1	159.799	5,0	818.441	25,8	0	0,0	828.185	26,0
Freudenstadt	17.039	46,4	30	59.859	36,9	33.249	20,5	0	0,0	0	0,0	0	0,0	69.131	42,6
Friedrichshafen	41.772	47,1	42	200.000	32,6	130.242	21,2	17.599	2,9	49.041	8,0	14.263	2,3	202.213	33,0
Gaggenau	21.615	37,5	39	68.086	34,3	53.572	27,0	17.358	8,8	11.243	5,7	0	0,0	48.088	24,2
Geislingen an der Steige	19.020	46,1	22	74.832	43,4	40.495	23,5	0	0,0	0	0,0	0	0,0	57.013	33,1
Giengen an der Brenz	14.561	45,6	28	0	0,0	50.480	37,2	0	0,0	0	0,0	85.225	62,8	0	0,0
Göppingen	40.947	42,6	40	215.994	37,0	148.723	25,5	0	0,0	52.714	9,0	94.273	16,2	71.546	12,3
Heidelberg	97.496	50,5	40	464.158	25,9	387.045	21,6	122.216	6,8	0	0,0	0	0,0	783.331	43,7

Gemeinderatswahl 2004

	Wahl-berechtigte	Wahlbe-teilig. %	Sitz-zahl	CDU	CDU %	SPD	SPD %	FDP	FDP %	Grüne	Grüne %	Partei und WV	Partei u.WV %	Wählervereinig. (WV) u. Einzelbewerber/in.	WV. u. Einz.bw. %
Heidenheim a. d. Brenz	36.098	42,4	36	140.324	34,7	101.770	25,2	0	0,0	62.867	15,5	0	0,0	76.599	18,9
Heilbronn	81.483	46,1	40	503.867	37,5	363.661	27,0	123.084	9,2	108.060	8,0	0	0,0	114.330	8,5
Herrenberg	22.442	55,4	40	92.457	30,6	66.121	21,9	0	0,0	49.425	16,3	0	0,0	94.327	31,2
Hockenheim	15.037	52,3	22	47.860	30,8	30.815	19,8	0	0,0	18.915	12,2	18.623	12,0	39.109	25,2
Horb am Neckar	18.382	52,0	44	99.473	48,7	49.996	24,5	0	0,0	0	0,0	0	0,0	44.473	21,8
Karlsruhe	205.100	44,4	48	1.485.432	37,2	948.685	23,8	0	0,0	661.270	16,6	505.592	12,7	284.470	7,1
Kehl	25.398	44,7	26	84.667	33,3	55.428	21,8	22.142	8,7	20.522	8,1	0	0,0	71.230	28,1
Kirchheim unter Teck	28.736	50,2	35	107.616	27,4	83.091	21,1	0	0,0	0	0,0	31.054	7,9	171.434	43,6
Konstanz	57.652	46,3	40	250.815	26,8	167.857	17,9	72.313	7,7	0	0,0	33.098	3,5	411.604	44,0
Kornwestheim	21.871	51,6	26	90.959	34,6	61.384	23,4	10.772	4,1	26.631	10,1	0	0,0	61.033	23,2
Lahr/Schwarzwald	32.016	43,2	32	131.760	34,9	87.670	23,2	38.835	10,3	44.122	11,7	0	0,0	74.903	19,9
Leimen	19.105	46,4	32	89.361	40,1	50.870	22,8	17.659	7,9	0	0,0	0	0,0	64.853	29,1
Leinfelden-Echterdingen	27.083	54,5	26	90.683	25,9	62.663	17,9	23.950	6,8	64.598	18,4	0	0,0	108.269	30,9
Leonberg	34.083	48,6	34	143.360	28,3	102.954	20,4	47.395	9,4	0	0,0	0	0,0	212.078	41,9
Leutkirch im Allgäu	16.523	53,1	30	70.244	41,4	11.688	6,9	0	0,0	0	0,0	0	0,0	87.694	51,7
Lörrach	34.780	41,2	32	131.761	33,3	83.078	21,0	31.629	8,0	62.220	15,7	0	0,0	86.796	21,9
Ludwigsburg	61.003	44,9	40	297.212	29,8	187.138	18,7	54.907	5,5	151.817	15,2	3.938	0,4	249.006	24,9
Mannheim	213.440	41,4	48	1.441.261	37,4	1.234.838	32,0	161.660	4,2	449.003	11,7	0	0,0	566.101	14,7
Metzingen	16.090	49,1	25	45.206	31,3	22.636	15,7	0	0,0	20.524	14,2	22.984	15,9	32.907	22,8
Mosbach	18.058	51,5	33	99.615	42,2	59.874	25,4	12.227	5,2	0	0,0	0	0,0	64.107	27,2
Mühlacker	18.187	47,9	36	77.302	35,9	46.436	21,5	17.883	8,3	0	0,0	0	0,0	73.913	34,3
Nagold	15.635	48,8	26	57.590	33,4	34.010	19,7	15.854	9,2	14.772	8,6	0	0,0	49.990	29,0
Neckarsulm	17.905	48,5	29	87.705	47,9	55.248	30,2	5.545	3,0	13.386	7,3	0	0,0	21.236	11,6
Nürtingen	28.713	49,3	41	96.366	27,4	63.132	17,9	0	0,0	0	0,0	60.835	17,3	122.553	34,8
Oberkirch	15.100	52,1	33	93.700	58,9	0	0,0	0	0,0	0	0,0	24.732	15,5	40.628	25,5
Offenburg	43.222	45,4	40	267.370	40,6	155.138	23,6	62.374	9,5	91.747	13,9	0	0,0	81.253	12,4
Öhringen	16.698	45,0	36	62.708	39,9	24.945	15,9	30.600	19,5	0	0,0	0	0,0	38.932	24,7
Ostfildern	24.574	53,9	26	97.155	30,7	62.801	19,9	0	0,0	46.784	14,8	0	0,0	97.967	31,0
Pforzheim	84.071	39,3	40	477.601	41,5	222.173	19,3	85.910	7,5	0	0,0	0	0,0	304.106	26,4
Radolfzell am Bodensee	22.028	47,6	26	82.090	34,7	42.750	18,1	21.257	9,0	0	0,0	0	0,0	90.543	38,2
Rastatt	34.960	41,1	44	205.868	48,1	104.695	24,4	24.014	5,6	0	0,0	0	0,0	80.181	18,7
Ravensburg	35.076	48,3	38	183.292	41,9	71.208	16,3	0	0,0	72.684	16,6	0	0,0	110.521	25,3
Remseck am Neckar	15.992	53,2	26	63.251	31,5	40.909	20,4	29.550	14,7	27.882	13,9	0	0,0	39.361	19,6
Reutlingen	80.047	42,5	40	342.475	28,4	241.046	20,0	71.212	5,9	0	0,0	163.490	13,6	364.309	30,3
Rheinfelden (Baden)	23.811	40,8	33	83.317	39,0	67.926	31,8	0	0,0	18.103	8,5	0	0,0	44.523	20,8

Gemeinderatswahl 2004

	Wahl-berechtigte	Wahlbe-teilig. %	Sitz-zahl	CDU	CDU %	SPD	SPD %	FDP	FDP %	Grüne	Grüne %	Partei und WV	Partei u.WV %	Wählervereinig. (WV) u. Einzelbewerber/in.	WV. u. Einz.bw. %
Rheinstetten	15.932	48,9	27	77.221	46,6	53.952	32,5	12.949	7,8	21.657	13,1	0	0,0	0	0,0
Rottenburg am Neckar	29.496	53,5	40	205.172	41,3	96.371	19,4	35.662	7,2	56.015	11,3	0	0,0	104.088	20,9
Rottweil	18.638	49,7	26	72.766	35,2	42.761	20,7	17.389	8,4	0	0,0	20.263	9,8	53.256	25,8
Schorndorf	29.486	49,1	36	135.442	29,9	106.445	23,5	0	0,0	58.387	12,9	100.380	22,2	52.309	11,5
Schramberg	13.726	44,2	28	61.402	46,5	25.028	19,0	0	0,0	0	0,0	0	0,0	32.964	24,9
Schwäbisch Gmünd	44.359	44,9	55	294.337	49,3	152.985	25,6	0	0,0	71.278	11,9	43.142	7,2	34.885	5,8
Schwäbisch Hall	26.866	45,7	37	90.872	28,1	80.903	25,0	36.476	11,3	50.591	15,7	0	0,0	64.173	19,9
Schwetzingen	16.571	49,2	26	66.628	36,0	33.504	18,1	9.676	5,2	16.317	8,8	0	0,0	58.919	31,8
Sindelfingen	42.031	46,4	45	234.508	36,9	136.327	21,5	34.459	5,4	85.507	13,5	0	0,0	144.281	22,7
Singen (Hohentwiel)	32.939	37,6	37	129.824	42,0	83.237	27,0	22.812	7,4	24.927	8,1	0	0,0	41.891	13,6
Sinsheim	25.385	51,5	41	118.747	39,1	60.148	19,8	0	0,0	16.461	5,4	0	0,0	108.213	35,7
Stutensee	16.876	50,6	30	56.805	34,4	37.348	22,6	6.161	3,7	21.211	12,8	0	0,0	43.558	26,4
Stuttgart	394.215	48,7	60	3.463.900	32,9	2.396.013	22,8	685.787	6,5	1.971.877	18,7	0	0,0	1.266.672	12,0
Tübingen	56.623	56,0	48	263.520	19,2	226.186	16,5	88.988	6,5	0	0,0	481.515	35,1	310.172	22,6
Tuttlingen	24.407	46,4	36	117.748	40,2	69.882	23,9	16.457	5,6	0	0,0	0	0,0	88.874	30,4
Überlingen	16.521	53,4	26	58.859	28,5	27.950	13,5	19.901	9,6	0	0,0	0	0,0	100.041	48,4
Ulm	81.837	47,5	40	391.752	28,2	294.821	21,2	66.229	4,8	224.087	16,1	0	0,0	413.444	29,7
Vaihingen an der Enz	20.084	56,1	43	75.871	28,3	46.875	17,5	25.071	9,4	38.016	14,2	0	0,0	82.129	30,6
Villingen-Schwenningen	60.044	41,4	40	304.948	35,8	171.352	20,1	58.974	6,9	93.010	10,9	0	0,0	176.157	20,7
Waiblingen	38.420	47,4	32	179.743	35,0	125.116	24,4	30.249	5,9	0	0,0	0	0,0	177.842	34,7
Waldshut-Tiengen	16.982	45,2	26	83.964	48,0	42.588	24,4	13.305	7,6	15.877	9,1	0	0,0	19.079	10,9
Wangen im Allgäu	19.453	54,0	33	101.277	40,4	35.636	14,2	0	0,0	0	0,0	0	0,0	113.721	45,3
Weil am Rhein	21.151	42,3	33	47.649	25,8	41.504	22,4	0	0,0	14.526	7,9	16.649	9,0	64.608	34,9
Weingarten	17.295	44,8	26	59.226	33,3	26.441	14,9	0	0,0	0	0,0	24.215	13,6	68.043	38,2
Weinheim	32.430	51,2	37	136.872	33,6	101.474	24,9	23.006	5,7	0	0,0	0	0,0	145.562	35,8
Weinstadt	19.497	53,3	26	92.632	38,4	45.734	19,0	0	0,0	0	0,0	0	0,0	102.833	42,6
Wertheim	18.465	57,4	24	92.359	41,3	52.826	23,6	18.204	8,1	13.282	5,9	0	0,0	43.587	19,5
Wiesloch	17.937	54,9	35	85.065	32,4	51.683	19,7	6.446	2,5	53.816	20,5	0	0,0	65.167	24,9
Winnenden	19.716	49,6	26	81.929	36,2	42.323	18,7	0	0,0	0	0,0	0	0,0	101.855	45,1

9. Literatur- und Quellenverzeichnis

9.1. Literatur

Abberger, Klaus: "Bürgermeister – Was tun gegen die Bewerberflaute? – Wahlkampftipps – Interviews – Kurioses aus 100 Kampagnen", Stuttgart, München, Hannover, Berlin, Weimar, Dresden, 2013

Adam, Silke/ Maier, Michaela: „Personalization of Politics – Towards a Future Research Agenda. A Critical Review of the Empirical und Normative State of the Art", in: Salmon, Charles T. (ed.): Communication Yearbook 34, 2010, S. 213-258

Althaus, Marco (Hrsg.): „Kampagne – Neue Strategien für Wahlkampf, PR und Lobbying", Münster, Hamburg, Berlin, London, 2001

Andersen, Uwe/ Bovermann, Rainer/ Gehne, David H.: „Die Uraufführung – Analyse der ersten Direktwahl der Bürgermeister in Nordrhein-Westfalen 1999", in: Jörg Bogumil (Hrsg.): „Kommunale Entscheidungsprozesse im Wandel – Theoretische und empirische Analysen, Opladen, 2002, S. 183-201

Andersen, Uwe/Bovermann, Rainer: „Wahlsystem und Wahlverhalten zeigen deutlichen Wandel", in: Nordrhein-Westfälischer Städte- und Gemeindebund (Hrsg.): Städte und Gemeinderat, Heft 12, Dezember 1999, S. 17-19

Arzheimer, Kai/ Schoen, Harald: „Erste Schritte auf kaum erschlossenem Terrain. Zur Stabilität der Parteiidentifikation in Deutschland", in: Politische Vierteljahreschrift (PVS) 46/2005, S. 629-654

Arzheimer, Kai/ Schoen, Harald: „Mehr als eine Erinnerung an das 19. Jahrhundert? Das sozio-ökonomische und das religiös-konfessionelle Cleavage und Wahlverhalten 1994-2005", in: Ratinger, Hans/ Gabriel Oscar W./ Falter, Jürgen W. (Hrsg.): „Der gesamtdeutsche Wähler. Stabilität des Wählerverhaltens im wiedervereinigten Deutschland", Baden-Baden, 2007, S. 89-112

Arzheimer, Kai: „The American Voter", in Kailitz, Steffen (Hrsg.): „Schlüsselwerke der Politikwissenschaft", Wiesbaden, 2007, S. 67-72

Arzheimer, Kai/ Falter, Jürgen W.: „Wahlen und Wahlforschung", in: Münkler, Herfried (Hrsg.): „Politikwissenschaft. Ein Grundkurs, Reinbek bei Hamburg, 2003, S. 553-586

Bäuerle, Siegfried: „Bürgermeister – Zur Charakteristik einer interessanten Berufsgruppe – Eine empirische Untersuchung, in: Norbert Roth: „Position und Situation der Bürgermeister in Baden-Württemberg", Stuttgart, Berlin, Köln, 1998, S. 61 – 101

Baltsch, Barbara: „Mehr Frauen auf Spitzenposten", in: Städte- und Gemeindebund Nordrhein-Westfalen (Hg.): Städte- und Gemeinderat 12/2004, S. 13-13

Bausinger, Hermann, Eschenburg, Theodor u.a.: „Baden-Württemberg. Eine politische Landeskunde", Stuttgart, Berlin, Köln, 4. Auflage 1996

Bausinger, Hermann: „Die bessere Hälfte. Von Badenern und Württembergern", Stuttgart/München, 2. Auflage 2002

Becker, Michael / Dick, Rudi: „Urwahlen. Ein Handbuch für Ihren Erfolg", Recklinghausen, o.J.

Behnke, Joachim/ Hergert, Stefani / Bader, Florian: „Stimmensplitting – Kalkuliertes Wahlverhalten unter den Bedingungen der Ignoranz", Bamberger Beiträge zur Politikwissenschaft: Forschungsschwerpunkt Theorie der Politik, Nr. I-7, 2004

Berg, Thomas (Hrsg.): „Moderner Wahlkampf – Blick hinter die Kulissen", Opladen, 2002

Bertelsmann Stiftung, Deutscher Städtetag, Deutscher Städte- und Gemeindebund (Hrsg.): „Beruf Bürgermeister/in – Eine Bestandsaufnahme für Deutschland", Gütersloh, Berlin und Köln, Februar 2008

Bertelsmann Stiftung, Forschungsgruppe Wahlen Telefonfeld (Hrsg.): „Beruf Bürgermeister/in – Eine Bestandsaufnahme für Deutschland. Ergebnisse einer repräsentativen Befragung von Bürgermeisterinnen und Bürgermeistern in Deutschland (Januar 2008) – Ergänzende Analyse: Hauptamtliche Bürgermeister/innen", Mannheim, Juli 2008

Bertelsmann Stiftung: „Die Demokratiemacher – Von Beruf Bürgermeister/in: Führung und Beteiligung in der lokalen Demokratie, Gütersloh, 2009

Beyes, Timon Paul: „Kontingenz und Management", Dissertation, Universität St. Gallen, 2002

Bogumil, Jörg/Gehne, David H./Holtkamp, Lars: „Bürgermeister und Gemeindeordnungen im Leistungsvergleich“, in: Eildienst, Informationen für Rat und Verwaltung. Heft 10/2003, S. 337-339

Bogumil, Jörg/Heinelt, Hubert (Hg.): „Bürgermeister in Deutschland -Politikwissenschaftliche Studien zu direkt gewählten Bürgermeistern“, Wiesbaden, 2005

Bogumil, Jörg/ Holtkamp, Lars: „Die Bürgerkommune als Zusammenspiel von repräsentativer, direkter und kooperativer Demokratie. Erste Ergebnisse einer explorativen Studie“, polis Nr. 55/2002

Brettschneider, Frank: „Spitzenkandidaten und Wahlerfolg. Personalisierung – Kompetenz – Parteien. Ein internationaler Vergleich“, Wiesbaden, 2002

Brettschneider, Frank: „Die Medienwahl 2002: Themenmanagement und Berichterstattung“, in: Aus Politik und Zeitgeschichte 49-50/2002, S. 36-47

Brettschneider, Frank: „Bundestagswahlkampf und Medienberichterstattung“, in: Aus Politik und Zeitgeschichte 51-52/2005, S.19-26

Brettschneider, Frank: „‘TV-Duelle‘ – überschätzt und doch wichtig“, in: Die politische Meinung 429/2005, S. 37-40

Brettschneider, Frank: „Massenmedien und Wahlkampf“, in: Der Bürger im Staat 2/2009, S. 103-111

Broschek, Jörg/ Schultze, Rainer-Olaf: „Wahlverhalten: wer wählt wen? Theoretische Erklärungsmodelle und empirische Befunde“, in: Hoecker, Beate (Hrsg.): „Politische Partizipation zwischen Konvention und Protest“, Opladen, 2006, S. 23-54

Brugger, Norbert (für den Städtetag Baden-Württemberg): „Welche Wahlbeteiligungsquote ist zu erwarten? – Antworten auf diese und elf andere häufige Fragen zu Kommunalwahlen“, Stuttgart, 31. Januar 2008 (Wahlanalyse des Städtetags Baden-Württemberg)

Bundeszentrale für politische Bildung (Hrsg.): Informationen zur politischen Bildung 242 (überarbeitete Neuauflage 2006): „Kommunalpolitik“ (Autor: Hans-Georg Wehling), Bonn, 2006

Deutscher Bundestag – Wissenschaftliche Dienste: Nr. 49/06 (08. Dezember 2006) – Verfasser/in: Kolja Bartsch: „Entwicklung von Wahlbeteiligung und Wahlenthaltung in der Bundesrepublik Deutschland seit 1990“

Campbell, Angus/ Converse, Philip E./ Miller, Warren E./ Stokes, Donald E.: “The American Voter”, Chicago, 1980 (Nachdruck der Originalausgabe von 1960)

Downs, Antony: „Ökonomische Theorie der Demokratie“, Tübingen, 1968

Eickhoff, Birgit: „Gleichstellung von Frauen und Männern in der Sprache – Empfehlungen der Redaktion des Duden“, o.O., 1999

Eilfort, Michael: „Die Nichtwähler: Wahlenthaltung als Form des Wahlverhaltens“, Paderborn, München, Wien, Zürich, 1994

Eilfort, Michael (Hrsg.): „Parteien in Baden-Württemberg“, Stuttgart, 2004

Ellermann, Silvia: „Wählen in Abwesenheit. Eine empirisch-komparative Analyse der Abwesenheitswahl unter Berücksichtigung der Implikationen zwischen Wahlverfahren und Wählerverhalten sowie der Sicherheit von Wahlen“, Dissertation, Universität Osnabrück, 2005.

Emmert, Thomas/ Roth, Dieter: „Zur wahlsoziologischen Bedeutung eines Modells sozialstrukturell verankerter Konfliktlinien im vereinten Deutschland“, in: Historical Research, Vol. 20 – 1995 – No. 2, S. 119-160

Faas, Thorsten: „Wer wählt wen? Kommunales Wahlverhalten am Beispiel einer Großstadt“, Vortrag im Rahmen eines Seminars an der Universität Mannheim, Wesseling, 21.3.2009

Falter, Jürgen W./ Schoen, Harald (Hg.): „Handbuch Wahlforschung“, Wiesbaden, 2005

Frech, Siegfried/ Weber, Reinhold (Hg.): „Handbuch Kommunalpolitik“, Stuttgart, 2009

Foerstemann, Friedhelm: „Direktwahl der Bürgermeister in Hessen“, unveröffentlichter Aufsatz, o.O., 1990

Forndran, Erhard/ Krause, Bettina: „Kommunalpolitik und Wahlverhalten“, in: Roy, Klaus-Bernhard (Hg.): „Wahlen 2002 in Sachsen-Anhalt: Ausgangsbedingungen, Handlungsrahmen, Entscheidungsalternativen“, Opladen, 2002, S. 89-102

Fuchs, Daniel: „Die Abwahl von Bürgermeistern – ein bundesweiter Vergleich“, KWI-Arbeitshefte 14 des Kommunalwissenschaftlichen Instituts der Universität Potsdam, 7/2007

Gabriel, Oscar W./ Völkl, Kerstin: „Die Bundestagswahl 2002: Erfolg in letzter Minute?“, in: www.uni-stuttgart.de/wechselwirkungen/ww2003 (Jahrbuch), S. 30-47

Gabriel, Oscar W., Brettschneider, Frank, Vetter, Angelika: „Politische Kultur und Wahlverhalten in einer Großstadt“, Opladen, 1997

Gabriel, Oscar W. (Hrsg.): „Bürgerbeteiligung und kommunale Demokratie“, München, 1983

Gender Mainstreaming Arbeitskreis – Amt der NÖ Landesregierung: „Leitfaden geschlechtergerechtes Formulieren“, St Pölten, Februar 2006

Gisevius, Wolfgang: „Der neue Bürgermeister – Vermittler zwischen Bürgern und Verwaltung“, Bonn, 1999

Gissendanner, Scott: „Rekrutierung, Wahl und Wirkung direkt gewählter Bürgermeister in Niedersachsen“, in: Haus, Michael (Hrsg.): „Institutionenwandel lokaler Politik in Deutschland“, Wiesbaden, 2005, S. 85-110

Glaser, Kristian: „Kommunalwahlen in Dortmund 1946-2004“, Stadt Dortmund Statistik und Wahlen: Dortmunder Statistik, Fachaufsätze, 2004

Gotto, Klaus: „Was entscheidet Wahlen?“, in: Politische Meinung 391/2002

Gramling, Roland: „Der Kandidat ist online! Politische Kommunikation im Internet“, Diplomarbeit, Hochschule Darmstadt, 2006

Grande, Edgar: „Aspekte der politischen Kultur Baden-Württembergs“, in: Landeszentrale für politische Bildung Baden-Württemberg (Hrsg.): „‘Ziemlich demokratisch – Zur politischen Kultur Baden-Württembergs‘“, Stuttgart, 1982, S. 5-24

Gross, Michael: „Die Wahlkampagne von MdL Boris Palmer im Stuttgarter OB-Wahlkampf 2004“, Diplomarbeit, Hochschule Nürtingen, 2005

Gramling, Roland: „Der Kandidat ist online. Politische Kommunikation im Internet“, Diplomarbeit, Hochschule Darmstadt, 2006

Grauhan, Rolf-Richard: „Politische Verwaltung“, Freiburg im Breisgau, 1970

Gründler, Raimund/ Lückemeier, Peter: „Zur kommunalen Direktwahl – Erfahrungen aus Baden-Württemberg und Hessen – Kommunalpolitisches Forum, Materialien für die Arbeit vor Ort, Nr. 5, Konrad-Adenauer-Stiftung o.J.

Hahn, Andreas: „Die Modelle der Wahlforschung“, o.O., 2000

Heilemann, Natalie: „‘Bürgermeisterwahlkampf im Netz‘ – die Rolle der Social Media im Bürgermeisterwahlkampf“, Bachelorarbeit, Hochschule für öffentliche Verwaltung und Finanzen Ludwigsburg, 2012

Heinrich, Gudrun: „Die Direktwahlen in Ostvorpommern und auf Rügen“, in: Rostocker Informationen zur Politik und Verwaltung, Heft 15: Kommunale Direktwahlen in Mecklenburg-Vorpommern. Universität Rostock. Institut für Politik- und Verwaltungswissenschaften 2001, S. 78-84

Heinrichs, Friedrich Wilhelm: „Blossen Parteiinteressen eine klare Absage erteilt“, in: Nordrhein-Westfälischer Städte- und Gemeindebund (Hrsg.): Städte und Gemeinderat, Heft 12, Dezember 1999, S. 6-8

Hoecker, Markus: „Die Oberbürgermeisterwahl in Stuttgart 1996 – Parteipolitik und Wahlkampfstrategie: die kommunale Persönlichkeitswahl im Spannungsfeld der modernen Parteiendemokratie – Eine Einzelfallstudie“, Dissertation, Universität Stuttgart, 2005

Hoffmann, Jochen: „Politische Personalisierung. Interdisziplinäre Herausforderungen für politikwissenschaftliche Perspektiven“, Paper für die 3-Länder-Tagung der ÖGPW, SVPW und DVPW „Politik und Persönlichkeit“, Wien, 30.11.-2.12.2006

Holtkamp, Lars: „Parteien in der Kommunalpolitik – Konkordanz- und Konkurrenzdemokratien im Bundesländervergleich“, polis Nr. 58/2003

Holtkamp, Lars: „Erneuerung der Parteien ‚von unten'? Zum Verhältnis von Lokalparteien und Kartellparteien“, Vortrag bei der Jahrestagung des Arbeitskreises „Parteienforschung“ der DVPW am 4./5. Oktober 2007.

Holtkamp, Lars: „Konkordanz- und Konkurrenzdemokratie – Parteien und Bürgermeister in der repräsentativen Demokratie“, Wiesbaden, 2008

Holtkamp, Lars/ Wiechmann, Elke/ Schnittke, Sonja (Hrsg. von der Heinrich Böll Stiftung): „Unterrepräsentanz von Frauen in der Kommunalpolitik“, Berlin, 2009;

Holtkamp, Lars/ Wiechmann, Elke/ Pfetzing, Jan: „Zweites Genderranking deutscher Großstädte“, Heinrich Böll Stiftung und Fernuniversität Hagen, 2010

Huzel, Vinzenz: „Wer will Bürgermeister werden? Wertetypen bei angehenden Beamten im ‚gehobenen, nichttechnischen Dienst' in Baden-Württemberg und deren Bereitschaft zu einer Kandidatur als Bürgermeister", Bachelorarbeit, Hochschule für öffentliche Verwaltung und Finanzen Ludwigsburg, September 2010

Irmen, Lisa/ Sander, Claudia: „Richtlinien und Beispiele für einen nicht-sexistischen Sprachgebrauch", Psychologisches Institut (Uni) Heidelberg, Stand: 19.03.02

Jesse, Eckard: „Die ‚Partei der Nichtwähler' existiert nicht", in: Das Parlament Nr. 14/2006 vom 3.4.2006

Juhász, Zoltán/ Abold, Roland: „Kandidaten in kommunalen Wahlen. Fallstudie zur Wahl des Oberbürgermeisters in Bamberg 2006", Papier für die 3-Länder-Tagung der ÖGPW, DVPW und SVPW „Politik und Persönlichkeit", Wien, 30.11.-2.12.2006

Kampa im Willy-Brandt-Haus: „Bundestagswahl 2005" – Ergebnisse und Schnellanalysen auf Basis der Kurzfassung des Infratest-Dimap-Berichts für die SPD, Berlin, 2005

Karp, Markus/ Zolleis, Udo: „Imagebildung als Kern moderner Wahlkampfstrategien – Chancen des Politischen Marketings bei Wahlkämpfen", in: Hanns-Seidel-Stiftung e.V. (Hg.): Politische Studien, Heft 395, Mai/Juni 2004, S. 71-84

Kern, Timm: „Warum werden Bürgermeister abgewählt? Eine Studie aus Baden-Württemberg über den Zeitraum von 1973 bis 2003", Stuttgart, Berlin, Köln, 2007

Klein, Alexandra: „Je kleiner, desto größer? Gemeindegröße und Wahlbeteiligung bei Gemeinderats- und Bürgermeisterwahlen in Baden-Württemberg", in: Statistisches Monatsheft Baden-Württemberg, 1/2011, S. 3 -10

Klein, Alexandra: „Bürgermeisterwahlen in Gemeinden unter 10.000 Einwohnern – Rückgang der Wahlbeteiligung", in: Die Gemeinde (BWGZ) 12/2012, S.434 – 438.

Klein, Markus/ Ohr, Dieter: „Der Kandidat als Politiker, Mensch und Mann. Ein Instrument zur differenzierten Erfassung von Kandidatenorientierungen und seine Anwendung auf die Analyse des Wählerverhaltens bei der Bundestagswahl 1998", in: ZA-Information 46, Köln, Mai 2000, S. 6-38

Klein, Markus/ Rosar, Ulrich: „Physische Attraktivität und Wahlerfolg. Eine empirische Analyse am Beispiel der Wahlkreiskandidaten bei der Bundestagswahl 2002", in: Politische Vierteljahresschrift 1/2005, S. 263-287

Kluge, Susann: „Empirisch begründete Typenbildung in der qualitativen Sozialforschung", in: Forum Qualitative Sozialforschung, 1(1), Art. 14, http://nbn-resolving.de/urn:de:0114-fqs0001145, 2000, Revised 7/2008

Köhle-Hezinger, Christel: „Konfessionelle Vorurteile und Stereotypen. Ausprägungen – Ursprünge – Funktionen", in: Johler, Reinhard und Tschofen, Bernd (Hg.): „Empirische Kulturwissenschaft – eine Tübinger Enzyklopädie. Der Reader des Ludwig-Uhland-Instituts", Tübingen, 2008, S. 409-422

Klemm, Volker und Wenner, Horst: „Direktwahlen. Praxishandbuch für Personenwahlkämpfe und Urwahlen", Mainz, 2002

Konken, Michael: „Medienmacht und Medienmissbrauch", in: Aus Politik und Zeitgeschichte 51-52, 2005, S. 27-32

Kost, Andreas/Wehling, Hans-Georg: „Kommunalpolitik in den deutschen Ländern. Eine Einführung", Bonn, 2003

Korte, Karl-Rudolf: „Was entschied die Bundestagswahl 2005?", in: Aus Politik und Zeitgeschichte 51-52, 2005, S.12-18

Korte, Karl-Rudolf: „Kommunalwahl im Schatten der Krise", in: „Der Westen" (Internetartikel), 16.3.2009

Kraemer, Klaus: „Charisma im ökonomischen Feld". Vortragsmanuskript zur Tagung ‚Theoretische Ansätze der Wirtschaftssoziologie' des Max-Planck-Instituts für Gesellschaftsforschung gemeinsam mit der Sektion Wirtschaftssoziologie der DGS, Berlin 18.-19.2.2008

Kynast, Sascha: „Medien-Kanzler gegen Kompetenz-Herausforderer? Die mediale Auseinandersetzung zwischen Gerhard Schröder und Edmund Stoiber unter besonderer Berücksichtigung der TV-Duelle", Dissertation, Universität Giessen, 2006

Landeshauptstadt Stuttgart, Statistisches Amt (Hrsg.), Bearbeiter: Thomas Schwarz: „Die Oberbürgermeisterwahl am 10.Oktober 2004 und die Neuwahl am 24.Oktober 2004 in

Stuttgart. Eine Analyse des Wahlverhaltens in räumlicher und sozialstruktureller Differenzierung", Stuttgart, 2004
Lazarsfeld, Paul F./ Berelson, Bernard/ Gaudet; Hazel: "The People's Choice. How the Voter Makes up his Mind in a Presidential Campaign, Chicago, 1968 (2. Auflage)
Lazarsfeld, Paul F./ Berelson, Bernard/ Gaudet; Hazel: "Wahlen und Wähler: Soziologie des Wahlverhaltens, Neuwied und Berlin, 1969
Lipset, Seymour Martin/ Rokkan, Stein: „Cleavage Structures, Party Systems and Voter Alignments", in: Lipset, Seymour Martin/Rokkan, Stein (Hrsg.): „Party Systems and Voter Alignments: Cross National Perspectives", New York, 1967, S. 1-64
Löffler, Berthold: „Kommunales Wahlverhalten", in: „Eilfort, Michael (Hrsg.): „Parteien in Baden-Württemberg", Stuttgart, 2004, S. 244-253
Lührs, Georg/ Sarrazin, Thilo/ Tietzel, Manfred (Hrsg.): „Kritischer Rationalismus und Sozialdemokratie", Berlin, Bonn-Bad Godesberg, 1975
Marcinkowski, Frank: „Kommunales Wahlverhalten zwischen Eigengesetzlichkeit und Bundestrend. Eine Fallstudie aus Nordrhein-Westfalen", polis Nr. 51/2001
Moshövel, Frank: „Theorien des Wählerverhaltens im Vergleich. Zum Nutzen ökonomischer Ansätze in der Wahlsoziologie", Dissertation, Universität Düsseldorf, 2004
Mühlenfeld, Hans-Ulrich: „Zuschlag für die Wählergruppen", in: Städte- und Gemeindebund Nordrhein-Westfalen (Hg.): Städte- und Gemeinderat 12/2004, S. 6-8
Nienaber, Georg: „Rathauschefs durchleuchtet", in: Städte- und Gemeindebund Nordrhein-Westfalen (Hg.): Städte- und Gemeinderat 12/2004, S. 8-10
Nohlen, Dieter (Hrsg.): „Wörterbuch Staat und Politik", Bonn, 1991
Ohr, Dieter: "Wird das Wählerverhalten zunehmend personalisierter, oder: Ist jede Wahl anders? Kandidatenorientierungen und Wahlentscheidung in Deutschland von 1961 bis 1998", in: Markus Klein, Wolfgang Jagodzinski, Ekkehard Mochmann und Dieter Ohr (Hrsg.): „50 Jahre Empirische Wahlforschung in Deutschland. Entwicklung, Befunde, Perspektiven, Daten", Wiesbaden, 2000", S. 272-308
Pfizer; Theodor/ Wehling, Hans-Georg (Hrsg.): „Kommunalpolitik in Baden-Württemberg", Stuttgart-Berlin-Köln-Mainz, 1985, 2. Auflage 2000
Pörner, Ronald: „Die Net-Economy – Besonderheiten und Strategische Erfolgsfaktoren", in: Manschwetus, U./Rumler, A.: „Strategisches Internetmarketing – Entwicklungen in der Net-Economy", Wiesbaden, 2002 und auf der Homepage von Prof. Dr. Ronald Pörner
Remmert, Barbara/ Wehling, Hans-Georg (Hrsg.): „Die Zukunft der kommunalen Selbstverwaltung", Stuttgart, 2012
Remmert, Günter W.: „Erst verstehen, dann verstanden werden - Kommunikationstraining", Seminarhaus Schmiede, Welschbillig, o.J..
Rosar, Ulrich/ Klein, Markus: „Pretty Politicians – Die physische Attraktivität von Spitzenkandidaten, ihr Einfluss bei Wahlen und die These der Personalisierung des Wahlverhalten", Papier zur Jahrestagung des Arbeitskreises „Wahlen und politische Einstellungen" der DVPW am 7./8.5.09 in Frankfurt a.M.
Rosar, Ulrich: „Fabulous Front-Runners. Eine empirische Untersuchung zur Bedeutung der physischen Attraktivität von Spitzenkandidaten für den Wahlerfolg ihrer Parteien", in: Politische Vierteljahresschrift (PVS) Nr. 50/2009, S. 754-773
Rosar, Ulrich: „Physische Attraktivität und soziale Ungleichheit. Ein Forschungsprogramm", Kumulative Habilitationsschrift zur Erlangung der venia legendi in „Soziologie" der Wirtschafts- und Sozialwissenschaftlichen Fakultät der Universität zu Köln; Köln, 2009
Rosar, Ulrich/ Klein, Markus (2009): "Pretty Politicians. Die physische Attraktivität von Spitzenkandidaten, ihr Einfluss bei Wahlen und die These der Personalisierung des Wahlverhaltens. In: Rossteutscher, Sigrid (Hrsg.): Nebenwahlen: Wahlen, Wähler und Legitimation der Mehrebenendemokratie, Wiesbaden (im Erscheinen)
Roth, Dieter: „Empirische Wahlforschung. Ursprung, Theorie, Instrumente und Methoden", Opladen, 1998 (unveränderte Neuauflage: Wiesbaden, Juli 2006)
Roth, Roland/Wollmann, Hellmut (Hrsg.): „Kommunalpolitik - Politisches Handeln in den Gemeinden", Bonn, 1993
Sack, Detlef/ Gissendanner, Scott Stock: „Kein Geld, schwache Parteien, viele Netzwerke und ein Bürgermeister – Trends lokaler Steuerung in Deutschland", in: Städte im Umbruch. Das

Online Magazin für Stadtentwicklung, Stadtschrumpfung, Stadtumbau & Regenerierung 4/2007, S. 29-35
Schäfer, Roland: „Der Bürgermeister zwischen Kommunalpolitik und Kommunalverwaltung", o.O., o.J. (2002)
Schick, Hans-Peter: „Bewerbung als Bürgermeister war nicht vorgesehen", in: Nordrhein-Westfälischer Städte- und Gemeindebund (Hrsg.): Städte und Gemeinderat, Heft 12, Dezember 1999, S. 8-9
Schmid, Josef/Griese, Honza (Hrsg.): „Wahlkampf in Baden-Württemberg – Organisationsformen, Strategien und Ergebnisse der Landtagswahl vom 25. März 2001", Opladen, 2002
Schmid Josef/ Zolleis, Udo (Hrsg.): „Zwischen Anarchie und Strategie – Der Erfolg von Parteiorganisationen", Wiesbaden, 2005
Schmid, Josef, Zolleis, Udo (Hg.): „Wahlkampf im Südwesten – Parteien, Kampagnen und Landtagswahlen 2006 in Baden-Württemberg und Rheinland-Pfalz", Münster, Hamburg, London, 2007
Schmidt, Carmen: „Wählerverhalten auf kommunaler Ebene – Stadtgeographie, Sozialstruktur und Wahlentscheid in der Stadt Osnabrück", Osnabrück, 2008
Schmitt-Beck, Rüdiger/ Mackenrodt, Christian und Faas, Thorsten: „Hintergründe kommunaler Wahlbeteiligung. Eine Fallstudie zur Kommunalwahl 2004 in Duisburg", in: Zeitschrift für Parlamentsfragen, 39. Jg. (2008), H3, S. 561-580
Schneider, Susanne / Stöckle, Claudia: „Diplom-Verwaltungswirtinnen im Bürgermeisteramt", in: Fachhochschule Ludwigsburg (Hg.): Dialog Ausgabe 16, Juni 2007, S. 20-22
Scholz, Anja: „Oberbürgermeisterinnen in Deutschland. Zum Erfolg weiblicher Führungspersönlichkeiten", Wiesbaden, 2004
Schoon, Steffen: „Die ersten Urwahlen der Bürgermeister und Landräte in Mecklenburg-Vorpommern", in: Rostocker Informationen zur Politik und Verwaltung, Heft 15: Kommunale Direktwahlen in Mecklenburg-Vorpommern. Universität Rostock. Institut für Politik- und Verwaltungswissenschaften 2001, S. 40-57
Schulenburg, Klaus: „Die erste Direktwahl der Bürgermeister in Nordrhein-Westfalen 1999: Die Kandidaten und ihre Erfolg(e)", in: Kaiserslauterer Beiträge zur Sozialforschung (KBS) 4/2006
Schultze, Rainer-Olaf: „Wählerverhalten im Zeichen strukturierter Vielfalt", in: Der Bürger im Staat 2/2009, S. 82-89
Schuster, Franz (Hrsg.): „Kommunales Wahlverhalten", Bonn, 1976
Schwarz, Thomas: „Wechselwahlverhalten und Einfluss der Politikebene auf die Wahlentscheidungen bei der Landtagswahl 2006 in Stuttgart", in: Landeshauptstadt Stuttgart, Statistisches Amt (Hrsg.): Statistik und Informationsmanagement, Monatsheft 1/2007, S. 7-12
Schwarz, Thomas: „Wahlentscheidende Aspekte der Gemeinderatswahl 1999 in Stuttgart, Mannheim und Baden-Württemberg", in: Landeshauptstadt Stuttgart, Statistisches Amt (Hrsg.): Statistik und Informationsmanagement, Monatsheft 4/2000, S. 102-106
Sixt, Werner: „Kommunalwahlrecht in Baden-Württemberg – einschließlich des Regionalwahlrechts", 6. Auflage 2004
Sonnenmoser, Marion: „Männliche Sprachform führt zu geringem gedanklichen Einbezug von Frauen – Neue Studien belegen die Notwendigkeit des geschlechtergerechten Sprachgebrauchs", o.O., 2002
Stadt Freiburg, Amt für Statistik und Einwohnerwesen (Hrsg.): „Die Parteiidentifikation der Freiburger wahlberechtigten Bevölkerung", Freiburg, August 2002
Stadt Konstanz, Hauptamt: „Wahl des Oberbürgermeisters 2004 in der Stadt Konstanz", Konstanz, März 2005
Stadt Karlsruhe, Amt für Stadtentwicklung: „Oberbürgermeisterwahl 2006 am 2. Juli in Karlsruhe – Ergebnisse der Oberbürgermeisterwahl am 2. Juli 2006", Karlsruhe, Juli 2006
Statistisches Landesamt Baden-Württemberg (Hrsg.) „Wahl zum 17. Deutschen Bundestag am 27. September 2009 – Vorläufige Ergebnisse für Baden-Württemberg", Stuttgart, 2009
Steinbrecher, Markus: „Eine Analyse der Ursachen der Entkoppelung der Ergebnisse von Bundestags- und Landtagswahlen in Deutschland auf Kreisebene", Papier zur Jahrestagung des Arbeitskreises „Wahlen und politische Einstellungen" der DVPW am 7./8.5.09 in Frankfurt a.M.

Stender, Carsten: „Personalisierung und Wahlerfolg – forcierte Kandidatenorientierung als Kampagnenstrategie“, in: perspektive 21, Heft 25 / Dezember 2004, S.73-83
Stock, Alexander: „Der Bürgermeister der Zukunft: Manager, Visionär, Politiker und Moderator“, Aachen, 2000
Stoiber, Michael et. al.: "Wahlkampfstrategien für die Darmstädter Oberbürgermeisterwahlen 2005 – Abschlussbericht des Lehrforschungsprojekts im Wintersemester 2003/04 / Sommersemester 2004“, Universität Darmstadt, August, 2004
Tabor, Manuel: „Bürgermeister in Baden-Württemberg – Anspruch und Wirklichkeit. Eine Untersuchung von Sozialprofil und Aufgaben der Amtsinhaber, sowie der Anforderungen und Vorstellungen der Wähler“, Diplomarbeit, Fachhochschule Kehl, 2006
Thaidigsmann, S. Isabell: „Sozialstruktur und Wählerverhalten – Das Ende einer alten Beziehung?“. Arbeitspapier/Dokumentation herausgegeben von der Konrad-Adenauer-Stiftung, Sankt Augustin, 2004
Thaler, Michael: „Machtkontrolle“, Homepage der Universität Lüneburg, Institut für BWL, o.J..
Vetter, Angelika/ Brettschneider, Frank: „‘Idealmaße‘ für Kanzlerkandidaten, in: ZUMA-Nachrichten 43/1998, S.90-115
Vetter, Angelika: „Alles nur Timing? Kommunale Wahlbeteiligung im Kontext von Bundestags- und Europawahlen“, Papier zur Jahrestagung des Arbeitskreises „Wahlen und politische Einstellungen“ der DVPW am 7./8.5.09 in Frankfurt a.M.
Von Alemann, Ulrich/ Forndran, Erhard: „Methodik der Politikwissenschaft“, Stuttgart, Berlin, Köln, Mainz, 1974
Weber, Max: „Wirtschaft und Gesellschaft. Grundriss der verstehenden Soziologie“, Tübingen, 5. Auflage 1980
Wehling, Hans-Georg/ Siewert, Hans-Jörg: „Der Bürgermeister in Baden-Württemberg. Eine Monographie“, Stuttgart-Berlin-Köln-Mainz, 2. Auflage 1987
Wehling, Hans-Georg (Hrsg.): „Oberschwaben“, Stuttgart, Berlin, Köln, 1995
Wehling, Hans-Georg: „Kommunale Direktwahl zwischen Persönlichkeitswahl und Parteientscheidung“, Materialien für die Arbeit vor Ort Nr. 4. Konrad-Adenauer-Stiftung, 1999
Wehling, Hans-Georg: „Die süddeutsche Kommunalverfassung als bundesweites Modell“, Vortrag Bad Iburg, 2001
Wehling, Hans-Georg: „Kommunalpolitik in Baden-Württemberg – Bürgermeister, Gemeinderat und die Rechte des Bürgers“, in: Landeszentrale für politische Bildung Baden Württemberg (Hg.) in Verbindung mit dem Statistischen Landesamt Baden-Württemberg: „Taschenbuch Baden-Württemberg. Gesetze – Daten – Analysen“, Stuttgart, 2004
Weßels, Bernhard: „Wählerwandel – Wechselwahl. Bürger entscheiden in der Wahlkabine“, in: WZB-Mitteilungen Heft 109, September 2005, S. 10-11
Weßels, Bernhard: „Wechselkämpfe – Parteien im Spagat zwischen Stamm und immer mehr Wechselwählern“, in: WZB-Mitteilungen Heft 117, September 2007, S. 24-26
Willy-Brandt-Haus - Referate Grundsatzfragen und Forschung/Regionale Wahlkämpfe: „Abgeordnetenhauswahl Berlin – 17. September 2006 – Ergebnisse und Schnellanalysen auf Basis der Kurzfassung des Infratest-dimap-Berichts für die SPD“, Berlin, 2006
Willy-Brandt-Haus – Referate Grundsatzfragen und Forschung/Regionale Wahlkämpfe: „Landtagswahl Mecklenburg-Vorpommern - 17. September 2006 - Ergebnisse und Schnellanalysen auf Basis der Kurzfassung des Infratest-dimap-Berichts für die SPD“, Berlin, 18.9.2006
Willy-Brandt-Haus – Referat Konkurrenzbeobachtung/Forschung/Analysen: „Bundestagswahl 2009 – 27. September 2009 – Ergebnisse und Schnellanalysen auf Basis der Kurzfassung des Infratest-dimap-Berichts für die SPD“, Berlin, 28.9.2009
Willy-Brandt-Haus - Referat Konkurrenzbeobachtung/ Forschung/ Wahlen: “Bundestagswahl 2013 – 22. September 2013 - Ergebnisse und Schnellanalysen auf Basis der Kurzfassung des Infratest-dimap-Berichts für die SPD", Berlin, 2013
Wirtschaftsministerium Baden-Württemberg (Hrsg.) in Zusammenarbeit mit dem Ministerium für Soziales Baden-Württemberg und der Regionaldirektion Baden-Württemberg der Bundesagentur für Arbeit: „So kriegen Sie alle! – Anregungen zur geschlechtsneutralen Kommunikation für Personalverantwortliche und Unternehmen“, Stuttgart, 2009

Witt, Paul: „Die Entwicklung des Berufsbilds der Bürgermeisterin / des Bürgermeisters in Deutschland, am Beispiel von Baden-Württemberg“, in: VIESOJI POLITIKA IR ADMINISTRAVIMAS Nr. 21 / 2007, S. 19-27

Witt, Paul/Krause, Christina/Ritter, Adrian: „Wer sind die Gemeinderäte in Baden-Württemberg? Im Schatten der hohen Politik – Studie zur Situation der Gemeinderäte in Baden-Württemberg“. Praxisorientiertes Projekt mit Studierenden des Wirtschaftszweiges der Hochschule für öffentliche Verwaltung Kehl, Kehl, 2009

Witt, Paul/Krause, Christina: „Befragung von Gemeinderäten in Stadtkreisen in Baden-Württemberg. Im Schatten der hohen Politik – Studie zur Situation der Stadträte in Freiburg, Mannheim, Stuttgart und Ulm“. Empirisches Fachprojekt von Studierenden der Hochschule für öffentliche Verwaltung Kehl, Kehl, o.J. (2010)

Witt, Paul (Hrsg.): „Karrierechance Bürgermeister – Leitfaden für die erfolgreiche Kandidatur“, Stuttgart, München, Hannover, Berlin, Weimar, Dresden, 2010

Witt, Paul/Krause, Christina: „Wer wird gewählt? Wer wird nicht gewählt? Eine Analyse von Erfolgsaussichten bei Oberbürgermeister- und Bürgermeisterwahlen“. Empirisches Fachprojekt von Studierenden der Hochschule für öffentliche Verwaltung Kehl, Kehl, 2011/2012

Wittenberg, Reinhard: „Politiker und Parteien in Nürnberg – Erste und vorläufige Ergebnisse einer Telefonumfrage im Januar 2006“, Arbeits- und Diskussionspapiere des Lehrstuhls für Soziologie und Empirische Sozialforschung der Universität Erlangen-Nürnberg, 2006-1

Wolf, Ursula: Bürgermeister- und Oberbürgermeisterwahlen in Baden-Württemberg, unveröffentlichtes Diskussionspapier, Stuttgart, 2002

Wüst, Andreas M.: „Wahlverhalten in Theorie und Praxis: die Bundestagswahlen 1998 und 2002“, in: Bayerische Landeszentrale für politische Bildungsarbeit (Hrsg.): „Parteien und Wahlen in Deutschland“, München, 2003, S. 90-117

Zettl, Christian: „Ideologie oder Pragmatismus? Positions- oder leistungsbasierte Sachfragen bei der Bundestagswahl 2002 im Ost-West-Vergleich“, Magisterarbeit, Universität Freiburg im Breisgau, 2004

9.2. Zeitungen und andere Medien

- 3sat.online
- Aalener Nachrichten
- Amtsblatt der Stadt Rottenburg
- Anzeiger
- Badische Neueste Nachrichten
- Badische Zeitung
- Bietigheimer Zeitung
- Das Parlament
- Demokratische Gemeinde (DEMO) – Die Monatszeitschrift für Kommunalpolitik
- Demo-Newsletter
- Der Westen (Internetausgabe)
- Deutschlandradio Kultur
- Eßlinger Zeitung
- Eßlinger Zeitung – EZ-Online
- Fränkische Nachrichten
- Geislinger Zeitung
- Gränzbote
- Heidenheimer Neue Presse
- Heilbronner Stimme
- Hohenloher Zeitung
- http://de.wikipedia.org/wiki
- http://erfolgreichwirken.typepad.com
- http://www.soft-skills.com
- Journal – Amtsblatt der Großen Kreisstadt Calw

- Ludwigsburger Kreiszeitung
- Marbacher Zeitung
- Meyers Lexikon online
- Oberbadisches Volksblatt
- Pforzheimer Zeitung
- Reutlinger Generalanzeiger
- Rhein-Neckar-Zeitung
- Schorndorfer Nachrichten
- Schwäbische Post
- Schwäbisches Tagblatt
- Schwäbisches Tagblatt-Online
- Schwarzwälder Bote
- Schwetzinger Zeitung
- Singener Wochenblatt
- Sonntag Aktuell
- Staatsanzeiger für Baden-Württemberg/bw-woche
- Stuttgarter Nachrichten
- Stuttgarter Zeitung
- Südkurier
- Südwest-Presse
- Suedwest-Aktiv (Südwest-Presse-Online)
- Tauber Zeitung – Bad Mergentheim, Südwest Presse Online
- taz, die tageszeitung
- Verwaltungszeitung Baden-Württemberg - Organ des Verbands der Verwaltungsbeamten in Baden-Württemberg e.V.
- Waiblinger Kreiszeitung
- Wertheimer Zeitung
- www.morgenweb.de der Schwetzinger Zeitung

9.3. Quellen für Namen und Zahlen

- Statistisches Landesamt Baden-Württemberg
- SPD-Landesverband Baden-Württemberg: Liste der (Ober-)Bürgermeisterwahlen
- Ämter der genannten Städte: mündliche Auskünfte, amtliche Mitteilungen bzw. Pressemitteilungen der Städte zu den Wahlen
- Gemeindeverzeichnis der Statistischen Ämter des Bundes und der Länder (internetbasierte Datenbank)